21世纪高等院校物流专业创新型应用人才培养规划教材

物流管理概论

主 编 李传荣
副主编 谢富慧
参 编 徐 琳 韦道菊 姜小文
主 审 吴灼亮

内容简介

本书紧密结合当前物流领域的理论与实践，从强化培养操作技能的角度出发，较好地体现了现代物流管理的最新实用知识及技术，并结合大量实际案例，以方便读者学习参考。

本书内容包括物流管理概述、供应链管理、物流系统、运输管理、仓储管理、装卸搬运管理、包装与流通加工、配送管理、物流信息管理、企业物流管理、第三方物流、国际物流共 12 章。本书涉及现代物流管理的基本理论及主要功能，突出应用性和普及性。为方便学习和教学，每章开头都有导入案例和讨论及思考以引导课堂讨论；每章结尾都有复习思考题和案例分析，引导读者对该章内容的理解。

本书是高等院校物流管理、市场营销、电子商务等管理类专业及相关专业的物流管理课程的教学用书，也可作 MBA、EMBA 和企业相关管理人员培训或学习参考用书。

图书在版编目(CIP)数据

物流管理概论/李传荣主编． —北京：北京大学出版社，2012.3
(21 世纪高等院校物流专业创新型应用人才培养规划教材)
ISBN 978-7-301-20095-7

Ⅰ.①物… Ⅱ.①李… Ⅲ.①物流—物资管理—高等学校—教材 Ⅳ.①F252

中国版本图书馆 CIP 数据核字（2012）第 009875 号

书　　　名：	物流管理概论
著作责任者：	李传荣　主编
策划编辑：	李　虎　刘　丽
责任编辑：	刘　丽
标准书号：	ISBN 978-7-301-20095-7/U · 0068
出　版　者：	北京大学出版社
地　　　址：	北京市海淀区成府路 205 号　100871
网　　　址：	http://www.pup.cn　　http://www.pup6.cn
电　　　话：	邮购部 010-62752015　发行部 010-62750672　编辑部 010-62750667
电子邮箱：	pup_6@163.com
印　刷　者：	北京虎彩文化传播有限公司
发　行　者：	北京大学出版社
经　销　者：	新华书店
	787 毫米×1092 毫米　16 开本　23 印张　532 千字
	2012 年 3 月第 1 版　2022 年 1 月第 6 次印刷
定　　　价：	64.00 元

未经许可，不得以任何方式复制或抄袭本书之部分或全部内容。

版权所有，侵权必究　　举报电话：010-62752024
　　　　　　　　　　　电子邮箱：fd@pup.pku.edu.cn

21世纪高等院校物流专业创新型应用人才培养规划教材
编写指导委员会
(按姓名拼音顺序)

主任委员	齐二石			
副主任委员	白世贞	董千里	黄福华	李荷华
	王道平	王槐林	魏国辰	徐琪
委员	曹翠珍	柴庆春	丁小龙	甘卫华
	郝海	阚功俭	李传荣	李学工
	李於洪	林丽华	柳雨霁	马建华
	孟祥茹	倪跃峰	乔志强	汪传雷
	王海刚	王汉新	王侃	吴健
	易伟义	于英	张军	张浩
	张潜	张旭辉	赵丽君	周晓晔

丛 书 总 序

物流业是商品经济和社会生产力发展到较高水平的产物，它是融合运输业、仓储业、货代业和信息业等的一种复合型服务产业，是国民经济的重要组成部分，涉及领域广，吸纳就业人数多，促进生产、拉动消费作用大，在促进产业结构调整、转变经济发展方式和增强国民经济竞争力等方面发挥着非常重要的作用。

随着我国经济的高速发展，物流专业在我国的发展很快，社会对物流专业人才需求逐年递增，尤其是对有一定理论基础、实践能力强的物流技术及管理人才的需求更加迫切。同时随着我国教学改革的不断深入以及毕业生就业市场的不断变化，以就业市场为导向，培养具备职业化特征的创新型应用人才已成为大多数高等院校物流专业的教学目标，从而对物流专业的课程体系以及教材建设都提出了新的要求。

为适应我国当前物流专业教育教学改革和教材建设的迫切需要，北京大学出版社联合全国多所高校教师共同合作编写出版了本套《21世纪高等院校物流专业创新型应用人才培养规划教材》。其宗旨是：立足现代物流业发展和相关从业人员的现实需要，强调理论与实践的有机结合，从"创新"和"应用"两个层面切入进行编写，力求涵盖现代物流专业研究和应用的主要领域，希望以此推进物流专业的理论发展和学科体系建设，并有助于提高我国物流业从业人员的专业素养和理论功底。

本系列教材按照物流专业规范、培养方案以及课程教学大纲的要求，合理定位，由长期在教学第一线从事教学工作的教师编写而成。教材立足于物流学科发展的需要，深入分析了物流专业学生现状及存在的问题，尝试探索了物流专业学生综合素质培养的途径，着重体现了"新思维、新理念、新能力"三个方面的特色。

1. 新思维

(1) 编写体例新颖。借鉴优秀教材特别是国外精品教材的写作思路、写作方法，图文并茂、清新活泼。

(2) 教学内容更新。充分展示了最新的知识以及教学改革成果，并且将未来的发展趋势和前沿资料以阅读材料的方式介绍给学生。

(3) 知识体系实用有效。着眼于学生就业所需的专业知识和操作技能，着重讲解应用型人才培养所需的内容和关键点，与就业市场结合，与时俱进，让学生学而有用，学而能用。

2. 新理念

(1) 以学生为本。站在学生的角度思考问题，考虑学生学习的动力，强调锻炼学生的思维能力以及运用知识解决问题的能力。

(2) 注重拓展学生的知识面。让学生能在学习了必要知识点的同时也对其他相关知识有所了解。

(3) 注重融入人文知识。将人文知识融入理论讲解，提高学生的人文素养。

3. 新能力

(1) 理论讲解简单实用。理论讲解简单化，注重讲解理论的来源、出处以及用处，不做过多的推导与介绍。

(2) 案例式教学。有机融入了最新的实例以及操作性较强的案例，并对案例进行有效的分析，着重培养学生的职业意识和职业能力。

(3) 重视实践环节。强化实际操作训练，加深学生对理论知识的理解。习题设计多样化，题型丰富，具有启发性，全方位考查学生对知识的掌握程度。

我们要感谢参加本系列教材编写和审稿的各位老师，他们为本系列教材的出版付出了大量卓有成效的辛勤劳动。由于编写时间紧、相互协调难度大等原因，本系列教材肯定还存在不足之处。我们相信，在各位老师的关心和帮助下，本系列教材一定能不断地改进和完善，并在我国物流专业的教学改革和课程体系建设中起到应有的促进作用。

齐二石

2009 年 10 月

齐二石 本系列教材编写指导委员会主任，博士、教授、博士生导师。天津大学管理学院院长，国务院学位委员会学科评议组成员，第五届国家 863/CIMS 主题专家，科技部信息化科技工程总体专家，中国机械工程学会工业工程分会理事长，教育部管理科学与工程教学指导委员会主任委员，是最早将物流概念引入中国和研究物流的专家之一。

前　言

物流作为一种社会经济活动，伴随人类社会商品交换的产生而出现。随着人类社会实践、经济发展、社会需求的变化，现代物流经济活动已从早期的运输、储存逐渐延伸到顾客服务、需求预测、订货处理、原料采购、生产制造、物料搬运、零件及服务支持、运输、仓储、销售、包装、售后服务、退货处理、废弃物回收的全过程。

近年来，我国在经济建设方面取得了巨大成就，我国的经济增长为全世界所瞩目。国内外市场的进一步开放和我国经济的快速增长形成了对物流的巨大需求，现代物流在我国具有广阔的发展前景。但随着外资物流企业的进入，中国物流市场环境发生了急剧的变化，国内企业不出国门就要面对来自于具有成熟物流运作经验的国际跨国物流企业的竞争。物流管理水平的高低是企业核心竞争力的重要组成部分，对企业的长远发展起到至关重要的作用。物流效率和物流成本的高低也是衡量一个国家和地区经济运行效率和质量的重要指标。现代物流管理旨在协调物流全过程的各种活动，以实现物流效率和效益的提高。

现代物流管理内容十分广泛，其实践活动既是现代管理理论或理念在企业管理活动中的具体体现，又是现代物流技术的展现。作为市场营销、电子商务、工商管理等专业必修专业课之一，物流管理课程具有十分明显的理论性和技术性，与社会科学、自然科学联系密切。因此，对内容的把握，从教和学两个方面来说都有较大的难度。关于教材编写，我国著名的教育专家袁振国先生在《教育学》序言中指出的"于教材有两类，一类是知识性的，主要教给学生知识，让他们能够在此基础上进一步学习，如许多自然科学的课本；另一类是观念性的，主要教给学生该专业的理论观点和方法，如哲学、经济学等社会科学的许多课本。"受这个观点的启示，使我们认识到本书的编写，首先应使读者建立现代物流理念，其次应掌握有关物流技术知识、物流管理内容和方法。

综上所述，本书编写立足于物流管理的职能，系统介绍物流的基本知识，相关管理方法和技术；同时注意吸收物流学科的国内外最新知识和研究成果，努力做到理论知识简要明确，增加图表、实例，强化应用性、可操作性。本书内容分为以下几部分，第 1 部分包括第 1～3 章。以介绍现代物流理念和物流管理理论为主，内容为现代物流概念和发展、物流作用和价值、供应链管理、物流系统。第 2 部分包括第 4～9 章。以物流涉及的运输、仓储、装卸搬运、包装与流通加工、配送、物流信息等活动为主。在介绍相关概念、基本功能、类别、技术、管理目标基础上，以物流战略决策、物流运作、物流作业为线，介绍了各物流活动的在不同层次上的管理内容。第 3 部分包括第 10～11 章，讲述企业物流管理和第三方物流。围绕企业物流运作管理，重点分析企业物流运作模式选择、供应物流、生产物流、销售物流、逆向物流、物流成本管理，在第三方物流相关概念介绍基础上对第三方物流企业及其提供的物流服务进行了介绍。第 4 部分包括第 12 章，讲述国际物流管理。针对国际物流的发展趋势，重点介绍了国际物流实务运作过程和相应知识。

物流管理概论

  本书是编者根据多年从事管理类专业物流管理课程教学实践的经验和体会编写而成的。担任本书编写任务的有李传荣(第1、3、4和5章),谢富慧(第9、10和11章),徐琳(第2、6章),韦道菊(第7、8章),姜小文(第12章)。本书由李传荣副教授担任主编,负责全书的框架设计及最后统稿,谢富慧担任副主编,吴灼亮博士担任主审对全书进行最后把关。

  本书参阅了大量同行专家的有关著作、教材,案例参考了有关报刊、网站的资料,尽管已列在参考文献中,但难免有疏漏,在此特别声明并深深感谢本书所采用文献的作者!

  编写教材是一项十分艰巨的任务,受制于编者的知识和能力,教材不足之处在所难免,也可能存在错误之处,恳请广大读者批评指正。

编 者
2012年1月

目 录

第1章 物流管理概述 …… 1
1.1 现代物流的产生与发展 …… 3
- 1.1.1 现代物流概念产生的动因 …… 3
- 1.1.2 现代物流的发展 …… 4

1.2 物流的作用与意义 …… 9
- 1.2.1 物流在社会经济中的作用与意义 …… 10
- 1.2.2 物流对企业的作用与意义 …… 12
- 1.2.3 关于物流的其他观点和学说 …… 14

1.3 物流管理概要 …… 17
- 1.3.1 物流管理的定义 …… 17
- 1.3.2 物流管理活动的组成 …… 18
- 1.3.3 物流管理目的与层次 …… 20

1.4 我国物流发展 …… 21
- 1.4.1 我国物流概念的引进 …… 21
- 1.4.2 我国物流发展的3个阶段 …… 22
- 1.4.3 我国物流业发展呈现的九大趋势 …… 23

本章小结 …… 25
复习思考题 …… 26

第2章 供应链管理 …… 29
2.1 供应链概述 …… 31
- 2.1.1 供应链的概念 …… 31
- 2.1.2 供应链的结构模型 …… 32

2.2 供应链的设计策略 …… 34
- 2.2.1 基于产品的供应链设计 …… 34
- 2.2.2 基于产品生命周期的供应链设计 …… 37
- 2.2.3 基于成本核算的供应链设计 …… 39

2.3 供应链管理的方法 …… 40
- 2.3.1 供应链管理的内涵 …… 41
- 2.3.2 两种常见的供应链管理方法 …… 43

2.4 供应链的激励机制 …… 50
- 2.4.1 供应链激励机制的重要性 …… 50
- 2.4.2 供应链激励机制的特点 …… 50
- 2.4.3 供应链激励机制的内容 …… 51

本章小结 …… 53
复习思考题 …… 54

第3章 物流系统 …… 56
3.1 物流系统概述 …… 58
- 3.1.1 系统的概念、模式和特点 …… 58
- 3.1.2 物流系统的概念及组成 …… 60
- 3.1.3 物流系统的网络结构 …… 62
- 3.1.4 物流系统的目标 …… 63

3.2 物流系统分析 …… 65
- 3.2.1 物流系统分析概念和内容 …… 65
- 3.2.2 物流系统分析设计的原则及程序 …… 66
- 3.2.3 物流系统分析设计注意事项 …… 67

3.3 物流系统优化 …… 69
- 3.3.1 供应链的结构优化 …… 70
- 3.3.2 设施选址 …… 71
- 3.3.3 所有权和业务外包 …… 73
- 3.3.4 业务流程再造 …… 73
- 3.3.5 持续改进不断优化 …… 75
- 3.3.6 物流系统优化技术方法 …… 76

本章小结 …… 76
复习思考题 …… 77

第4章 运输管理 …… 80
4.1 运输概述 …… 82
- 4.1.1 运输的概念和原理 …… 82
- 4.1.2 高效运输系统的重要作用 …… 82

4.2 运输方式 …… 84

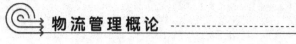

    4.2.1 基本的运输方式 …… 84
    4.2.2 复合运输 …… 88
  4.3 运输合理化 …… 90
    4.3.1 运输合理化的含义及要素 …… 90
    4.3.2 不合理运输的形式 …… 91
    4.3.3 运输合理化的形式 …… 93
  4.4 运输管理决策 …… 94
    4.4.1 自营与外包 …… 94
    4.4.2 运输方式选择方法 …… 97
    4.4.3 承运人选择 …… 101
    4.4.4 运输线路的确定 …… 104
  本章小结 …… 106
  复习思考题 …… 107

第5章 仓储管理 …… 109

  5.1 仓储管理概述 …… 111
    5.1.1 仓库和仓储 …… 111
    5.1.2 仓储的作用 …… 113
    5.1.3 仓储管理的内容和原则 …… 116
  5.2 仓储战略管理 …… 117
    5.2.1 仓储的运作方式选择 …… 117
    5.2.2 仓库的大小和数量选择 …… 119
    5.2.3 仓库地址选择 …… 121
    5.2.4 仓库库区总体布局与设施 …… 123
  5.3 仓储作业管理 …… 126
    5.3.1 仓储作业管理目标 …… 126
    5.3.2 商品储存场所划分 …… 128
    5.3.3 货物堆码方式和仓库空间确定 …… 128
    5.3.4 货位编码和货位分配 …… 130
    5.3.5 储存管理注意事项 …… 132
  5.4 库存管理 …… 132
    5.4.1 库存管理概述 …… 132
    5.4.2 库存结构的控制 …… 134
    5.4.3 库存控制模型 …… 136
    5.4.4 供应链环境下的库存管理 …… 142
  本章小结 …… 149
  复习思考题 …… 149

第6章 装卸搬运管理 …… 153

  6.1 装卸搬运概述 …… 155
    6.1.1 装卸搬运的概念 …… 155
    6.1.2 装卸搬运的地位 …… 155
    6.1.3 装卸搬运的特点 …… 156
    6.1.4 装卸搬运的方式 …… 157
  6.2 装卸搬运技术 …… 160
    6.2.1 起重技术 …… 160
    6.2.2 连续输送技术 …… 161
    6.2.3 装卸搬运车辆 …… 162
    6.2.4 散装装卸技术 …… 164
  6.3 装卸搬运工作组织 …… 164
    6.3.1 装卸搬运作业的基本要求 …… 164
    6.3.2 装卸搬运机械的选择 …… 165
    6.3.3 装卸搬运机械数量的确定 …… 165
    6.3.4 装卸搬运合理化措施 …… 166
  本章小结 …… 169
  复习思考题 …… 169

第7章 包装与流通加工 …… 171

  7.1 包装概述 …… 173
    7.1.1 包装的概念和功能 …… 173
    7.1.2 包装在物流中的地位与作用 …… 175
    7.1.3 包装的分类 …… 175
    7.1.4 包装合理化 …… 177
    7.1.5 绿色包装 …… 178
  7.2 包装标准化与包装标识 …… 181
    7.2.1 包装标准化 …… 181
    7.2.2 包装标识 …… 183
  7.3 流通加工概述 …… 186
    7.3.1 流通加工的概念 …… 186
    7.3.2 流通加工的地位与作用 …… 188
    7.3.3 流通加工的形式 …… 190
  7.4 流通加工合理化 …… 191
    7.4.1 不合理流通加工 …… 191
    7.4.2 实现流通加工合理化的途径 …… 192
  7.5 流通加工管理 …… 194
    7.5.1 流通加工的投资管理 …… 194
    7.5.2 流通加工的生产管理 …… 194
    7.5.3 流通加工的质量管理 …… 195
    7.5.4 流通加工的技术经济指标 …… 195
  本章小结 …… 196

复习思考题 ……………… 196

第8章 配送管理 ……………… 199

- 8.1 配送概述 ……………… 201
  - 8.1.1 配送的概念及特点 ……… 201
  - 8.1.2 配送的分类 ……………… 203
  - 8.1.3 配送的基本环节 …………… 206
- 8.2 配送中心概述 ……………… 208
  - 8.2.1 配送中心的概念 …………… 208
  - 8.2.2 配送中心的分类 …………… 208
  - 8.2.3 配送中心的功能 …………… 211
  - 8.2.4 配送中心的作业流程 …… 212
- 8.3 配送模式与配送合理化 …… 214
  - 8.3.1 配送模式 ……………… 214
  - 8.3.2 配送合理化 ……………… 218
- 8.4 配送作业管理 ……………… 222
  - 8.4.1 配送作业管理的意义 …… 222
  - 8.4.2 配送作业管理的内容 …… 223
  - 8.4.3 配送工作计划的制订 …… 224
  - 8.4.4 配送路线的确定 ………… 225
- 本章小结 ……………… 229
- 复习思考题 ……………… 229

第9章 物流信息管理 …………… 232

- 9.1 物流信息概述 ……………… 233
  - 9.1.1 物流信息的定义 …………… 234
  - 9.1.2 物流系统功能信息需求 … 234
- 9.2 物流信息技术 ……………… 235
  - 9.2.1 自动识别技术 …………… 236
  - 9.2.2 电子数据交换技术 ……… 240
  - 9.2.3 空间信息技术 …………… 243
- 9.3 物流信息系统 ……………… 246
  - 9.3.1 物流信息系统的概念和基本功能 …………… 246
  - 9.3.2 物流信息系统的基本组成 ……………… 248
  - 9.3.3 物流信息系统的结构层次 ……………… 249
  - 9.3.4 物流信息系统的应用 …… 249
- 本章小结 ……………… 253
- 复习思考题 ……………… 254

第10章 企业物流管理 …………… 257

- 10.1 企业物流概述 ……………… 258
  - 10.1.1 企业物流的概念和目标 ……………… 258
  - 10.1.2 企业物流的分类 ……… 260
- 10.2 供应物流 ……………… 261
  - 10.2.1 供应物流的活动过程 ……………… 261
  - 10.2.2 供应物流的合理化 …… 262
  - 10.2.3 采购管理 ……………… 264
- 10.3 生产物流 ……………… 266
  - 10.3.1 生产物流的一般流程 … 266
  - 10.3.2 生产物流的特点 ……… 267
  - 10.3.3 生产物流的合理化 …… 268
  - 10.3.4 JIT及看板管理 ……… 269
  - 10.3.5 生产过程中物流管理技术 ……………… 271
- 10.4 销售物流 ……………… 272
  - 10.4.1 销售物流的特点 ……… 273
  - 10.4.2 市场营销对整个物流系统的影响 ……… 274
  - 10.4.3 销售物流系统的管理环节 ……………… 276
  - 10.4.4 销售物流合理化 ……… 276
  - 10.4.5 配送需求计划 ………… 279
- 10.5 逆向物流 ……………… 280
  - 10.5.1 逆向物流概述 ………… 280
  - 10.5.2 逆向物流的种类 ……… 283
  - 10.5.3 逆向物流的活动组成 … 284
  - 10.5.4 逆向物流的管理策略 ……………… 285
  - 10.5.5 实施逆向物流战略的关键技术 ……………… 286
  - 10.5.6 企业逆向物流运作模式 ……………… 288
- 10.6 企业物流成本管理 ………… 290
  - 10.6.1 物流成本的含义和分类 ……………… 291
  - 10.6.2 物流成本管理方法 …… 294
  - 10.6.3 物流成本控制 ………… 295
  - 10.6.4 降低物流成本的途径 … 299
- 本章小结 ……………… 301
- 复习思考题 ……………… 302

第11章 第三方物流 ……………… 305

- 11.1 第三方物流概述 …………… 307
  - 11.1.1 第三方物流的概念 …… 307
  - 11.1.2 第三方物流的特点 …… 308
  - 11.1.3 第三方物流的作用 …… 309
  - 11.1.4 第三方物流的负面效应 ……………… 310

11.2 第三方物流企业 ……………… 311
    11.2.1 第三方物流企业概述 … 311
    11.2.2 第三方物流企业的
          类型 …………………… 312
    11.2.3 第三方物流企业的
          运作 …………………… 314
11.3 第三方物流企业顾客服务 ……… 315
    11.3.1 第三方物流企业顾客服务
          的概念和管理特点 …… 315
    11.3.2 影响第三方物流顾客服务
          的因素 ………………… 316
    11.3.3 确定适当的顾客服务
          水平 …………………… 318
    11.3.4 第三方物流企业顾客服务
          管理策略 ……………… 319
11.4 第四方物流 …………………… 320
    11.4.1 第四方物流的概念 …… 320
    11.4.2 第四方物流的主体
          分析 …………………… 321
    11.4.3 第三方物流与第四方物流
          的区别 ………………… 322
    11.4.4 第四方物流的服务内容及
          作用 …………………… 323
    11.4.5 第四方物流的运作
          模式 …………………… 323
本章小结 ………………………… 324
复习思考题 ……………………… 325

第 12 章 国际物流 …………… 327

12.1 国际物流概述 ………………… 329
    12.1.1 国际物流的含义和
          特点 …………………… 329
    12.1.2 国际物流的发展历程 … 330
    12.1.3 国际物流发展的
          新特征 ………………… 330
12.2 国际物流的基本流程与业务 …… 332
    12.2.1 进出口合同的履行 …… 332
    12.2.2 商品检验 ……………… 334
    12.2.3 货物通关 ……………… 337
    12.2.4 货物运输与保险 ……… 339
    12.2.5 制单结汇 ……………… 343
    12.2.6 储存和销售 …………… 343
12.3 国际物流的主要形式 ………… 343
    12.3.1 国际海洋运输 ………… 343
    12.3.2 国际铁路联运 ………… 346
    12.3.3 国际航空运输 ………… 347
    12.3.4 国际多式联运 ………… 349
本章小结 ………………………… 349
复习思考题 ……………………… 350

参考文献 ………………………………… 354

第1章 物流管理概述

【本章知识架构】

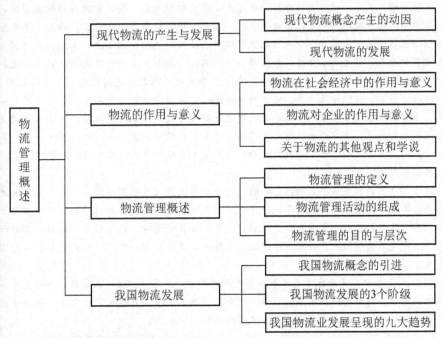

【本章教学目标与要求】

（1）理解现代物流的概念，了解物流管理的发展，认识现代物流发展的驱动因素。

（2）从宏观到微观层次全面认识物流的作用；理解物流和营销的关系、总成本概念。

（3）了解物流创造效用的方法、物流价值等有关物流的各种学说。

(4) 掌握有关物流概念、物流管理的构成要素、物流管理的目的、物流管理的层次。
(5) 了解我国物流的发展及未来发展趋势。

海尔物流之路

1998年，海尔在美国设厂遇到的第一个问题就是必须和美国市场联网，由此产生的信息化和物流的瓶颈困惑使海尔意识到，从海尔的国际化到国际化的海尔，首先要做的事情是建立全球供应链网络，而支撑这个网络体系的正是现代物流。于是，海尔下决心建立现代物流体系，这对当时的我国企业来说无疑是一项前所未有的创举。国际化大企业都在搞现代物流，如果海尔不搞现代物流将无法与之对话，最后也只有停顿下来，别无他路。在海尔心目中物流是什么呢？

第一，物流就是企业的管理革命。企业要搞现代物流，一定要进行业务流程再造，将原先直线式的金字塔组织结构扁平化，这样使得每个人都面对市场。

第二，物流就是速度。在信息化时代，对企业来说制胜的武器就是速度。建立现代物流对海尔来说就意味着速度，这个速度就是最快地满足用户个性化的需求。因为物流流动的不仅仅是物的本身，还有资金，所以，物流必须实现"不落地、不停留"。21世纪，企业与企业之间的竞争不再是质量、成本之间的竞争，而是供应链与供应链之间的竞争。谁的供应链速度快，谁就能在竞争中立于不败之地。作为供应链最重要的一环，物流速度直接影响供应链速度。

怎么来实现这个速度呢？观念决定行动。海尔在现代物流理念的指导下进行了持续不断的管理革命。海尔的物流革命经历了物流资源重组、供应链管理、物流产业化3个发展阶段。每个阶段都有侧重点，环环紧扣螺旋上升。物流重组阶段的任务是，建立组织机构，整合集团内部物流资源，降低物流成本。供应链管理阶段的任务是，实施供应链一体化管理，提高核心竞争力。物流产业化阶段的任务是，海尔物流推进本部在做好企业内部物流、增强企业核心能力的基础上，向物流企业转化，致力于社会化业务的拓展，使之成企业新的经济增长点。因此，海尔大力推进了包括物流、商流和资金流3个流程的市场业务再造。2003年，海尔物流在发展企业物流的同时成功地向物流企业进行了转变，以客户为中心，为客户提供增值服务。海尔物流搭建起全球供应链资源网络，拥有庞大的国际化供应商信息库、先进的供应链管理经验，构建起能够快速满足质量、成本、交货期的全方位供应关系，以帮助客户优化采购渠道，实现全新的电子化采购，使客户由策略采购转向采购决策电子化。海尔社会化第三方采购叫"买"又叫"卖"的模式成为同行业及众多媒体追捧的焦点。目前海尔已为40多家跨国公司提供物流服务。

另一方面，在不断拓展第三方物流业务的同时开始涉足第四方服务咨询业，海尔物流通过自身的物流业务流程再造与发展，在开放的系统中拥有了巨大的资源，在企业物流管理、供应链管理、流程再造方面积累了宝贵的经验，可以为客户提供社会化产业拉动资源，以帮助客户规划、实施和执行供应链的程序，并先后为制造业、航空业等领域的企业提供了物流增值服务。物流业务已成为海尔新的经济增长点。

海尔认为，21世纪的竞争将不是单个企业之间的竞争，而是供应链与供应链之间的竞争。谁所在的供应链总成本低、对市场响应速度快，谁就能赢得市场。一只手抓住用户的需求，一只手抓住可以满足用户需求的全球供应链，这就是海尔物流创造的核心竞争力。

资料来源：曹建伟，尹小山. Haier 非完整革命［J］. IT 经理世界，2001(11)：65-67.

讨论及思考：
1. 海尔在激烈的市场竞争中取胜的关键是什么？
2. 海尔竞争优势的背后是什么在起支持作用？
3. 试讨论海尔物流管理与企业传统物流管理的主要区别。

物流作为一种社会经济活动的形态，伴随人类社会商品交换的产生而出现。随着人类社会实践、经济发展、社会需求的变化，现代物流经济活动已从早期的运输、储存逐渐延伸到原料采购、生产安排、订单处理、存货管理、运输仓储、销售、售后服务的全过程。现代物流管理旨在协调全过程的各种活动，以实现物流效率和效益的提高。物流效率和物流成本的高低已成为衡量一个国家和地区经济运行效率和质量的重要指标。物流管理水平已是企业核心竞争力的重要组成部分，对企业的生存和长远发展起到至关重要的作用。

1.1　现代物流的产生与发展

物流作为一门学科，在20世纪50年代才引起人们的关注，在此之前物流活动是建立在个别功能基础上的工作，而不是现在所理解的综合物流，也没有形成明确的物流概念和成熟的理论。

1.1.1　现代物流概念产生的动因

现代物流概念产生于19世纪末20世纪初的美国，国际物流学界对其产生的动因有两种观点：经济因素和军事因素。

物流概念是因经济而产生的观念源于人们对协调经济活动中物流及其相关活动的追求。就物流本身而言，其由运输、储存、包装等许多相关活动组成。在物流概念产生前，企业将这些活动单独管理；就物流与相关活动的关系而言，物流与企业生产、营销、销售等活动都有密切联系。1915年，阿什·肖(Arch Show)在其《市场流通中的若干问题》中明确将企业流通活动分为创造需求的活动和物流活动，并指出"物流(The Physical Distribution of Goods)是与创造需求不同的一个问题，流通活动的重大失误都是因为创造需求和物流之间缺乏协调而造成的"，从而阐明了物流在流通中的重要作用。由此产生的"物流"(Physical Distribution，PD)概念，译成汉语是"实物分配"或"货物配送"。它是指为了计划、执行和控制原材料，在制品库存及制成品从起源地到消费地的有效率的流动而进行的两种或多种活动的集成。

军事观念认为，"物流(Logistics)"一词首先用于军事领域，是因军事而产生的。在军事中明确解释"物流"这一概念是1905年，由美国少校琼西·贝克在其专著《军需与军需品运输》中提出"作战艺术的分支——关于军队调动和保障供给的工作称为后勤(Logistics)"。第二次世界大战中，围绕战争供应，美国及其盟军在军事后勤活动中对人员、物资、装备等应用系统论方法进行统筹安排全面管理，建立了"后勤"理论，并将其用于战争活动中，为人们对综合物流的认识和发展提供了实证依据。其中所提出的"后勤"是指将战时物资生产、采购、运输、配给等活动作为一个整体进行统一布置，以求战略物资补给的费用更低、速度更快、服务更好。

20世纪50年代美国通用汽车公司将Logistics作为企业一个新的管理思路、理念和技术引入到企业物流管理中。这时的后勤包含了生产过程和流通过程的物流，因而是一个包含范围更广泛的物流概念。20世纪70年代Logistics大量出现在文献上。此时，Logistics不仅要考虑从生产者到消费者的"货物配送"问题，而且还要考虑到从供应商到生产者对原材料的采购，以及生产者本身在产品制造过程中的运输、保管和信息等各个方面，以全面、综合地提高经济效益和效率问题。因Logistics的概念较PD概念宽广、连贯、有整体性，20世纪80年代以后，Logistics逐渐替代了PD。目前，Logistics已成为世界公认的物流的标准用语。

1.1.2 现代物流的发展

随着社会经济、科学技术发展，物流经历了几个不同阶段，如图1.1所示。20世纪50年代以来物流进入发展黄金阶段，物流管理理论在企业得到了深入广泛的运用，取得了巨大成功。

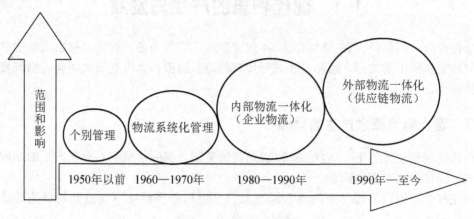

图1.1 物流发展阶段

1. 第一阶段：物流功能个别管理

20世纪初，美国和欧洲一些国家随工业化进程加快及大批量生产和销售的实现，开始认识到降低采购成本和销售成本的重要性。1901年，J·F·格鲁威尔(J. F. Growell)在美国政府报告《关于农产品的配送》中第一次论述了对农产品配送成本产生影响的各种因素，揭开了人们对物流认识的序幕。第二次世界大战期间美国军事后勤活动的组织为人们对物流的认识提供了重要实证依据，推动了战后对物流活动的研究，以及实业界对物流的重视。

此阶段欧洲各国为了降低产品成本，开始重视工厂范围内的物流过程中的信息传递，对传统的物料搬运进行变革，对厂内物流进行必要的规划，以寻求物流合理化的途径。例如，工厂内的物资由工厂内设立的仓库提供；为实现客户月供货的服务要求，在工厂内实行了紧密的流程管理；通过邮件交换信息，以贴标签方式进行产品跟踪等。

在此阶段，物流管理只是营销的功能之一，人们孤立地看待搬运、仓储、运输等各项物流活动，强调的是快速化，系统管理的概念尚未建立。

2. 第二阶段：物流功能系统化管理

第二次世界大战后，生产技术取得了巨大进步，世界范围内生产能力得到空前提高，随之而来的企业竞争压力增大，能否赢得市场越来越成为企业在竞争中取胜的法宝。企业对市场营销的注重程度与日俱增。到20世纪50年代中期，整个西方产业处于生产技术不断改进与市场营销成本不断上升并行的境况。如美国这期间用于广告的费用猛涨了4倍，许多企业的营销成本已达到其总成本的10%~30%。为削减成本，提高竞争力，企业不得不集中力量从各方面提高经营效率，其中仍被视为营销各环节的库存、物料处理、运输、仓储等成为企业节约经营成本的新领域。彼特·德鲁克(Peter Drucker)在《财富》杂志上发表文章，提出物流是"一块经济的黑暗大陆"，是"企业重要的利润源泉"，等等。之后，美国一次大规模调查表明社会流通费用占商品零售价值的59%，这些流通费用又以物流费用为主。这惊人的发现在当时产生了很大的影响，引发了企业对物流管理的重视，推动了物流管理思想的广泛传播和应用。1961年，Edward W.Smykay, Donald J. Bowersox, Frank H. Mossman 撰写了《物流管理》一书，在书中详细论述了物流管理系统和总成本的概念，使物流管理逐步系统化。随后，美国的密歇根州立大学、俄亥俄州立大学相继开设物流管理课程。

20世纪60年代的美国，由于现代市场营销理念的形成，使企业意识到顾客满意是实现企业利润的唯一手段，为顾客服务成为经营管理的核心要素，物流在为顾客提供服务上起到了重要的作用。1960年，美国的Raytheon公司建立了最早的配送中心，结合航空运输系统为美国市场提供物流服务，配送得到了快速发展。

20世纪70年代，石油危机席卷了整个西方世界。石油价格大幅度上升，带动原材料价格、运输成本、人力成本等生产支出不断增加，西方发达国家长期依靠廉价原料、燃料获取利润的传统途径面临严峻挑战，为求得生存，管理者不得不将更多的注意力从生产领域转向流通领域，寻求节约成本和创造利润的源泉。

20世纪70年代是欧洲经济快速发展的时期。随着商品生产和销售的进一步扩大，多个工厂联合的企业集团和大公司的出现，成组技术的广泛采用，物流需求的增多，客户的期望已变成一周供货或服务，而工厂内部物流服务已不能满足企业集团对物流的需求。因此，形成了基于工厂集成的物流。仓库已不再是静止封闭的储存设施，而是动态的物流配送中心。需求信息不只是凭订单得到，而主要是从配送中心的装运情况获取。这个时期信息交换采用电话方式，通过产品本身的标记(Product Tags)实现产品的跟踪。企业（工厂）一般都使用自己开发的软件在小型计算机上进行信息处理。

20世纪60年代中期至70年代初是日本经济高速增长、商品大量生产和大量销售的年代。随着这一时期生产技术向机械化、自动化方向发展，以及销售体制的不断改善，物流已成为企业发展的制约因素。日本政府在1965年的《中期5年经济计划》中强调了要实现物流的近代化。作为一项具体措施，日本政府开始在全国范围内进行高速道路网、港口设施、流通聚集地等基础设施的建设。这一时期是日本物流的大发展时期，原因在于社会各方面对物流的落后状况和物流对经济发展的制约性都有了共同的认识。

这一阶段，随着物流管理理论和实践的迅速发展，美国赋予物流概念的定义也比战前有了更多的内涵。1963年成立的美国物资配送协会（National Council of Physical Distribution Management, NCPDM），对"Physical Distribution"进行过多次定义，1976年最后修订为"Physical Distribution 是为了计划、实施、控制原材料、半成品及产成品从起源地到消费地的有效率的流动而进行的两种或多种活动的集成。这些活动包括但不仅限于顾客服务、需求预测、交通、库存控制、物料搬运、订货处理、零件及服务支持、工厂及仓库、采购、包装、退货处理、废弃物回收、运输、仓储管理"。物流的内涵也不再仅限于实物分拨(Physical Distribution)，物流的系统管理思路逐渐拓展到物料管理、采购、库存控制、仓储等活动。

在此阶段，物流活动开始向企业管理的其他领域渗透，物流管理从营销的外壳中剥离出来，成为独立发展的概念，表现为物流功能系统化，强调物流合理化。第二次世界大战以后物流概念的拓展如图1.2所示。

3. 第三阶段：企业物流一体化

20世纪80年代，越来越多的西方企业将物流战略视为其获得市场竞争优势的重要性依据，对物流全过程实施统一管理。1984年，哥拉罕姆·西尔曼(Graham Scharmann)在《哈佛商业区评论》上发表的《物流再认识》一文就明确指出现代物流对市场营销、生产和财务活动都具有重要影响，企业管理者应该从战略高度对物流管理的重要性重新认识。1985年NCPDM改名为美国物流管理协会(Council of Logistics Management，CLM)，这充分反映了物流业的变化。计算机科学技术进步与应用、政府管制的变化、市场竞争的加剧等又不断促进物流管理思想的进一步发展，物流管理已经意味着企业应用先进的技术，站在更高的层次上管理这些关系，一体化管理的概念逐渐形成。

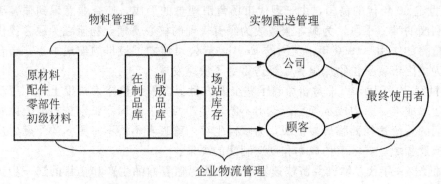

图1.2　第二次世界大战以后物流概念的拓展

20世纪80年代以来，各种类型的电子扫描和传输技术提高了有关物流每个方面的及时信息的可得性，企业进入内部各环节一体化管理。在该阶段，管理者试图将企业内部物料流动所涉及的所有环节(包括信息)联系起来，从原料采购到成品交付，物流管理贯穿始终，消除企业内部物料流动各环节之间的障碍，减少库存，使企业物流成本降到最低。同时，从战略高度促成物流管理与企业营销、生产各部门的协调，提高客户服务能力，强化赢利能力。电子数据交换、准时制生产、配送计划，以及其他物流技术的不断应用与发展为物流管理一体化提供了强有力的技术支持和保障。

20世纪80年代，伴随着贸易自由化、经济全球化发展，跨国融资、投资、生产更加自由，世界范围内的竞争也更加自由。产品要在国际市场上获得竞争优势，仅保持生产中的低成本是远远不够的，要求为从原材料配备到制成品运送到消费者手中的整个过程提供更可靠、响应更快捷、更经济高效的服务，这需要企业的物流战略与营销、销售战略密切配合，企业物流管理的重要性日益突出，对企业的物流管理水平也提出了更高的要求。

1988年，CLM将物流定义修改为"物流是以满足客户需求为目的，对原材料、在制品、制成品及相关产品从供应到消费的流动和存储的效率和效益进行的计划、执行(实现)和控制的过程。"这一定义反映了物流实践的发展，也揭示了物流的本质。

现在，在企业信息中心的计算机可记录每位顾客的地址、每份订货的数量、生产设施、仓库、配送中心的相关数据。顾客订货时，信息中心可以迅速计算出从企业各个仓库到工厂或各位顾客的运输成本，并列出可供选择的承运人及可提供的服务、各仓库和配送中心的库存水平，使企业管理决策基于对数据、信息的分析，也使企业对运输、仓储为代表的物流管理水平得以提高。

4. 第四阶段：供应链物流一体化

进入20世纪90年代，经济全球化趋势下企业间竞争压力越来越大。同时，由于运输技术的革新，原来阻碍国际贸易的地理空间因素不再存在，如在美国研制、亚洲生产、欧洲销售这样的跨国经营活动比比皆是。随企业在海外经营业务的增加，企业与其合作伙伴之间的供应链更长、更复杂、更昂贵。企业要充分利用全球物流，就要有卓越的物流管理。

随着供应链管理发展，物流管理的内涵越来越广，几乎渗入到社会经济生活的每一角落，西方一些顶级企业进入外部一体化阶段，试图通过位于供应链上游的经销商、制造商、原材料供应商和位于下游的批发商、零售商之间更紧密的合作强化对市场的反应能力，提高供应链的整体效率，实现整个供应链范围内的物流系统效益最大化，以期实现供应链中各合作伙伴双赢的理想境地。物流管理一体化的过程如图1.3所示。

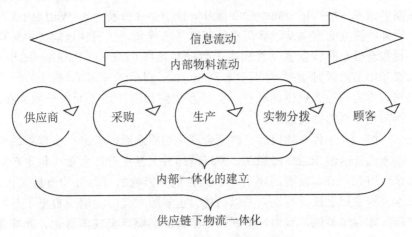

图1.3 物流管理一体化的过程

现代通信技术的发展使生产和物流部门有可能建立起完整的情报信息系统。传真提供了易用、低成本的交换拷贝文件的方法，成为广泛的通信模式。卫星通信的实施使信息跟踪也被引入了物流领域。互联网的发展进一步为物流系统中数据交换铺平了道路，它使位于世界各地的组织之间得以迅速、准确地交换信息，消除了数据的重复输入，以及由此产生的操作失误和更多的人力成本，使企业得以较好地控制物流系统的各个环节，为企业实施一体化物流管理战略提供了重要性的技术支持，同时又带动物流管理水平向更高层次发展。

同时，有关竞争优势、核心竞争力概念的提出及管理理论的研究使许多组织开始意识到，组织不可能靠自己快速、有效地做所有事情的同时还保持竞争优势。这些组织开始寻找第三方专家来帮助其做自己不具有"核心优势"的部分工作。这种行为被称为外包（Outsourcing），即一个组织雇佣外面的组织来提供本来应由自己提供的商品或服务，因为第三方是有效提供这种商品或服务的专家，而组织本身不是。具体到物流管理，就是指由其他企业来运作以前由本企业有关部门承担的全部物流活动或物流某一环节（如运输或仓储）的管理方法，该方法称为第三方物流（Third Party Logistics，3PL）。由此，促使大量的运输公司、仓储公司、货运代理人开始向社会提供包括运输、仓储、包装、配送、库存控制等增值服务在内的全方位物流服务。物流外包使企业能利用可用的最好的物流提供者来满足需求，外包成为物流发展的推动力。

客户服务中心理念的建立，订货方式的变化都要求企业能快速有效地对市场变化做出反应，最大限度地满足顾客日益增长的快速、多变的要求，促使越来越多的企业采用准时制生产（Just-in-Time，JIT）、快速响应战略（Quick-Response，QR）、有效客户响应（Efficient Customer Response，ECR)、分销资源计划(Distribution Resource Planning，DRP)、企业资源规划(Enterprise Resource Planning，ERP)等许多新管理方式和技术。这些新管理方式和技术在企业的运用是提供准确、及时的物流服务的基本前提和根本保障。

1998年CLM对物流重新定义为"物流是供应链活动的一部分，为满足顾客需求而对物品、服务及相关信息从产出地到消费地的高效率、高效益的正向和反向流动和储存所进行的计划、实施与控制的过程。"该定义反映了随着供应链管理思想的出现，美国物流界对物流的认识更加深入，强调"物流是供应链的一部分"，并从"反向物流"角度进一步拓展了物流的内涵与外延。

这一时期，欧洲一些跨国公司纷纷在国外，特别是在劳动力比较低廉的亚洲地区建立生产基地。欧洲物流企业直接从顾客消费地获取需求信息，采用在运输链中实现组装的方式，使库存量实现极小化。信息交换用电子数据交换(Electronic Data Interchange，EDI)系统，产品跟踪应用射频标识技术(Radio Frequency Identification，RFID)，信息处理广泛采用互联网和物流服务方提供的软件。基于互联网和电子商务的电子物流在欧洲兴起，以满足客户越来越苛刻的物流需求。

日本在20世纪80年代中期以后，物流合理化的观念面临着进一步变革的要求。尤其是20世纪90年代日本泡沫经济的崩溃，使以前那种大量生产、大量销售生产经营体系的问题显现出来。因此，日本政府制定了一个具有重要影响的《综合物流施策大纲》，在这一阶段，日本经济发展迅速，并进入了以消费为主导的时代。大纲中提出了日本物流发展的基本目标和具体保障措施，其中，特别强调了物流系统要实现信息化、标准化，以及实施无纸化贸易。

2002年CLM对物流重新定义为"物流是供应链运作的一部分，是以满足顾客要求为目的，对货物、服务和相关信息在产出地和消费地之间实现高效且经济的正向和反向的流动和储存所进行的计划、执行和控制的过程。"该定义不仅将物流纳入了企业间互动协作关系的管理范畴，而且要求企业从更广阔的背景上来考虑自身的物流运作，即不仅要考虑自己的客户，而且要考虑自己的供应商；不仅要考虑到客户的客户，而且要考虑到供应商的供应商；不仅要致力于降低某项具体物流作业的成本，而且要考虑使供应链运作的总成本最低。

2005年1月1日，CLM更名为美国供应链管理专业协会(Council of Supply Chain Management Professional，CSCMP)。

在供应链管理下实现了现代物流从原材料采购到生产直至营销活动全过程，对物料、产品、统一、协调、控制的管理。这一管理过程中不仅是实物流程的管理，更重要的是对相关信息的管理与控制。有人对现代物流的特征总结为物流反应快速化、功能集成化、服务系列化、作业规范化、目标系统化、组织网络化、经营市场化、信息电子化等。

进入21世纪，随着新经济和现代信息技术的迅速发展，现代物流的内容仍在不断地丰富和发展着。信息技术，特别是网络技术的发展也为物流发展提供了强有力的支撑，使物流向信息化、网络化、智能化方向发展。这不仅使物流企业和工商企业建立了更为密切的关系，同时物流企业也为客户提供了更高质量的物流服务，特别是电子商务的发展，像杠杆一样撬起传统产业和新兴产业，成为企业决胜未来市场的重要工具。而在这一过程中，现代物流作为这个杠杆的支点，物流和物流科技产业发展前景良好。

阅读案例 1-1

佐川急便第三方物流的优势

佐川急便株式会社是日本著名的综合性第三方物流企业，成立于1957年。2002年的营业收入折合人民币约为500亿元，居日本物流行业第二位，全球100强物流企业之一。该公司在日本拥有300多个营业网点、2万余辆汽车和3万余名职工。公司每年货物运量约为11亿个标准运输单元。2001年8月，该公司总部、全体分公司及营业店均获得ISO 9001认证。佐川急便株式会社的业务范围覆盖中国、美国、新加坡、越南、菲律宾、马来西亚等国家和地区，在中国的北京、上海、西安、深圳市已陆续设立国际货运代理或仓储公司，并已决定在近几年内以保利佐川物流有限公司为控股公司，逐步在中国设立几十个物流网点，以实现网络化物流服务。

佐川急便一方面业务迅速增长，另一方面能够做到多方（佐川急便、佐川急便的客户、佐川急便客户的客户、佐川急便客户的供应商）共赢。佐川急便始终遵循着一种为顾客创造价值的经营理念，一套科学的运营模式，保持着一种与客户及客户的客户良好的物流服务关系和一种高效的专业化服务等综合物流服务能力。概括起来它有以下几方面的优势。

(1) 透彻理解顾客物流服务需求，为顾客创造满意价值。佐川急便能针对不同行业的客户需求提供灵活、高效的物流服务，提供365天24小时运作的全方位服务体制。佐川急便建立的佐川物流中心是一种不同行业均能够利用的复合型物流中心，它能够适应每个季节的业务增减，灵活地调整有关物流经费（包括物流加工空间和员工）。这种柔性反应可以使客户为了有效控制繁忙期间的有关成本而随时增减其作业面积。佐川物流中心还能够每天灵活地安排有关作业人员，能够根据客户所需要的业务内容随时安排所需要的人员。在实际操作上，能够有效并及时地调节"空间"和"人员"。

(2) 拥有完备的物流网络、先进的物流运营经验和管理体系。佐川急便经过近半个世纪的发展和开拓，在日本国内形成星罗棋布的物流网点，可保证随时根据客户的要求快捷、准确地将各类货物运达任何地点。佐川急便在过去几十年内不断积累经验，改进运营和作业方法，形成了一套综合性第三方物流业务流程和运营经验，并形成了相应的现代化物流企业管理制度；在轻工、纺织和电子行业拥有广泛的客户群，并拥有丰富的现代物流经营管理经验，具有国际先进水平的计算机物流信息管理系统；拥有先进的物流技术手段和设备，随着现代物流产业向着网络化供应链式物流服务发展，佐川急便结合自己积累的物流实际业务经验，研发了拥有完全自主知识产权并具有国际先进水平的"E-Global"计算机物流信息管理系统，可保证对物流业务实行全程化跟踪管理、EDI和电子结算等服务，充分满足客户的相关需求，并大大提高了物流运作效率和可靠性，同时通过信息系统网和遍布日本的物流基地构成完备的物流体系，为顾客提供全面支援和服务，使顾客能随时掌握商品和原料的库存量，从而控制从订货到出库的流程。

资料来源：侯方淼. 供应链管理 [M]. 北京：对外经济贸易大学出版社，2004：66-68.

1.2 物流的作用与意义

物流对人们的社会生活有着重要的影响。试想，如果没有物流系统将商品从不同的生产地集中到一个地方，如超市卖场或购物中心，人们要买东西就会很困难。企业制造产品需要从供应商处购进原材料，在生产过程中需要对物料搬运，否则将难以进行产品生产。企业对销售的产品投入广告进行宣传，如果没有及时的物流配送，消费者到商场去买广告上的商品，发现货没到，就会失望。政府为经济发展和民生也会对公路、港口等物流基础设施的建设制订规划,制定相关政策使货物流动顺畅,如我国为鲜活农产品运输开辟的绿色通道。因此,物流不仅包括货物的运输、配送、保管、在库管理、搬运、流通加工、包装、信息处理,还涉及产品生产者(企业)、消费者、储运业、社会资本以及与物流有关的政策和制度。经济学有宏观经济学和微观经济学之分,同样,物流也有宏观物流和微观物流之分。

宏观物流指在社会再生产过程中,带有总体性的物流活动,其主要特点是综观性和全局性。宏观物流是在国家、地区等大范围内整体性地运作物流的问题,主要研究的内容是流通总体的构成、商品的物流路径、运输结构、作为产业布局的物流据点、物流与社会之间的关系、物流成本在国民经济占的比例、物流法规、投入物流的社会资本等。

微观物流指消费者、生产者所从事的具体的物流活动,其主要特点是具体性和局部性。微观物流主要讨论的是流通的主体——制造业和商业经营者、运输企业各自如何运作物流问题或从消费者的角度看不同的商品如何送达到消费者手中的问题。

1.2.1 物流在社会经济中的作用与意义

物流经济活动几乎无处不在,是国民经济与其他产业的联系纽带,有人将它称为"国民经济的血脉"。物流业涉及领域广、吸纳就业人数多,对促进生产、拉动消费的作用大。2008年,我国物流总额接近90万亿,物流业增加值占服务业增加值的16.5%,占GDP的6.6%。物流业涉及从业人员约为2 000万人,物流业增加值每增加一个百分点,将增加10万个工作岗位。同时,我国社会物流总费用占GDP的18.1%,每降低一个百分点,将带动3 000亿元的效益。可见物流产业对提高全社会的经济效益有重大作用。

1. 物流业是国民经济的基础性产业

任何一个国家的社会经济部门是由许多部门和企业组成的,其分布在不同的地区,分属不同的所有者,这些企业向社会供应其产品,同时也从社会获得其他企业生产的原材料。企业之间相互依赖、相互竞争的错综复杂的关系是依靠物流系统加以维持的,社会经济的发展变化也要靠物流的调整才能实现。各个产业本身、产业与产业之间、产品与国内外市场的联系都要以物流为支撑和纽带,物流业是生产性服务业。

物流业纵贯商品生产、流通和消费等各个环节,横跨国民经济各个产业,是衡量一个国家现代化水平与综合国力的重要标志。例如,2000年美国GDP为9.95万亿美元,其中美国工业花费了大约5 850亿美元用于货物的运输,大约3 370亿美元用于仓储及货物搬运,这些与其他物流费用加起来约有10 060亿美元,物流总开支占GDP的比重为10.1%。而在1986年美国物流总开支占GDP的比重为11.6%,这一个百分点的下降可节省约1 000亿美元。

一个国家物流成本占GDP的比率过高会导致商品的高价格或企业的低利润,或两者兼有。其结果将是使国民生活水平下降,或税收减少。国际物流发展规律是,随着物流管理水平的提升、物流服务环境的改善,物流成本占GDP的比重不断下降。美国的物流成本占GDP的比重是9%,但是我国达到了18.1%,几乎是其两倍。从改善国民经济的运行效率来看,物流产业发展将会有效减少企业库存,加速资金周转,促进经济运行向动态化、快节奏转变。

2. 物流业与百姓生活息息相关

连锁经营、物流配送、电子商务的出现不仅引发了流通方式的变革，还带来了居民消费水平的提升。连锁经营、物流配送可有效降低物流费用，为商品价格的降低提供条件，使消费者得到实惠；物流网络的健全将进一步促进电子商务的发展，这会极大地方便城乡居民的生活，甚至足不出户就可以得到价廉物美的商品和服务，从而可以更好地满足消费者的需求；农村物流体系的构建将会疏通农产品进城、工业品下乡渠道，促进城乡商品流通，实现助农增收，加快城乡一体化建设；冷链、食品、药品、化学危险品和应急物品等物流体系的完善对保障经济稳定和社会安全发挥着越来越重要的作用。

3. 物流创造价值

物流服务与许多经济交易活动有关，其实质是所有商品和服务交易中的一个重要活动。如果商品没有在恰当的时候到达恰当的地点，交易也不会做成。这样，供应链中的所有经济活动都会受到影响。根据西方经济学的观点，如果一件产品或服务的价值被市场认可，它必然会给消费者提供形式效用、拥有效用、时间效用和地点效用。效用是商品或服务为满足需求所提供的价值或用途。物流创造价值的基本途径之一是创造效用。

(1) 时间效用(Time Utility)是在需要物品时拥有物品所产生的价值。这可能发生在组织中，如拥有生产所需的所有原料及零部件，以保证生产线不会停下来。这也会发生在市场上，如客户需要某一物品时，该物品被及时提供。

(2) 地点效用(Place Utility)是在物品需要的地点拥有它所产生的价值。如果消费者所需要的产品在运输途中、在仓库里或在其他商店里，那么它就不会对消费者产生任何地点效用，没有物流所提供的地点效用和时间效用，客户的需求就得不到满足。

(3) 形式效用(Form Utility)是创造商品或服务的过程，或者是将它组成适当的形式供客户使用。形式效用是在生产者过程中通过对低价值的原材料进行生产、加工、创造得到具有新形态的高价值产品来实现的，如汽车制造商将原材料和零部件组成整车。而其中为完成生产任务进行的原材料、半成品的采购、运输、储存等都是物流活动的重要内容。形式效用是社会生产或企业运作过程的一部分。

(4) 拥有效用(Possession Utility)是人们实际拥有特定商品或服务的价值。它是由企业多个部门共同完成的，如营销部门的促销活动使消费者认识产品、产生购买欲望，销售部门与用户达成销售协议，财务部门配合销售部门回收货款，在物流、配送部门协助下将货物送到消费者手中，实现拥有效用。对于大宗的原材料或高价值商品，可能还需要通过信用管理、贷款等实现，这涉及金融服务业。

虽然形式效用和拥有效用与物流没有直接联系，但是如果没有在恰当的时候、恰当的地点、恰当的条件、恰当的费用下得到可供消费或生产的恰当物品，这两个效用都不可能实现。

4. 物流产业可促进区域经济发展

物流产业的兴起和发展可以进一步带来商流、资金流、信息流、技术流的聚集，降低区域经济的运行成本，使区域经济的增长方式由粗放型向集约型转变，促进以城市为中心的区域市场的形成和发展，加快区域经济结构和产业布局的合理调整，带动地区和区域经济的发展，如深圳市，据测算近年来深圳物流业增长率与 GDP 的增长率之比已经达1∶1.04，并且物流总量持续递增，对深圳地区经济增长的贡献十分显著，深圳市正在规划建设 23 个大型物流项目(其中 8 个物流园区),以促进批发市场的升级、仓储业的转型,以及转口贸易体系的建设等,提升深圳市整体经济实力和区域竞争力。因此,从区域经济发展来看,物流产业的促进作用是显而易见的。

阅读案例 1-2

物流费用与 GDP 比率继续下降,经济运行质量得到进一步提高

中华人民共和国国家发展和改革委员会、中华人民共和国国家统计局和中国物流与采购联合会今日联合发布了 2006 年全国物流业运行情况。通报显示,2006 年我国物流业发展成效显著,物流需求规模进一步扩大,物流投入加快增长,效益明显提高,物流业对国民经济发展的贡献率进一步提升,物流费用与 GDP 比率继续下降。

"我国每单位 GDP 产出需要 2.8 个单位的物流总额来支持。"中国物流与采购联合会常务副会长丁俊发表示,现代物流业对社会经济发展的支撑力继续增大。2006 年我国物流总额达 59.6 万亿元,按现价同比增长 24%,无论现价还是可比价增长率都明显高出同期 GDP 增长,是我国 2006 年 GDP 较快增长的一个基本保障。尤其是对工业生产、固定资产投资、进出口贸易三大需求快速增长的支撑作用更为明显。

我国物流业在保持高速增长的同时,社会物流总费用与 GDP 比率继续降低,经济运行质量得到进一步提高。据悉,2006 年,我国社会物流总费用超过 3.8 万亿元,同比增加 0.4 万亿元,增长 13.5%,而我国社会物流总费用与 GDP 的比率为 18.3%,比 2005 年再下降 0.2 个百分点。另据统计调查资料显示,2006 年我国物流外包增加、专业化程度提高,第三方物流进一步发展。其中,运输与仓储外包的增长速度达到了 10%~15%,企业运输业务委托第三方的比例达到 67.1%,比 2005 年同期提高 2.5 个百分点。物流业固定资产投资继续较快增长,物流业基础条件进一步改善,物流行业可持续发展能力得到增强。

资料来源:中华工商时报,2007-03-16。

1.2.2 物流对企业的作用与意义

对任何企业来说,生产/运作和营销都被视为两大基本职能部门,是企业实现赢利目标的核心。无论生产运作部门还是营销部门都需要来自物流管理部门的强有力的配合、支持。生产/运作、营销与包含在一体化的物流管理中的内部后勤、外部后勤、服务活动共同构成企业的基本活动,是企业增值活动的主要组成部分,也是企业竞争优势的核心来源。

1. 物流具有利润杠杆作用

对于大多数企业,尤其是制造企业来说,物流费用是企业运作过程中的一项重要支出,2002 年北美地区制造业企业物流成本占销售额的比重如表 1-1 所示。

表 1-1 2002 年北美地区制造业企业物流成本占销售额的比重

序号	成本项目	占比重/%	序号	成本项目	占比重/%
1	运输成本	3.15	4	行政管理成本	0.37
2	仓储成本	1.19	5	存货持有成本	1.74
3	订单处理/客服成本	0.39	6	物流总成本	7.36

由于物流成本所占比重大，会直接影响一个企业的经营效益，对企业的利润产生很大的影响。所以，物流成本的增减比销售额的增减对企业利润影响更大，人们通常称之为"利润杠杆效应"。物流的杠杆效应表明，1元物流费用的节省比1元销售收入的增加对组织利润的影响更大。对大多数的组织来说，销售收入的增加比物流费用的节省更加困难。这在成熟市场中表现更为突出，因为价格的下降经常会引起其他竞争者的反应，从而使整个行业的利润下降。

商品销售会伴随产生很多费用，如商品的成本和与物流有关的费用。利润是销售额减去总成本。因此，1元销售收入的增加并不会引起1元利润的增加。例如，如果某企业的净利润率是2%，则该组织仅仅能从1元收入中得到2分的税前利润。然而1元的物流费用的减少不需要花费销售费用和其他费用。因此，它意味着1元利润的增加。所以，物流费用的节省比销售收入的增加有更大的杠杆作用。

物流管理水平的提高可以挖掘企业潜力，降低总的经营成本；同时也可以提高客户满意程度，扩大销售，提高市场占有率，最终给企业带来利润的增加，成为企业重要的竞争优势。

2. 物流支持营销

营销理念是企业经营管理的哲学，它通过确定目标市场的需求，比竞争者更有效地提供物品或服务来实现组织的目标。例如，先前讨论的与效用的联系一样，产品或服务只有通过物流，在客户需要的时间和地点提供给客户才能使客户满意。实现客户满意的目的需要内部努力，以及供应商、最终消费者的合作。与此同时，物流与营销之间还存在着成本权衡的问题。图1.4总结了物流与营销组合的主要因素之间的成本权衡。

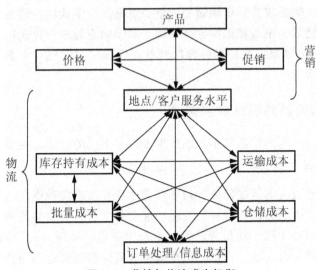

图1.4 营销与物流成本权衡

在图1.4中，营销目标是将资源配置到营销组合中，最大化公司的长期利润。物流目标是在客户服务目标给定的情况下最小化总成本，其中，总成本包括运输成本、仓储成本、订单处理和信息成本、批量成本及库存持有成本。

由于物流成本与营销服务之间存在着矛盾，所以，企业在依据营销预测需求组织生产和物流时要采用系统的方法实现物流目标。同时，对组织的中心目标（如实现长期利润最大化）的理解也很重要。如图1.4所示，做到这一点的主要途径是在可供选择的方案中进行权衡，以使得系统的总成本最小。

3. 物流支持企业生产/运作管理

物流支持生产管理（或称运作管理），也类似于支持营销。通常，生产/运作管理主要包括质量控制、详细的生产计划、设备维修、生产能力的规划等。这其中生产安排、工厂选址、采购也同时是物流管理的重要内容。因为生产安排一方面决定了生产周期的长短，机械设备、人员的使用情况，另一方面由生产直接引起企业对原材料、半成品的需求，生产完成之后的产成品管理引起的物料管理和配送管理是制造企业内部物流管理的两大组成部分。生产批量的大小将对原材料的采购频率、运输方式，原材料、半成品、产成品的库存策略起关键作用。从生产角度上说，工厂位置关系到生产中人力成本、与供货商之间的联系、企业与市场的联系，是企业战略的重要体现；从物流角度看，则影响原材料、产成品的运输成本，将来的库存策略，影响产品最终的总成本。企业选择的供货商所签订采购协议中贸易条件的使用、交易成本的大小会增加或减少采购成本，进而在生产上影响生产批量的选择、设备的使用，在物流管理上影响运输方式、库存策略，以及配送管理等各方面。

物流管理对作为企业核心的营销部门、生产部门都有重要影响，这种影响有可能是积极的，也有可能是消极的。物流管理一方面与生产、营销部门有共同的目的，从短期看使企业利润增加，长期看提高企业竞争力；另一方面作为不同的职能部门，物流与生产、营销部门有着不同的目标，在某些方面甚至有利益的冲突。例如，考核生产部门的指标之一是降低生产成本，多数情况下，要降低生产成本，大批量生产是重要途径，但它不适应用户需求的多样性和快速变化，同时大批量生产必然导致产成品库存增加，在其他条件不变时使物流成本增加。为适应目标市场做小批量、多批次、多营销渠道的调整会明显带来生产成本的上升，物流成本中运输成本也会增加。对于物流管理中出现的不同部门之间成本效益背反（Trade-off）现象，要协调各部门利益，以总成本的观点调整企业管理，这也是物流部门的重要职责之一。

1.2.3 关于物流的其他观点和学说

关于物流的作用不同的学者从不同的角度提出了不同的看法，主要有以下几个方面。

1. 商物分离学说

商流和物流都是流通的组成部分，两者结合才能有效地实现商品由供方向需方的转移过程。一般在商流发生之后，即所有权转移达成交易之后，货物必须根据客户的需要进行转移，这就导致相应的物流活动出现。物流是产生商流的物质基础，商流是物流的先导，两者相辅相成，密切配合，缺一不可。从全局来看商流和物流总是相伴发生，只有在流通的局部环节，在特殊情况下，商流和物流才可能独立发生。尽管商流和物流的关系非常密切，但是各自具有不同的活动内容和规律。商流一般要经过一定的经营环节来进行业务活动，而物流则不受经营环节的限制，它可以根据商品的种类、数量、交货要求、运输条件等，使商品尽可能由产地通过最少的环节，以最短的物流路线，按时保质地送到用户手中，以达到降低物流费用、提高经济效益的目的。

在现实经济生活中，进行商品交易活动的地点往往不是商品实物流通的最佳路线必经之处。如果商品的交易过程和实物的运动过程路线完全一致，往往会发生实物流路线的迂回、倒流、重复等不合理现象，造成资源和运力的浪费。物流正是在商物分离的基础上才得以被人们所认识的，物流科学也正是在商物分离的基础上才得以创立与发展的。在合理组织流通活动中，实行商物分离的原则是提高社会经济效益的客观需要，也是企业现代化发展的需要，其过程如图1.5所示。

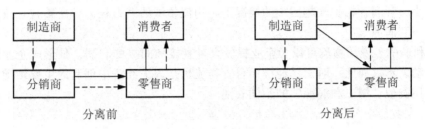

图 1.5　商流与物流分离

注：- - - →表示商流；——→表示物流。

2."物流冰山"与"黑暗大陆"学说

"物流冰山"学说是日本早稻田大学教授西泽修在研究物流成本时提出的。西泽修教授发现现行会计制度与计算方法不可能掌握物流费用的实际情况，人们对物流费用的了解有很大的虚假性，他将这种情况称为"物流冰山"，如图1.6所示。

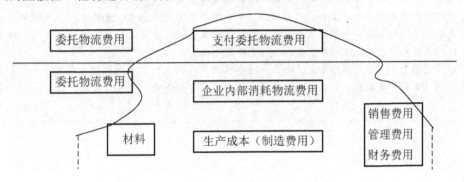

图 1.6　物流冰山

"物流冰山"说的含义是指人们对物流费用的总体内容并不掌握，提起物流费用大家看到的只是露出海水的冰山的一角，而潜藏在海水里的整个冰山却看不见，海水中的冰山才是物流费用的主体部分。一般情况下，企业会计科目中只将支付给外部物流企业的运输、储存等费用列入成本，实际这些费用在整个物流费用中确实犹如冰山的一角。因为物流基础设施建设、企业利用自己的车辆运输、利用自己的库房保管货物、由自己的工人进行包装装卸等费用都没列入物流费用科目内。一般来说，企业向外部支付的物流费用是很小的一部分，真正的大部分是企业内部发生的物流费用。

20世纪60年代，美国著名管理学家彼得·德鲁克指出，"流通是经济领域中的黑暗大陆"，"黑暗大陆"泛指流通。由于流通领域中物流活动的模糊性更突出，人们更认识不清，所以，"黑暗大陆"说法后来主要针对物流。因此，德鲁克认为物流是"降低成本的最后处女地"。由于企业间竞争非常激烈，生产领域成本下降的空间已经十分有限，所以，物流领域的成本控制成为企业在竞争中降低总成本的新契机。

3."第三利润源"说和利润中心说

(1)"第三利润源"说。它主要出自日本。从历史服务发展来看，人类历史上曾经有过两个大量提供利润的领域。第一个是资源领域，起初是靠对廉价原材料、燃料的掠夺获得，以后是依靠科技进步、节约消耗、整合利用、回收利用、人工合成资源而获取利润。第二个是人力领域，最初是靠廉价劳动力，以后是依靠科技进步提高劳动生产率，降低人力消耗，采用机械化、自动化降低劳动消耗从而降低成本，增加利润。在这两个利润源潜力越来越小、利润开拓越来越困难的情况下，物流领域的潜力被人们所重视，按时间序列排为"第三利润源"。

（2）利润中心说。物流可以为企业提供大量直接和间接的利润，是形成企业经营利润的主要活动。不仅如此，对国民经济而言，物流也是国民经济中创利的主要活动，是物流的这一作用类似"第三利润源"的不同表述。

阅读案例 1-3

沃尔玛的"第三利润源"

> 沃尔玛在全球第一个实现集团内部 24 小时计算机物流网络化监控，建立全球第一个物流数据处理中心，使采购、库存、订货、配送和销售一体化。例如，顾客到沃尔玛店里购物，然后通过 POS 机打印发票，与此同时负责生产计划、采购计划的人及供应商的电脑上就会同时显示信息，各个环节就会通过信息及时完成本职工作，从而减少了很多不必要的时间浪费，加快了物流的循环。在物流信息实时反应的网络条件下，物流各环节成员能够相互支持，互相配合，以适应激烈竞争的市场环境。这正是信息技术成为现代物流企业核心竞争力的典范。
>
> 可以肯定的是，物流并不会像生产企业一样直接创造利润，而是从内部缩减成本，在整体上达到提升利润的目标。沃尔玛的实践充分证明了物流成为继原材料资源、人力资源之后的企业"第三利润源"。

4. 物流成本中心说

物流成本中心说的含义是，物流在整个企业战略中只对企业营销活动的成本发生影响，物流是企业成本重要的产生点，因而解决物流的问题并不主要是为搞合理化、现代化，不主要在于支持保障其他活动，而主要是通过物流管理和物流的一系列活动降低成本。所以，成本中心既是指主要成本的产生点，又是指降低成本的关注点，物流是"降低成本的宝库"等说法正是这种认识的形象描述。

5. 物流效益背反说

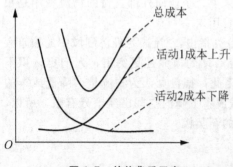

图 1.7 效益背反示意

物流效益背反说是说物流的若干功能要素间存在着重重矛盾，某一个功能要素的优化和利益发生的同时必然会存在另一个或另几个功能要素的利益损益，反之亦然，如图 1.7 所示。

在物流领域，效益背反这一现象尤为突出。例如，包装方面每少花一分钱，这一分钱就必然转到收益上来，包装费用越省，利润则越高。但是商品进入流通之后，如果节省的包装降低了产品的防护效果，就会导致储存、装卸、运输功能要素的工作劣化和效益大减。仓库里货物的高层堆码能够提高仓储设施利用率,但是降低了货物拣选等作业的效率。提高物流服务水平基本上是以增加物流成本为代价的。企业寻求的是物流的总体最优化,而不是各个功能要素的优化。

在认识效益背反的规律之后,物流科学也就迈出了认识物流功能要素这一步,进而寻求解决和克服各功能要素效益背反现象的方法。当然,或许也曾有过追求各个功能要素全面优化的意图,但在系统科学已在其他领域形成和普及的时代,科学的思维必将导致人们寻求物流的总体最优化。

6. 服务中心说

服务中心说代表了欧美等一些国家学者对物流的认识。这种认识认为,物流活动最大的作用并不在于为企业节约消耗,降低成本和增加利润,而在于提高企业对客户的服务水平,进而提高企业的竞争能力。因此,学者在使用描述物流词汇上选择了"后勤"一词,特别强调其服务保障的职能。通过物流的服务保障,企业以其整体能力来压缩成本、增加利润。

7. 物流战略说

物流成本中心学说没有将物流放在主要位置,尤其没有将其放在企业发展战略的主角地位,改进物流如果目标只是在于降低成本,这势必会影响物流本身的战略发展。物流战略说是当前非常盛行的说法,实际上学术界和产业界越来越多的人已逐渐认识到,物流更具有战略性,是企业发展的战略而不是一项具体任务。应该说这种看法将物流放在了很高的位置。企业战略是什么呢?是生存和发展。物流会影响企业总体的生存和发展,但物流战略不是为在哪个环节搞得合理一些,成本降低一些。而要着眼于企业总体,着眼于长远发展。于是物流本身的战略性发展也被提到议事日程上来。战略性的规划、战略性的投资、战略性的技术开发是近些年促进物流现代化发展的重要原因。物流战略的研究制定、物流管理活动的组织开展、物流职能与其他职能的相互协调必须有战略思想进行指导。物流战略思想在这里可归纳为以下几个方面。

(1) 物流战略论。从单纯的职能或技术角度认识物流影响了物流作用的发挥,从战略意义上看待物流可为企业带来实质性的利益。

(2) 物流优势论。物流成为企业的核心能力或差别化竞争优势的重要来源。有效的物流管理对降低成本、赢得并保持顾客,以及顾客满意方面的作用日渐突出。

(3) 物流价值论。物流在企业的价值链中占据重要地位,物流创造顾客的买方价值和企业的战略价值,物流服务具有增值性。

(4) 物流营销协同论。它包括两层含义:①企业的营销战略与物流战略必须密切配合;②企业物流活动过程本身是服务的过程,物流服务需要相应的营销手段。

将物流与企业的生存、发展联系起来的物流战略说的提出,对促进物流的发展有着重要意义。

1.3 物流管理概要

1.3.1 物流管理的定义

对于物流的定义具权威性的是 CLM 所定的"物流(Logistics)是供应链运作的一部分,

是以满足顾客要求为目的，对货物、服务和相关信息在产出地和消费地之间实现高效且经济的正向和反向的流动和储存所进行的计划、执行和控制的过程。"

从定义看，物流是一广泛范围的活动，涉及从一个商业到另一个商业过程及从制造商/配送商/零售商到最终消费者的半成品到成品的有效的移动。物流涉及商品和物料的产出点到消费点，甚至最终（回收、再利用）处理点的流动管理。物流不单单涉及制造业，还与零售商、批发商、银行等服务组织有关，还与政府、学校、医院等有关系。

我国国家标准（GB/T 18354—2006）中有关物流的定义是"物流（Logistics）是物品从供给地向接收地的实体流动过程，根据实际需要，将运输、储存、装卸、搬运、包装、流通加工、配送、信息处理等基本功能实施有机结合。"

我国国家标准（GB/T 18354—2006）对物流管理的定义是"物流管理（Logistics Management）是为了达到既定的目标，对物流的全过程进行计划、组织、协调与控制。"

由上可以看出，我国将 Logistics 分为物流和物流管理两个术语。物流定义主要是说明物流是将各种基本功能有机结合的一个物品的实体流动过程。物流管理则是从微观角度对物流运作过程的管理活动。

1.3.2 物流管理活动的组成

由于企业组织结构各异，其经营活动范围也各不相同，对物流的要求也不同。图 1.8 是一典型生产企业的物流管理结构。当物料在一条供应链中活动时，物流承担物料的运输仓储等职能，从这个角度看物流管理主要包括以下 9 个相互依赖的活动。

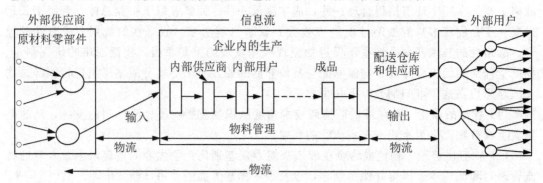

图 1.8 生产企业物流

（1）购买或采购。一个企业的物料流动一般是从向供应商发出订单开始。这意味着采购部门已找到了合适的供应商、谈判条款和条件，并已组织配送、安排保险和支付方式，以及其他为使物料顺利送到企业内的所有活动。在过去，这些活动被视为在办公室内处理的订货程序，而现在则被视为联系上游企业的重要桥梁并受到越来越多的关注。

（2）运输管理。物流的一个主要活动是实现物料或商品从起始地到消费点甚至是处理点的运输。运输管理需要选择运输方式（空运、水运、铁路、公路、管道运输）、寻找最好的运输公司、选择承运人、设计运输路线、调度车辆、选择设备、审核运价，以及确保货物安全和运送过程中的相关法律事宜，确保交货期和低成本等。这一过程会在第 4 章进一步阐述。

（3）仓储管理。仓储通过商品的保存来支撑时间和地点效用，仓储活动包括收货和储存管理。收货就是确保原材料按订单要求准确无误地送达，合理开具票据，接卸车辆，检验货物损失情况并将货物入库。储存管理就是将入库的货物定位,保管好这些货物直到按指令送出。许多原材料需要特别的保管条件,如冷冻食品、药品、进口保税的酒类、易挥发的化学品和动物、危险品等。仓储管理活动还要确保所存商品随时可根据订单快捷地送出,而当这些商品在仓库里时,应确保适宜的保管环境和正确的包装方式等。仓储管理活动主要有货物所有权、存货地点、仓库结构确定,仓库布局设计、运作管理等问题。这些内容将在第5章进一步描述。

（4）库存管理。库存管理主要是对为达到高服务水平而保有的库存水平与库存持有成本两者进行权衡。存货控制是为仓储活动制定一系列的政策,要考虑所需存入的各种原材料、资金占用情况、客户服务水平、存货水平、订购规模、订购时间等。第5章还将提及这方面的内容。

（5）物料搬运。物料搬运即装卸,它范围较广,是跨越交通部门和物流设施而进行的,发生在输送、保管、包装前后的商品取放活动,可以是一个工厂或仓库中所有原材料、在制品或成品的各种移动。因为物料每次移动或搬运都需要支出费用,所以,物料搬运的基本目标是尽可能地减少移动。它包括搬运设备选择、设备更新政策、如何减少搬运距离、装卸流程、存放和拣货工序、减少错误搬运损失等。第6章还将提及这方面的内容。

（6）包装。从物流角度看,包装在商品运输及储存过程中可以起保护作用。这在长途的多式联运、国际运输中显得尤为重要。恰当的包装设计可起到适合仓库布局、物料搬运设备和简化运输及存储的作用。包装设计中类型选择、确定包装尺寸、标志等时需要考虑商品特性、搬运、存储、防止灭失或损坏等因素。这些内容在第7章将进一步探讨。

（7）流通加工。流通加工是在流通阶段为保存而进行的加工或同一物品形态转换而进行的加工,具体包括切割、细分化、钻孔、弯曲、组装等轻微的生产活动。除此之外,还包括单位化、价格贴付、标签贴付、备货、商品检验等为使流通顺利进行而从事的辅助作业。如今,流通加工作为提高商品附加价值、促进商品差别化的重要手段之一,其重要性越来越突出。有关内容在第7章会有较详细论述。

（8）配送。配送是在整个物流过程中的一种既包含集货、储存、拣货、配货、装货等一系列狭义的物流活动,也包括输送、送达、验货等以送货上门为目的的商业活动。配送直接面对消费者,最直观地反映了供应链的服务水平。配送作为供应链的末端环节和市场营销的辅助手段日益受到重视。与配送相关内容将在第8章介绍。

（9）信息管理。伴随着物资的实物流动的信息流贯穿供应链的所有环节,它将贯穿供应链的所有环节,传递有关产品、顾客需求、所需移动的物品、时间、存货水平、可能性、成本、服务水平等相关信息。物流经理人员经常将自己描绘成信息的传递者而不是物资的搬运者。克里斯托弗指出,"供应链竞争力是建立在信息价值交换基础之上的"。CLM在其对物流的定义中着重强调实物流和信息流的融合,即物流就是为实现满足顾客需求的目标,实现对原材料、半成品和产成品及其相关信息从起始地到消费地有效率、有效益的流动,对存储进行计划、实施和控制的活动过程。

信息包括与商品数量、质量、作业管理相关的物流信息,以及与订、发货和货款支付相关的商流信息。随着计算机和信息通信技术的发展,物流信息出现高度化、系统化的发展势头。目前,订货、在库管理、所需品的出货、商品进入、输送、备货6个要素的业务流已实现了一体化。信息管理通过收集与物流活动相关的信息,使物流活动能有效、顺利地进行。信息管理包括信息搜集、数据分析、控制程序。有关内容将在第9章中介绍。

根据外部条件的不同,许多其他业务也可能包括在物流管理活动中。有时候一个企业的物流活动还可能包括销售预测、生产计划、顾客服务管理、退货处理、海外联络、第三方运作等各项活动。

1.3.3 物流管理目的与层次

1. 物流管理目的

从广义视角来看,物流管理的主要目的首先是尽可能使物料有效率地进入、经过和流出自己的企业。第二个目的就是促使整条供应链有效率地运转。过去,人们集中精力实现第一个目的,更多关注于其能够直接控制的物流过程的某些环节。现代物流管理期望的是企业都能够正确运作其物流活动,使物料在整个供应链运作中实现有效率的流动,从而实现第二个目的。对于第二个目的的实现,需要企业或组织间确实采用更有效的方式以实现相互合作。

管理人员的主要目的就是实现物流的有效流动,但是"有效"的准确意义是什么呢?对此,有几种答案,包括快速配送、低成本、减少浪费、快速反应、高生产率、低库存、无破损、无差错、高员工素质等。虽然这些都是很有价值的目标或一些现实指标,但不是真正目的。为了找到物流活动的真正目的,必须将它与企业更为宽泛的目标联系起来。

从本质上讲,每个企业的成功将依赖于顾客的满意程度。如果它不能满足顾客需求,从长期而言它就不可能生存,更不用说盈利及较高资产回报率等。因此,企业必须提供能够满足顾客需求的产品。但是,顾客是通过一系列因素来判断是否购买产品的。例如,当你购买一台空调时,需要确定它的功能、外观、购买的容易程度、等待的时间长短、价格昂贵程度,配送的空调规格是否正确、是否有破损,销售员的态度是否有礼貌等。这些因素中的某些因素主要取决于物流活动,如空调的可得性依赖于存货、配送的准时性依赖于运输、防止货物破损将依赖于良好的物料处理程序、价格也会受物流成本的影响。所以,可以依据顾客服务的水平来划分不同阶段的物流目标,以最佳的方式来组织物料的流动,让顾客得到的服务水平与其支付的成本相平衡,从而实现较高的顾客满意度,实现物流活动的真正目的。

2. 物流管理的3个层次

物流管理所进行的计划、执行和控制的活动,根据决策的着眼点不同,可以分成3个不同的层次:战略层次(Strategic)、策略层次(Tactical)、操作层次(Operational)。不同层次的物流管理所包含的活动内容不相同,各自的侧重点也不同。物流管理的3个层次如表1-2所示。

表1-2 物流管理的3个层次

决策类型	决策层次		
	战略层次	策略层次	操作层次
选址	设施的数量、规模和位置	库存定位	线路选择、发运、调度等
运输	运输方式选择	阶段性服务的内容	确定补货数量、时间
订单处理	选择、设计订单录入系统	处理客户订单的优先准则	分配订单

续表

决策类型	决策层次		
	战略层次	策略层次	操作层次
客户服务	设定标准		
仓储	布局、位置选择	阶段性空间选择	供应订货
采购	制定政策	洽谈合同、选择供货商	发出订单

战略层次的物流管理主要是从整个企业的宏观角度考虑，物流决策的内容往往将在很长一段时间对企业多数部门造成影响，所需投入的人力、资金也往往较大，决策人大多是企业最高层的经理，有的甚至要经董事会同意。策略层次影响的面要稍小，多涉及企业某一部门或相关的几个部门，影响时间也要较前者短，通常为几个月，决策多由部门经理根据企业的总体战略做出，在本部门内执行。操作层次是最低的一个层面，大多是具体工作人员根据本部门策略做出，影响力局限于当天或者某批次的产品。

1.4 我国物流发展

1.4.1 我国物流概念的引进

我国在20世纪80年代以前不存在有关"物流"的语词和概念，但构成"物流"的运输、仓储保管、包装、装卸的活动和词语是存在的，称之为储存运输或"储运"。

"物流"这一现代概念主要通过两条途径传入我国。一条是20世纪80年代随"市场营销"理论的引入而从欧美传入。因欧美市场营销教科书中都涉及"Physical Distribution"的介绍。另一条是从日本传入。20世纪50年代日本战后经济发展，需要流动的物资不断增加，只靠运输、仓储业难以应付。在流通领域产生了系统化思想，货物装卸要求综合处置。为了研究这个课题，当时的日本生产率本部以"流通技术"为调查主题派遣的赴美调查团带回了美国的"Physical Distribution（PD）"，PD最初被说成是"物理性流通"，又说成"物的流通"，1965年又简称"物流"。此后，日本物流改革的思想不仅渗透到产业界，同时还渗透到日本整个社会，推动日本经济起飞，创造了"日本奇迹"。

1979年6月，我国物资经济学会代表团赴日本参加第三届国际物流会议，回国后在考察报告中第一次引用"物流"这一术语。从此以后有关部门展开了物流研究。1989年4月，第八届国际物流会议在北京召开，"物流"一词的使用日益普遍。20世纪90年代以来物流概念开始在中国普及。

物流在我国的发展中先后出现两种物流知识体系，一种是20世纪80年代初，由我国参照日本的物流知识体系所定义的，日本的物流知识体系注重研究物流的活动及功能；另一种是20世纪90年代末引进到我国的欧美物流知识体系，欧美物流知识体系主要从管理的角度对物流进行了定义，物流作为企业主要的活动，管理得好坏将直接影响到企业经营，这种观点更加强调物流对客户服务的战略性意义。

1.4.2 我国物流发展的 3 个阶段

物流作为经济管理的一个基本领域、基本功能，是经济社会发展的产物，物流活动和物流管理在新中国经受了半个多世纪的洗礼，先后经历了计划经济下的发展阶段、有计划的商品经济下的发展阶段和在社会主义市场经济体制建立过程中的发展。

1. 计划经济下的物流

计划经济时期（建国初期至 1978 年），我国实行的是高度集中的计划经济体制，国家的整个经济运行处于计划管理之中。国家对各种商品，特别是生产资料和主要消费品，实行指令性计划生产、分配和供应，商品流通企业的主要职责是保证指令性分配计划的实现。

可以说，这个时期我国尚未有"物流"的概念，没有现代物流理念。资源分配和组织供应是按部门、行政区划进行的，物流活动的主要目标是保证国家指令性计划分配指标的落实，物流的经济效益目标被放到了次要位置。物流活动仅限于对商品的储存和运输，物流环节相互割裂，系统性差，整体经济效益低下。

2. 有计划的商品经济下的物流

有计划的商品经济时期（1978—1990 年），我国实行了"对内搞活、对外开放"的政策，宏观经济环境发生了变化，企业经营自主权增加，多种经济成分进入市场，国民经济步入高速发展时期。与此同时，中国的物资分配体制、商品流通体制、交通运输体制也发生了重大变化，政府逐步放开了对企业生产、物资、价格的管理。工业企业自主决定其原材料的采购和产品的生产与销售，商贸企业根据流通体制改革和物资供应方式的调整变化建设配送中心，开展商品物流配送服务，交通运输企业突破传统的观念，将业务范围向运输前后的两头延伸，货运代理企业作为托运人与承运人之间的桥梁与纽带，开办了代理货物托运、接取送达、订舱配载、联运服务等多项业务。物流活动已不仅仅局限于被动地仓储和运输，而开始注重系统运作，即考虑包括运输、仓储、包装、装卸、流通加工在内的物流系统化，推出了仓库一次性作业、集装单元化技术、自动化立体仓库、各种运输方式综合利用和联合运输等系统应用形式，用系统思想对物流全过程进行优化，使物流总费用降低，物流的经济效益和社会效益有所提高。

这个时期，国外先进的物流概念和物流管理方式开始进入我国，影响渗透着我国物流活动的各个领域。但是，我国还没有真正意义上的现代物流运作和物流企业。

3. 社会主义市场经济下的物流

社会主义市场经济时期是指 20 世纪 90 年代中期至今。1993 年，党的十四届三中全会通过了《关于建立社会主义市场经济体制若干问题的决定》，我国加快了经济体制改革的步伐，经济建设开始进入一个新的历史发展阶段。科学技术的迅速发展和信息技术的普及应用，消费需求个性化、多元化趋势的加强，竞争机制的建立，使得我国工商企业，特别是中外合资企业，为了提高竞争力，不断提出新的物流需求，我国经济界开始将物流发展提到了重要议事日程。国家逐渐加大力度对一些老的仓储、运输企业进行改革、改造和重组，使其不断提供新的物流服务，与此同时出现了一批适应市场经济发展需要的现代物流企业，逐步建立起专业化、现代化、社会化的物流服务网络体系。

这个阶段国民经济进入高速发展的时期，政府对物流行业开始重视，为加快发展物流业采取了一系列重要措施,"十五"计划将物流列入重点支柱产业。目前,我国已经在交通运输、仓储设施、信息通信、货物包装与搬运等物流基础设施和装备等方面取得了长足的发展,为现代物流发展奠定了必要的物质基础。物流园区、配送中心、商品代理配送制、第三方物流的发展使得物流产业呈现一片欣欣向荣的景象。随着买方市场的形成,企业对物流领域中存在的"第三利润源泉"开始有了比较深刻的认识,优化企业内部物流管理、降低物流成本成为目前我国企业最为强烈的愿望和要求。随着我国服务业的对外开放,国际物流公司一方面为其原有的客户——跨国公司进入我国市场提供延伸物流服务,如丹麦有利物流公司为马士基船运公司及其货主企业提供物流服务;另一方面,针对我国市场正在生成和发展的专业化物流服务需求提供服务,UPS、TNT等国际大型物流企业纷纷进入我国的快递市场,大量投资信息系统和本地网点建设,并推出适合我国的物流服务,从高端市场向中端市场渗透,国内物流市场呈现国际化竞争的局面。

1.4.3 我国物流业发展呈现的九大趋势

1. 物流业需求扩张与结构调整的趋势

党的十七大强调要加快转变经济发展方式,走中国特色新型工业化道路,实现产业结构优化升级。经济增长由主要依靠投资、出口拉动向依靠消费、投资、出口协调拉动转变,由主要依靠第二产业带动向依靠第一、第二、第三产业协同带动转变。经济发展的热点地区,国际上由发达国家向发展中国家转移,国内由东部沿海地区向中西部转移。这两个"转变"和"转移"必将推动物流业结构调整,主要表现为对物流需求"质"的提升大于"量"的扩张。

2. 企业物流社会化与专业化的趋势

在物流需求扩大,成本上升的压力下,越来越多的制造企业开始从战略高度重视物流功能整合。分离外包物流业务的行业已经从前几年的家电、电子、快速消费品等企业向钢铁、建材、汽车等上游企业扩展。外包的环节由销售物流向供应物流、生产物流、回收物流发展,由简单的仓储、运输业务外包向供应链一体化延伸。制造企业与物流企业将会加强深度合作,结成战略合作伙伴关系,我国物流社会化程度将会进一步提高。

企业物流的专业化趋势也相当明显。不少的企业,特别是商贸企业正在加大投资力度,强化自身物流功能,几乎所有大型连锁企业都在力图优化自己的专业供应链。一些具有强势品牌的生产企业,如海尔、联想、双汇等已发展了大批连锁专卖店,并相应发展自身的物流配送网络。制造企业对第三方物流提出了面向高端的物流服务需求,要求物流企业能够提供专业化的解决方案和运作模式。

3. 物流企业细分化与个性化的趋势

流通业的不同业态需要不同的物流服务模式。如果按照服务模式来分,可以将物流企业分为以下3类:通用服务型、专业配套型、基础平台型。

物流企业通过重组联合,市场集中度将提高。总体来看,一般性的服务、传统的运输和仓储服务明显供大于求。而供应链一体化的服务严重不足以满足特殊企业需要的个性化服务。农业物流呈现出双向、集中、对接的趋势。农产品进城、农资和日用工业品下乡要求建立沟通城乡、双向畅通的农村物流服务体系。农产品交易的组织化、集中化趋势明显。

物流企业个性化发展的趋势主要表现为传统服务的整合和专业化服务的创新。普通型的低端服务利润会越来越薄，而创新型业务、增值型服务和适合客户需要的特色服务将获得更大发展空间，专业化物流的发展会更加深入。制造、商贸企业对供应链管理的重视将会推动物流企业向专业领域渗透，加速与供应链上下游的联动。物流企业针对客户个性化的需求，大力发展增值型、创新型业务，自主物流服务的品牌价值越来越重要。

4. 物流市场竞争加剧、经营风险加大的趋势

一方面，我国物流需求方受"大而全"、"小而全"模式约束，大量的自营物流不能够转向社会化；另一方面，物流供给方"散、小、差、弱"，物流市场分割，再加上市场上出现了许多新的不确定因素，我国物流市场竞争加剧，风险加大的趋势还将继续。

行业竞争激烈，特别是运输、仓储等基础性普通服务，同行间"价格战"有增无减。油价不断攀升，经营成本持续上升。企业发展资金短缺，融资困难。操作性员工成本持续上升，稳定性下降，高端管理人才严重不足。现有的仓储能力已显不足，新建物流设施取得土地难度加大，所需费用大增。由于上述几方面的挤压，物流行业平均利润率进一步下降。有企业反映，物流企业平均毛利率已由 2002 年的 30% 降到 10% 以下。在运营成本持续上升，主营业务"要价"很难提高的情况下，市场主体重组"洗牌"的趋势将会加速，经营风险加大。

5. 区域物流集聚与扩散的趋势

区域物流集聚的"亮点"有：①围绕沿海港口形成的"物流区"，除传统的"广(州)、大(连)、上(海)、青(岛)、天(津)"等地以外，处于海峡西岸的厦门港、处于欧亚大陆桥最东端的连云港，特别是处于北部湾地区的"南(宁)、北(海)、钦(州)、防(城港)"等都有大的动作；②围绕城市群崛起的"物流带"，如成、渝地区的综改试验区，武汉周边的"两型社会"试点，辽宁中部城市群，黑龙江的"哈(尔滨)、大(庆)、齐(齐哈尔)"，湖南的"长(沙)、株(洲)、(湘)潭"等；③围绕产业链形成的"物流圈"，如青岛的家电，长春的汽车，上海的钢铁、汽车和化工等。

区域物流扩散的"热点"表现：①配合国家区域经济发展战略，东部沿海地区物流发展稳步提升，物流服务向中西部地区渗透和转移；②农产品进城和日用工业品及农用生产资料下乡推动的城乡"双向物流"带来现代物流方式由城入乡的扩散；③大量依靠国外进口的资源型企业由内地向沿海外迁，以优化产业布局，降低物流成本；④区域间物流合作逐步加强，特别是长三角、珠三角、环渤海、北部湾地区和海峡两岸的物流合作可望有实质性推动。

6. 物流基础设施整合与建设的趋势

我国物流基础设施已有相当规模。2010 年全国铁路营业里程达 9.1 万公里。根据《中长期铁路网规划》，铁路系统计划在北京、天津、上海等地建设 18 个物流中心。全国公路通车总里程达 357.3 万公里，其中高速公路 5.36 万公里。按照《国家公路运输枢纽布局规划》，将整合与建设 179 个国家公路运输枢纽。我国拥有 1 400 多个港口，各类生产性泊位 35 753 个，其中万吨级深水泊位 1 403 个，内河通航里程 12.3 万公里。2010 年我国境内民用航空(颁证)机场共有 175 个(不含香港和澳门)。

物流园区建设各地普遍制订了规划，已有一批投入运营。基础设施建设新格局对物流业产生深远影响。由于国家加大基础设施投资力度，促进了综合运输体系加快形成。一批客运专线建成投用，铁路运能将快速释放，为客货分线创造条件。高速公路网逐步形成，

公路运输格局将有新的调整。公路使铁路和水运集疏运功能进一步显现,多种运输方式衔接的联运、转运枢纽面临重新布局。

7. 国际物流"双向发展"的趋势

作为世界贸易大国和第二大经济体,我国的物流市场正在成为国外企业关注的重点、投资的热点。一些国际化的企业将加快并购国内企业,完善在我国的网络布局,国内物流网络逐步成为全球供应链网络的一部分。同时,随着全球化配置资源的推进和我国劳动力成本等方面优势的减弱,国外企业也会将产业转移的目标选择在其他的发展中国家。面临国际化竞争的我国物流市场,国内大型物流企业将加快资源重组,组建具有国际竞争力的企业集团,随着我国的产品和服务"走出去",物流业的国际化程度会进一步提高。

8. 物流信息集成化与移动化的趋势

公共信息平台在经过几年的探索后逐步走向成熟:①电子商务物流平台,2011年中国电子商务,全年交易规模达7.0万亿元,同比增长46.4%。其中针对企业级用户的B2B类电子商务交易额占比86.6%,针对个人消费者的B2C类电子商务交易额占比13.4%。钢铁、煤炭、粮食等大宗商品批发市场,以及新兴的电子商务企业利用电子商务平台信息技术发展的势头很猛。②物流园区信息平台,一种是在园区内建立信息平台,让进驻的企业共享信息,另一种是以园区复制的模式,即将成功的园区模式复制到其他区域,并开展联网经营。③电子口岸平台,可以实现一个门户入网、一站式通关服务、统一用户管理,为用户提供高品质、多功能、全方位的口岸通关服务。④政府监管物流平台。这几类信息平台在政府和企业双重推动下还会获得快速发展。网络运营商为寻找新的业务增长点,纷纷将服务和竞争的触角伸向物流信息化应用市场。中国联通推出了专业服务品牌——"物流新时空",中国移动推出了物流行业移动信息化解决方案,中国联通以供应链管理系统为核心,定制整合成物流行业解决方案,中国电信推出"一站式"服务,利用信息技术改造传统物流。移动与物流的结合显示了物流信息化的新趋势。

9. 物流发展的政策环境更加宽松的趋势

2008年3月,国务院办公厅发出《关于加快发展服务业若干政策措施的意见》,提出了促进服务业发展的具体政策措施。政府有关部门将会按照党中央、国务院的要求,加大对物流业的政策支持力度:①中华人民共和国发展和改革委员会正在研究提出推动物流业与制造业联动发展的政策措施;②商务部已经出台《关于加快流通领域现代物流发展的指导意见》;③各有关部门将会研究解决物流企业发展中遇到的交通、税收、土地和融资等现实问题,新一批物流企业营业税差额纳税试点企业将获批;④有关部门将会继续推进铁路、公路、民航、水运等基础设施建设,特别是综合运输体系和物流信息化建设;⑤进一步研究打破区域间的市场壁垒,推进区域间物流合作;⑥重点领域、重点行业和重点品种的物流发展将会得到政策扶持;⑦物流标准、统计、人才教育培训及理论研究等行业基础性工作,物流企业信用等级评价体系将会进一步完善。2009年物流又列入国家十大产业振兴计划,这些都体现国家对物流发展的政策环境更加宽松的趋势。

本 章 小 结

现代物流概念产生于19世纪末20世纪初的美国。由动因的不同出现了实物分配(Physical Distribution,PD)和后勤(Logistics)。因Logistics的概念较PD概念宽广、连贯、有整体性，20世纪80年代以后，Logistics 一词逐渐替代了PD。目前，Logistics 已成为世界公认的物流的标准用语。

20世纪50年代以来有关物流利润源、价值论、成本论等理论的发展，物流进入了发展黄金阶段；20世纪60年代为迎合消费者的多样化、差别化、个性化需求，而采用多样、少量的生产方式，随之产生高频度、小批量的配送需求。20世纪80年代，经济全球化趋势下企业间竞争压力越来越大，同时提出有关竞争优势、核心竞争力概念，且物流外包使企业能利用可用的最好的物流提供者来满足需求。准时制生产、快速响应战略、有效客户响应、分销资源计划等许多新管理方式和技术的运用是提供准确、及时的物流服务的基本前提和根本保障。计算机技术、通信、网络技术的发展为物流发展提供了强有力的支持。

物流经济活动是社会再生产过程的一个重要方面，物流产业是国民经济的基础产业，是国民经济与其他产业的联系纽带，物流业与百姓生活息息相关，物流可创造时间、地点、形式效用价值，促进区域经济发展作用；物流对企业来说具有降低成本、支持营销和生产/运作的作用。

物流是供应链运作的一部分，是以满足顾客要求为目的，对货物、服务和相关信息在产出地和消费地之间实现高效且经济的正向和反向的流动和储存所进行的计划、执行和控制的过程。当物料在一条供应链中活动时，物流承担物料的运输、仓储等职能。物流管理主要包括服务客户、采购、运输管理、仓储管理、包装、物流信息管理、库存管理等活动。物流管理的目标是以使顾客得到的服务水平与其支付的成本相平衡，获得较高的顾客满意度，从而实现物流活动的真正目的。

物流管理的目的是尽可能使物料有效率地进入、经过和流出组织及促使整条供应链有效率地运转。物流管理所进行的计划、执行和控制的活动根据决策的着眼点不同，可以分成3个不同的层次：战略层次(Strategic)、策略层次(Tactical)、操作层次(Operational)。不同层次的物流管理所包含的活动内容不相同，各自的侧重点也不同。

我国物流20世纪90年代末进入快速发展阶段，目前，我国已经在交通运输、仓储设施、信息通信、货物包装与搬运等物流基础设施和装备等方面取得了长足的发展，为现代物流发展奠定了必要的物质基础。物流园区、配送中心、商品代理配送制、第三方物流的发展使得物流产业呈现一片欣欣向荣的景象。

 关键术语

| 物流 | 物流管理 | 物流一体化 | 宏观物流 | 微观物流 |
| 物流效用 | 效益背反 | 商物分离 | 第三利润源 | |

复习思考题

一、选择题

1. 物流概念最早起源于20世纪初的（　　）。
    A. 美国　　　　　B. 日本　　　　　C. 德国　　　　　D. 英国
2. 当（　　）成为物流学科的代名词，这标志着物流科学开始走向成熟。
    A. "PD"概念　　　　　　　　　　B. 以"Logistics"取代"PD"
    C. 外部一体化　　　　　　　　　D. 供应链管理时代

3. 物流的价值表现在其可创造（　　）。
   A. 时间效用、空间效用　　　　　　B. 时间效用、所有权效用
   C. 空间效用、场所效用　　　　　　D. 使用权效用、流通效用
4. "第三利润源"是通过（　　）获得利润的。
   A. 资源领域　　　　　　　　　　　B. 资本领域
   C. 人力领域　　　　　　　　　　　D. 流通领域
5. 物流服务水平与物流成本的关系（　　）。
   A. 没有关系　　B. 成正比　　C. 成反比　　D. 不好确定
6. 物流中两个关键性的功能是（　　）。
   A. 运输配送、装卸搬运　　　　　　B. 运输配送、仓储保管
   C. 装卸搬运、流通加工　　　　　　D. 物流信息、流通加工
7. 从广义视角看，物流管理的主要目的是（　　）。
   A. 在物流成本最低情况下提供的服务水平最高
   B. 即能快速反应又使物流成本低
   C. 尽可能使物流活动有效率及整条供应链有效率地运转
   D. 快速地提供高水平物流服务

二、简答题

1. 现代物流的内涵是什么？
2. 试对物流管理在企业中的作用进行简述。
3. 什么是效益背反？试以实例说明物流活动中存在的效益背反现象。
4. 物流管理活动的组成内容有哪些？
5. 简述决策角度不同层次的物流管理的内容和侧重点。

三、分析应用题

1. 从物流发展的不同阶段分析推动现代物流发展的影响因素。
2. 试就近几年出现的"中国物流成本高致使商品价格畸高"现象上网收集相关资料并分析探讨原因。

四、案例分析题

中邮一体化物流服务打造品牌形成特色

基于供应链服务的"一体化合同物流"是现代物流领域的制高点，是体现物流供应商物流服务水平的标志性业务。它是根据客户个性化需求，定制从订单处理、运输、仓储、配送，到库存管理、流通加工、信息服务、退货处理、代收货款等端到端的一体化物流解决方案，是以个性化解决方案为特征的综合性合同物流服务，具有业务规模大、个性化需求突出、涉及客户供应链多个环节、全程实施项目管理等特点。

中邮物流自成立以来就将发展高端"一体化合同物流"业务作为经营工作的重点，将国内一体化合同物流领域的领先企业作为自身奋斗的目标。中邮将一体化发展的重点放在了高科技、快速消费品、汽车零配件、医药等行业。这些行业的产品和物流需求体现了"一多、两高、三小"的特点，即多批次、高时效、高附加值、小批量、小体积、小重量，符合邮政现有资源、网络的特点，有利于其优势的充分发挥，既可以确保项目运作的成功，又有利于形成"技术壁垒"。

在业务开发上，中邮物流以世界500强企业和国内行业领先企业为重点客户，与国际跨国物流企业同台竞技，积极参与高端物流市场竞争。中邮物流结合邮政特点，积极建立"总部—省—地"三级团队联动的营销模式，并形成了一整套包括营销、方案策划、投标、试运行和全面运作等过程的业务开发和

运营模式。以基础物流服务为突破口，逐步拓展业务范围和服务内容。中邮物流利用邮政网络覆盖城乡的优势，积极为客户提供具有比较优势的代收货款、网点投交、家居配送等服务，以此赢得客户信赖。除此之外，还充分利用中国邮政综合计算机网和金融网络，逐步建立起完善的物流信息系统和电子商务系统，为企业提供订单处理、网上支付、库存管理、在途跟踪，以及运行绩效监测、管理报告等综合性的供应链管理与资金流相结合的一体化服务。

几年来，中邮物流通过不断摸索和实践，已初步总结和形成了为客户提供基于实物流、信息流和资金流"三流合一"，具有邮政特色的供应链物流服务模式。其服务内容包括供应物流、销售物流、售后服务物流、逆向回收物流等一系列供应链服务，服务功能涵盖区域配送中心管理、供应商库存管理、运输配送、网点投交、代收货款、仓单质押、信息系统对接等多个环节。经过了几年的努力，中邮物流与国际知名物流企业的"同台竞技"，邮政物流的市场开发、项目运作能力和水平都有了较大提升。在商务沟通、流程设计、指标提升、信息化、财务结算等方面逐步与国际标准接轨。目前，中邮物流不仅拥有以世界 500 强企业和国内行业领先企业为主体的一大批核心客户群体，而且服务区域已经延伸到了境外。

资料来源：丁小龙. 现代物流管理学［M］. 北京：北京大学出版社，2010：277.

根据以上提供的资料，试作以下分析：

1. 什么是中邮物流一体化物流解决方案？
2. 中邮物流一体化物流制定的理论依据是什么？
3. 一体化物流服务推出后为什么能得到客户和业内的广泛认可？

第 2 章　供应链管理

【本章知识架构】

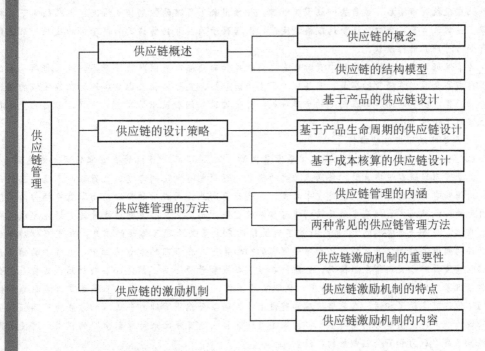

【本章教学目标与要求】
(1) 全面理解供应链的概念，了解供应链的链状结构模型和网状结构模型。
(2) 理解功能性产品和创新性产品特征及有效性供应链和反应性供应链的特征。

(3) 理解产品不同生命周期的特点，学会采用不同类型的供应链与之匹配。
(4) 了解供应链成本结构，知道基于成本核算的供应链设计方法。
(5) 理解供应链管理的概念、目标及基本思想。
(6) 熟悉 QR 和 ECR 两大供应链管理方法。
(7) 理解供应链激励机制的特点和内容。

百丽打造"按需运转"供应链

步入 21 世纪，为顺应服装市场"小批量、多品种、多规格"的竞争方向，百丽打造了一条"极速供应链"，其如齿轮般处处同消费者的需求紧紧咬合。

1. 将需求渗透至生产

为最大程度顺应消费者的个性化和时尚化需求，百丽每个自主品牌每个季度平均要推出 300~400 款新鞋样式，各个品牌的设计图纸在诞生后会被带到订货会上，由接到订单的各品牌货品部与工厂接洽负责下订单和补单。同时，为了能够从供应链后端发力，减少环节，避免浪费和增加速度，以支持零售端很好地迎合市场，百丽采取了与其他品牌外包制造截然不同的做法。例如，百丽 2006 年开始投资 5 亿元人民币兴建百丽工业园，将制造掌握在自己手里使得百丽可以采取措施加快生产速度，百丽的一款鞋从生产到上架，最快只有二十多天。

为了有效地控制库存，百丽任何一款产品的首批订单永远都是 50%，其余的单子会结合市场的反馈通过补单的方式来完成，销售情况的回馈由各货品部的产品经理来完成。百丽各品牌的设计师会在第一批货投放到市场后，亲自去一线调查跟踪，并预测余下品牌的预期销售情况，再在每周下达补货订单。当然，百丽不会白白浪费这段快速反馈，根据鞋子的实际销售情况和消费者的反应，来决定是否和如何对产品进行改款。

为了保证消费者总能在店铺中及时地看到新款式和新商品，百丽取消了产品的成品仓库，也就省去了成品仓库拿货提货的环节。产品从工厂生产出来后，直接装箱发送到各地，在各区域的配送中心开始汇集，所有的品牌都在同一的仓库存放，并通过统一的物流中心发货。这样，百丽的产品在流通上实现了快速直达。

2. 零售终端不仅仅"零售"

从 1995 年开始，百丽就开始尝试发展零售网络。仅 2007 年，百丽的直营零售网点便达到 6 143 家。关于百丽渠道建设中直营零售网点为主的情况，百丽也有自己的考虑。在百丽的急速供应链体系中，对消费者需求的反馈和把握是重中之重，也是百丽商业模式成功的命脉，而零售终端作为与消费者接触的一线阵地，自然肩负着反馈消费者需求的重任，而显然只有直营网点才能更好地完成这一任务。当然，在每一个终端的 IT 系统虽然不能反馈回来大量关于顾客体验的信息，却能够帮助百丽实现产品的快速流转和信息反馈，从而增强顾客的购物体验。在百丽的零售终端中，电脑中的销售系统能够让售货员对每天新货配送情况，如鞋的数量、款式和号码一目了然。而在打烊后，售货员也会把销售情况录入到 IT 系统里，进行补单、调配货的工作，这使得百丽的每一个终端零售店面都与供应链的其他环节实现了相通。在零售终端的建设上，百丽整合旗下资源打包进入的方式为百丽获得了很强的议价能力，百丽能够同商场实现"按照每月销售收入的百分比来计算租金"的模式，这使百丽极大降低了库存压力和资金链断裂的风险。

除了建设官方自营网站外，百丽还在国内某最大的 C2C 平台和 B2C 平台分别开设了运动店、时尚店和商城店，除了利用网络拓展直销渠道外，百丽也非常重视在网络上的消费者反馈。例如，在百度贴吧百丽吧，经常可以看到百丽的工作人员在贴吧中收集消费者的意见和宣传企业，这与某些品牌的贴吧无相关企业进行管理而成了消费者用来抒发怨气的平台形成了鲜明的对比。可以预见的是，在未来，网络必然成为百丽供应链提速的生力军。

资料来源：www.china.wuliu.com.cn.

讨论及思考：
1. 分析消费者的需求是如何融入百丽供应链的构建的？有何特色？
2. 百丽的供应链是如何实现物流、信息流、资金流三流合一的？
3. 谈谈你对服装业供应链未来发展趋势的看法。

自人类有了商业活动以来，供应链管理的行为就客观存在，但是作为一种管理思想，它产生于20世纪80年代，并在最近几年受到广泛重视。供应链管理改变了企业竞争方式，将单个企业竞争转变为由核心企业、供应商、制造商、批发商、零售商及客户所形成的供应链联盟的竞争，是企业赢得竞争优势的重要源泉。2001年，《财富》杂志将供应链管理列为21世纪企业最重要的四大战略资源之一。2005年，有着40多年历史的CLM正式更名为美国供应链管理专业协会（Council of Supply Chain Management Protessionals，CSCMP），标志着全球物流开始进入供应链时代。

2.1 供应链概述

2.1.1 供应链的概念

一般来说，现代社会人们的生产和生活所需的物品，都要经过最初的原材料生产、零部件加工、产品装配和分销，最终才能进入消费的过程。这个过程既有物质形态的产品的生产和消费，也有非物质形态（如服务）产品的生产（提供服务）和消费（享受服务）。它涉及原材料供应商、产品制造商、产品销售商、运输服务商和最终用户等多个独立的厂商及其相互之间的交易，并因此形成物流/服务流、资金流和信息流，最后到达消费者手中。客户需求是供应链的驱动因素，一条供应链正是从客户需求开始，逐步向上延伸的。

如图2.1所示，一条供应链中，每一个企业都构成一个节点，上游企业根据下游企业的需求向下游企业提供产品或服务，节点企业之间构成供需关系，并形成交易，由此形成环环相扣的链条。这种由多个节点构成的企业业务流程网络就叫做供应链（Supply Chain），可以说，供应链正是在上下游企业之间存在的这种供需关系中形成的。

我国国家标准GB/T 18354—2006对供应链的定义是"生产及流通过程中，涉及将产品或服务提供给最终用户所形成的网链结构"。华中科技大学马士华教授将供应链定义为"围绕核心企业，通过对信息流、物流和资金流的控制，从采购原材料开始，制成中间产品以及最终产品，最后由销售网络把产品送到消费者手中的将供应商、制造商、分销商、零售商直至最终用户连成一个整体的功能网链结构"。从以上这些定义看，供应链涉及的不仅是采购、生产、配送等供给方，顾客、最终用户等需求方也被不同程度的提及，表明"供应链"不仅包含"供应"，也包含"需求"。"供应链"这个概念，会使人们简单地只想到物流、仓库、运输等物料的单方向供应过程，这只是Logistics（后勤体系）的内容。因此，国内外不少学者又提出了"需求链"和"供需链"等相关概念。

"需求链"是指从企业的销售开始，到客户、客户的客户，直至销售终端和消费者所形成的一条销售和服务链。其重点是更好地满足市场需求，对下游进行管理。"需求链"

虽然以顾客"需求"为中心，但还是要与"供给"同步，还是离不开原材料、生产、批发、零售等"供给"环节，"需求链"中的"客户、客户的客户"之中的前者也都是后者的供方。这表明"需求链"不仅包含"需求"，也包含"供给"。

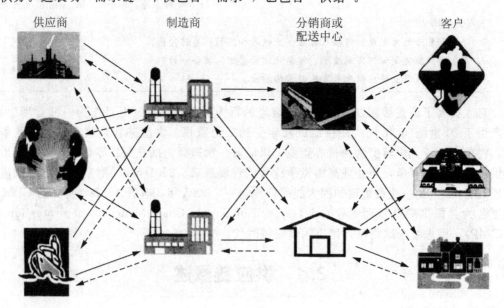

图 2.1　供应链运作示意

注：──▶表示物流；‑‑‑▶表示需求信息流。

美国运营管理协会（American Production and Inventory Control Society，APICS）对供需链的解释是"供需链是一种具有生命周期的流程，包含物料、信息、资金和知识流，其目的是通过众多链接在一起的供应商提供产品和服务，满足最终用户的需求。""供需链"可以包括供应链和需求链，供应链集中精力于供应的集成、对上游的管理；"需求链"集中精力于需求的集成、对下游的管理。

"价值链"是哈佛大学商学院教授迈克尔·波特（Michael Porter）于 1985 年提出的概念，波特认为，"每一个企业都是在设计、生产、销售、发送和辅助其产品的过程中进行种种活动的集合体。所有这些活动可以用一个价值链来表明。"波特的"价值链"理论揭示，企业与企业的竞争，不只是某个环节的竞争，而是整个价值链的竞争，而整个价值链的综合竞争力决定企业的竞争力。

可见，价值链并不是孤立的存在于一个企业内部，而是可以进行外向延伸或连接。当若干企业辨清自身的价值链并实现一体化连接后，供应链便形成了。

2.1.2　供应链的结构模型

供应链是围绕核心企业的供应商、供应商的供应商、客户及客户的客户组成。一个企业就是一个节点，节点企业与节点企业之间是一种供需关系。为了有效指导供应链的构建和设计，了解和掌握供应链结构模型十分必要。

1. 链状结构模型

如图 2.2 所示，模型Ⅰ是一种最简单的静态模型，表明供应链的基本组成和轮廓概貌。产品从供应源（自然界）到需求源（用户）经历了供应商、制造商和分销商三级传递，并在传递过程中完成产品加工、产品装配形成等转换过程，被用户消费掉的最终产品仍旧回到自然界，完成物质循环。

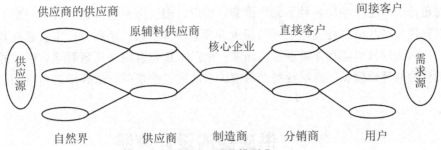

图 2.2　链状模型 Ⅰ

模型 Ⅱ 是对模型 Ⅰ 的进一步抽象，它把商家都抽象成一个一个的点，成为节点，并用字母和数字表示。节点以一定的方式和顺序联结成一串，构成一条图形上的链条。产品的最初来源（自然界）和最终去向（客户）都被隐含抽象掉了。从供应链研究便利的角度来讲，模型 Ⅱ 便于对供应链中间过程的研究，如图 2.3 所示。

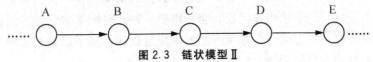

图 2.3　链状模型 Ⅱ

在模型 Ⅱ 中，如果定义 C 为制造商时，可以相应地认为 B 为一级供应商，A 为二级供应商，而且还可以定义三级供应商、四级供应商……同样地，可以认为 D 为一级分销商，E 为二级分销商，并依次地定义三级分销商、四级分销商……一般地讲，企业应尽可能地考虑多级供应商或分销商，这样有利于从整体上了解供应链的运行状态。

2. 网状结构模型

从图 2.4 可以看出，供应链实际上不是链状的，而是网状的、复杂的。它是一个"供应"和"需求"的网络，在这个网络中，企业可以有许多供应商，也可以有许多用户。

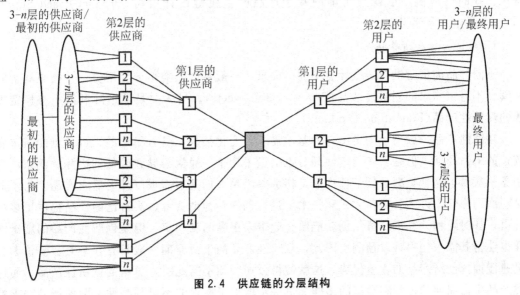

图 2.4　供应链的分层结构

注：▨ 表示核心企业；□ 表示核心企业供应链中的成员企业。

现实中产品供需关系是十分复杂的，供应链中任一节点企业会与多个节点企业发生直接或间接的交易关系。另外，企业常常不仅仅参与一个供应链，而且在不同的供应链中担当不同的角色，加上市场的各种不确定因素，所以，现实中的供应链比理论上更复杂、更令人难以捉摸。网状模型在理论上可以涵盖世界上所有厂家，把所有厂家看成是其中的一个节点，并认为这些节点存在着联系。通常一个厂家仅与有限个厂家联系，但这并不影响对供应链模型的理论假设。网状模型对供应关系的描述性很强，适合于对供应关系的宏观把握。

2.2 供应链的设计策略

构建和运行一个有效的供应链对于每一个企业都是至关重要的，因为它可以提高企业对用户的服务水平，达到成本和服务之间的有效平衡。但是供应链也可能因为设计不当而导致浪费和失败。因此，正确设计供应链是实施供应链管理的基础。

在许多情况下，如同企业运作也会出现机能紊乱的情况一样，供应链的各个环节之间也会出现对抗的关系。为了解决该问题，企业需要一种战略框架来设计合适的供应链。本章讨论供应链设计的3种方法，即基于产品的供应链设计、基于产品生命周期的供应链设计、基于成本核算的供应链设计。

2.2.1 基于产品的供应链设计

美国教授L·费舍尔(L. Fisher)提出了一种战略框架，能够帮助企业理解其产品的需求本质，并能够帮助企业重整供应链以更好地满足需求。他认为供应链的设计要以产品为中心，供应链的设计首先要明确用户对企业产品的需求，产品寿命周期、需求预测、产品多样性、提前期和服务的市场标准等都是影响供应链设计的重要问题。必须设计出与产品特性一致的供应链，也就是所谓的基于产品的供应链设计策略(Product-Based Supply Chain Design, PBSCD)。

1. 产品类型与功能特征

不同产品类型对供应链设计有不同的要求。一般将产品类型分为两类：一类是高边际利润、不稳定需求的创新性产品(Innovative Products)；另一类是低边际利润、有稳定需求的功能性产品(Functional Products)。

功能性产品一般用于满足用户的基本需求，变化很少，具有稳定的、可预测的需求和较长的寿命周期，但是，其稳定性同时也引进了竞争，通常会导致较低的边际利润率，日用品一般属于这种类型。创新性产品是指那些满足人们基本需求以外的需求产品。为了避免利润的降低，许多公司在款式和技术上进行创新，为消费者购买自己的产品提供更多的理由，如时装和计算机。虽然创新能给企业带来更高的利润率，但是创新性产品的新奇同样也使得其需求变得难以预测。因此，创新性产品的生命周期一般只有几个月。模仿者会迅速侵蚀掉创新产品的竞争优势，这就使得公司必须不断地引入更新的创新性产品。而这类产品生命周期的短暂和类型的多样又进一步增加了需求的不可预测性。两种产品需求特征的比较如表2-1所示。

表2-1 产品需求特征的比较

需求特征	功能性产品	革新性产品
需求预测	可预测	不可预测
产品生命周期/年	>2	1~3
边际贡献/%	5~20	20~60
产品多样性/种	低（10~20）	高（数以千计）
平均预测失误率/%	10	40~100
平均缺货率/%	1~2	10~40
季末降价率/%	0	10~25
按订单生产的提前期	6~12个月	1~14天

2. 有效性供应链和反应性供应链

以上两类产品特点的不同，决定了两类产品需要完全不同的供应链。要理解这一点，必须认清供应链的两种完全不同的功能：物理功能和市场调节功能。

供应链的物理功能是指将原材料转变成零部件直到最终产品，并将这些产品从供应链的一个环节运送到下一个环节。物理功能的成本主要包括生产、运输和持有库存的成本。功能性产品需求的可预测性使得市场调节相对容易，因为很容易就能实现供应量和需求量的良好匹配。因此，功能性产品的生产企业就可以把更多的注意力集中在降低物理成本上。考虑到大多数功能性产品对价格的敏感度，这一点就尤为重要。对于这些企业，协调供应链中物流供应商、制造商和零售商的行动的信息流就至关重要。这些信息使得企业能够以最低的成本来满足可预测的需求。

供应链的市场调节功能的目的是对未预知的需求做出快速反应，确保到达市场的产品种类和顾客需要购买的产品种类相符，以免发生过量库存的成本或丧失销售的机会。市场调节功能的成本来自两个方面：①当供应量超过市场需求量时，产品降价出售带来的损失；②当供应量小于市场需求量时，因丧失销售机会而导致的客户不满。创新型产品难以预测的市场反应增加了供应短缺或供应过度的风险，较高的利润率和用来扩大市场份额的前期销售的重要性也提高了短缺的成本，短暂的产品生命周期又增加了产品落伍的风险以及过量供应的成本。因此，市场调节成本成为该类产品成本的主要方面。此时企业最重大的决策，不再是如何降低成本，而是供应链的哪一个环节设立库存和备用生产能力以应付突然发生的需求。因此，应根据生产速度和生产柔性来选择供应商，而非价格因素。

按照供应链的两种不同功能，分别有两种类型的供应链与之对应：有效性供应链（Efficient Supply Chain）和反应性供应链（Responsive Supply Chain）。有效性供应链和反应性供应链的比较如表2-2所示。

表2-2 有效性供应链和反应性供应链的比较

比较项目	有效性供应链	反应性供应链
基本目标	以最低的成本供应可预测的需求	快速响应不可预测的需求，使缺货、降价、废弃最小化
生产方面	保持较高的平均利用率	配置多余的缓冲能力

续表

比较项目	有效性供应链	反应性供应链
库存策略	实现高周转,使链上库存最低	合理配置零部件或成品的缓冲库存
前置期	在不增加成本的前提下压缩前置期	积极投资以缩短提前期
供应商选择依据	主要根据成本和质量	主要根据速度、柔性和质量
产品设计策略	最大化绩效和最小化成本	使用模块化设计尽可能减少产品差异化

3. 供应链设计策略

在分析了产品和供应链的特性后,不难设计出与产品需求一致的供应链,如图2.5所示。

	功能型产品	创新型产品
有效性供应链	匹配	不匹配
反应性供应链	不匹配	匹配

图 2.5 供应链设计与产品类型策略矩阵

策略矩阵的4个元素代表4种可能的产品和供应链的组合,从中可以看出产品和供应链的匹配特性,管理者可以根据它判断企业的供应链流程设计是否与产品类型一致,就是基于产品的供应链设计策略:有效性供应链流程适于功能型产品,反应性供应链流程适于创新型产品,如果发现有问题则需要及时地修正。

若用有效性供应链来提供功能型产品,可采取如下措施:①削减企业内部成本;②不断加强企业与供应商、分销商之间的协作,从而有效降低整条链中的成本;③降低销售价格,这是建立在有效控制成本的基础之上的,但一般不轻易采用,需要根据市场竞争情况而定。

用市场反应性供应链来提供创新型产品时,可采用如下策略:①通过不同产品拥有尽可能多的通用件来增强某些模块的可预测性,从而减少需求的不确定性;②通过缩短提前期与增加供应链的柔性,企业就能按照订单生产,及时响应市场需求,在尽可能短的时间内提供顾客所需的个性化的产品;③当需求的不确定性已被尽可能地降低或避免后,可以用安全库存或充足的生产能力来规避其剩余的不确定性,当市场需求旺盛时,企业就能尽快地提供创新型产品,从而减少缺货损失。

尽管理论上很容易得出有效性供应链匹配功能性产品,反应性供应链匹配创新型产品,但在实践中,不匹配的现象时有发生,这并不是源于管理者的判断失误,而是由于市场行情、客户需求、企业经营状况等因素的影响,使匹配和不匹配只能是相对而言的。一方面,原本匹配的产品和供应链可能变成不匹配,如随着时间的推移,创新型产品被模仿变成功能型产品后就会相应变成不匹配;另一方面,原本不匹配的产品和供应链也可能变成匹配的,如企业在市场信息缺乏,不知竞争对手已经推出相同产品的情况下,误认为自己刚刚开发的功能型产品是创新型产品而错误的使用反应性供应链,某些功能型产品对那些谨慎保守的顾客来说具有创新型特征,但企业却使用功能型供应链而表现出的不匹配。

阅读案例 2-1

上海通用汽车公司的 3 条供应链

上海通用汽车公司的业务构成：①第 1 块也是最大的一块是整车业务，整车配送的供应链包括将成品车发送给全国各地的经销商；②第 2 块是向经销商及维修中心发送汽车零配件；③第 3 块则是它的泛亚汽车设计中心。

对于其第 1 块业务，考虑到整车的库存、发送、运输等环节经过多年的发展已经比较成熟，而汽车制造的利润日趋降低。因此，从提高效率、降低成本的角度出发，公司对整车物流采用了高效率的供应链，将这一块业务主要外包给安吉天地汽车物流有限公司；而在汽车维修零部件的配送方面，考虑到售后服务的质量不仅直接影响自己的品牌形象，而且也是可持续性提高营收的新渠道，对于客户要求一定要作出快速、准确的反应，因而将零部件的供应链采用快速反应性供应链；最后，其设计中心是企业取得市场领先地位的灵魂，如何根据市场变化进行及时灵敏的反应是供应链的关键，因而需要创新供应链。

2.2.2 基于产品生命周期的供应链设计

费舍尔阐述的产品特征是两个极端类型，实际上产品需求是包含这两个极端类型在内的一系列需求组合。此外，产品的需求特点并不是一成不变的，随着产品走过其生命周期，产品需求会发生很大的改变。因此，有必要研究基于产品生命周期的供应链设计，即对于产品生命周期不同阶段的需求特征，选择适当的供应链与之相匹配。产品生命周期需求特征与供应链匹配如图 2.6 所示。

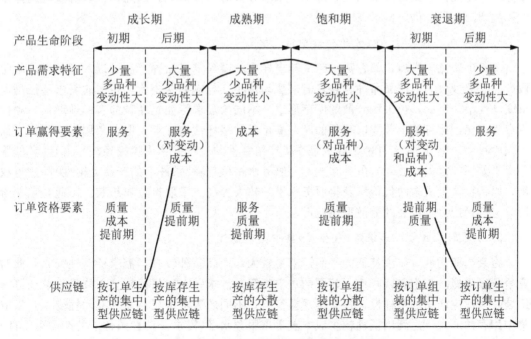

图 2.6 产品生命周期需求特征与供应链匹配

产品生命周期分为 4 个阶段：成长期、成熟期、饱和期和衰退期。在不同的阶段，其需求特征表现不同的特点。因此，需要不断地评估产品的需求特征，明确产品处于何种生命周期阶段，从而采取相匹配的供应链以保持竞争优势。

1. **成长初期采取按订单生产的集中型供应链**

成长初期，顾客对产品不太了解，客户需求量小，产品品种多，采取按订单生产以适应品种的多样性；当需求变动性大时，应采取集中的库存方式，从而以较少的库存来适应需求的变化。因此，在此阶段，选择按订单生产的集中型供应链可以适应产品的多样性和需求的变化，在获得可接受的交付提前期、成本和质量的前提下提供最大化服务水平。

2. **成长后期采取按库存生产的集中型供应链**

随着产品逐渐被市场接受，产品的需求量增加，需求变动性仍较大，由于竞争者的增加，品种的多样性减少。因此，在成长期的后阶段与成长期初期相比，相同的需求特征为需求变动性较大，故仍采取集中的库存方式。不同的需求特征为需求量增大，品种的多样性减少，若此时仍采取按订单生产则不能利用生产的规模经济，导致成本很高，故此时需在服务水平（少品种条件下的产品可得性）和成本间进行权衡，以牺牲较小服务水平的代价来获得成本的较大降低，采取按库存生产。因此，在此阶段应选择按库存生产的集中型供应链。

3. **成熟期采取按库存生产的分散型供应链**

进入成熟期，产品需求特征为产品需求量较大，产品品种少，需求变动性小，此时的竞争者已较多。与成长期后期相比，小的需求变动性及众多的竞争者使得成本完全代替服务水平而单独成为订单赢得要素。与成长期后期相比，不同的需求特征是需求变动性小，这就需要在服务水平（小需求变动性条件下的产品可得性）和成本间进行权衡，以牺牲较小服务水平的代价来获得成本的较大降低，采取分散的库存形式。因此，在该阶段应选择按库存生产的分散型供应链。

4. **饱和期采取按订单组装的分散型供应链**

随着市场竞争激烈，顾客需求越来越多样化，需提供多品种产品，进入饱和期。该阶段产品需求量较大，产品品种较多，需求变动性小。与成熟期相比，相同的需求特征是需求变动性小。因此，仍采取分散的库存形式。不同的需求特征是品种的多样性增加，和按库存生产比，按订单组装能以较低的库存满足品种多样性的要求，但在利用规模经济方面较按库存生产弱（因为按订单组装只是在生产组装件的过程中利用规模经济），但两者的服务水平差别却很大，故此时需要在成本与服务水平（多品种条件下的产品可得性）间进行权衡，以牺牲少量成本的代价来获得服务水平的较大提高，采取按订单组装。因此，在此阶段，应选择按订单组装的分散型供应链。

5. **衰退期采取按订单组装（或生产）集中型供应链**

在衰退期初期，需求特征为产品需求量较大，产品品种较多，需求变动性变大，此时竞争仍很激烈。与饱和期相比，相同的需求特征是需求量大，品种较多，故仍采取按订单组装，以适应产品的多样性，并获得规模经济。不同的需求特征是需求变动性变大，采取集中库存的形式，达到以牺牲较少成本获得高服务水平（需求变动性条件下的产品可得性）的平衡。因此，在此阶段应选择按订单组装的集中型供应链。

在衰退期的后期，需求特征与成长期初期相同，表现为产品需求量较低，产品品种较多，需求变动性较大。因此，在此阶段，适用的是按订单生产的集中型供应链。

2.2.3 基于成本核算的供应链设计

在基于产品的供应链设计策略之外，有关专家学者从供应链成本的角度提出了基于成本核算的供应链设计策略。这种设计策略包括供应链成本结构及其函数定义、供应链设计的优化成本算法等。

1. 基于成本核算的供应链设计的模型假设

为便于供应链成本的分析，做如下假定。

假定 1：节点企业以 $i=1,2,3,\cdots,n$ 表示（其中供应链层次以 $a=1,2,3,\cdots,n$ 用 A 表示；一个层次上节点企业的序号以 $b=1,2,3,\cdots,n$ 用 B 表示，故一个节点 i 可以表示为 $A*B$)

假定 2：物料单位成本随着累积单位产量的增加和经验曲线的作用而降低。成品、零部件、产品设计、质量工程的改善都可能导致单位物料成本的降低。

假定 3：假定从一个节点企业到另一个节点企业的生产转化时间在下一个节点企业的年初。

假定 4：当一个节点企业在年初开始生产时，上一节点企业的工时和原材料成本根据一定的技术指数转化为此节点企业的初值。

假定 5：全球供应链管理中，围绕核心企业核算成本，汇率、通货膨胀率等转换为核心企业所在国家的标准。

2. 供应链成本结构及其函数

供应链成本主要包括物料成本、劳动成本、运输成本、设备成本和其他变动成本等。其成本函数分别构造如下所述。

1) 物料成本函数(Materials Cost Function)

从假定 2 可知，物料成本随累积产量的增加而降低，供应链的总物料成本为

$$M_{it} = m_i im_{it} \int_0^{n_t} n^{f_i} \mathrm{d}n \quad (2-1)$$

式中：M_{it}——i 节点企业在 t 年生产 n_t 产品的总物料成本(时间转化为当地时间)；

m_i——i 节点企业的第一个部件的物料成本(时间坐标轴的开始点)；

im_{it}——i 节点企业 t 年的物料成本的通货膨胀率；

n_t——第 t 年内的累计产量；

$$f_i = \lg F_i / \lg 2$$

F_i——物料成本经验曲线指数，$0 \leqslant F_i \leqslant 1$；

n——累计单位产量，$n=1,2,3,\cdots,n_t$。

2) 劳动力成本函数(Labor Cost Function)

供应链的节点企业可能分布在本国的不同地方，也可能分布在世界各地，各地的劳动力价值、成本无法统一衡量，这里直接以工时为基础计算供应链的劳动力成本，计算公式为

$$L_{it} = l_i i l_{it} y_{it} \int_0^{n_t} n^{g_i} dn \qquad (2-2)$$

式中：L_{it}——i 节点企业在第 t 年（时间转化为当地时间）生产 n_t 产品的总劳动成本；

l_i——i 节点企业的单位时间劳动成本；

il_{it}——i 节点企业 t 年的单位工时的通货膨胀率；

n_t——第 t 年内的累计产量；

$$g_i = \lg G_i / \lg 2$$

G_i——劳动力学习经验曲线指数，$0 \leq G_i \leq 1$；

n——累计单位产量，$n = 1, 2, 3, \cdots, n_t$。

3) 运输成本函数（Transportation Cost Function）

运输成本是影响供应链总成本的重要因素之一，交货频率和经济运输批量都决定着运输成本的大小。假定从节点 i 到节点 m 的单位成本为 s_{im}，is_{it} 为 i 节点企业 t 年运输的通货膨胀率，m 节点在第 t 年的累计需求为 d_{mt}，所以，供应链的总运输成本为 T_{it}，计算公式为

$$T_{it} = \sum_{m=1}^{M} s_{im} i s_{it} d_{mt} \qquad (2-3)$$

4) 设备和其他变动成本函数（Utilities and other Variable Cost Function）

假定 u_i、v_i 分别代表 i 节点企业的一个单位的设备和其他变动成本（如管理费用等），其通货膨胀率指数分别为 iu_{it} 和 iv_{it}，在 t 年 i 节点企业生产 n_t 单位产品的总的设备和变动成本为

$$U_{it} = (u_i i u_{it} + v_i i v_{it}) n_t \qquad (2-4)$$

5) 供应链的总成本函数（Total Cost Function）

以上成本都是针对一定时间轴上可能的 i 节点企业的组合，在时间 T 内相关的节点 i 组成一个节点组合序列，用 k 表示，所有可能的节点组合序列用 K 表示，对于每一个节点组合序列 k，供应链的总成本 $TC(k)$ 表示为

$$TC(k) = \sum_{t=1}^{T} \{ \sum_{i \in k} (M_{it} + L_{it} + T_{it} + U_{it}) \} e_{it} p v_{it} \qquad (2-5)$$

式中：M_{it}、L_{it}、T_{it}、U_{it} 意义同上；

e_{it}——汇率（i 节点企业对核心企业的汇率）；

pv_{it}——i 节点企业在 t 年的现值折扣率；

k——一个节点组合序列，而一个节点组合序列的平均单位成本用公式表示为

$$CAU(k) = TC(k) / N_T$$

式中：$CAU(k)$——一个节点组合序列的平均单位成本；

N_T——一个节点序列组合 T 年累计产量。

除了以上我们介绍的 3 种供应链设计方法外，还有基于多级代理的供应链设计、基于信息的供应链设计等，有兴趣的同学可以查找相关的资料。

2.3 供应链管理的方法

供应链管理是企业的有效性管理，基于供应链的管理将成为 21 世纪企业管理的发展

趋势。因此,深刻理解供应链管理的内涵,学会应用先进的供应链管理技术与方法,对企业获取全球市场竞争优势具有非常重要的意义。

2.3.1 供应链管理的内涵

1. 供应链管理的概念

究竟什么是供应链管理?自从供应链管理的概念出现以来,人们从不同的角度对供应链管理有不同的认识和结论,导致对于供应链管理至今都没有一个公认的、完整的定义。据统计,目前供应链管理已有100多种定义,这里仅仅罗列几种典型的供应链管理定义。

CSCMP的供应链管理概念在全球广泛使用,其定义为:供应链管理包括了对涉及采购、外包、转化等过程的全部计划和全部物流管理活动。更重要的是,它也包括了与渠道伙伴之间的协调和协作,涉及供应商、中间商、第三方服务供应商和客户。从本质上说,供应链管理是企业内部和企业之间的供给和需求管理的集成。总部设在美国俄亥俄州州立大学的全球供应链论坛的定义为:供应链管理是包括从最终用户一直到初始供应商的向顾客提供增值的产品、服务和信息的业务流程的一体化。这里的业务流程实际上包括两个相同的流程组合:一是从最终用户到初始供应商的市场需求信息的逆流而上的传导过程;二是从初始供应商向最终用户的顺流而下且不断增值的产品和服务的传递过程。供应链管理就是对这两个核心业务流程实施一体化运作,包括统筹安排、协同的运行和统一的协调。

中国物流与采购联合会的定义为:供应链管理就是指对整个供应链系统进行计划、协调、操作、控制和优化的各种活动和过程,其目标是要将顾客所需的正确的产品(Right Product)能够在正确的时间(Right Time)、按照正确的数量(Right Quantity)、正确的质量(Right Quality)和正确的状态(Right Status)送到正确的地点(Right Place),即"6R",并使总成本最小。中华人民共和国国家标准GB/T 18354—2006对供应链管理的定义为:对供应链涉及的全部活动进行计划、组织、协调与控制。

总结分析这些定义的共同点与差异性,可以发现:供应链管理定义的外延是统一的,但其内涵有差异,基于内涵的差异,所以才有不同角度的定义。本书认为:供应链管理就是为满足最终客户需求,在信息技术支持下对围绕提供某种共同产品或服务的相关企业的信息流、物流、资金流进行整合,从而实现整个作业流程的优化。供应链管理如图2.7所示。

2. 供应链管理的目标和基本思想

1) 供应链管理的目标

从供应链管理的实践看,供应链管理的主要目标是在提升客户的最大满意度(如提高交货的可靠性和灵活性)时,对整个供应链的各个环节进行综合管理,缩短产品完成时间,使生产更加贴近实时需求,减少采购、库存、运输等环节的成本,使企业整体流程最优化。也就是从客户服务水平和成本两个方面使产品增值或增加顾客价值,从而增强企业的竞争力。但是这两个方面目标常常是互相矛盾的,即要提高服务水平,是以成本升高为代价;而降低成本,往往会带来服务水平的下降。

在这里,时间对两方面目标都有着重要的影响:对于服务水平,最重要的是对市场需求的响应速度,即对需求的响应时间;对于成本来说,时间的延长会导致各种运作成本的升高，如存储成本、产品滞销的损失等。因此，加强时间管理，可以实现在服务水平与运作成本两个方面的同时优化。

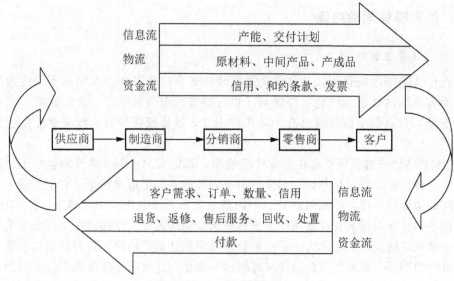

图 2.7 供应链管理

阅读案例 2-2

用时间管理优化供应链

某企业运用时间管理的基本原则对某种原材料的供应进行优化，优化之前，原料的采购提前期为72天。

该原材料的供应方式如图2.8所示。企业直接向国外的供应商下单，国外企业生产之后，运输到北京，北京生产之后再运输到广州作为该企业生产的原料。显然，这么长的供应链流程导致72天的采购提前期似乎是合理的，但是市场需求的快速变化又需要降低提前期。为优化该原料供应，企业对原料供应流程做了详细的时间分析，分析结果如下：该流程有运输时间34.9天，延迟等待时间12.5天，存储时间2天，检测时间7.8天，生产时间14.6天。理论上说，除去运输时间和生产时间在现有的运输方式和技术条件下是很难压缩之外，延迟时间、存储时间以及检测时间都是可以压缩的。

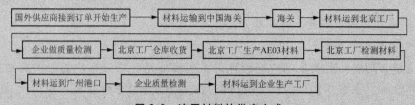

图 2.8 该原材料的供应方式

针对时间分析的结果，企业采取了一系列的措施来压缩原料供应过程中的时间。采取的措施包括：根据国外供应商的计划编制时间调整企业订单下达时间，缩短延迟时间2天；供应商根据港口业务操作特点确定生产以及发货时间，缩短等待时间0.5天；通过加强供应商质量管理，对材料实行免检放行，总体检验时间缩短4.8天……

> 通过各种时间缩短方案，总体时间减少了18天，材料总的提前期从原来的72天减少到54天，导致的结果是该原料库存由原来的30天减少到20天，库存价值减少了16万元，即通过一系列的时间缩短的措施，提高了对需求的响应速度（时间缩短），同时降低了成本，供应链管理的两个目标同时实现。

2）供应链管理的基本思想

供应链管理覆盖了从供应商到客户的全部过程，主要涉及供应、生产计划、物流和需求4个主要领域。供应链管理是一种先进的管理理念，它的先进性体现在是以顾客和最终消费者为经营导向的，以满足顾客和消费者的最终期望来生产和供应的。除此之外，供应链管理还体现了以下基本思想。

（1）供应链管理把所有节点企业看作是一个整体，实现全过程的战略管理。供应链中各环节不是彼此分割的，而是环环相扣的一个有机整体。它要求各节点企业之间实现信息共享、风险共担、利益共存，从战略的高度来认识供应链管理的重要性和必要性，从而真正实现整体的有效管理。

（2）供应链管理是一种集成化的管理模式。供应链管理的关键是采用集成的思想和方法。它是一种从供应商开始，经由制造商、分销商、零售商、直到最终客户的全要素、全过程的集成化管理模式，是一种新的管理策略，它把不同的企业集成起来以增加整个供应链的效率，注重的是企业之间的合作，以达到全局最优。

（3）供应链管理强调企业的核心竞争力，将非核心业务外包。供应链管理是"横向一体化"思想的体现，为此，企业要在集中资源于核心业务的前提下，与外部企业保持亲密合作，通过利用其他企业的资源来弥补自身的不足，从而变得更具竞争优势。

（4）供应链管理借助信息技术实现整合管理，这是信息流管理的先决条件。

2.3.2 两种常见的供应链管理方法

近年来，供应链管理发展迅猛，为许多企业所接受，各种各样的供应链管理方法更是层出不穷，其中较为典型的有快速响应、有效消费者反应、准时制等。由于行业不同，各种供应链管理方法的侧重点不同，但其实施的目标都是相同的，即在提高用户服务水平和降低供应链运作成本之间取得平衡。

1. 快速响应

1）快速响应的概念

快速响应（Quick Response，QR）原是美国纺织服装业发展起来的供应链管理方法。它是美国零售商、服装制造商以及纺织品供应商开发的整体业务概念，目的是减少原材料到销售点的时间和整个供应链中的库存，最大限度地提高供应链管理的运作效率。沃尔玛是推行QR的先驱，从沃尔玛的实践来看，QR是供应链成员企业之间建立战略合作伙伴关系，利用EDI等信息技术进行销售时点的信息交换与其他经营信息的共享，用高频率、小数量的配送方式连续补充商品，以实现缩短交货周期，减少库存，提高顾客服务水平和企业竞争力为目的的一种供应链管理策略。

D. H. Kincade等在比较了纺织、服装和其他消费品工业中现存的理论上和实际中关于快速响应战略的定义后认为，QR可以被定义为5种技术组成的集成体，即库存控制、信息共享、条形码技术、生产计划以及颜色深浅分拣技术。可以看出这些技术主要涉及的都是流通领域的管理，但是 QR 战略不可避免的会影响到制造领域。因此，这种严格划分的定义有其明显的局限性。中华人民共和国国家标准物流术语将其定义为：物流企业面对多品种、小批量的买方市场，不是储备了"产品"，而是准备了各种"要素"，在用户提出要求时，能以最快速度抽取"要素"，及时"组装"，提供所需服务或产品。

其实，QR 在发展之初，其组成是比较简单的。随着市场竞争的加剧，QR 不断吸收其他战略的长处，并融入先进的生产和管理技术，变得越来越复杂，因而也就很难给出明确的定义。但是，QR 战略初期的目的和哲理没有改变，那就是通过某些技术的使用来加强和完善整个流通管理效率的动态优化。

2）QR 的内涵

通常人们认为 QR 是一项连接供应商和零售商运作的策略，其目的是为快速响应不断变化的市场提供所需要的灵活性，但是，QR 作为一种战略已经从最初的只注重供应商的集成发展到整个供应链的集成，其包括的内容除流通领域的合作外，还包括制造领域、产品设计领域和组织管理领域等方面。作为一种全新的业务方式和管理方法，QR 体现了技术支持的业务管理思想，即在供应链中，为了实现共同的目标，各环节间都应进行紧密合作。

过去，供应商与下游企业之间对抗多于合作，许多企业仍谋求把成本降低或利润增加建立在损害供应链其他成员的利益上，这些企业往往没有意识到将自己的成本简单地转移到上游或下游并不能使其增强竞争力（也许在短期内有效），因为归根到底所有成本都最终由市场转嫁给消费者。但在新环境下，企业之间的竞争不再是单个企业在一定时间、一定空间为争夺某些终端市场和某些顾客的一对一的单打独斗了，企业和其他供应商、分销商和零售商的关系已不是简单的业务往来对象，而是结成利益共享的战略合作伙伴关系。供应链企业之间的合作关系对于供应链的成功运作具有越来越重要的影响作用，因为只有整个供应链的运作效率和效益提高后才具备了供应链之间竞争的实力。所以说，快速响应这种新型的合作方式意味着各方都要告别过去的敌对竞争关系，以消费者需求为驱动源，建立战略合作伙伴关系来提高向用户的供货能力，以实现为消费者提供高价值的商品或服务，同时降低整个供应链的库存量和总成本的目的。

3）实施 QR 的步骤

实施快速响应需要以下 6 个步骤。每一个步骤都以前一个步骤为基础，都比前一个步骤回报更高，但是需要的投资也更高。

（1）开发和应用现代信息技术。信息技术是实施 QR 的基础，借助于信息技术，QR 可以实现信息的快速、准确的获取和传递。这些现代信息技术包括条形码技术（商品条形码和物流条形码）、POS 数据读取系统、电子订货系统、电子数据交换系统、电子资金转账系统、持续补货系统等。

（2）自动补货（Automatic Replenishment，AR）。QR 一方面要求供应商更快更频繁地运输重新订购的商品，以保证店铺不缺货，从而提高销售额；另一方面，零售商通过对商品实施 QR，保证这些商品能满足顾客需求，加快商品的周转同时为消费者提供更多可供选择的品种。这就要求合作伙伴之间通过自动补货系统建立良好的互动关系。

连续补货计划（Continuous Replenishment Program，CRP）。CRP 是指利用及时准确的销售时点信息确定已销售的商品数量，根据零售商或批发商的库存信息和预先规定的库存补充程序确定发货补充数量和配送时间的计划方法。

自动补货系统是连续补货系统的延伸,即供应商基于过去和目前销售数据及其可能变化的趋势进行定期预测,主动向零售商频繁交货,并缩短从订货到交货之间的时间间隔,这样就可以降低整个货物补充过程(从工厂到门店)的存货,尽力符合客户的要求,同时减轻存货和生产波动。自动补货系统中供应商通过与零售商缔结战略合作伙伴关系,各成员互享信息,能使供应商对其所供给的所有分门别类的货物及在其销售点的库存情况了如指掌,从而自动跟踪补充各个销售点的货源,使供应商提高了供货的灵活性和预见性,即供应商治理零售库存,并承担零售店里的全部产品的定位责任,使零售商大大降低零售成本。

(3) 先进的补货联盟。为了保证补货业务的流畅,零售商和制造商联合起来检查销售数据,制定关于未来需求的计划和预测,在保证现货和减少缺货的情况下降低库存水平。还可以进一步由制造商管理零售商的存货和补货,以加快库存周转速度。

(4) 零售空间管理。这是指根据每个店铺的需求模式来规定其经营商品的花色品种和补货业务。一般来说,对于花色品种、数量、店内陈列及培训或激励售货员等决策,制造商也可以参与甚至制定决策。

(5) 联合产品开发。这一步的重点不再是一般商品和季节商品,而是服装等生命周期很短的商品。制造商和零售商联合开发新产品,其关系的密切程度超过了购买与销售的业务关系,这样可缩短从新产品概念到新产品上市的时间,而且可经常在店内对新产品进行试销。

(6) QR 的集成。通过重新设计业务流程,将前 5 步的工作和公司的整体业务集成起来,以支持公司的整体战略。最后一步要求零售商和消费品制造商重新设计其整个组织、业绩评估系统、业务流程和信息系统,设计的中心是围绕消费者而不是传统的公司职能。

4) QR 成功的条件

(1) 必须改变传统的经营方式和革新企业的经营意识和组织。企业不能局限于只依靠本企业独自的力量来提高经营效率的传统经营意识,要树立与供应链各方建立合作伙伴关系,努力利用各方资源来提高经营效率的现代经营意识。零售商在 QR 系统中起主导作用,零售店铺是 QR 系统的起始点。明确 QR 系统内各个企业之间的分工和协作范围和形式,消除重复业务和作业,建立有效的分工协作框架。

(2) 必须开发和应用现代信息处理技术。在 QR 系统内部,通过 POS 数据等销售信息和成本信息的相互公开和交换,来提高各个企业的经营效率。必须改变传统的事务作业的方式,利用信息技术实现事务作业无纸化和自动化。

(3) 必须实现信息的充分共享。必须改变传统的对企业商业信息保密的做法,在销售信息、库存信息、生产信息、成本信息等方面与合作伙伴交流分享,并在此基础上,要求各方在一起共同发现问题、分析问题和解决问题。

(4) 必须与供应链各方建立(战略)合作伙伴关系。具体内容包括积极寻找和发现战略合作伙伴,并在合作伙伴之间建立分工和协作关系。

(5) 供应方必须缩短生产周期,降低商品库存。具体来说,供应商应努力做到:①缩短商品的生产周期;②进行多品种少批量生产和多频度小数量配送,降低零售商的库存水平,提高顾客服务水平;③在商品实际需要将要发生时采用 JIT 生产方式组织生产,减少供应商自身的库存水平。

阅读案例 2-3

沃尔玛 QR 的实践

零售巨人沃尔玛是 QR 系统的重要推动者之一。回顾沃尔玛的 QR 实施过程，可将其分为 3 个发展阶段。

1. 初级阶段

沃尔玛公司 1983 年开始采用 POS 系统，1985 年开始建立 EDI 系统，这两大信息系统的建设为沃尔玛实施 QR 奠定了技术条件。1986 年它与 Seminole 公司和 Milliken 公司在服装商品方面开展合作，开始建立垂直型的 QR 系统。当时双方合作的领域仅限于订货业务和付款通知业务。通过 EDI 系统发出订货明细清单和受理付款通知，来提高订货速度和准确性，并节约相关事务的作业成本。

2. 发展阶段

为了促进零售业内电子商务的发展，沃尔玛与其他商家一起成立了 VICS（Voluntary Inter-Industry Communications Standard Committee）来协商确定零售业内统一的 EDI 标准和商品识别标准。沃尔玛基于行业统一标准设计出 POS 数据的输送格式，通过 EDI 系统向供应商传送 POS 数据。供应商基于沃尔玛传送过来的 POS 信息，可及时了解沃尔玛的商品销售情况、把握商品的需求动向，并及时调整生产计划和材料采购计划。供应商利用 EDI 系统在发货之前向沃尔玛传送预先发货清单（Advanced Shipping Notice, ASN），这样，沃尔玛事前可以做好进货准备工作，同时可以省去货物数据的输入作业，使商品检验作业效率化。沃尔玛在接受货物时，用扫描器读取包装箱上的物流条码，把扫描读取的信息与预先储存在计算机内的 ASN 进行核对，判断到货和 ASN 是否一致，从而简化了检验作业。在此基础上，利用电子支付系统（Electronic Funds Transfer System, EFT）向供应商支付货款。同时，只要把 ASN 数据和 POS 数据比较，就能迅速知道商品库存的信息。这样做的结果是，沃尔玛不仅节约了大量事务性作业成本，而且还能压缩库存，提高商品周转率。在此阶段，沃尔玛公司开始把 QR 的应用范围扩大至其他商品和供应商。

3. 成熟阶段

沃尔玛把零售店商品的进货和库存管理的职能转移给供应方，由生产厂家对沃尔玛的流通库存进行管理和控制。供应方对 POS 信息和 ASN 信息进行分析，把握商品的销售和库存动向，在此基础上，决定什么时间、把什么类型商品、以什么方式、向什么店铺发货。发货的信息预先以 ASN 形式传送给沃尔玛，以多频率小数量进行连续库存补充。由于采用供应商管理库存（Vendor Managed Inventory, VMI）和连续补货系统，供应方不仅能减少本企业的库存，还能减少沃尔玛的库存，实现整个供应链的库存水平最小化。另外，对沃尔玛来说，省去了商品进货的业务，节约了成本，同时能集中精力于销售活动。并且事先得知供应方促销计划和商品生产计划，能够以较低的价格进货。这些为沃尔玛进行价格竞争提供了条件。

由于沃尔玛的先驱性活动，不仅使美国服装产业的恶劣环境得到改善，削减了贸易赤字，而且也大大推动了 QR 在美国的发展，并形成了高潮，成为现代企业管理变革的主要趋势之一。

2. 有效客户反应

1）有效客户反应产生的背景和含义

有效客户反应（Efficient Customer Response, ECR）首先出现在美国食品杂货行业，是美国食品杂货行业开展供应链体系构造的一种实践。20 世纪 80 年代特别是到了 90 年代以后，美国日杂百货业零售商和生产厂家的交易关系由生产厂家占据支配地位转换为零售商占主导地位。在供应链内部，零售商和生产厂家为取得供应链主导权，为商家品牌和厂家品牌占据零售店铺货架空间的份额展开激烈的竞争，使得供应链各个环节间的成本不断转移，供应链整体成本上升。

从零售商的角度来看，新的零售业态，如仓储商店、折扣店大量涌现，对原有的超市构成了巨大的威胁，日杂百货业的竞争更趋激烈，零售商开始寻找应对这种竞争方式的新的管理方法。从生产商角度来看，为了获得销售渠道，生产商大多采用直接或间接降价方式作为拉拢零售商的主要手段，往往牺牲了厂家自身利益。为了将损失降低到最小程度，并保持持续不断增长的销售，生产企业只有不断扩大新产品的生产，通过广泛的产品线来弥补大量促销造成的损失，而这又造成企业之间无差异竞争情况加剧，同时使零售企业的进货和商品管理成本加大。这时如果生产商能与零售商结成更为紧密的战略联盟，将对双方都有利。从消费者的角度来看，过度竞争忽视消费者对高质量、新鲜、服务好和合理价格商品的需求，许多企业通过诱导型广告和促销来吸引消费者转移品牌，消费者得到的往往是高价、不满意的商品。针对这种情况，客观上要求企业从消费者的需求出发，提供满足消费者需求的商品和服务。ECR 在美国推行过程中还有一个背景和特点是值得人们注意的，即当时随着产销合作或供应链构筑的呼声越来越高，特别是 QR 和战略联盟的日益发展，生产企业与零售商直接交易的现象越来越普遍，与此同时，批发业则日益萎缩，产销之间都开始在交易中排除批发商环节。

在上述背景下，美国食品市场营销协会(Food Marketing Institute，FMI)联合 COCA-COLA、P&G、KSA 等 6 家公司对供应链进行调查、总结、分析，于 1993 年 1 月提出改进供应链管理的详细报告，提出了 ECR 的概念体系，被零售商和制造商采用，广泛应用于实践。

ECR 欧洲执行董事会的定义为："ECR 是一种通过制造商、批发商和零售商各自经济活动的整合，以最低的成本，最快、最好地实现消费者需求的流通模式。"ECR 旨在通过零售商与制造商的协作，建立一个具有高效反应能力和以客户需求为基础的体系，使零售与制造以业务伙伴方式合作，提高整个供应链的效率(而不是单个环节)，以达到降低整个供应链体系运作成本、库存储备，同时为客户提高更好的服务。

2) ECR 的 4 大要素

(1) 有效的产品引进：由于商品(特别是新产品)引进之前不易评估其成功率，所以，ECR 的目标是希望通过供应链伙伴间的策略合作，有效地了解消费者的需求与欲望，改善新商品的研发失败率与缩短新商品上市时间。

(2) 有效的店铺分类组合：通过有效地利用店铺空间、合理安排各类商品的展示比例及店内布局来最大限度的提高商品的赢利能力，如建立空间管理系统、有效的商品品类管理等。企业应经常监测店内空间分配以确定产品的销售业绩。优秀的零售商至少每月检查一次商品的空间分配情况，甚至每周检查一次。这样能够使品种经理可以对新产品的导入、老产品的撤换、促销措施及季节性商品的摆放制定及时准确的决策。

(3) 有效的促销：拟定符合市场目标的商品促销策略，并规划促销策略执行面与评估成本效益，并随时审视促销的模式及频率是否刺激到消费者的购买欲望和购买的数量。

(4) 有效的补货：其目的是将正确的产品在正确的时间和正确的地点以正确的数量和最有效的方式送给消费者。从生产线到收款台，通过 EDI，以需求为导向的自动连续补货和计算机辅助订货，使补充系统的时间和成本最优化，从而降低商品的售价。

3) ECR 的 3 个重要战略

ECR 包括零售业的 3 个重要战略，即顾客导向的零售模式（消费者价值模型）、品类管理和供应链管理。

（1）顾客导向的零售模式（消费者价值模型）。通过商圈购买者调查、竞争对手调查、市场消费趋势研究，确定目标顾客群，了解自己的强项、弱项和机会，确定自己的定位和特色，构建核心竞争力；围绕顾客群选择商品组合、经营的品类，确定品类的定义和品类在商店经营承担的不同角色；确定商店的经营策略和战术（定价、促销、新品引进、补货等），制定业务指标衡量标准、业务发展计划。

（2）品类管理。品类管理是把所经营的商品分为不同的类别，并把每一类商品作为企业经营战略的基本活动单位进行管理的一系列相关活动。它通过强调向消费者提供超值的产品或服务来提高企业的营运效果。在品类管理的经营模式下，零售商通过 POS 系统掌握消费者的购物情况，而由供应商收集消费者对于商品的需求，并分析消费者对品类的需求后，再共同制定品类目标，如商品组合、存货管理、新商品开发及促销活动等。

（3）供应链管理。建立全程供应链管理的流程和规范，制定供应链管理指标；利用先进的信息技术和物流技术缩短供应链，减少人工失误，提高供应链的可靠性和快速反应能力；通过规范化、标准化管理，提高供应链的数据准确率和及时性；建立零售商与供应商数据交换机制，共同管理供应链，最大程度地降低库存和缺货率，降低物流成本。

阅读案例 2-4

海尔苏宁共举 ECR 推动中国家电供应链创新

随着观念和技术的不断进步，苏宁电器上市三年来斥巨资打造的信息化平台开始在供应链整合中起着越来越重要的作用。从 2005 年开始，苏宁与主要家电供应商实施大规模 B2B 对接后，近日苏宁又与其销量最大的合作品牌——海尔开创了全新的 ECR 合作模式。2007 年 7 月 16 日，海尔集团副总裁周云杰率领营销团队和信息开发团队造访南京苏宁电器总部，与苏宁电器副总裁金明签署了具体的 ECR 合作协议，共同开创了中国家电供应链的又一次创新模式革命。

双方此次签订的 ECR 主要合作项目包括通过"客户—订单、订单—产品、产品—现金"三步，实现资金信息化流动。在具体实施方面则体现为双方依托数字化平台，将顾客的需求通过苏宁信息系统第一时间传递到海尔信息系统，海尔的产品研发部根据这一信息第一时间研制出适合消费者的新产品，并供货给苏宁电器，最大程度地满足用户，也体现了苏宁的"阳光服务"理念，给顾客提供实惠和便利。

海尔苏宁一起联手实现 ECR 创新合作模式，组织适销对路的商品，实现数据化营销，将给双方带来很多革命性创新，提升双品牌的竞争力。具体表现在以下几个方面。

（1）海尔苏宁信息成功对接，知识管理和数据库营销成为基本工作方式，实现信息共享、同步协作，并行工程，全面加强合同管理、采购管理、退换货管理、工作流管理，实现网上"标准"的采购管理和网上"便捷"的账务结算功能，提高相互数据交互的"透明化"，使得双方在相互信赖的基础上工作流程迅速简化，从二三十个流程缩短到五个流程以内，迅速提高响应时间。

（2）共同研究市场，通过苏宁海量、即时、准确的数据了解消费者需求，开发适销的产品，提高产品接受度。全新的 ECR 模式使苏宁成为海尔的信息源，了解市场的实时需求，改变了以往厂家自行评估生产、商家被动销售的局面，使苏宁自行买断生产的海尔产品型号超过了 50%，在响应市场需求的同时大大增强了苏宁的差异化竞争力。这一优势在技术快速发展的 3C 时代无疑有着决定性意义。

(3) 降低苏宁商品库存，减少库存成本，加快商品周转速度，同时也加快了海尔产品与货款转换速度，明显节约上下游的交易成本，使消费者可以获得最优惠的价格。

(4) 大大缩短生产周期与商品交易时间，提高企业反应速度，从而给消费者提供更周到、更便捷的服务。据悉，2006 年以前海尔的家电产品从生产到上市大规模流通大概需要 3 个月的周期，而实施 ECR 改造后，预计海尔在苏宁新品上市的时间缩短到 1 个月，从而大大加快了产品流通的效率，而苏宁也由此获得了更多的新品首发权。

4) QR 与 ECR 的比较

(1) QR 与 ECR 的差异。QR 主要集中在一般商品和纺织行业，其主要目标是对客户的需求做出快速反应，并快速补货；而 ECR 主要以食品行业为对象，其主要目标是降低供应链各环节的成本，提高效率。这是因为食品杂货行业与纺织行业经营的产品的特点不同。食品杂货业经营的产品多是功能性产品，每一种产品的寿命相对较长（生鲜食品除外），食品的单品数量少，商品单价低，周转快。因此，订购数量过多或过少的损失相对较小，超市可以低毛利有效地经营。纺织服装类产品多属创新性产品，寿命周期相对较短，季节性强，单品数量非常多，库存周转慢，存货削价幅度大，毛利高。

在这两种不同的零售业中，如果某种单品缺货，带来的成本也不一样。对服装类商品来说，如果消费者不能发现所期望的颜色和规格，就可能换一家店铺。店铺就会损失这件商品的销售额，同时会损失潜在的其他购买者和未来的购买者；对食品来说，如果消费者不能发现一种特定的商品，他会买另一种规格或一种替代品，采购也可能延期到下一次，除非这种情况频繁地发生，否则消费者不会换店铺。

由于所处的环境不同，改革的重点也会有所不同。对于食品行业（ECR）来说，改革的重点是效率和成本；对于普通店铺（QR）来说，改革的重点是补货和订货的速度，目的是最大程度地消除缺货，并且只在商品需求时才去采购。

(2) QR 和 ECR 的共同特征。QR 与 ECR，两个专有名词意义不同，但结果相似。两者相似的一面都是将买方与供应商连接在一起，通过供应链上、下伙伴之间的合作，达到生产与销售之间商品与信息的快速传递及效率化的移动，以便更快、更有效地对消费者的需求做出响应。具体表现在以下 3 个方面。

① 贸易伙伴间商业信息的共享。零售商将原来不公开的 POS 系统单品管理数据提供给制造商或分销商，制造商或分销商通过对这些数据的分析来实现高精度的商品进货、调达计划，降低产品库存，防止出现次品，进一步使制造商能制订、实施所需对应型的生产计划。

② 商品供应方进一步涉及零售业，提供高质量的物流服务。作为商品供应方的分销商或制造商比以前更接近于流通最后环节的零售商，特别是零售业的店铺，从而保障物流的高效运作。当然，这一点与零售商销售、库存等信息的公开是紧密相联的，即分销商或制造商所从事的零售补货机能，是在对零售店铺销售、在库情况迅速了解的基础上开展的。

③ 企业间订货、发货业务全部通过 EDI 来进行，实现订货数据或出货数据的传送无纸化。企业间可以通过积极、灵活运用这种信息通信系统，来促进相互间订货、发货业务的高效化。计算机辅助订货、供应商管理库存、连续补货，以及建立产品与促销数据库等策略，打破了传统的各自为政的信息管理、库存管理模式，体现了供应链的集成化管理思想，适应市场变化的要求。

2.4 供应链的激励机制

供应链激励是供应链管理的一项重要工作。激励机制并不是一个新话题。在组织行为学中就专门讨论激励问题，在委托—代理理论中也研究激励问题。本书将激励的概念和范围扩大到了整个供应链及其相关企业，从广义的激励角度研究供应链管理环境下的激励和激励机制的建立问题。

2.4.1 供应链激励机制的重要性

供应链是具有独立利益的企业之间的合作，不同成员目标之间及成员目标和供应链整体目标之间发生冲突的现象客观存在。一方面，供应链中的各个企业是具有独立利益的经济主体，单个企业的行为目标从根本上说是自身利益的最大化，当供应链的整体要求和企业自身利益最大化二者不一致时，风险随之产生。另一方面，在供应链优化过程中，合作伙伴成员之间有时也会发生目标冲突。例如，供应商一般希望制造商进行稳定数量的大量采购，而交货期可以灵活变动。与供应商愿望相反，制造商为了顾及顾客的需求及其变化并做出积极响应，必须灵活地选择采购策略。因此，供应商追求稳定的目标与制造商追求灵活性的目标之间就不可避免地存在矛盾。与此同时，供应链是一个动态的系统，随时间不断地变化。事实上，不仅顾客需求和供应商能力随时间变化，而且供应链成员之间的关系也会随时间变化。例如，随着顾客购买力的提高，供应商和制造商均面临着更大的压力来生产更多品种更具个性化的高质量产品，进而最终生产定制化的产品。

因此，在供应链管理环境下，任何一个供应链节点企业的运营绩效的好坏，不仅关系到企业自身的生存和发展，而且关系到供应链其他企业的利益和供应链整体的竞争力。而制定科学、合理的供应链激励机制，不仅有利于形成供应链各个环节之间的制衡和监督关系，保证供应链的有效运作，而且有利于激发供应链中各个合作企业的积极性、主动性和创造性，及时发现问题，及时解决问题，促进供应链中各个企业争创一流绩效，达到提高整个供应链竞争能力和经济效益的目的。

2.4.2 供应链激励机制的特点

从供应链的委托—代理特征去理解，所谓激励，就是委托人拥有一个价值标准，或一项社会福利目标，使其他市场参与者（代理人）都能够使利己行为的最后结果与委托人给出的标准一致。进一步分析，激励就是委托人如何使代理人在选择或不选择委托人标准或目标时，从自身利益效用最大化出发，自愿或不得不选择与委托人标准或目标一致的行动。在供应链模式下，企业的激励机制有着与传统管理模式不同的特点。

1. 激励的主体与客体的变化

激励主体指激励者，主要是委托方企业；激励客体即被激励者、激励的对象，主要指代理方。供应链企业激励的主体已从最初的企业主、企业管理者、上级转变为今天供应链中的核心企业。相应地，激励的客体也从最初的蓝领、白领、代理人转变为供应链中的成员企业，如上游的供应商企业、下游的分销商企业等，也包括每个企业内部的管理人员和员工。因此，供应链管理环境下的激励主体与客体的内涵与传统企业有着很大区别，主体与客体的关系已从原来单一关系变为以下一些关系。

(1) 核心企业对成员企业的激励。
(2) 制造商(下游企业)对供应商(上游企业)的激励。
(3) 制造商(上游企业)对销售商(下游企业)的激励。
(4) 供应链中不直接发生关系但间接发生关系的成员企业之间的激励。
(5) 每个成员企业对供应链所作贡献大小的激励。

2. 激励目标的变化

激励目标主要是通过某些激励手段，调动委托人和代理人的积极性，兼顾合作双方的共同利益，消除由于信息不对称和败德行为带来的风险。在技术和市场竞争日趋激烈的今天，供应链企业能否进行广泛和深入的合作，是关系到整个供应链成败的关键。因此，供应链激励的目标就是以新的理念和思维与节点企业共同构建互利共赢的新型战略合作伙伴关系和基于合作、竞争、协调的供应链管理新机制，在质量、服务、交货期等方面为公司战略实现和竞争力培育提供更好的支持，与合作伙伴共同打造成本低、效率高、质量优、服务好、抗风险能力强、符合物流发展趋势的稳定、持续、共赢的内外部供应链。

3. 激励手段的变化

供应链管理模式下的激励手段有多种多样。对于激励的手段，在现实管理中主要采取三种模式：物质激励模式、精神激励模式和感情激励模式。在X理论和"经济人"假设的前提下，物质性刺激是唯一或者是主要的激励手段。而物质性刺激因素中，金钱的作用则首当其冲。对于供应链管理来讲，物质激励模式可以理解为利润的刺激。要保证代理人企业获得理所应当追求的经济利益，同时又能鼓励它积极工作，就要在物质利益上设立满足代理人经济需求的激励指标；传统的精神激励模式有公开表扬或批评、工作的承认、权力和责任、在同行中获得高的信誉和在公众中获得高的声誉等。而供应链中的企业更多的精神激励来自于完成一项具有挑战性和有意义的工作，从事这些工作并取得成功将会产生内在的精神上的激励，极大地调动企业的积极性，如更多订单的接收并更快、更好的交付客户对于供应链企业来说就是一种挑战；感情激励模式既不以物资为刺激，也不是以精神理想为刺激，而是以企业与企业之间的感情联系为手段的激励模式，主要有沟通思想、排忧解难等。

但是对供应链企业的激励不仅仅包括上述3种，如一条供应链因为获得比别的供应链更多的信息而被激励。信息既不属于精神，也不属于物质，所以称之为信息激励模式。

2.4.3 供应链激励机制的内容

供应链企业间的关系实际上是一种委托—代理关系，是处于信息优势与处于信息劣势的市场参加者之间的相互关系。对于委托人来讲，只有使代理人行动效用最大化，才能使其自身利益最大化，而要使代理人采取效用最大化行动，必须对代理人的工作进行有效的激励。因此，委托人与代理人，即制造商和供应商或制造商和经销商之间的利益协调关系，就转化为信息激励机制的设计问题。所以说，如何设计出对供应链中的各个节点企业的激励机制，对保证供应链的整体利益是非常重要的。

1. 组织激励

在一个较好的供应链环境下，企业之间的合作愉快，供应链的运作也通畅，少有争执。也就是说，一个良好组织的供应链对供应链及供应链内的企业都是一种激励。

减少供应商的数量,并与主要的供应商和经销商保持长期稳定的合作关系是制造商采取的组织激励的主要措施。但有些企业对待供应商与经销商的态度忽冷忽热,零部件供过于求时和供不应求时对经销商的态度截然不同。产品供不应求时对经销商态度傲慢,供过于求时往往企图将损失转嫁给经销商。因此,得不到供应商和经销商的信任与合作。产生这种现象的根本原因,还是由于企业管理者的头脑中没有建立与供应商、经销商长期的战略合作的意识,管理者追求短期业绩的心理较重。如果不能从组织上保证供应链管理系统的运行环境,供应链的绩效也会受到影响。

2. 价格激励

供应链环境下,各个企业间的利益分配主要体现在价格上。价格包含供应链利润在所有企业间的分配、供应链优化而产生的额外收益或损失在所有企业间的均衡。供应链优化所产生的额外收益或损失大多数时候是在相应企业承担,但是在许多时候并不能辨别相应对象或者相应对象错位,因而必须对额外收益或损失进行均衡,这个均衡通过价格来反映。

价格激励本身也隐含着一定风险,这就是逆向选择问题,即制造商在挑选供应商时,由于过分强调低价格的谈判,制造商往往选中了报价较低的企业,而将一些整体水平较好的企业排除在外,其结果影响了产品的质量、交货期等。当然,看重眼前的利益是导致这一现象的一个不可忽视的原因,但出现这种差供应商排挤好供应商现象的最为根本的原因是在签约前对供应商不了解,没意识到报价越低意味着违约的风险越高。因此,使用价格激励机制时要谨慎从事,不可一味强调低价。

3. 订单激励

供应链获得更多的订单是一种极大的激励,在供应链内的企业也需要更多的订单激励。一般地说,一个制造商拥有多个供应商,多个供应商的竞争来自于制造商的订单,多的订单对供应商是一种激励。

4. 商誉激励

商誉就是信誉、产品质量、服务态度等形象的综合,是供应链成员企业在公众心目中的评价结果。商誉的好坏直接影响到供应链及其成员企业的预期收益和可持续发展。委托—代理理论认为,在激烈的竞争市场上,代理人的代理量(决定其收入)决定于其过去的代理质量与合作水平。从长期来看,代理人必须对自己的行为负完全的责任。因此,即使没有显性激励合同,代理人也有积极性努力工作,因为这样做可以改进自己在代理人市场上的声誉,从而提高未来收入。

但是,我国不少企业合作意识淡薄,如不能按交货期按时交货、不按合同付款、恶意欠债等,这些行为严重影响了企业的声誉。因为声誉差,一方面使企业难以获得订单,另一方面也埋下了风险的种子。要想改变这种状况,应该从企业长远发展的战略目标出发,提高企业对商业信誉重要性的认识,不断提高信守合同、依法经营的市场经济意识。整个社会也要逐渐形成一个激励企业提高信誉的环境,一方面通过加强法制建设为市场经济保驾护航,严惩那些不遵守合同的行为,另一方面则要大力宣传那些遵纪守法、信守合同、注重信誉的企业,为这些企业获得更广泛的认同创造良好的氛围。通过这些措施,既可打击那些不遵守市场经济游戏规则的企业,又可帮助那些做得好的企业赢得更多的用户,起到一种激励作用。

5. 信息激励

供应链具有动态性，会随着市场机遇的产生、消失而组合、解散。因此，尽管信息共享是实现供应链整体最优的关键，但在追求个体利益的驱使下，企业可能会做出有悖于整体最优的个体最优选择。如供应商与零售商之间，零售商可以对供应商提供虚假的商品销售信息从而要求如推迟付款期限、增加现金折扣等额外利益；上下游企业之间，一般情况下，下游企业对上游企业订单执行情况是很难掌握的，因而当上游企业的订单执行延迟时，会造成下游企业的损失。所以，及时得知订单的生产状态，可以对供应链运作过程中出现的问题做出快速反应，提高供应链企业的决策效率。此外，供应链企业如能准确、及时地掌握库存信息、产品信息、物流信息和营销信息，就能克服由于信息不对称带来的风险，主动采取措施提供优质服务，这必然使合作各方满意度提高，达到激励企业的目的。

6. 淘汰激励

淘汰激励是负激励的一种。为了使供应链的整体竞争力保持在一个较高的水平，供应链必须建立对成员企业的淘汰机制，同时供应链自身也面临淘汰。对于优秀企业或供应链来讲，淘汰弱者使其获得更优秀的业绩；对于业绩较差者，为避免淘汰的危险它更需要求上进。淘汰激励是在供应链系统内形成一种危机激励机制，让所有合作企业都有一种危机感。这样一来，企业为了能在供应链管理体系获得群体优势的同时自己也获得发展，就必须承担一定的责任和义务，对自己承担的供货任务，从成本、质量、交货期等负有全方位的责任。这一点对防止短期行为和"一锤子买卖"给供应链群体带来的风险也起到一定的作用。

7. 新产品/新技术的共同开发

传统的管理模式下，制造商独立进行产品的研究与开发，供应商没有机会参与产品的研究与开发过程，只是被动地接受来自制造商的信息。这种合作方式最理想的结果也就是供应商按期、按量、按质交货，不可能使供应商积极主动关心供应链管理。而供应链管理环境下，新产品/新技术的共同开发和共同投资可以让供应商全面掌握新产品的开发信息，有利于新技术在供应链企业中的推广和开拓供应商的市场。

因此，供应链管理实施好的企业，都将供应商、经销商甚至用户结合到产品的研究开发工作中来，按照团队的工作方式展开全面合作。在这种环境下，合作企业也成为整个产品开发中的一分子，其成败不仅影响制造商，而且也影响供应商及经销商。因此，每个人都会关心产品的开发工作，这就形成了一种激励机制，起到对供应链中企业的激励作用。

本 章 小 结

供应链是"生产及流通过程中，涉及将产品或服务提供给最终用户活动的上游与下游企业所形成的网链结构"。基于产品的供应链设计是根据功能性产品和反应性产品的不同需求特征分别匹配有效性供应链和反应性供应链。基于产品生命周期的供应链设计是依据产品不同生命周期，分别在成长期采取按订单（或按库存）生产的集中型供应链、成熟期采取按库存生产的分散型供应链、饱和期采取按订单组装的分散型供应链、衰退期采取按订单组装（或按生产）的集中型供应链。构造物料成本、劳动成本、运输成本、设备成本和其他变动成本的总成本函数是基于成本核算的供应链设计策略。

供应链管理是利用计算机网络技术全面规划供应链中的商流、物流、信息流、资金流等，并进行计划、组织、协调与控制等。其目标是从客户服务水平和成本两个方面使产品增值或增加顾客价值，从而增强企业的竞争力。QR和ECR是供应链管理的两大方法。

供应链激励机制在激励主客体、激励目标及激励手段3方面有自己的特点。常见的激励手段有组织激励、价格激励、订单激励、商誉激励、信息激励、淘汰激励和新产品/新技术的共同开发。

关键术语

| 供应链 | 供应链管理 | 功能性产品 | 创新性产品 | 有效性供应链 |
| 反应性供应链 | 快速反应 | 有效客户反应 | 供应链激励机制 |

复习思考题

一、选择题

1. 不同的产品类型对供应链设计有不同的要求，其中（　　）的需求一般不可预测，生命周期也较短。
   A. 创新型产品　　B. 功能型产品　　C. 易消耗品　　D. 耐用消费品

2. 在产品生命周期的不同阶段，产品有其明显区别于其他阶段的特征，在产品的（　　），市场竞争加剧，一旦缺货，将被竞争性产品所代替，市场需求相对稳定，市场预测较为准确。
   A. 开发期　　B. 引入期　　C. 成长期　　D. 成熟期

3. 供应链管理的目标是（　　）。
   A. 提高用户服务水平和降低总的交易成本，并且寻求两个目标之间的平衡（这两个目标往往有冲突）
   B. 提高用户服务水平和降低总的交易成本，并且寻求两个目标之间的平衡（这两个目标往往没有冲突）
   C. 提高用户服务水平和降低交易成本，并且寻求两个目标之间的平衡（这两个目标往往有冲突）
   D. 提高用户服务水平和降低交易成本，并且寻求两个目标之间的平衡（这两个目标往往没有冲突）

4. 实施QR的基础是（　　）。
   A. 信息技术　　B. 自动补货　　C. 零售空间管理　　D. 联合产品开发

5. （　　）重点在于降低其生产、运输、库存等方面的费用。
   A. 创新型供应链　　B. 功能型供应链　　C. 有效性供应链　　D. 反应性供应链

二、简答题

1. 供应链管理的本质是什么？
2. 供应链管理的基本思想是什么？
3. 如何结合产品类型对供应链进行设计？
4. 比较QR和ECR两种供应链管理方法的异同。
5. 供应链管理中为什么要重视供应链激励机制？

三、分析应用题

1. 某一日本服装制造商,其生产基地为市场不太成熟的中国市场和市场较成熟的日本市场,它制定的生产策略是将款式较固定的服装在中国市场生产,而将款式较时尚的服装在日本市场生产。分析日本服装制造商这么做是否合理,原因是什么?

2. 分析在供应链模式下,企业的激励机制与传统管理模式的异同。

四、案例分析题

戴尔的供应链管理

戴尔公司以"直接经营"模式著称,其高效运作的供应链和物流体系使它在全球IT行业不景气的情况下逆市而上。事实上,戴尔的供应链系统早已打破了传统意义上"厂家"与"供应商"之间的供需配给。在戴尔的业务平台中,客户变成了供应链的核心。戴尔计算机公司负责全球采购业务的副总裁罗伯特·萨克斯先生谈到:"由于戴尔的直接经营模式,我们可以从市场得到第一手的客户反馈和需求,然后,生产等其他业务部门便可以及时将这些客户信息传达到戴尔原材料供应商和合作伙伴那里。"这种在供应链系统中将客户视为核心的"超常规"运作,使得戴尔能做到4天的库存周期,而竞争对手大都还徘徊在30~40天。这样,以IT行业零部件产品每周平均贬值1%计算,戴尔产品的竞争力便更是显而易见。

供应商管理——严格遴选,控制风险。戴尔对供应商考核的标准主要是看供应商能否源源不断地提供没有瑕疵的产品。考核的对象不仅包括产品,而且涵盖了产品生产的过程。要想成为戴尔的供应商,企业必须证明其在成本、技术、服务和持续供应能力4个方面具有综合的优势,特别是供应能力必须长期稳定。由于戴尔与供应商之间没有中间商的阻隔,所有来自于客户的最新信息都被以最快的速度及时反馈给供应商,以便后者据此调整供应策略。与此同时,戴尔致力于同供应商建立长期的合作伙伴关系,特别是在一些流程和管理工具的开发上,充分考虑了与供应商的配合。

库存管理——物料的低库存与成品的零库存。戴尔没有仓库,但是供应商在它周围有仓库。戴尔在网上或电话里接到订单,收了钱之后会告诉顾客要多长时间货可以到。在这段时间里它就有时间去对订单进行整合,对既有的原材料进行分拣,需要什么原材料就下订单给供应商,下单之后,货到了生产线上才进行产权交易,之前的库存都是供应商的。为了确保库存的物料没有瑕疵,戴尔会同供应商进行深入、充分地交流,共同探讨技术、设计、生产过程等多方面的细节,使供应商与戴尔就库存品质的预期及实现途径达成共识;戴尔还会及时将最终用户的应用体验反馈给供应商,并通过定期业务分析等方式,帮助供应商总结经验、吸取教训,努力实现库存品质的稳定与提高。

流程管理——电子化贯穿始终。电子工具的广泛应用是戴尔供应链管理的一个显著特征,戴尔建立了包括信息搜集、原材料采购、生产、客户支持及客户关系管理,以及市场营销等环节在内的网上电子商务平台。在valuechain.dell.com网站上,戴尔公司和供应商共享包括产品质量和库存清单在内的一整套信息。与此同时,戴尔公司还利用互联网与全球超过113 000个商业和机构客户直接开展业务,通过戴尔公司先进的www.dell.com网站,用户可以随时对戴尔公司的全系列产品进行评比、配置,并获知相应的报价。用户也可以在线订购,并且随时监测产品制造及送货过程。

根据以上案例所提供的资料,试作如下分析:

1. 简述戴尔供应链的构成。
2. 戴尔如何做到快速响应市场?
3. 戴尔核心竞争力是什么?戴尔是如何规避市场风险,取得竞争优势的?
4. 如何看待戴尔和供应商之间的关系?

第3章 物流系统

【本章知识架构】

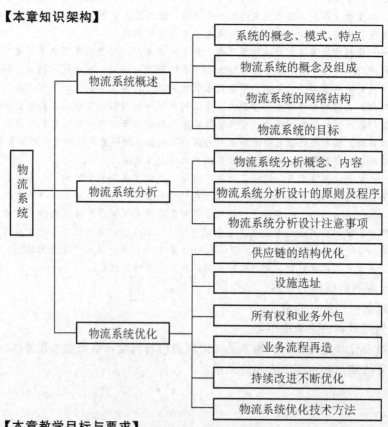

【本章教学目标与要求】

（1）掌握物流系统的概念、基本模式、物流系统组成。
（2）认识物流系统的网络结构，掌握物流系统的目标。

(3) 掌握物流系统的构成要素。
(4) 理解物流系统分析的方法和内容。
(5) 了解物流系统优化内容,掌握设施选址方法,认识业务流程再造与持续改进不断优化的区别,了解物流系统优化技术。

导入案例

日本花王公司的物流系统建设

1. 整体规划企业的物流系统

随着销售额的增加和企业的发展,企业必须规划出一套最适合自身发展的物流体系。花王销售额1955—1965年10年间从1 000亿日元发展到1 500亿日元,1965—1975年10年间从1 500亿日元发展到4 000亿日元,到1995年,又发展到6 000亿日元。为适应企业的发展需要,花王建立了公司的整体物流体系。

当销售额为1 000亿日元时,公司拥有130个基地,由于托盘规格的统一化才勉强完成生产和销售计划。接着到了销售额2 000亿日元前后时期,则必须建立工厂自动化和以计算机为中心的计划生产、计划销售等同时并进的产销一体化系统。而后,到了销售额4 000亿日元的1975年,则应彻底地站在消费者这边,必须实时地抓紧现在的销售额,有效而确实地将商品提供给消费者,即实现合理配送。

日本的市场以地域来划分,因气候、温度的变化各地区商品销售不尽相同。因此,花王将其分成北海道、九洲、关东、中部、近畿、四国等数个分支机构,并在各地域成立地区市场。若各分支机构也能建立物流中心,则该地域可以单独建立自己的销售体系,实施自己的销售计划。面对这种物流中心的建立,因为需要动用较大的资金,公司董事会和财务部门开始持不支持的态度。面对这种情况,花王的前会长佐川先生指出,对于商品的开发若决策错误将可造成投资的巨大浪费,即使能够开发出一种好的商品,不到几年时间也会被其他公司赶上或者模仿。但企业独特的物流系统是可以累积的世界,对物流系统的投资是必须的。因此,花王公司决定投资兴建物流中心。

2. 物流中心与信息系统的同步建设

20多年以来,花王约投资了300亿日元的资金来建立物流中心,但仍处于不足的状态。物流中心规模不尽相同,但其作业内容都相同,零散的拣货、24小时全天候配送服务、信息咨询服务等,不论规模大小,只要求高水准服务。要做到这一点,所必要的系统为、计划信息系统及库存信息系统。花王公司为加强与市场的联系,将零售店的订货适时通过电脑传给物流中心,并要求系统做好发货准备,据此即可在24小时之内做好订货处理并将商品送到零售店手上。

当花王建造川崎与岩槻的Logistics Center的自动仓库时,系统开发部为此开发了一套"订货记录系统"(Order Entry System)。这样在物流中心投资兴建时,大型电脑系统的投资也同时进行,否则就会出现严重地运行不协调的情况。

日本全国有11万家零售店,每天都有订单涌进,举例来说,仅"7—11"即有3 000家零售店要订货,平均每件既小又零散。如此大量的订货信息必须进行高速处理并加工,使其能够进行自动分拣。

现在花王公司在全国拥有3 000家代理店,从理论上讲,一有订货就必须立即发货,但这些代理店大部分并无大仓库,无法储存多品种商品。为此,有些代理商接到零售店的订单后即将其转传给花王公司,并由花王公司直接发货。因此,这些传统的中间商不断地被淘汰,1996年在北海道、东北、九州等地方有多家批发商进行整合或重组,或者组成共同联盟,大家共同使用资源。在北欧国家中,那里的零售商互相出资成立物流公司来共同进货。瑞典的国土面积与日本相似,但人口只有8 000万人。在这种国家里用载重两吨的车配送商品根本就不合算,因而使用大型车配送,采用混载方式向零售店发货。

在发达国家,用载重两吨的车载货的也许只有日本,另外,在中国台湾、中国香港、新加坡等地也还可看到,但效率十分低下,这是今后必须重新评估的。

资料来源:张理. 现代物流案例分析[M]. 北京:中国水利水电出版社,2005:174-176.

讨论及思考:
1. 由案例讨论企业如何进行物流系统建设。
2. 从花王物流系统建设历史分析讨论物流对的企业经营的促进作用。

发展现代物流应以系统的观点来研究物流活动,将物流看成是为实现特定目标而由多个不同的结构、功能和要素有机组成的系统,在保证社会再生产顺利进行的前提条件下实现各种物流环节的合理衔接,取得最佳的社会和经济效益。

3.1 物流系统概述

3.1.1 系统的概念、模式和特点

第二次世界大战后,系统分析得到了迅速的普及和发展,系统思想和系统方法成为现代自然科学和社会科学分析问题的重要方法。在讨论物流系统前,有必要对系统有一个基本的了解。

1. 系统概念

在现实生活中,"系统"是一个被广泛使用的词。例如,人体就是一个系统,人体系统是由神经、呼吸、消化、循环、运动这些子系统构成的;地球也是一个系统,地球系统是由植物、动物、微生物、非微生物这些子系统构成的;一个国家、整个社会也都构成了一个系统。撇开这些具体系统的具体形态和性质还可以发现,一切系统都具有以下几个共同点。

(1) 系统是由两个以上的要素组成的整体。要素是构成系统的最基本的部分,没有要素就无法构成系统,单个要素也无法构成系统。

(2) 系统的各要素之间、要素与整体之间,以及整体与环境之间存在着一定的有机联系。要素之间若没有任何联系和作用,也不能称其为系统。

(3) 系统要素之间的联系与作用必产生一定的功能。功能是系统所发挥的作用或效能,且是各要素个体所不具备的功能,这种功能是由系统内部要素的有机联系和系统的结构所决定的。

综上所述,系统就是由相互联系、相互作用的各要素组成的具有一定功能的有机整体。我国系统工程科学权威钱学森将系统描述为"由内部相互作用和相互依赖的若干组成部分(称为子系统)结合而成的,具有特定功能的有机整体,而且这个整体又是它所从属的更大的系统的组成部分"。

2. 系统的基本模式

系统的基本模式如图 3.1 所示。任何一个系统都在特定的环境中运行,彼此不断地进行着物质、能量或信息的交换。外部环境不断地向系统输入物质、能量、信息,系统也不断通过自身行为对环境产生作用或影响,通过输入和输出使系统与社会环境进行交换,使系统和环境相依存。外部环境向系统提供劳力、手段、资源、能量、信息,称为"输入",

系统以自身所具有的特定功能将"输入"进行必要的转化处理,使之成为有用的产成品,供外部环境使用,称为系统的"输出"。输入、处理、输出是系统的三要素。

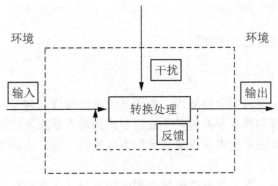

图 3.1 系统的基本模式

3. 系统的特性

系统的特性主要表现为系统的整体性、相关性、目的性、动态性和环境适应性。

(1) 整体性。所谓整体性是指系统的各要素之间存在一定的组合方式,各要素之间是相互统一和协调的,系统整体的功能不是各组成要素功能的简单叠加,而是呈现出各组成要素所没有的新的功能,并且一般来说,系统的整体功能大于各组成要素的功能总和。系统整体功能大于其组成要素功能的总和,这不仅是在量的方面,更着重于质的方面。因此,为了提高系统的整体功能,增强系统的整体效应,必须做到一切从整体出发,各要素的结合要保持合理,注意从提高整体功能的角度去提高和协调要素的功能。

(2) 相关性。相关性是指各要素是相互联系、相互作用、相互依存、又相互制约的。系统中每个要素的存在都依赖于其他要素的存在,系统中任一要素的变化都将引起其他要素的变化乃至整个系统的变化。各要素之间有着一定的组合关系、联系方式。例如,交通管制系统,交通网、运输工具、信号控制等要素在这个系统中是相互关联的,通过彼此之间的协调关系,使交通网上的运输工具有条不紊地运行。如果各个要素各自为政,那么各要素就不能组成相互协调的系统,势必会造成交通的紊乱。因此,必须努力建立起系统各要素之间的合理关系,以消除相互间的盲目联系和无效行动。

(3) 目的性。任何一个系统都有它的目的,否则也就失去了这个系统存在的价值和意义。例如,生物系统的目的性就是繁衍物种、保存生命;企业的经营目的就是以最少的资源消耗去取得最大的经济效益;运输系统的目的就是为国民经济的发展提供运输服务。

(4) 动态性。系统处于永恒的运动之中。一个系统要不断输入各种能量、物质和信息,通过在系统内部特定方式的相互作用,将其转化为各种结果输出。系统就是在这种周而复始的运动、变化中生存和发展的,人们也是在系统的动态发展中实现对系统的管理和控制的。

(5) 环境适应性。任何一个系统都存在于一定的物质环境中,环境的变化对系统的变化有很大的影响,同时,系统的作用也会引起环境的变化。两者相互影响作用的结果就有可能使系统改变或失去原有的功能。一个好的系统必须不断地与外部环境产生物质的、能量的和信息的交换以适应外部环境的变化,这就是环境适应性。

例如,一个港口,如果能够经常了解同类港口和有关行业的动向,了解国家、用户和外贸的客货运要求,了解港口所处地区的工农业的发展状况、生产力的布局、产品的结构等外部环境信息,并且能够根据这些外部信息及时调整港口的战略决策,那么,这个港口系统就有很好的环境适应性,就是一个理想的系统。否则,就是一个没有生命力的系统,就不能很好地完成系统的目的。

3.1.2 物流系统的概念及组成

1. 物流系统的概念

物流系统是指在一定时间和空间内,由所需位移的物资与包装设备、装卸机械、运输工具、仓储设施、人员和信息联系等若干互相制约的动态要素所构成的有机整体。物流系统是"为达成以低物流成本向顾客提供优质物流服务的目的、由若干构成要素相互有机地结合成的复合体"。

物流系统的目的是实现物资的空间效益和时间效益,在保证社会再生产顺利进行的条件下实现各种物流环节的合理衔接,最得最佳经济效益。现代物流是伴随着社会再生产过程的循环系统,是社会经济大系统的一个子系统或组成部分。物流系统具有规模庞大、结构复杂、目标众多等大系统所具有的特征。

2. 物流系统的基本模式

输入、处理、输出是系统的三要素,物流系统也不例外。物流系统的基本模式如图 3.2 所示。物流是生产到消费之间物资(商品)的物理性流动,以及为此而开展的活动和为此而投入的社会资本等的总称。物流系统的输入、输出、处理等活动通常是在不同领域或不同的子系统中进行的。

从图 3.2 中可以看出,物流系统以自然资源、人力资源、资金、信息作为输入。供应商以原材料、在制品、成品的形式提供物料,通过对其进行规划、实施和控制的物流管理行为形成输出。物流系统输出竞争优势、时间和地点效用、顾客快速响应,以及形成组织专用资产的物流服务组合。物流的输出依赖于物流活动的有效执行,物流管理是对物流活动进行计划、组织、协调、控制,以实现组织预期目标的活动。

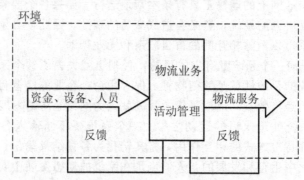

图 3.2 物流系统的基本模式

3. 物流系统的组成

一般来说,物流系统主要由物流硬件系统、物流管理系统、物流作业系统和物流信息系统几部分组成,如图 3.3 所示。

1) 物流硬件系统

物流硬件系统是物流系统的物质基础要素。物流系统的建立和运行需要有大量的技术装备手段,这些手段的有机联系对物流系统的运行有决定意义,这些要素对实现物流系统的运行也有决定意义。这些要素对实现物流某一方面的功能是必不可少的。物质基础要素主要有以下几个方面。

(1) 物流设施。它是组织物流系统运行的基本物质条件,包括物流站、货场、物流中心、仓库、物流线路、建筑、公路、铁路、港口等。

(2) 物流装备。它是保证物流系统开工的条件,包括仓库货架、进出库设备、加工设备、运输设备、装卸机械等。

(3) 信息技术及网络。它是掌握和传递物流信息的手段。根据所需信息水平的不同它包括通信设备及线路、传真设备、计算机及网络设备等。

(4) 物流工具。它是物流系统运行的物质条件,包括包装工具、维护保养工具、办公设备等。

(5) 组织及管理。它是物流网络的"软件",起着联结、调运、运筹、协调、指挥各要素的作用,以保障物流系统目的的实现。

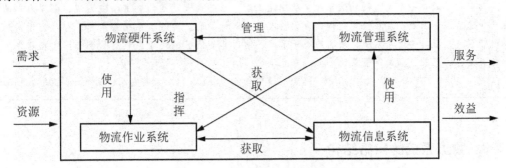

图 3.3　物流系统的总体框架

2) 物流管理系统

物流管理系统是指物流系统的计划、控制、协调、指挥等所组成的系统,它是整个物流系统的支柱。物流管理系统具体包括物流系统的战略目标、物流能力、物流需求预测与创造、物流过程管理、网络管理等。

系统战略目标主要包括服务的对象、顾客的性质与地理位置、所提供的与此相适应的物流服务。物流能力主要确定物流系统所达到的目标,既定的物流能力的大小主要取决于企业投入人、财、物的数量及管理水平等。管理系统的另一个主要职能是要对市场进行预测分析,以掌握和了解未来客户需求物流的规模及提供相应的服务,做好物流工作。此外,要通过网络广泛地收集用户的需求及要求的服务,开展促销业务,以系统的高效率、低成本和高质量的服务创造物流需求。销售与存货管理中通过预测、创造、需求及网络的特点,管理系统要合理地确立存货的规模与结构。一方面,存货的规模与结构要与客户的要求保持一致;另一方面,存货的规模结构要与作业能力保持一致。

3) 物流信息系统

物流信息系统是由接收、处理信息及订货等所组成的系统。物流信息系统要在保证订货、进货、库存、出货、配送等信息通畅的基础上,使通信据点、通信线路、通信手段网络化,提高物流作业系统的效率。

4) 物流作业系统

物流作业系统是物流实物作业过程所构成的系统。物流作业系统在运输、保管、搬运、包装、流通加工等作业中使用种种先进技能和技术，以使生产据点、物流据点、输配送路线、运输手段等网络化，提高物流活动的效率。

阅读案例 3-1

神龙公司的物流系统

> 神龙公司是东风汽车公司和法国雪铁龙汽车公司合资成立的大型轿车生产企业。神龙富康轿车的总装配线在武汉，但是装配所需要的零件和部件则来自襄樊、武汉及全国各地的供应商，包括采自法国的进口件。例如，装配所需要的车桥、发动机、变速箱等是从襄樊（现改为襄阳）运过来的，再加上在武汉生产的车身、车厢，以及从全国各地包括法国购进来的一些进口零部件分别上线进行装配，最后装成一台完整的汽车。生产出来的汽车又要分销到全国各个城市各个地方。神龙公司在全国设立了20个商务代表处，构成了全国的分销网络。
>
> 神龙公司就是一个典型的物流系统。从职能上看，它是由大范围的购进物流系统、企业内部的生产物流系统和末端产品在全国范围的分销物流系统所构成的。购进子系统按空间又可以分为武汉购进子系统、襄樊购进子系统、法国购进子系统、国内其他地区购进子系统。每个子系统又可分为运输、储存、包装、加工等子系统。
>
> 资料来源：张念. 现代物流学[M]. 湖南：湖南人民出版社，2006：115.

3.1.3 物流系统的网络结构

物流系统的要素在时间和空间上的有序排列构成了物流系统的结构。这些要素都有特殊的使命，要素之间均存在或冲突或协调的关系。因此要将这些要素组成一个整体，达到物流系统的特定目的。物流系统的目标是通过要素完成的，但不是通过要素独立完成的，而是将要素组织起来，形成一个物流系统整体，通过各要素的协同运作共同完成的。从不同的角度看，物流系统结构可以分为多种，如物流系统功能结构、流动结构、网络结构等。网络结构在物流系统分析中必不可少。物流系统网络结构是由点和线两个基本要素组成的。

1. 点

在物流系统中供流动的商品储存、停留，以进行相关后续作业的场所称为点，如工厂、商店、仓库、配送中心、车站、码头等，也称节点。点是物流基础设施比较集中的地方，依据点所具备的功能可以将点分为以下3类。

（1）单一功能点。这类点的主要特点是：只具有某一种功能，或者以某种功能为主，如专门进行储存、运输、装卸、包装、加工等单一作业，或者以其中一项为主，以其他功能为辅；需要的基础设施比较单一和简单，但规模不一定小；在物流系统中处于起点或者终点。这样的点包括工厂的原材料仓库，不具备商品发运条件的储备型仓库，仅承担货物中转、拼箱、组配的铁路站台，仅供停泊船只的码头等。这类点的业务比较单一，比较适合进行专业化经营。但是从物流系统的角度看，必须将许多单一功能集成起来才能处理所有的物流业务。因此，如何将各个行使单一功能的不同的点集成起来，由谁来集成，以及如何集成，这些都是非常重要的问题。

（2）复合功能点。这类点的特点是具备两种以上主要物流功能，具备配套的基础设施,一般处于物流过程的中间。这类点多以周转型仓库、港口、车站、集装箱堆场等形式存在。其规模可能较小,如商店后面的一个小周转仓,在那里要储存商品、处理退货、粘贴商品条形码、重新包装商品、向购买大宗商品的顾客发货等;规模也可能较大,如一年处理80万个大型集装箱的堆场,除了储存集装箱以外,还有集装箱掏箱、商品检验、装箱功能。同时,一般的集装箱堆场都与码头或者港口在一起,在那里有大规模的集装箱吊车、大型集装箱专用运输车辆等。再如,厂家在销售渠道的末端设立的配送中心或者中转仓库、一个城市集中设立的物流基地等都是这种复合功能的点。这种点上具有储存、运输、装卸、搬运、包装、流通加工、信息处理等功能中的大部分或者全部。

(3) 枢纽点。这类点的特点是物流功能齐全,具有庞大的配套基础设施及附属设施,吞吐能力庞大对整个物流网络起着决定性和战略性的控制作用,该点一旦形成以后很难改变;一般处于物流过程的中间。例如,辐射亚太地区市场的大型物流中心、辐射全国市场的配送中心、一个城市的物流基地、全国或区域铁路枢纽、全国或区域公路枢纽、全国或区域航空枢纽等就是这样的枢纽点。这类点的设施一般具有公共设施性质,因而必定采用第三方的方式进行专业化经营。它的主要优势是辐射范围大,通过这个点连接的物流网络非常庞大,但是这类点面临着非常复杂的协调和管理问题,信息的沟通、设施设备的运转效率也是这类点值得注意的主要问题。在一个物流资源分布高度分散、封闭,物流状况非常落后的国家,建设连接多种载体的枢纽点对于形成全国统一、开放和先进的物流网络具有战略意义。

以上3类点主要是从功能的角度划分的,从单一功能点、复合功能点到枢纽点功能不断完善,在物流网络结构中的辐射范围也不断扩大,规划、设计和管理的难度也逐渐加大。

2. 线

连接物流网络中节点的路线称为线,或者称为连线。物流网络中的线是通过一定的资源投入而形成的。物流网络中的线具有以下特点。

(1) 方向性。一般在同一条线路上有两个方向的物流同时存在。

(2) 有限性。点是靠线连接起来的,一条线总有起点和终点。

(3) 多样性。线是一种抽象的表述,公路、铁路、水路、航空路线、管道等都是线的具体存在形式。

(4) 连通性。不同类型的线必须通过载体的转换才能连通,并且任何不同的线之间都是可以连通的,线间转换一般在点上进行。

(5) 选择性。两点间具有多种线路可以选择,既可以在不同的载体之间进行选择,又可以在同一载体的不同具体路径之间进行选择,物流系统理论上要求两点间的物流流程最短。因此,需要进行路线和载体的规划。

(6) 层次性。物流网络的线包括主线和支线。不同类型的线,如铁路和公路,都有自己的主线和支线,各自的主线和支线又分为不同的等级,如铁路一级干线、公路二级干线等。根据载体类型可以将物流线划分为以下5类:铁路线、公路线、水路线、航空线、管道线。

物流网络不是靠孤立的点或者线组成的,点和线之间通过有机的联系形成了物流网络。点和线其实都是孤立的、静止的,但是采用系统的方法,将点和线有机结合起来以后形成的物流网络则是充满联系的、动态的,点和线之间的联系也是物流网络的要素之一。

3.1.4 物流系统的目标

物流系统是一个跨部门、跨行业的综合性社会经济系统,它既要从宏观方面去研究物流系统运行的全过程,也要从微观方面对物流系统的某一环节(或称为子系统)加以分析研究。但是由于微观效益来得更直接,因而在建立物流系统时,往往只将微观经济效益作为唯一目的,而忽略了系统的宏观效益。因此,建立和运行物流系统时要有意识地以两个效益为目标。具体来讲,物流系统要实现以下5个目标。

1. 服务性目标

物流系统直接连接着生产与再生产、生产与消费。因此,物流系统有很强的服务性。服务性目标是物流系统所要达到的一个主要目标,它要求物流系统能向用户在传统的储存、运输、包装、流通加工等服务外,还外延向上扩展至市场调查与预测、采购及订单处理,向下延伸至物流咨询、物流系统方案的选择与规划、库存控制策略建议、货款回收与结算、教育培训等方面以提供增值服务,除此之外,还能向企业的不同部门、不同层次和不同环节提供多种信息服务,具有信息的及时反馈功能。物流系统采取的送货、配送等形式就是其服务性的体现。在技术方面,近年来出现的"准时供应方式"、"柔性供货方式"也是其服务性的表现。

2. 快捷性目标

快捷性是服务性的延伸,是用户的要求,也是社会发展进步的要求。随着社会化大生产的发展,对快捷性这一要求更加强烈了。这就要求物流系统能依据客户的要求,将货物按质按量准时地送到用户所指定的地点。在物流领域采取的如直达物流、联合一贯运输、高速公路、时间表系统等管理和技术就是这一目标的体现。

企业在物流系统中设立快捷反应系统,以实现快捷目标。快捷反应系统的构成主要包括快的配发货系统,快捷灵活的运输系统,有效的库存管理系统,自动化的分拣、理货系统,快捷、灵活的进货系统(包括订、收货系统),方便、灵活、及时的信息服务系统。

3. 节约目标

节约是经济领域的重要规律,在物流领域中除流通时间的节约外,由于流通过程消耗大而又基本上不增加或不提高商品的使用价值,所以,依靠节约来降低投入是提高相对产出的重要手段。物流过程作为"第三利润源"而言,这一利润的挖掘主要依靠节约。在物流领域推行集约化方式,提高物流能力,采取各种节约、省力、降耗措施是节约这一目标的体现。

节约表现为有效地利用面积与空间,科学合理地选择运送工具和线路,保持合理的库存规模和结构,选择合适的系统软件,坚持科学的管理。

4. 规模优化目标

以物流规模作为物流系统的目标是以此来追求"规模效益"。生产领域的规模生产早已为社会所承认,但在物流领域似乎不那么明显了。实际上,规模效益问题在流通领域也异常突出,只是由于物流系统比生产系统的稳定性差,因而难于形成标准的规范化模式。在物流领域以分散或集中等不同方式建立物流系统,研究物流集约化的程度是规模优化这一目标的体现。

5. 库存调节目标

库存调节是物流系统本身的要求,也是及时性、服务性的延伸,与物流系统的效益有关。物流系统是通过本身的库存,对生产企业和消费者需求给予保证,从而创造一个良好的社会外部环境。物流系统也是国家、企业进行资源配置的一环，系统的建立必须考虑国家资源配置宏观调控的需要，又要考虑企业经营战略规划的要求。因此，物流领域中正确确定库存方式、库存天数、库存结构、库存分布就是这一目标的体现。

3.2 物流系统分析

3.2.1 物流系统分析概念和内容

1. 物流系统分析的概念

进行物流系统分析就是指利用科学的分析工具和方法分析和确定系统的目的、功能、环境、费用与效益等问题，针对系统中需要决策的若干关键问题，根据其性质和要求，在充分调查研究和掌握可靠信息资料的基础上，确定系统目标，提出为实现目标的若干可行方案，通过模型进行仿真试验、优化分析和综合评价，最后整理出完整、正确、可行的综合资料，从而为决策提供充分依据。简单地说，物流系统分析就是对存在问题的系统，从全局或整体角度对问题进行全面分析，制定解决问题的方案，以及从不同的解决问题的方案中确定最优方案。

物流系统分析是指在物流网络或供应链中有序地、有计划地对一个或多个部分进行观察，以决定每个部分和整个系统如何运转。物流系统分析可以是对一个简单的运作进行的，如仓库接收货物时卸货的时间和入库的动机等研究，也可以是在一个更大范围内进行的，如从重组一个企业的物流系统角度研究分析如何更好地满足客户需求。

物流系统分析的实质在于以系统的整体最优化为工作目标，并力求建立数量化的目标函数，为决策者提供直接判断和决定最优方案的信息和资料。物流系统分析强调科学的推理步骤，应用数学的基本知识和优化理论，充分挖掘待开发物流系统的潜力，做到人尽其才，物尽其用。

2. 物流系统分析的内容

一个物流系统由许多要素所组成，要素之间相互作用，它既受外部环境的影响，也受内部因素的制约。物流系统分析可以从宏观和微观两个层面进行。物流系统分析一般来说随系统要解决的问题或系统分析的目的而定，其内容涉及广泛，总体来说涉及如表 3-1 所示的内容。

表 3-1 物流系统内容

物流系统分析内容	物流系统主体分析					物流系统环境分析	
	供应商	企业	客户	合作伙伴	主要竞争对手	环境因素	分析内容
战略与战术分析	企业物流战略与战术、竞争力、优势、劣势、竞争策略；采用第三方的比例与态度					政治	国家政体、政局、对外关系
组织与人事分析	决策层、管理层、运作层；组织结构、人员结构；薪酬体系、业绩评估；企业制度、企业文化					行政	宏观管理；行业管理、行政规章、地区封锁与区域合作状况、道路交通管理制度；地区物流发展差距

3.2.2 物流系统分析设计的原则及程序

1. 物流系统分析设计的原则

物流系统具有整体性、关联性、目的性和环境适应性的特征。因此，在分析中要以特定问题为对象，对物流系统进行决策优化，探索供应链物流运作模式。如营销中产品价格的高低在很大程度上反映出企业对产品的市场定位。产品目标市场的决定又成为企业制定促销方案，选择运输方式、仓储模式，确定产品包装等的重要前提条件。反过来，物流成本又是产品定价的重要参考依据。从经验上来看，运输成本往往是生产企业除原材料采购成本以外最大的单项成本，物流管理中其他成本，如仓储、库存成本、包装成本等也将直接影响到产品的定价。包装问题就更离不开物流，运输方式和运输工具的选择、装卸条件等因素共同决定了运输包装方式、包装大小、包装材料的选择。随着现代零售业的发展，物流对销售包装的影响进一步扩大到零售企业的货架摆放、条码技术的采用、配送系统的要求等更多方面。此外，零售点的选址一方面基于营销渠道的选择，体现营销的战略意图，另一方面因为直接对配送系统提出要求，特别是小批量、多批次配送成为发展趋势的情况下，将对销售环节，尤其是零售环节的配送能力、物流模式的选择、物流成本造成影响。

物流系统受外界环境的影响较大。因此，系统分析中要以整体为目标，在进行物流系统分析时应该遵循以下原则。

（1）系统内部因素与外部环境条件相结合的原则。
（2）当前利益与长远利益相结合的原则。
（3）局部利益与整体利益相结合的原则。
（4）定量分析与定性分析相结合的原则。

2. 物流系统分析设计的程序

（1）物流问题的界定及目标确定。当一个研究分析的物流问题确定以后，首先要将问题做一系统化与合乎逻辑的叙述，其目的在于确定目标，说明问题的重点与范围，以便进行分析研究。

（2）收集有关物流资料并探索可行性方案。在问题构成之后就要拟定大纲和决定分析方法，然后依据已经搜集的有关资料找出其中的相互关系，寻求解决问题的各种可行方案。

（3）建立物流模型。为了便于分析，应建立物流系统的各种模型，利用模型预测每一方案可能产生的结果，并根据其结果定量说明各方案的优劣与价值。模型的功能在于利用模型可确认影响系统功能和目标的主要因素及其影响程度，确认各因素的相关程度，系统总目标和分目标的实现途径及其约束条件。模型充其量只是显示过程的近似描述，如果它说明了所研究的物流系统的主要特征，就可以算作是一个满意的模型。

（4）系统最优化分析。系统最优化分析即对比各种物流可行性方案的对比，并进行综合评价。利用模型和其他资料所获得的结果，将各个方案进行定量和定性的综合分析，显示出每一项方案的利弊得失和成本效益。同时，考虑各种有关的无形因素，如政治、经济、军事、理论等，所有因素加以合并考虑并研究，获得综合结论。

（5）对方案进行试运行。由决策者根据更全面的要求，以试验、抽样、试运行等方法鉴定所得结论，提出应该采取的最佳方案。

(6) 实施计划。根据分析的结果，按照选定的方案对物流系统进行具体实施。如果实施过程比较顺利或者遇到的困难不大，则只要对方案略做修改和完善即可确定下来。如果问题较多，则需要不断修改完善以上几个步骤。

3.2.3 物流系统分析设计注意事项

物流系统是一个复杂的社会经济系统，要使这个系统达到最佳运行状态，必须做好它的分析优化工作。物流系统优化就是在系统分析的基础上制定方案对系统进行改进，提高整体效率。一般来讲，优化一个物流系统要考虑以下几方面的问题。

1. 物流系统的输入条件、输出结果

物流系统的输入条件是指物流系统的范围及外部环境。物流是一个完整的系统，受外界环境的制约，在优化物流系统时必须根据所要解决的问题确定物流系统的范围、外部环境，以及两者的接口。物流系统的输出结果是物流系统的目标任务。任何系统问题都可以有多种解决途径，但是其前提条件（输入）和所需要达到的目标（输出）必须是一致的。通常物流系统包括以下目标任务。

(1) 提高物流系统的吞吐能力，以适应产量增长的要求。
(2) 建设一个柔性的物流系统，以适应产品经常变化的情况。
(3) 对生产过程中可能出现的意外情况或随机变化及时做出响应。
(4) 改善劳动条件，减轻工人的劳动强度。
(5) 对物流系统中的货物实行实时跟踪。
(6) 对物流系统中的货物进行分类选配，为随后的处理提供方便，保持均衡生产。

对于物流系统中的具体目标和任务还要根据物流系统在生产系统中的地位和作用来确定。

2. 注重现行数据的收集

现行数据的收集是优化物流系统的依据。收集数据可以有多种方法，可以参考和分析历史数据资料，也可做现场调查收集数据资料。一般来讲，收集的数据主要包括以下几类。

(1) 物料特性。它包括物料的尺寸、形状、重量、是否耐压和耐冲击、对环境温度和湿度的要求、存储期长短对其质量的影响、物料本身对环境的影响、是否需要在搬运的过程中予以密封、不同的物料之间会有什么影响、是否能放在一起等。

(2) 物料流量。首先，从整体角度掌握进入和流出物流系统的总物料量，包括最大值、最小值、平均值及其分布概率；其次，调查流程中各环节的输入输出量及其频率，包括分流和合流的数据；此外，还要了解今后的发展规则，估计可能达到的最大物流量。物流量受很多随机因素影响，需要对较大量的数据进行分析才能得到可信的结果。

(3) 环境条件。环境条件主要指物流系统输入输出的接口条件，包括接口的设备、场地，以及生产加工设备的衔接条件。例如，物流系统输入端和输出端的运输工具是汽车、火车、轮船还是其他运输设备，周围有没有存储场地等。

(4) 经济数据。例如，劳务费用、维护费用、设备费用、建筑费用、土地费用、贷款利率、投资限额、最小收益等。

(5) 物料搬运设备数据。它包括现有的可供选择的各种物料搬运设备的能力、技术性能、使用寿命和售价等数据。

收集到物流系统的原始数据后,再对这些数据进行整理、分析,并以此为基础进行系统分析,提出初步方案。

3. 明确可控变量和不可控变量

物流系统的方案中,有些因素必须严格满足条件,是优化时不可更改的;另一些可以由优化人员在一定的范围内进行选择的因素就是物流系统中的可控变量。例如,仓库收、发货站台的位置和数量,搬运设备的载重量和作业速度,物品进出库策略等都是必须满足一定要求的可控变量。又如,在优化一个仓库时,为使设备的利用率达到最高,可以对堆垛机的数量和运行速度、货架的尺寸进行一定的变动。物流系统的优化就是通过调整可控变量观察系统性能的变化趋势,选择可控变量的最佳配置,达到系统的最佳效果。

此外,物流系统优化中还有很多因素是随机的、不确定的,这是优化设计人员无法控制的因素。例如,商业物流系统中,订单到达的时间间隔和订单量多少、港口物流系统中船舶到港的日期和数量等就是一些不可控因素,而且具有随机性。优化时必须在大量资料统计分析和主观经验的基础上进行。

只有明确了物流系统中哪些因素是可控的,哪些是不可控的,才能对不同变量进行正确的处理,建立合适、可行的优化模型。

4. 关注系统容量匹配

供应链容量是在给定的一段时间内,通过供应链流动的物料的最大量。例如,一辆卡车在一次行程中可以有 25 吨的载重容量,而一架飞机一次飞行可以运载 450 名乘客,一个仓库一星期可以卸载 210 辆卡车的货物,一家零售商店一小时可以接待 120 名顾客等。在一条供应链中,各部分的容量并不完全相同,所以,一条供应链的容量由其自身容量最小的那部分决定,这一部分便形成了瓶颈。如果批发环节形成瓶颈,其容量为每小时 200 单位的某种产品,这便决定了整个供应链的容量,即使其他环节拥有更高的容量也无济于事。因此,提高供应链容量的唯一途径是对系统分析找到瓶颈环节,提高瓶颈环节容量。若非如此,即使在其他环节投入更多资源是无济于事的,只能增加闲置的设施,降低利用率。

为保证物料在供应链中顺利流动,必须确保每部分都拥有一个适当的容量。这意味着整体容量与总需求相匹配,各部分的容量也要与总需求相匹配,以便消除瓶颈。

5. 建立物流系统设计优劣的评价标准

对物流系统的优劣评价是物流系统决策不可缺少的一步。为能对各种可行的方案做出客观公正的评价,应该在提出任何方案之前就制定出评价的标准。评价标准通常包括以下几个方面。

(1) 经济性。它包括初始投资、每年的运营费用、直接或间接的经济效益、投资回收期、全员劳动生产率等。

(2) 可靠性。它包括单个环节的可靠性和整个系统的可靠性技术的成熟程度、设备故障率和排除故障所需要的时间。

(3) 可维护性。它包括维护保养所要求的技术水平、备件的供应情况、所需储备的备件数量。

(4) 灵活性或柔性。它包括适应产品设计更改和产量变化的能力,物流系统各环节与生产节奏相匹配的能力,调整物流路线的可能性。

(5) 可扩展性。它包括在物流系统的服务范围和吞吐能力方面进一步扩大的可能性。

(6) 安全性。它包括产品的安全和人员的安全,以及正常运行和事故状态下的安全保障。

(7) 劳动强度。它包括需要劳动力的数量及作业姿态可能引起的劳动者的疲劳程度。

(8) 易操作性。操作简单,不易出错,只需要少量指令即可使设备和整个系统投入运行。

(9) 服务水平。它包括服务性物流系统对顾客要求做出响应的能力。

(10) 环境保护。符合环境保护的要求,对周围环境的污染程度低。

(11) 敏感性。它包括对外界条件变动的敏感程度。

阅读案例 3-2

东芝物流系统分析设计

> 东芝作为日本电子行业的巨型企业,从 1998 年就开始了以供应链管理为中心的企业内部战略改革。而作为供应链载体的物流系统的改革也就成为东芝新时期变革的中心任务。任何一种变革都会遇到阻碍。东芝物流改革的障碍首先来自于固有的企业文化和价值观,而不是人们通常所想象的技术领域。
>
> 东芝公司原有的经营体系是在少品种、大批量生产与销售的基础上形成的。可是这样的时代已经一去不复返了,取而代之的是多样化的消费需求和不断变化的市场环境。于是,东芝提出了"建立一个高效、高敏感性的商品共同体"的企业目标作为整个公司文化和价值观建设的原点,为整个物流改革提供思想上的保障。而在整个物流系统改革成效的衡量中,存货周转率一直是一个重要的标准。建立起适应市场变化的在库管理系统,并且发挥最佳的效率是东芝的追求目标。
>
> 东芝认识到,生产企业的物流发展越来越影响到生产企业的整体经营战略实施。因此,在物流方面,东芝从原有的重视在库数量及运输的管理体系转向于强化流通机能的物流新体制。东芝通过货物信息系统的统合改变传统物流理念,在维持小批量、多频度运输的服务基准的同时,克服外部物流环境与物流成本的矛盾,提出一整套物流解决方案。它具体包括以下 5 点措施:①按照市场需要的变化建立柔性生产体制,加快生产与销售之间的流通速度;②调整现有物流网点,将仓库数量从以前的 194 处集中到 17 处。2000 年以后,加大家电产品的直送率,现东芝公司家电部分的直送率增加到 80%以上;③建立从原材料的采购物流到销售物流,以及包装材料的回收物流的混合型物流运输系统;④建立多频度需求与自动补货系统;⑤建立全球后勤管理系统。

3.3　物流系统优化

　　物流系统优化涉及企业各个方面,物流系统优化应该考虑从采购到最终交货所有物流职能中的决策,它涉及战略性关系、供应链结构、客户服务、设施选址、库存政策和运输优化等。优化时需要注意实施方法的重要性,如果公司在供应链的基础设施建设中一次性投入巨额资金和大量人力,可能导致其供应链战略实施的失败。尽管"在靠近客户的位置修建仓库"是实现"方便客户"原则的一种可行方法,但"利用物流网络站点集合各种订货"也可实现这一原则,这两种方法都可采用。显然,涉及物流系统优化的决策会对企业产生明显的长期影响。

3.3.1 供应链的结构优化

从一个组织的立场来看,一种产品的供应链包括多个层次的供应商,将物料从最初的原产地移送到生产线上,以及多个层次客户之间相互转手直到最终购买者。在实践中,一些供应链只有很少几个层次的供应商和客户,其他一些供应链则有很多;一些供应链只有非常简单的物料流动,而其他一些则拥有综合复杂的物流网络。不同类型的产品显然需要不同结构的供应链,如建筑用沙土所需的供应链远远不同于DVD播放机的供应链。对供应链来说,重要的是产品价值、体积、易腐性、可获得性、获利性等。沙土价值低、体积大,并且容易获得,所以,最好建一条较短的供应链,使供应商尽可能接近最终购买者;而DVD播放机体积小,价值高,并且在专业工厂制造,所以会有一条较长的供应链。

1. 战略与供应链类型

不同的战略也导致不同类型的供应链,所以,一个力求快速交货的公司将建立一条不同于力求低成本的公司的供应链。其他影响供应链结构的因素还有客户需求的类型、经济环境、物流服务的可获得性、文化、创新速度、竞争、市场和财务制度安排等。为了设计适当的供应链结构,各个组织应该考虑所有这些因素。也就是说,这些因素决定了中间节点(中间节点构成链中的供应商和客户)的类型、中间节点的个数、仓储方式、物流中心所做的工作、客户从各中心得到的服务、运输方式、交货速度等。这可能还与供应链的长度和宽度有关。

2. 供应链的长度与宽度

供应链长度是物料在原产地和目的地之间流动的层次或中间节点的数量。在现实中,一些供应链相对较短,如生产者将其产品直接卖给最终客户的供应链。另一方面,供应链也可能会很长,可能包括多个制造阶段,并且每个阶段能过多个中间节点相互联系。例如一出口商可以在货物运输途中的各个不同地段使用多个物流中心、货运人、代理人、货物转运公司和经纪人。

供应链宽度是物料可以平行流动路线的数量,可以从最终客户获得产品途径的多少来考虑这一概念。服装公司拥有很宽的供应链,这意味着顾客可以从很多零售商那里买到其生产的服装;而公司的供应链如较窄,其生产的绝大部分通过自己的连锁商店售出。

供应链长度和宽度的最佳选择依赖于多种因素,其中,组织在其物流过程中希望达到的对货物控制程度、服务质量和成本是最重要的3个方面。一个直接面向客户的制造商拥有短而窄的供应链,这便于对物流进行更多的控制,但对于实现高质量的客户服务和低成本而言,依靠这种结构的供应链则比较困难。加宽供应链可以提高客户服务的质量,但却增加了成本,削弱了制造商对物流的控制。拥有长而窄的供应链可以通过使用中间节点来降低成本,但同时使得制造商部分丧失了对物流的控制,并且客户服务也得不到改善。长而宽的供应链使制造商几乎失去了绝大部分对物流的控制,但却为客户提供了优质的服务。

系统分析可以帮助管理者进行供应链设计,这对于估算交货到最终客户所需的总成本和满足一次订货所需时间有显著作用,但管理者可能只会考虑少数几个实际因素,如供应链效率或顾客满意度。事实上，并不存在唯一的"最优"方案，所以，管理者最终不得不选择一种折中方案，以求尽可能接近物流战略目标的实现。各种类型的组织日益意识到，通过短供应链快速移动物料能够缩减成本，提高客户服务质量，这意味着消除中间节点的层次，使物流作业集中在更少的设施中。制造商逐渐直接面对最终客户，跨过一些传统的中间层次，缩短的供应链是发展趋势。

3.3.2 设施选址

设施的最佳位置依赖于很多因素。例如，一个仓库可以靠近工厂、客户、运输地点或有较大发展的地区。显然，选址将影响物流绩效。如果一个组织要求快速送货，它将使用靠近最终客户所在地的当地仓库；如果要求低成本，则将存货集中到大型的仓库中，这就不可避免地离客户较远；如果需要进出口大量物料，就可能使用靠近港口或铁路货运站的仓库；如果该组织制造商品，可在工厂附近拥有一个存放产成品的仓库。选址问题应该非常认真地处理，因为它将产生相当大的长期影响。一旦设施开始运营，将其关闭或移往他处都是相当困难的。另外，需要注意的是，设施选址不是一项孤立的决策，它决定了一系列相关决策，如每个场所负责的工作，每个设施的规模、采用的技术水平、资源配置，每个场所服务的客户等。

1. 选址的基本思路

（1）选择国家。随着生产全球化的趋势不断增强，在全球范围内选择建设仓库的地点已经成为许多跨国经营企业面对的问题。在全球范围内选择建库地址时，需要考虑以下问题。①各国政府的政策，以及政策的稳定性；②各国的文化和经济问题；③各国在全球市场中的位置及重要程度；④劳动供给情况，包括劳动力的工作能力、工作态度和成本；⑤生产供应能力和通信技术水平；⑥税收、汇率等情况。

（2）选择地区。在一个国家里，不同地区、不同城市的生产力发展水平可能存在较大差异，可以根据以下因素进行选择：①企业目标；②地区吸引力，包括文化、税收、气候等因素；③劳动力供应及其成本；④公用设施的供应及其成本；⑤土地及建筑成本；⑥环境管理措施，因为环境管理等非量化因素有可能对仓库选址产生更为显著的影响。

（3）选择具体位置。一个城市的东西南北存在各个方面的差异，在选择建库具体地址时要注意的因素：①场所的大小和成本；②（高速）公路、铁路、水路和空运系统；③与外部协作方的距离；④环境影响因素，包括地形、地质、气象、污染源及污染程度等；⑤劳动力的素质。

2. 评估选址方案的方法

1) 单一仓库地址确定

在现有用户中确立一个仓库。如果可以在现有用户中确立一个仓库，常用总距离最短、总运输周转量最小、总运输费用最小来计算比较简单。

当完全新建一个仓库时，可用因素分析法、重心法、盈亏平衡分析法、微分法和运输模型法来进行评估选址。以下介绍因素分析法和重心法。

（1）因素分析法。仓库选址中要考虑的因素很多，但是，总是有一些因素比另一些因素相对重要。决策者要判断各种因素孰轻孰重，从而使评估更接近现实。这种方法有6个步骤。

①列出所有相关因素;②赋予每个因素权重以反映它在决策中的相对重要性;③给每个因素的打分,取值设定一个范围(1~10或1~100);④用第3步设定的取值范围就各个因素给每个备选地址打分;⑤将每个因素的得分与其权重相乘,计算出每个备选地址的得分;⑥对备选地址的得分进行评估,以总分最高者为最优。

若在设施选址中仅对影响设施选址的非经济因素进行量化分析评价,一般可以采用加权因素法。加权因素法的应用步骤:①对每个设施选址方案涉及的非经济因素,通过决策者或专家打分,再求平均值的方法确定各非经济因素的权重,权重大小可界定为1~10;②专家对各非经济因素就每个备选地址进行评级,评级分为5级,用5个元音字母A、E、I、O、U表示。各个级别分别对应不同的分数,A=4分、E=3分、I=2分、O=1分、U=0分;③将某非经济因素的权重乘以其对应选址方案该级别的分数,得到该因素所得分数;④将各方案的各种非经济因素所得分数相加,即得各方案分数,分数最高的方案即为最佳选址方案。

【例3.1】某配送中心选址,设计了甲、乙、丙、丁4种方案,专家对非经济因素的权重和评级进行确定后,根据各级分数及权重的计算,得出非经济因素的权重和评级表,如表3-2所示。试确定最佳选址方案。

表3-2 非经济因素的权重和评级表

非经济因素	权重	各选方案等级和分数			
		甲方案	乙方案	丙方案	丁方案
场址位置	9	A/36	E/27	I/18	I/18
面积和位置	6	A/24	A/24	E/18	U/0
地势和坡度	2	O/2	E/6	I/6	I/6
风向和日照	5	E/15	E/15	I/10	I/10
铁路接轨条件	7	I/14	E/21	I/14	A/28
施工条件	3	I/6	O/3	E/9	A/12
与城市规划的关系	10	A/40	E/30	E/30	I/20
合计		137	126	105	94

从表3-2计算结果中可以看出,甲方案得分最高,所以,选甲方案地址为最佳。

(2)重心法。重心法是单设施选址中常用的模型。在这种方法中选址因素只包含运输费率和该点的货物运输量,在数学上被归纳为静态连续选址模型。

设有一系列点分别代表供应商位置和需求点位置,各自有一定量的物品需要以一定的运输费率运往待定仓库或从仓库运出,那么仓库应该处于什么位置?计算公式为

$$\min TC = \sum_i V_i R_i d_i \qquad (3-1)$$

式中:TC——总运输成本;

V_i——i点的运输量;

R_i——到i点的运输费率;

d_i——从拟建的仓库到i点的距离,计算公式为

$$d_i = \sqrt{(x-x_i)^2 + (y-y_i)^2}$$

式中：x，y——新建仓库的坐标；

　　x_i，y_i——供应商和需求点的位置坐标。

2) 确立多个仓库地址

对于大多数企业而言，在仓库网点规划时要决定两个或多个仓库的选址问题。这个问题虽然很复杂，而且解决方法都并非完善，但精确法、多重心法、混合整数线性规划法、模拟法、启发法还是具有参考价值的。

3.3.3 所有权和业务外包

一个组织并非必须拥有一条完整的供应链，可通过供应链整合与供应商、客户协同工作，使各方均受益。如一个组织与其他公司结成伙伴关系，由其他公司负责其仓储、材料采购、物料搬运，以及其他很多物流职能。当一个公司利用其他公司负责其物流作业时，就称其为第三方物流或合同物流。该组织将物流业务外包，可以使物流作业由高效率和经验丰富的专家负责管理，其本身就可以将注意力集中于核心作业。

从本质上讲，使用第三方物流是一种特殊类型的"制造或购买"决策。有时在组织内部完成物流活动较好，而有时使用专业公司更好。成功的业务外包可以改善服务、降低成本和提高质量。当然，这种安排也有不足，如削弱了控制、不能应付非常情况、交流更加复杂、目标不一致、缺乏对成本的控制等。不过，第三方物流的优点变得日益明显，越来越多的组织正在向这个方向发展。

阅读案例 3-3

华润物流将物流规划能力作为自己的核心竞争力

> 华润物流成立时间不长，但在业务开展上坚持高起点的原则，在其开发大项目过程中，一般都为客户提供物流系统的规划，并明确新的物流系统较客户以前的系统在服务和成本上具备什么优势。
>
> 2002年5月，华润物流在同一个美国客户洽谈的过程中就详细地调查了该公司以往的物流体系存在的问题，并通过国外的数据测算了成本，在此基础上，华润物流为该公司提供了一套全新的解决方案，赢得了客户的青睐。
>
> 资料来源：郝聚民. 第三方物流. 成都：四川人民出版社，2002：67-68.

3.3.4 业务流程再造

业务流程再造（Business Process Reengineering，BPR）是一种管理思想。它强调以业务流程为改造对象和中心、以关心客户的需求和满意度为目标来对现行的业务流程进行根本的再思考和彻底的再设计，并且利用先进的制导技术、信息技术以及现代化的管理手段，最大限度地实现技术上的功能集成和管理上的职能集成，从而实现企业经营在成本、质量、服务和速度等方面的巨大改善。

物流管理概论

1993年迈克尔·哈默(Michael Hammer)和詹姆斯·钱皮(James A. Champy)在其著作《企业再造：企业革命的宣言》一书中首次提出了业务流程再造的概念，并将其定义为：对企业业务流程进行根本性的再思考和彻底性的再设计，以使企业在成本、质量、服务和速度等衡量企业绩效的关键指标上取得显著性的进展。该定义包含了4个关键词，即"流程"、"根本性"、"彻底性"、"显著性"。

(1)"流程"就是以从订单到交货或提供服务的一连串作业活动为着眼点，跨越不同职能和部门的分界线，从整体流程、整体优化的角度来考虑与分析问题，识别流程中的增值和非增值业务活动，剔除非增值活动，重新组合增值活动，优化作业过程，缩短交货周期。

(2)"根本性"就是要突破原有的思维方式，打破固有的管理规范，以回归零点的新观念和思考方式，对现有流程与系统进行综合分析与统筹考虑，避免将思维局限于现有的作业流程、系统结构与知识框架中，以取得目标流程设计的最优。

(3)"彻底性"就是要在"根本性"思考的前提下摆脱现有系统的束缚，对流程进行设计，从而获得管理思想的重大突破和管理方式的革命性变化。它不是在以往基础上的修补，而是彻底性的变革，追求问题的根本解决。

(4)"显著性"是指通过对流程的根本思考，找到限制企业整体绩效提高的各种环节和因素。通过彻底性的重新设计来降低成本、节约时间、增强企业竞争力，从而使得企业的管理方式与手段、企业的整体运作效果达到一个质的飞跃，体现高效益和高回报。

从以上4个方面可以看出，流程再造暗含这样的思想：不是在当前的业务运作中寻求改善，而是重新开始一种全新的过程。这如同对一座房子拆了重建，而不是对其内部进行改造。业务流程再造的主要作用体现在以下4个方面。

(1)企业贴近市场。企业要达到业务流程再造的好效果，需要主动了解市场，并针对市场的表现做出相应的改变。在流程再造的同时就必须以市场为导向，发掘新的更有效的流程。

(2)减少成本。业务流程再造将全面的质量管理贯穿于整个过程，从市场调研阶段开始就注意成本的投入。企业在改造过程当中剔除无效作业必然节省了部分不必要的投入，脱离了传统的管理模式，减少了管理层级，从而降低了成本的投入。

(3)全面提升产品质量。

(4)提高服务质量和水平。

阅读案例3-4

福特公司的付款作业

1988年，美国福特公司的付款部门拥有500名雇员，应用一套标准的会计系统。在这套系统中，采购部门向供应商发出订单，并将一份订单复印件递送付款部门。供应商按订单发货后，将发票递交该部门。货物到达公司后，验收入库，并向付款部门送交已收货物的清单。至此，付款部门得到3个货物凭证，分别来自采购部门、供应商和收货部门。

如果这些凭证相符，付款部门将按发票付款。有时这些凭证不相符，那么就必须找出问题所在。这需要进行大量工作，通常要持续几个星期。

> 福特公司本来可以改善这个系统,并且估计可以节省25%的人力成本。然而,福特公司却选择了一种更彻底的办法,即再造整个系统。该系统的中心是公司的采购数据库,所以,在这个新的系统中,采购部门向供应商发出订单,并更新采购数据库。供应商发货时,在货物到达公司后,根据数据库中的订货记录核查货物。如果详细情况吻合,货物被接收,数据库被更新,显示货物已收到,并向供应商付款。如果详细情况不吻合,货将被拒收,并退还给供应商。供应商很快就意识到,这种新的系统不允许送货过程中的任何失误,且使这些失误就减少。这个新系统将福特公司的付款部门精简到125人,劳动效率提高了400%。
>
> 资料来源:[美]唐纳德·沃斯特. 物流管理概论[M]. 北京:电子工业出版,2005:72-73.

3.3.5 持续改进不断优化

物流业务流程再造就是通过对物流企业原来提供的物流服务的各个方面、各个环节进行全面的调查研究和细致分析,对其中不合理、不必要的环节进行彻底的变革,重新设计和安排物流企业的整个物流服务过程并使之更加合理化的过程。

而持续改进不断优化则是全面质量管理中质量持续改进思想在供应链管理中的应用。质量改进是"质量管理的一部分,致力于增强满足质量要求的能力"。企业的所有管理职能和所有层次的恒定目标应是致力于顾客满意和不断地改进质量。

物流战略的制定是建立在一系列内外部因素的基础之上的,但这些因素是不断变动的。在一个组织内部,有雇员变动、目标变动、产品变动、计划变动、生产过程变动、成本变动、供应商变动、客户变动等;若向外部延伸,该组织又必须应付客户、市场、经济环境、竞争对手和技术等因素的变动。这些不断变动的结果使物流战略也必须保持不断变动,与时俱进。管理者不仅要制定和实施战略,还必须不断对战略进行调整。

物流系统的反复改进的建议有很多来源,如客户、竞争者、意见箱。持续改进不断优化的方法主要是采用PDCA(Plan-Do-Check-Action)管理法对物流系统进行循环,也就是策划、执行、检查、行动,或称为改善车轮(Deming Wheel)。PDCA循环是由美国质量管理统计学专家戴明(W. E. Deming)在20世纪60年代初创立的,故也称为戴明环活动。它反映了质量改进和完成各项工作必须经过的4个阶段8个步骤,并不断循环下去,周而复始,使质量不断改进。

(1) 计划制订阶段——P(Plan)阶段。在此阶段主要工作有以下几个步骤。①对物流现状进行分析,找出存在的问题;②分析造成问题的各种原因和影响因素;③从各种原因中找出影响物流运作的主要原因;④针对主要原因制定对策,拟定相应的管理和技术组织措施,提出执行计划。

(2) 计划执行阶段——D(Do)阶段。在此阶段就是按照预定的对物流按改善的执行计划、目标和措施及其分工去实际执行。(第5步)

(3) 执行结果检查阶段——C(Check)阶段对实际执行情况进行检查,寻找和发现计划执行过程中的问题。(第6步)

(4) 处理阶段——A(Action)阶段。在此阶段对改进效果进行评价。如果得到真正的改善,这种新方法将持续使用,并总结经验使之更完善。但是,如果没有得到改善,就要吸取教训,并且不再采取这种新方法,即总结经验教训,巩固成绩,防止发生的问题再次

发生。(第7步)。最后提出这次循环尚未解决的问题,进入下一个循环。(第8步)

进入下一个循环即又回到循环开始处,又去考察其他更多的变动。这种渐进的方法在一段时间后为改善积累了动能,并确保物流系统总是向更好的方向发展。

对物流系统来说,这些局部的、不断的、持续的改进过程起到量变到质变的作用,使整个物流服务水平提高,并使物流系统更加合理。

3.3.6 物流系统优化技术方法

1. 数学规划法

数学规划法(运筹学)是一种对系统进行统筹规划,寻求最优方案的数学方法。其具体理论与方法包括线性规划、动态规划、整数规划、排队规划和库存论等。这些理论和方法都着力于解决物流系统中物流设施选址、物流作业的资源配置、货物配载、物料储存的时间与数量的问题。

2. 统筹法

统筹法(网络计划技术)是指运用网络来统筹安排,合理规划系统的各个环节。它用网络图来描述活动流程的线路,将事件作为节点,在保证关键线路的前提下安排其他活动,调整相互关系,以保证按期完成整个计划。该项技术可用于物流作业的合理安排。

3. 系统优化法

系统优化法是指在一定约束条件下,求出使目标函数最优的解。物流系统包括许多参数,这些参数相互制约,互为条件,同时受外界环境的影响。系统优化研究就是在不可控参数变化时,根据系统的目标来确定可控参数的值,以使系统达到最优状况。

4. 系统仿真

仿真也称模型,它是按客观实际情况,将所要研究的问题或对象构造成相应的模型,然后通过对模型的实验,以判断一项设计或方案在接近于实际的条件下其工作(或运行)的情况是否符合相应的目标或要求,或同时分析或比较几个设计或计划方案,以确定哪一个更符合目标或要求,具有更好的经济技术性或效果,从而确定选择其中较好的设计或方案。系统仿真即利用模型对物流系统进行仿真实验研究。

上述不同的方法各有特点,在实际中都得到了广泛的应用,其中,系统仿真技术,近年来应用较为普遍。系统仿真技术的发展及应用依赖于计算机软件技术的飞速发展。今天,随着计算机科学与技术的巨大发展,系统仿真技术的研究也不断完善,应用不断扩大。

本章小结

系统是由相互联系、相互作用的动态要素组成的具有一定功能的有机整体,系统具有整体性、相关性、目的性、动态性和环境适应性等特性。物流系统是指在一定时间和空间内,由所需位移的物资与包装设备、装卸机械、运输工具、仓储设施、人员和信息联系等若干互相制约的动态要素所构成的有机整体。物流系统主要由物流硬件系统、管理系统、作业系统和物流信息系统几部分组成。物流系统中供流动的商品储存、停留,以进行相关后续作业的场所称为点,如工厂、商店、仓库、配送中心、车站、码头等,点和连接物流网络中的节点的路线形成物流系统的网络结构。

建立和运行的物流系统要有意识地以社会和企业两个效益为目的。具体来讲，物流系统要实现服务性目标、快捷性目标、低成本与高效目标、规模优化目标、库存调节目标。物流系统分析是在物流网络或供应链中有目的、有计划地对一个或多个部分进行观察，以决定每个部分和整个系统如何运转。物流系统分析可以是对一个简单的运作进行的，如仓库接收货物时卸货的时间的研究；也可以是在一个更大范围内进行的，如从重组一个企业的物流系统角度，研究分析如何更好地满足客户需求。物流系统分析设计要注意物流系统的输入条件、输出结果、现行数据的收集，明确可控变量和不可控变量，尤其要关注整体容量与总需求相匹配，各部分的容量也要与总需求相匹配以便消除瓶颈。物流优化可以从供应链整体结构设施选址、业务外包、流程再造等方面进行。

 关键术语

| 物流系统 | 物流管理系统 | 物流作业系统 | 物流系统分析 |
| 物流网络 | 业务外包 | 容量匹配 | 业务流程再造 |

复习思考题

一、选择题

1. 以下关于物流系统，说法正确的是（　　）。
   A. 物流系统是指在一定时间和空间内，由若干互相制约的动态要素所构成的有机整体
   B. 物流系统是一个单独的系统
   C. 使物流系统的最优即使每个子系统都达到最优
   D. 子系统成本最低是物流系统对成本最低的追求

2. 物流节点在物流系统中一般具有衔接功能、管理功能和（　　）。
   A. 配送功能　　B. 流通加工功能　　C. 信息功能　　D. 包装功能

3. 在物流领域采取的如直达物流、联合一贯运输、高速公路、时间表系统等管理和技术是物流系统的（　　）的体现。
   A. 服务性目标　　B. 快捷性目标　　C. 节约目标　　D. 规模优化目标

4. 物流系统分析中要以（　　）为目标。
   A. 系统最优　　　　　　　　　B. 解决特定问题
   C. 系统整体效益　　　　　　　D. 确定最佳方案

5. 进行物流系统分析设计时，首先要进行的是（　　）。
   A. 收集有关物流资料并探索可行性方案
   B. 物流问题的界定及目标确定
   C. 建立物流模型
   D. 系统最优化分析

6. （　　）是指企业业务流程进行根本性的再思考和彻底性的再设计。
   A. DEI　　　　B. PDCA　　　　C. ERP　　　　D. BPR

二、简答题

1. 现代物流系统的组成要素有哪些？

2. 物流系统的主要特征是什么？有哪些基本目标？
3. 物流系统分析中应注意到哪些方面的问题？
4. 简述物流系统分析的程序。
5. 设施选址的基本思路是什么？有哪些影响因素？
6. 为什么要关注物流系统的容量匹配？

三、分析应用题

试分析通过流程再造与持续优化改进物流系统的方法的异同。

四、案例分析题

林德特巧克力的全球配送

总部位于苏黎世的创立于1845年的林德特巧克力公司（Swiss Lindt Chocolate Company），其巧克力加工制造厂除了瑞士本土外，还遍布欧洲地区的法国、德国、英国、意大利、奥地利和美国等，是世界上生产巧克力最负盛名的企业。而林德特公司巧克力加工厂规模最大、产量最高的是在瑞士本土。瑞士林德特巧克力加工制造厂的巧克力最近几年的年产量达到5 584吨，分装为20英尺集装箱250只和40英尺集装箱250只，全部都是冷藏集装箱设备。林德特巧克力公司以"林德特"（Lindt）命名的绝大部分巧克力产品从欧洲出口到美洲、澳大利亚、亚洲和中东海湾地区，通常使用远洋班轮冷藏集装箱运输，空运巧克力不超过出口巧克力集装箱运量的1%，这是公司考虑到价格本来就不菲的巧克力不要再增加运输成本，以便世界各地更多的平民百姓能够品尝到瑞士林德特牌的巧克力。

从1845年其创始人戴维（David）和其儿子罗道夫（Rudolph）在苏黎世开设第一家巧克力作坊以来的一个多世纪中，质量一直是这家古老的瑞士巧克力公司朝夕不离的生命线。如果说瑞士林德特牌巧克力有什么变化，那就是在世界各地建立物流配送中心，使其从原来的家庭作坊发展成覆盖全球市场的大型专业食品集团公司。根据国际市场发展需要，其巧克力物流配送中心分别设置在英国、奥地利、加拿大、西班牙、波兰、中国香港。在美国和中东地区的阿联酋迪拜设立巧克力销售办事处。在全球范围内各国和地区所经营的林德特牌巧克力营销和配送等业务全部由独立分销商网络负责操作，这样做使得物流成本居高不下，但避免假冒伪劣产品混入，确保了林德特牌巧克力产品的质量决不含糊。现在世界各地的消费者只要在专卖店和独立分销商买到林德特牌巧克力都会放心地确信这是真正地道的瑞士林德特牌巧克力，就像在专卖店和分销商那里购买瑞士生产的品牌钟表一样。

位于瑞士苏黎世湖附近的阿尔腾道夫（Allenfor）镇的林德特巧克力公司物流中心拥有32家配送物流专业队。林德特巧克力公司的物流中心主要职责除了负责从荷兰鹿特丹港将进口原料运送到瑞士阿尔腾道夫加工厂之外，还将巧克力产品从阿尔腾道夫的工厂源源不断地输送到欧洲其他国家和世界各地。这一过程中对所有的配送物流公司实施严格的质量管理，其中包括运输车辆的卫生检疫，车辆驾驶员和物流服务操作人员的健康证明，冷藏集装箱温度控制机械系列的技术保障，交通运输安全和食品法规考核等。

物流中心不乏食品专家、卫生检疫专家和报关经纪人，凡是有可能影响到林德特牌巧克力质量和信誉的海、陆、空物流服务项目都被纳入该物流中心管辖范围内，尤其是卡车的集装箱运输是质量管理的重点。因为从瑞士出口的巧克力大多是用冷藏集装箱卡车运输到欧洲各地的。因此，对从阿尔腾道夫出发直至欧洲任何国家收货人的冷藏集装箱产品的运输，其中还包括温度、包装、配送、分销到零售商的各物流服务项目等也均被实施全程监控。由于林德特巧克力是瑞士的拳头产品，与瑞士名表一样对瑞士经济贡献巨大，因此，获得瑞士海关当局验放优惠服务，凡是在出厂的时候完成海关清关手续的巧克力产品在出境的时候只要单证齐全，没有其他问题，一律免于海关检验，从而增强了林德特牌巧克力的市场竞争力。

无论是在瑞士本土阿尔腾道夫还是在欧洲其他国家工厂生产的林德特牌巧克力，凡是出口到欧洲其他国家的，通常都是用冷藏集装箱卡车从巧克力加工制造厂运送到靠近荷兰鹿特丹港的奥德贝杰仑德（Oud Beijerland）物流中心，因为在陆地上集装箱卡车运输成本尽管比铁路运输昂贵，但是容易管理，而且机动灵活，运到鹿特丹港附近的奥德贝杰仑德物流中心以后，该中心根据与客户的合同规定，负责安排集装箱班轮的适当冷藏箱舱位，即所谓订舱，支付运费，办理集装箱的装船手续。

林德特巧克力公司的巧克力产品的出口贸易总量大约60%是以工厂交货条款(ex—works)或者离岸价格条款(FOB)成交的，即卖方以货物装船前的出口价格在合同规定的装运港负责将货物装上买方指定的船上，并且负责货物装到船上为止的一切费用和风险，由此林德特巧克力公司就没有必要为集装箱船舶和航线的选择而煞费苦心了，其余一切，如将货物运抵卸货港或者最终目的港等过程均受制于《国际贸易条件解释通则》，但是出于林德特巧克力质量保证的考虑，奥德贝杰仑德物流中心在为买方选择远洋承运人，班轮订舱和安排码头泊位的时候必须与瑞士苏黎世湖附近的阿尔腾道夫镇的林德特巧克力公司物流中心保持全面沟通，根据双方签订的协议，前者必须向后者报告有关集装箱船舶及其冷藏集装箱舱位信息和承运条款，并且必须取得后者同意，否则，一旦发生林德特牌号巧克力质量问题，林德特巧克力公司就不会承担经济赔偿或者补偿责任。

目前，从瑞士和其他欧洲国家出口到全球各个角落的林德特牌巧克力基本上由铁行渣华航运(P&O Neelloy)旗下的集装箱班轮承运。而负责装船的荷兰鹿特丹港的奥德贝杰仑德物流中心和负责从工厂发货的瑞士苏黎世湖附近的阿尔腾道夫镇林德特巧克力公司物流中心直接的关系非常密切，这种关系一直发展和延伸到远洋承运人的集装箱班轮、卸货港和收货人，以保证质量为重中之重，在高度发达的信息技术的支持下，林德特牌巧克力集装箱物流供应链中的每一个环节都是相互支持，配合默契，多少年来一直没有发生过林德特牌巧克力质量的责任性事故。

瑞士原产的巧克力在全球广大消费者心目中无异于"棕褐色黄金"(brown gold)，是生活享受中的高档次消费品。因此，本土不生产可可豆的瑞士却从进口可可豆加工制造成瑞士品牌的林德特巧克力的过程中创造出巨大的财富，其赖以生存和发展的秘笈其实就是严守产品质量100多年不变，经营管理信誉经得起考验，集装箱物流中心配送程序的严格规范操作，归根结底是"质量"原则高于一切并贯穿于其全过程，其中包括林德特巧克力公司的集装箱物流，没有物流服务持之以恒的质量保证，所谓瑞士林德特巧克力名扬天下只会变成泡影。

资料来源：http://bbs.zj56.com.cn/a/a.asp?B=18&ID=70473(整理).

根据以上案例所给的资料，试作以下分析：
1. 瑞士林德特巧克力物流系统的目标是什么？
2. 为了实现此目标，瑞士林德特巧克力是如何进行物流系统运作的？
3. 试总结我国食品企业可从瑞士林德特巧克力物流中借鉴的经验。

第4章　运输管理

【本章知识架构】

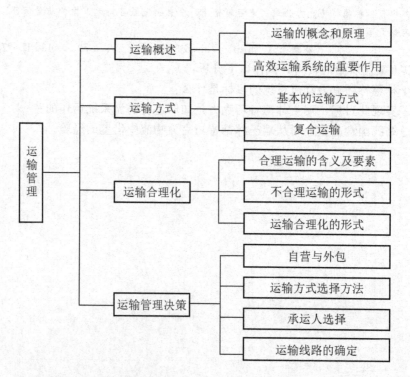

【本章教学目标与要求】
(1) 认识运输的重要性作用。
(2) 掌握运输原理及各种运输方式的特点。

(3)理解复合运输的集装技术和多式联运形式。
(4)正确理解运输合理化的概念,掌握运输合理化措施。
(5)熟悉企业运输管理的主要内容。
(6)了解运输方式选择影响因素,运输线路选择的方法。

导入案例

鲜花的生死时速

南美洲厄瓜多尔中部科托帕希火山地区地势险要,山高林密,但是常年气候温暖,雨水丰富,是盛产玫瑰花和其他珍贵花卉的好地方。布里恩的"农场直达"花卉公司向北美各大城市配送的玫瑰花就是从坐落在厄瓜多尔中部科托帕希山区四周的3家大型农场定点采购的。为了避免在运输过程中进行重新包装,所有的玫瑰花在科托帕希农场收割后,立即现场包装,每150株玫瑰花包成1盒,然后装入集装箱,运送到厄瓜多尔首都基多的国际机场。根据鲜花种植专家测定,玫瑰花从农场收割之后,在正常情况下可以保鲜14天。最科学的保鲜办法是,收割下来并准备长途运输的玫瑰花应该尽快装入纸盒并立即存储在冷藏集装箱内。在"农场直达"花卉公司的统一安排下,这些集装箱连夜运送到美国迈阿密飞机场,第二天早上,海关当局、检疫所和动植物检验所进行例行检查,然后再把鲜花发往北美各大城市的汽车站。

布里恩的任务就是把不远万里来自拉丁美洲农场新鲜收割下来的玫瑰花迅速送到北美洲各大城市的消费者手中。他不止一次地发现在这个过程中的每一个环节,一旦处理不到位,都可能成为新鲜玫瑰花的保鲜"杀手"。

在物流过程中的每一个环节上会出现意外"抛锚"。从科托帕希农场运出的刚刚收割的玫瑰花一经包装,必须在晚上8时之前运到基多飞机场,然后飞机必须连夜起飞,直抵迈阿密。可是在这过程中可能会遇到飞机脱班、晚点,飞机舱容不够,装不下全部鲜花集装箱等难题。好不容易运到迈阿密国际飞机场,可能在机场仓库耽搁不少时间,冷藏装箱的温控设备失灵,箱内温度升到华氏60度,严重影响玫瑰花的保鲜质量。等到迈阿密国际机场的美国海关官员打开集装箱检查的时候,玫瑰花几乎全部腐烂了。如果说玫瑰花还有4天保持鲜活,那运气算是不错的了。当航空货机抵达迈阿密飞机场的时候,鲜花必须迅速运到温控仓库里,否则,容易发生霉变和腐烂。把鲜花从飞机舱口运送到保温仓库的时间非常关键,但是货主为了节约运费,竟然把鲜花直接装运在敞口的卡车上,完全暴露在空气中。即使进入温控仓库,已经怒放的玫瑰花还是不够安全,必须在规定的时间内配送到南部佛罗里达州,从那里用集装箱卡车或者短程飞机运送到零售商手中。还有一些花卉批发商,竟然把玫瑰花箱子装在客机的底部货舱内,那里的条件最差,飞机在高空飞行时,货舱的气温很低,玫瑰花很容易被冻坏。

目前,"农场直达"花卉公司分别与联邦快递公司和联合包裹服务公司签订有关提供一体化快递服务合同,通过这两个公司的运输服务把鲜花直接运送到美国各地,而不再搭乘民航飞机,聘用卡车公司运送玫瑰花。以前的办法虽然运费低廉但是事故索赔不断,往往会误事。一体化快递服务给"农场直达"花卉公司带来准时、稳定的物流服务,公司的玫瑰花生意好做多了。当然,快递服务的成本很高,但是在鲜花物流行业中,迄今没有其他替代办法。"农场直达"花卉公司在2001年用联邦快递航班运送花卉,成功率可以达到98.4%,失败率为1.6%,这个1.6%虽然比例不大,但是对"农场直达"和其他花卉公司来说却是一个不小的损失,一盒150株玫瑰花,每株采购价格是25美分,运输价格每株20美分,每纸盒150株玫瑰花的净成本是67.5美元,批发给花店老板或者说花商是150美元,"农场直达"从中净赚82.5美元,而花店转手的零售价为650美元,这就是说每损失一纸盒玫瑰花,仅仅花商就要损失500美元,损失100纸盒玫瑰,花商要损失5万美元。

> 现在,由于花卉运输管理非常有效,物流服务稳定可靠,"农场直达"花卉公司向消费者承诺,从该公司批发销产的新鲜玫瑰花可以在家里放置至少4天不败。
>
> 资料来源:张荣忠.鲜花的生死时速[J].企业管理,2002(11):44-45.
>
> 讨论及思考:
> 1. 讨论分析案例中鲜花运输采用航空和冷藏运输方式原因。
> 2. "农场直达"花卉公司在运输外包以前的鲜花运输过程中存在哪些问题?
> 3. 总结案例中一体化直达运输的好处,分析发展社会化的运输体系的益处。

运输是国民经济的一个重要产业,是物流活动的一个重要组成部分。在电子商务下,如果没有供应商与客户间的物品运送,有形产品的贸易将不能实现。合理的运输方式、路线选择对于成本控制、物流效率提高具有重要作用。

4.1 运输概述

4.1.1 运输的概念和原理

1. 运输概念

运输是物流的主要功能,通常是指用交通工具将物资从一个地方向另一个地方运送,实现物资空间的转移的活动。我国国家标准 GB/T 18354—2006 中对物流运输的定义是"用专用运输将物品从一地点向另一地点运送。其中包括集货、分配、搬运、中转、装入、卸下、分散等一系列操作。"

运输具有以下特点:①运输是把产品从生产地运往消费地的活动,从社会生产过程来说,运输生产是在流通过程中完成的;②运输生产不像工农业生产那样改变劳动对象的物理、化学性能及外观形态,不创造新的实物形态的产品,只是改变劳动对象的空间位置;③运输属于边生产边消费,其创造的产品不具实物形态,即不能储存,也不能调拨。因此,在满足需求的情况下,多余的运输支出就是一种浪费。

2. 运输原理

规模经济和距离经济是指导运输管理和营运的两个基本原理。规模经济是指随装载规模的增长,每单位重量的运输成本下降。例如,铁路、水路运载能力较大的运输工具,每单位重量的费用要低于汽车、飞机类,整车装运的单位成本低于零担装运。这主要因为转移一票货物越重,就越能摊薄与此有关的固定费用(接收运输订单的管理费用、开票、设备使用费用等)。距离经济是指每单位距离的运输成本随距离的增加而减少。与距离经济类似,距离越长固定费用分摊给更多的公里,导致每公里支付的总费用低,如具有同样重量的货物,运输100公里,一次装运成本要低于两次装运成本。综上所述,集中运输可以为企业获得运费的折扣,运输费率(吨公里)随距离的增加而减少。

配送也含有运输。对于运输与配送的区别可以这样说,所有货物的移动都是运输,配送则专指短距离、小批量的运输。运输是指整体,配送则是指其中的一部分。

4.1.2 高效运输系统的重要作用

高效运输系统促进经济发展,如将经济发达地区与经济不发达的发展中国家进行对比，就可看到高效运输系统在创造高水平经济活动中的作用。高效、廉价的运输系统有利于城市化发展、有利于市场竞争、产品价格下降、商品流通规模和范围扩大。在经济不发达地区，生产和消费在空间上通常非常接近，生产以农业为主，城市人口占的比例较小。便利的交通运输服务出现，生产的地域限制、产品种类的限制有所改善，不发达地区经济发展，整个经济结构朝向发达地区的经济结构转变，人口向城市转移。

高效运输系统会使社会各方面受益。高效运输系统加剧市场竞争，使得全社会受益，提高人们生活水平。如运输系统落后，市场局限在生产地的周边，当 A 地产品要销往 B 地，只有在 A 地的生产成本小于 B 地很多时，即 A、B 两地生产者成本之间的差异可以抵消由 A 到 B 市场的运输成本时，竞争才可能发生。如果一件物品在城市 A 的制造成本为 20 元，在城市 B 的制造成本为 25 元，那么从 A 运往 B 的最大费率为 5 元。如果实际费率为 3 元，城市 A 的制造商将向 B 出口，城市 B 的顾客为商品支付的费用将减少，价格敏感的需求将会上升。因此，随运输系统的改进，产品运送的成本降低，不同产地的产品就可在同一市场进行竞争。竞争将会激励 B 地的生产商寻求节约成本，一些供应商将转向对 A 地的其他产品进行贸易，那么贸易量增加，运送商品的物流公司会迅速成长。如果实际费率为 6 元，那么前面这些情况都不会发生，并且人人都有损失。运输成本与生产、销售等分销费用一样是产品总成本的组成部分，廉价的运输有助于降低产品价格提高人们的生活水平。

高效运输系统有利于商品流通规模和范围扩大。商品流通的范围和规模与运输网络有关。随交通设施建设发展，运输网路的延伸及线路承载能力提高，商品流通规模和范围就越大，这有利于销售区域的扩大。运输是物流中的最大的成本之一，可能占一些产品售价相当大的部分，尤其是一些单位重量大价值较低的产品，如我国常常出现的丰收后卖不出的农产品。一些大量的低价值货物在远距离运送的过程中，运输费用十分高昂，这些高昂的附加成本使贸易变得不可行。即使一些高价值的产品运输成本占比重不大，但也不能忽视。尽管费用高昂的燃料、车辆和司机使运输成本升高，但由于车辆运输的改进，环太平洋地区制造商的有效运作及到欧洲的运输费用低廉，客观地说，运输相对成本实际上是在下降，单位产品的成本降低，使得企业可以用低价格与各地方生产者竞争。

高效运输系统直接影响企业、车间、仓库、供货商等的选址，企业的存货水平、产品使用的包装等很大程度上也受运输方式的选择的影响。如果组织在某一处的设施可以覆盖广泛的区域，那么相对廉价的运输就能改变供应链的形状，从一处设施就可以向特定地区的任何地方以相对廉价的方式快速运送物料，这使得许多组织将全国性的仓库转换成能覆盖广阔区域的地区性仓库（配送中心）。例如，1995 年前，耐克公司从 25 个仓库向欧洲各国运输和销售商品，但现在则由一个在比利时的泛欧洲配送中心，并且由 4 个专门的运输公司来负责。这些公司的有效运作使得运输成本保持不变，即内向的运输成本略微下降，外向的运输成本略微上升，从而使耐克公司可以从仓库和存货成本的大量节约中获利。

运输费率是物流的重要考虑因素，影响到整个配送方案。如果一个组织利用第三方运输，在设施间运送一单位物料的价格即为费率。它是由服务的提供成本，相对客户的价值，运送距离，物品的重量、尺寸、价值，行程的复杂程度等决定。运输费率通常由运输公司、政府政策或垄断供应商的协议所决定，如海运同盟公司在目的地间协定费率，大型运输公司利用行业协会制定费率，政府因为拥有铁路和公路，所以，通过垄断地位固定运价。运输服务的使用者对费率影响很小。运输行业竞争激烈，大客户的协商会卓有成效。

运输决定物流的时间和速度，如果能准时、准确、保质地将产品送达客户，有助于企业提高客户服务水平，由此提高客户满意度。

4.2 运输方式

运输货物方式是指运输过程中所使用的基础设施形成的铁路、公路、水上、航空和管道运输和不同运输方式的组合运输。运输方式类型如表4-1所示。

表4-1 运输方式类型

基本运输方式	水路运输	内河运输
		海洋运输：沿海、远洋
	陆路运输	铁路运输
		公路运输
	航空运输	
	管道运输	
复合运输方式	组合运输	
	多式联运	

每种方式都有不同的特点，在特定环境下，最优选择要依赖运送物品的种类、场所、距离、价值等。例如，要把货物从广州运到南京可以选择铁路、航空或者公路；如果想把服装从我国运往纽约，会选用海运模式；如果想把煤气从新疆运往上海，应选择管道模式；如果需要横跨大洋的包裹快递服务，应采用航空运送。对于大批量需要越洋运输的货物还可选择以组合运输方式进行多式联运。

4.2.1 基本的运输方式

1. 公路运输

公路运输虽从20世纪初才兴起，但发展极为迅速，成为使用最为广泛的运输方式。公路运输的主要优点：首先是机动性强，能到达任何地方提供门到门的服务，减少了与其他方式的转换。货物到达最终用户环节几乎都需要汽车运输的配合。其次是使用者不必自己修建和维护自己的路线，能利用现有的公路网络，同时车辆不必遵守严格的时间表，可以立即上路。因此，公路运输可以较为精确控制运输时间，这种得天独厚的优势，成为实施准时制生产战略的企业的首选运输方式，如想从上海发到到江、浙的货物，就会选择这种运输方式。还有货运车辆投入的资金较低，可以用来运载多条线路的不同货物，与铁路运输的承运商在某些线路的垄断相比，公路运输在同区域内有大量承运人经营，由于众多的运营商，竞争变得异常激烈，导致价格更具有弹性。

公路车辆有许多不同的类型，其中很多是为特定用途设计的，在不同的国家有不同的法规。由于重量和尺寸的限制意味着公路经常是小批量货物运输，这样会使得运输变得相对昂贵。因此，公路一般用于短途运输，其运输的经济半径一般为300公里。公路运输用于制成品的运输要比原材料的运输多。另一个问题是汽车容易造成道路交通拥挤、交货延误。与其他运输方式相比还存在货物更易受到偷盗和环境污染问题。

随着运输技术的进步，高速公路的修建，大型重卡的开发，集装箱运输的兴起，中长途的大批量运输也较多地使用公路运输。

2009年我国公路长度达386.08万公里。2009年全社会完成公路货运量212.78亿吨、货物周转量37 188.8亿吨公里。

2. 铁路运输

铁路的主要优点：首先是运载量大，一旦基础设施在适当的位置建好，它的通货能力就比较高，单位运价相对较低。因此，大量笨重、体积庞大的、价值较低的货物，如煤炭、木材的长距离运送通常使用铁路。由于这个原因，铁路在供应链的上游部分应用得更为广泛。其次，火车可维持一个稳定的速度，并能与其他模式联合运送集装箱和散装货物，铁路对长距离运输更为有效。与公路运输中汽运公司通过租用车辆和使用公共道路就可以运营相比，铁路运营商必须在运营前修建铁路和终端设施，由于对铁路、机车和终端设施的巨大投资，大多数国家的铁路由政府投资兴建和运营。因此，铁路运输承运人数量很少，几乎都是公共承运人(向所有其他组织提供服务)，即使铁路服务不是全国性的，政府也允许(接近)垄断。通常一条在两地间修建的铁路有足够的能力满足所有的需求。因此，竞争者再运营同样的设施变得不可行。这也是阻碍竞争进入的一个因素。

铁路的主要缺点是提供的服务必须提前安排好时间，使其能应用于同一条线路，对紧急运输留有较少变化余地。一个更明显的问题是，火车仅仅能在两固定端点间沿着特定的路线行驶，不能在中途停下。大多数客户距离这些终点有一定的距离，必须利用公路衔接运送货物，这样就延长了运送时间，铁路运输因而较慢。消除影响最佳的办法就是让设施坐落于火车站(或港口、机场、集装箱码头或适当的终端)附近，如果需求足够大，就应修建专门的设施。例如，对于一座发电厂，修建一条通往煤矿的专用铁路会比使用卡车更廉价。

2010年中国铁路营业里程达9.1万公里，居亚洲第一位，世界第二位。2010我国铁路货物发送量362 929万吨．全国铁路货物周转量27 332.68亿吨公里。其中，煤炭运量200 043万吨，石油运量13 834万吨，冶炼物资85 500万吨，粮食运量10 109万吨，化肥农药8 618万吨，集装箱8 612万吨。

3. 水上运输

1) 水上运输类型

水上运输主要有河流及运河(通常称为内陆水路)、沿海运输(将物料从一个港口沿近海运往另一个)和海上运输(横跨主要海洋)3种类型。

许多国家都有发展完善的河流及运河运输，如加拿大和美国利用圣劳伦斯河，欧洲的莱茵河，我国的长江、京杭运河。目前，世界许多国家的内河水运在货物尤其是散货运输中仍起着重要作用。人们常常将河流运输与小批量、狭窄的小船和驳船联系在一起。事实上，有的海上船只也可以在河流环境中行驶相当长的距离，万吨海轮可直驶南京港、芜湖港。

2) 水上运输特点

大多数运输由穿梭于世界航线的大型船只完成，世界贸易的90%在海上运输，海运对一个国家的国际贸易发展非常重要。一些国家和地区拥有海岸线进行国际运输，如鹿特丹、纽约和中国香港等城市均已发展为大型港口,世界前20大港口处理世界贸易的20%以上。

水上运输的主要优点是长距离运输、运费低廉、原材料可以散装上船、节能、适用于重物和大批量货物运输。水上运输的主要缺点一是,它被限制在固定港口,从供应商到客户的运输不可避免地要转换运输方式,即使靠近港口也要如此,搬运费用偏高。二是,海运的另一个问题是它的速度慢,在港口加固及搬运货物需要时间。还有易受天气影响,运输时间难以保证准确。三是,港口建设费用相对较高。

3) 水上运输船只类型

长途运输不可避免地用到一些类型的船只,许多不同种类的船只用于运送各种货物,船只有规模经济效应。因此,许多组织致力于用较低的单位成本运送大批量的货物。

(1) 应用标准设计的杂货船,可以装载所有类型的大宗货物。尽管船有一些有侧门,车辆可以出入,但是货物装卸常常要用起重机,世界上的许多港口都设有起重设施。因此,应用标准设计的杂货船是世界广泛使用的船只。

(2) 散货船,散货船专门装运廉价的散装大宗货物,如粮食或矿石。油轮可装运任何流体,但到目前为止,主要运送石油。由于规模经济,这些船只的容量尽可能大。

(3) 集装箱船,是专门设计用于运送标准箱的船只,其能力通常以标准箱(20英尺标准货柜)或集装箱大箱(40英尺标准货柜)来规定。一般的集装箱船大约可以运送5 000箱,大一些的可以运送10 000箱。

(4) 渡船,通常称为滚上滚下(RO-RO)船只,用于海上相对短的距离运输,如烟台与大连间的近海运输。在欧洲和美国也有长途的滚装船路线。

(5) 驳船,挂在远洋航行的拖船后面,用于海面状况较稳定的短途运输,如在美国和波多黎各之间。其优点是比一般船只廉价。

(6) 两用船。除了专用船之外,也有许多其他设计,以适应国际贸易的发展。例如,利用两用船运输,可以先把汽车运到美国,然后把散装谷物运到日本的滚上滚下/集装箱船;从中东装运石油,回程运送矿石的油类散货两用船。一个更为普遍的组合是乘客/集装箱船,并且保证乘客在港口的优先待遇。

4) 水上运输的主要程序

(1) 揽货:制定船期表、分送客户,并在有关的航运期刊上刊载。

(2) 订仓:托运人或其代理人向承运人申请货物运输,承运人对这种申请予以承诺。

(3) 装船:托运人应将托运的货物送至码头承运船舶的船边,并进行交接,然后将货物装到船上。

(4) 卸货:将船舶所承运的货物在卸货港从船上卸下,并在船边交给收货人或代理收货人,然后办理货物的交接手续。

(5) 交付货物:实际业务中,船公司凭提货单将货物交付给收货人的行为。

(6) 保函:保函即保证书,作用包括凭保函交付货物、凭保函签发货物提单、凭保函签发预借提单等。

5) 港口

港口历来就是运输体系中集多种功能于一体的重要性中转站。在经济全球化下的现代物流中,港口是十分的重要角色。现代港口更注重综合运输资源的组织和管理,它具有以下几个显著功能特点:港口的功能战略定位于国际海陆间,是物流通道的重要性枢纽和节点,即各种运输方式的交换点,又是综合物流的集散中心,并以此为依托成为区域的运输、金融、信息、工业和商业中心;在货源组织上,现代港口是运输组织与用户的主要交易场所。

4. 航空运输

尽管有时水上运输的速度慢得让人无法接受,但由于其单位成本较低,它一直是最受欢迎的国际运输模式。假设阿根廷一座工厂的重要机器出现了故障,如果等从日本来的下一班货轮运送零配件的话,这班货轮将在4周后到达。在这种情况下,另一种选择就是航空运输。

航空运营主要有3种类型:①定期服务,主要航线利用客机上的剩余空间运送包裹;②货物服务,即运营商定期运营货机,运营商都是公共承运人,为所有客户运送物品;③包机服务,整架飞机受雇于特定的运输。

航线能同时运送一定数量的货物,这些物品的运输速度比费用更重要。实际上,它把空运货物限制在一个较低的数量上,即贵重货物的运输。最普通的运送物品也许就是文件和包裹了,如联邦快递和联合速递公司。

与水运相同,航线有取送物料的问题。在主要机场有各种设施用于从货源向机场运送物料,然后再从机场运到顾客那里。但是这些转运会占用时间,降低了航空运输的优势。

航空的另一个问题是成本,对其控制很小,即有高的固定成本(飞机购买费用)又有高的可变成本(燃料、着陆费、员工等)维护飞机起飞的费用高昂,并且没有降低这些成本的可行方法。

5. 管道运输

管道主要用于石油和天然气以及自来水和污水的输送,同时也能用于其他几种类型产品的运输。

管道有距离长、运送量大的优点,缺点是速度慢(一般每小时的流动速度少于10千米)、刚性(仅仅在固定点间运输),并且仅仅运送大量某种类型的流体。此外,修建管道需要大量的初始投资,但截至目前,管道仍是最廉价的长距离运送流体的方式,尤其是石油和天然气的输送。

6. 不同运输方式的特点与选择

以上可以看出几种基本的运输方式普遍都有各自的特点,根据经验,最廉价的运输方式也是最无弹性的。表4-2列出了不同运输方式的费用、速度、弹性和装载限制的排序,其中,1为模式的绩效最优,5为绩效最差。

表4-2 不同运输方式的比较

比较项目＼运输方式	铁路运输	公路运输	水上运输	航空运输	管道运输
费用	3	4	1	5	2
速度	3	2	4	1	5
弹性	2	1	4	3	5
体积/重量限制	3	4	1	5	2
可存取性	2	1	4	3	5

有时选择运输方式很容易,如果想在上海和东京之间运送大宗货物,就会选择水运;对于陆地运输,许多组织喜欢用卡车运输货物,不会考虑其他方式。实际上,方式的选择依赖一系列因素,最主要的就是运送货物的性质、体积和距离,其他因素包括以下几个方面。

(1) 物料价值。贵重物品会增加库存成本,应使用快速的方式。

(2) 重要性。即使是低价值的产品,如果妨碍组织运营,也需要快速可靠的运输模式。

(3) 运输时间。由于运作必须对变化做出快速响应,不允许重要的供应商使用缓慢的运输方式。

(4) 可靠性。稳定的运输通常要比运输时间重要。

(5) 其他因素还有谈判的费用及成本,承运人的信誉和稳定性,安全、丢失和损坏,运输的时间和频率,特殊设备的使用。

4.2.2 复合运输

综上所述,各种运输方式都有其特点,但组织没有必要全程都应用一种方式,最优选择经常是将行程分为几个阶段,每个阶段利用最优模式。当然这要依赖路况、相对成本和方式间的转换费用等因素。如果想将货物从苏州运往慕尼黑,可首先将物品装上卡车,运至上海,然后装船运达鹿特丹,再利用公路运输,最后用小型货车在地方运输。

复合运输(Intermodal Transport)是指行程中包含了两种或两种以上不同的运输方式。其目标是组合几种方式的优点,同时避免各自的缺点,如将低的水运成本与公路的弹性或航空的速度与公路的成本相组合。

1. 成组运输——复合运输的技术

复合运输的主要问题是每次方式间的转换都会导致延迟和增加额外的处理费用,只有在这种转换能有效运作时才能实现。因此,复合运输的核心就是运输方式间的物料转换系统如何实现无缝运输,最佳方法就是采用统一标准化的装卸措施。成组运输(Unitized Transport)是实现无缝运输的具体体现。成组运输是采用一定的办法,把分散的单件货物组合在一起,成为一个规格化、标准化的大运输单位进行运输。成组运输主要形式包括托盘运输与集装箱运输。

1) 托盘技术

托盘(pallet)是为了便于货物装卸、运输、保管和配送等而使用的,由可以承载若干数量物品的负荷面和叉车插口构成的装卸用垫板。托盘作为集装单元化器具,能将零碎散放的货物组合成规格统一、具有一定体积重量的货物单元。托盘货物单元就可以用叉车进行装卸搬运、可以利用单元格式货架进行保管存储、也可以直接装进集装箱或其他运输设备。在公路、铁路、水运、航空运输、多式联运等多种运输方式中应用托盘货物单元作业,可将货物连同托盘一起送到最终用户手中(称托盘作业一贯化),而不用在中途反复倒盘,减少无效作业,提高物流效率、降低物流成本。

实现托盘作业一贯化实施的前提是物流设备和设施的标准化,而物流设备和设施的标准化的前提则是托盘尺寸规格统一化(托盘标准)。因为托盘的规格尺寸涉及集装单元货物尺寸,集装单元货物尺寸又涉及包装单元尺寸,卡车车厢、铁路货车车厢、仓库通道及货架尺寸,甚至关系到物流的基础设施,火车站、港口、码头等货物装卸搬运场所的构造结构、装卸搬运机具的标准尺寸。托盘尺寸规格的标准制定及其应用推广关系到物流机械化自动化程度的高低,关系到物流系统现代化水平。

2) 集装箱技术

"集装箱"是运输包装货物或无包装货物的成组运输工具(容器)的总称。国际标准化组织(International Standards Organization,ISO)对其下的定义:"一种运输设备,应满足以下要求:①具有足够强度,能长期反复使用;②中途转运无须移动箱内货物,可直接换装;③可进行快速装卸,并可以从一种运输工具方便地换装到另一种运输工具;④便于货物的装满或卸空;⑤内容积达到1立方米或1立方米以上。"

把物料装进这些箱子就不用单个处理物品,然后再整箱从产地运到目的地。自从集装箱于1956年在纽约和休斯敦间使用,运输思想已经发生了改变。尤其是运输方式间的物料转移,已经从劳动密集型转向资本密集型。大型集装箱港口和货运站在世界范围内的修建,有效地改善了集装箱的运输,减少了运输间和承运人间周转的间隔。

集装箱运输的货物具有简单快捷的操作,提高货运速度,加快运输工具及货物资金的周转,车船周转加快;装卸费减少,劳动条件改善,运输成本降低;简化货物包装,节约货物包装费用,减少运杂费用;降低由于损坏、误放和盗窃的成本较低的保险费率;减少货损、货差,提高货运质量不受气候影响,实现了定点、定期运输及装卸作业等优点。自从货柜(集装箱)运输的采用,船只海运港口停靠时间已大大减少,船只能在几小时内返航。从经验上看,原来需要3周回转的传统船只,现在使用回转集装箱船只用一天,超过70%的货物运输都使用了集装箱船。

集装箱运输流程中对货物或货物的载体(集装箱)所进行的各种操作,主要有与货物、集装箱联接和分离有关的装箱、拆箱、拼箱;与使集装箱发生位移的运输活动有关的活动,主要包括海上运输与内陆集疏运输;对集装箱体进行操作的活动;集装箱交接活动。由这些基本活动可构成一个完整的集装箱运输流程。

阅读案例 4-1

深圳盐田国际海铁联运

自2007年开始,盐田国际集装箱码头陆续将海铁联运业务由沿海向内陆地区延伸,目前已分别在广州大朗、黄埔、湖南株洲、云南昆明、江西赣州(龙南)等地开设海铁联运业务。凭借专业的港口操作、经济实用的物流方案,盐田国际海铁联运服务正受到越来越多内陆外贸厂商的关注,许多种类的物料都可以利用集装箱运输。但有一些则不能,或者利用其他方式运输更廉价。例如,石油可以放进集装箱大小的油箱(就像散装酒一样),但选择油轮和管道则更廉价;有些路途更适合使用非标准箱;从公路转到铁路,可以采用"交换体(swtp)",这些卡车的骨架可以被转到火车上,但不像集装箱那样结实。

资料来源 http://www.logistics.cn/News/Detail23960.html.

2. 多式联运——复合运输的形式

多式联运(Multi-modal Transportation),是在集装箱运输的基础上产生发展起来的现代运输方式。按照多式联运合同,以至少两种不同的运输方式,由多式联运经营人把货物从一地接运货物运至另一指定交付货物的地点。从某种意义上讲，多式联运就是集装箱多式联运。它通常是以集装箱为运输单元，将不同的运输方式有机地组合在一起构成连续的、综合性的一体化货物运输，通过一次托运、一次计费、一份单证、一次保险，由各运输区段的承运人共同完成货物的全程运输，即将货物的全程运输作为一个完整的单一运输过程来安排。多式联运降低了传统分段运输的时间损失及破损、盗失风险；减少了分段运输的有关单证和手续的复杂性；降低了全程运输的各种相关费用。货主只需与多式联运经营人(Multi-modal Transportation Operator，MTO)一方联系，多式联运经营人对托运人的货物负全程责任，MTO提供的全程运费更便于货主就运价与买方达成协议。运输成本的降低有助于产品总物流成本的降低，从而提高产品的市场竞争力。国际运输中常采用多式联运。

阅读案例 4-2

美国的集装箱多式联运运作

> 在美国，铁路集装箱专列平均速度为70~90千米/小时，在专用线、编组站等环节疏导很快，基本上不压箱。在港口，进口货在船舶到港之间一般都向海关预申报。它每天运距可以达到1 500千米以上。因而船到港后，当天就可以卸箱装上集装箱货车或铁路车辆（若当天有车辆），或在第二天转运到口岸地区其他集装箱站场。美国的多式联运服务大致包括4个独立的作业环节。
>
> （1）港口作业。船停港总共3~5天，其中通关作业一般为1~2天。
> （2）港口附近周转作业（即从港口转到火车上）。
> （3）铁路长途运输。多式联运长途运输方式主要是铁路，平均运行速度60~80千米/小时。一般工作日集装箱在列车出发前3~4天集中到站场，列车的运输距离可以达到每天1 200~1 500千米。
> （4）内陆中转站的内陆作业集装箱的停留时间主要取决于物流工作的商业考虑，如集装箱运输过程是由集装箱所有者来控制，当港口至货主的运距为1 500千米时，采用集装箱货车运输。集装箱从船上运到集装箱货车后，其运送速度一般为80千米/小时，若配备两个驾驶员则会减少停车时间。在24小时内集装箱最大运输范围可达2 000千米。这样集装箱运到货主手中只需片刻，返空箱再用2天，总周转时间为4天。对于出口货物公路运输则只需3天。

4.3 运输合理化

4.3.1 运输合理化的含义及要素

1. 运输合理化的含义

所谓运输合理化，就是在一定的产销条件下，货物的运量、运距、流向和中转环节合理，能以最适宜的运输工具、最低的运输费用、最少的运输环节、最佳的运输线路、最快的运输速度，将物资产品从原产地转移到规定地点。

2. 运输合理化的五要素

影响物流运输合理化的因素很多，起决定作用的有5个方面，称为合理运输的"五要素"。

(1) 运输距离。运输过程中，运输时间、运输运费等若干技术经济指标都与运输距离有一定的关系，运距长短是运输是否合理的一个最基本的因素。

(2) 运输环节。每增加一个运输环节，势必要增加运输的附属活动，如装卸、包装等，各项技术经济指标也会因此发生变化。因此，减少运输环节有一定的促进作用。

(3) 运输工具。各种运输工具都有其优势领域，对运输工具进行优化选择最大限度地发挥运输工具的特点和作用，是运输合理化的重要的一环。

(4) 运输时间。在全部物流时间中，运输时间占绝大部分，尤其是远程运输。因此，运输时间的缩短对整个流通时间的缩短起决定性的作用。此外，运输时间缩短，还能加速运输工具的周转，充分发挥运力效能，提高运输线路通过能力，不同程度地改善不合理现象。

(5) 运输费用。运费在全部物流费用中占很大的比例，运费高低在很大程度上决定整个物流系统的竞争能力。运费的相对高低，无论对货主还是对物流企业都是运输合理化的一个重要的标志。运费的高低也是各种合理化措施是否行之有效的最终判断依据之一。

从上述 5 个方面考虑运输合理化，就能取得预想的结果。

4.3.2 不合理运输的形式

不合理运输是在现有条件下可以达到的运输水平而未达到，从而造成了运力浪费、运输时间增加、运费超支等问题的运输形式。

1. 返程或起程空驶

空车无货载行驶，可以说是不合理运输的最严重形式。在实际运输组织中，有时候必须调运空车，从管理上不能将其看成不合理运输。但是，因调运不当，货源计划不周，不采用运输社会化而形成的空驶，是不合理运输的表现。造成空驶的不合理运输主要有以下几种原因。

(1) 能利用社会化的运输体系而不利用，却依靠自备车送货提货，这往往出现单程车，单程空驶的不合理运输。

(2) 由于工作失误或计划不周，造成货源不实，车辆空去空回，形成双程空驶。

(3) 由于车辆过分专用，无法搭运回程货，只能单程实车，单程回空周转。

2. 对流运输

对流运输又称"相向运输"、"交错运输"，指同一种货物，或彼此间可以互相代用而又不影响管理、技术及效益的货物，在同一线路上或平行线路上做相对方向的运送，而与对方运程的全部或一部分发生重叠交错的运输称对流运输。已经制定了合理流向图的产品，一般必须按合理流向的方向运输，如果与合理流向图指定的方向相反，也属对流运输。

在判断对流运输时需注意的是，有的对流运输是不很明显的隐蔽对流，如不同时间的相向运输，从发生运输的那个时间看，并无出现对流，可能做出错误的判断，所以，要注意隐蔽的对流运输。

3. 迂回运输

迂回运输是舍近取远的一种运输。可以选取短距离进行运输而不办，却选择路程较长路线进行运输的一种不合理形式。迂回运输有一定复杂性，不能简单处之，只有当计划不周、地理不熟、组织不当而发生的迂回，才属于不合理运输，如果最短距离有交通阻塞、道路情况不好或有对噪音、排气等特殊限制而不能使用时发生的迂回，不能称为不合理运输。

4. 重复运输

重复运输的一种形式是，本来可以直接将货物运到目的地，但是在未达目的地之处，或目的地之外的其他场所将货卸下，再重复装运送达目的地。另一种形式是，同品种货物在同一地点一面运进，同时又向外运出。重复运输的最大毛病是增加了非必要的中间环节，这就延缓了流通速度，增加了费用，增大了货损。

5. 倒流运输

倒流运输是指货物从销地或中转地向产地或起运地回流的一种运输现象。其不合理程度要甚于对流运输，其原因在于往返两程的运输都是不必要的，形成了双程的浪费。倒流运输也可以看成是隐蔽对流的一种特殊形式。

6. 过远运输

过远运输是指调运物资舍近求远，近处有资源不调而从远处调，这就造成可采取近程运输而未采取，拉长了货物运距的浪费现象。过远运输占用运力时间长、运输工具周转慢、物资占压资金时间长。远距离自然条件相差大，又易出现货损，增加了费用支出。

7. 运力选择不当

运力选择不当是指未选择各种运输工具优势而不正确地利用运输工具造成的不合理现象，常见的有以下几种形式。

（1）弃水走陆。在同时可以利用水运及陆运时，不利用成本较低的水运或水陆联运，而选择成本较高的铁路运输或汽车运输，使水运优势不能发挥。

（2）铁路、大型船舶的过近运输。不是铁路及大型船舶的经济运行里程却利用这些运力进行运输的不合理做法。主要不合理之处在于火车及大型船舶起运及到达目的地的准备、装卸时间长，且机动灵活性不足，在过近距离中利用，发挥不了运速快的优势。相反，由于装卸时间长，反而会延长运输时间。另外，和小型运输设备比较，火车及大型船舶装卸难度大、费用也较高。

（3）运输工具承载能力选择不当。不根据承运货物数量及重量选择，而盲目决定运输工具，造成过分超载、损坏车辆及货物不满载、浪费运力的现象。尤其是"大马拉小车"现象发生较多。由于装货量小，单位货物运输成本必然增加。

8. 托运方式选择不当

对于货主而言，在可以选择最好托运方式而未选择，造成运力浪费及费用支出加大的一种不合理运输。例如，应选择整车未选择，反而采取零担托运，应当直达而选择了中转运输，应当中转运输而选择了直达运输等，都属于这一类型的不合理运输。

上述的各种不合理运输形式都是在特定条件下表现出来，在进行判断时必须注意其不合理的前提条件，否则，就容易出现判断的失误。例如，如果同一种产品，商标不同，价格不同，所发生的对流不能绝对看成不合理，因为其中存在着市场机制引导的竞争，优胜劣汰，如果强调因为表面的对流而不允许运输，就会起到保护落后、阻碍竞争甚至助长地区封锁的作用。类似的例子，在各种不合理运输形式中都可以举出一些。

以上对不合理运输的描述，主要就形式本身而言的，是从微观观察得出的结论。在实践中，必须将其放在物流系统中做综合判断，在不做系统分析和综合判断时，很可能出现"效益背反"现象。单从一种情况来看，避免了不合理，做到了合理，但它的合理可能会使其他部分出现不合理。只有从系统角度，综合进行判断才能有效避免"效益背反"现象，从而优化全系统。

4.3.3 运输合理化的形式

1. 分区产销合理运输

分区产销合理运输，就是在组织物流活动中，对某种货物，使其一定的生产区固定于一定的消费区。根据产销的分布情况和交通运输条件，在产销平衡的基础上，按着近产近销的原则，使货物走最少的里程，组织货物运输。它的适用范围主要是对品种单一、规格简单、生产集中、消费分散，或生产分散、消费集中，调运量大的货物，如煤炭，木材，水泥，粮食，生猪，矿建材料或生产技术不很复杂、原材料不很短缺的低值产品，实行这一办法，对于加强产、供、运、销的计划性，消除过远、迂回、对流等不合理运输，充分利用地方资源，促进生产合理布局，降低物流费用，节约国家运输力量，都有十分重要的意义。实行分区产销平衡运输包括以下步骤。

（1）要摸清物资产销情况、供应区域、运输路线和运输方式，作为制定合理调运方案的依据。

（2）划定物资调运区域，即将某种物资的生产区基本是固定于一定的消费区。工业产品以生产地为中心，同靠近这一生产地的消费区的产销关系基本固定下来；农副产品以消费城市为中心，同附近的生产地的产销关系基本固定下来，形成一个合理的货物调运区域。

（3）绘制合理运输流向图，即在已制定的调运区域范围内，按运程最近和产销平衡的原则，制定合理运输流向图，把产、供、运、销的关系固定下来，作为铁道、交通、商业、物资和生产部门执行物资调拨和运输计划的依据。

（4）制定合理运输调运方案，即各有关部门参照上述各种情况，制定合理调运方案，共同遵照执行。

在实行分区产销平衡运输时，应根据市场变化情况，灵活掌握。

2. 直达运输

直达运输，就是在组织货物运输过程中，越过商业、物资仓库环节或铁路、交通中转环节，把货物从产地或起运地直接运到销地或用户，以减少中间环节。对生产资料来说，由于某些物资体积大或笨重，一般采取由生产厂矿直接供应消费单位（生产消费），实行直达运输，如煤炭、钢材、建材等。在商业部门，则根据不同的商品，采取不同的运输方法。有些商品规格简单可以由生产工厂直接供应到三级批发站、大型商店或用户，越过二级批发站环节，如纸张、肥皂等；也有些商品规格、花色比较复杂，可由生产工厂供应到批发站，再由批发站配送到零售商店或用户。至于外贸部门、多采取直达运输，对出口商品实行由产地直达口岸的办法。近年来，在流通领域提出"多渠道、少环节"以来，各基层、商店直接进货、自由采购的范围越来越大，直达运输的比重也逐步增加，它为减少物流中间环节创造了条件。

3. "四就"直拨运输

"四就"直拨运输，是指各商业、物资批发企业，在组织货物调运过程中，对当地生产或由外地到达的货物，不运进批发站仓库，采取直拨的办法，把货物直接分拨给市内基层批发、零售商店或用户，减少一道中间环节。其具体做法有就厂直拨、就车站（码头）直拨、就库直拨、就车（船）过载等。

"四就"直拨和直达运输是两种不同的合理运输形式，二者既有区别又有联系。直达运输一般是指运输里程较远、批量较大、往省（区）外发运的货物；"四就"直拨运输一般是指运输里程较近、批量较小，在大中型城市批发站所在地办理的直拨运输业务。二者是相辅相成，往往又交错在一起的，如在实行直达运输的同时，再组织"就厂"、"就站"直拨，可以收到双重的经济效益。

4. 合装整车运输

合装整车运输，也称"零担拼整车中转分运"。它主要适用于商业、供销等部门的件杂货运输，如物流企业在组织铁路货运当中，由同一发货人将不同品种发往同一到站、同一收货人的零担托运货物，由物流企业自己组配在一个车辆内，以整车运输的方式，托运到目的地，或把同一方向不同到站的零担货物，集中组配在一个车辆内，运到一个适当的车站，然后再中转分运。这是因为，在铁路货运当中，有两种托运方式，一是整车，二是零担，二者之间的运价相差很大。采取合装整车的办法，可以减少一部分运输费用，并节约社会劳动力。

5. 提高技术装载量

提高技术装载量，是组织合理运输提高运输效率的重要内容。一方面，它能最大限度地利用车船载重吨位；另一方面，能充分使用车船装载容积。其主要做法有以下几种。

（1）组织轻重配套装，即把实重货物和轻泡货物组装在一起，既可充分利用车船装载容积，又能达到装载重量，以提高运输工具的使用效率。

（2）实行解体运输，即对一些体积大、笨重、不易装卸又容易碰撞致损的货物，如自行车、缝纫机和科学仪器、机械等，可将其拆卸装车，分别包装，以缩小所占空间，并易于装卸和搬运提高运输装载效率。

（3）提高堆码方法，即根据车船的货位情况和不同货物的包装形状，采取各种有效的堆码方法，如多层装载、骑缝装载、紧密装载等，以提高运输效率。当然，改进物品包装，逐步实行单元化、托盘化，是提高车船技术装载量的一个重要条件。

4.4 运输管理决策

在实际工作中管理者中对面对运输常需要作出一系列的决策。哪种运输方式最好？是选择自己运输还是应用第三方承运人？应选用哪种类型的车辆？应采用何种路线？能否回程？每个组织都会面临这些问题，且依据特定的环境会得出不同的答案。

4.4.1 自营与外包

运输中广泛使用的术语是自有运输，它与第三方运输（Third-Party Transport）相对。

1. 自有运输

组织利用自己的运输车队运送物料，如大型公司运营自己的车队，其优点是灵活、易控制、物流紧密整合、易沟通。运输同时适应组织的需要，使用最佳的车辆类型、规模、运输时间和客户服务等。但自有运输费用昂贵，只有在比使用第三方承运人更廉价时，组织才运营自己的车队，这意味着自有运输必须至少与专业运输公司一样有效。

只有大型组织才能支付运营自有车队的资本投资和费用，然而，还有一些避免这些费用的方法。大多数自有车队通过租出和租用形式融通资金，不必筹齐所有资金就可拥有车辆。例如，分期购买将支付扩展到整个时期，而长期租用使其更具弹性。当人们看到一辆超市接送顾客班车，尽管客车上印有该超市标志，但超市不一定是车辆的实际拥有者，很有可能是从一个负责维护、管理、修理、更换的公司租用的车辆或者是业务外包给专门运营公司的车辆。

2. 第三方承运人

专业运输公司为其他公司提供一系列服务，这种安排的优点是专业的公司经营运输，组织可以专攻其核心业务。通过利用自身的技能和专业技术，运输公司能比自有运输提供更好的服务或更低成本。运输公司可以规模很大以实现规模经济和降低成本，并能得到很多运营优势。例如，运输公司可以通过将小批货物组合成大批量，减少目的地间的运输次数，或者通过协调运输实现回程，即运送车辆在返回时装载其他物料。

大多数第三方运输由公共承运人提供，这些公司如中铁快运、中国远洋有限公司可为其他组织一次性运送物料，如将包裹寄到澳大利亚，也许会使用联合速递公司的包裹递送服务，那么它就是公共承运人。

3. 第三方提供的其他服务

组织可以将它所有的运输问题交给第三方承运人，但是还有许多专业公司能提供专业的服务，能提供单一组织所不具有的特殊技能。一些公司可以提出全面的建议，如物流管理者和软件公司制定运输方案，而其他的专家提供更具体的服务；又如货运代理和船务代理都是这样的专业公司。在运输过程中还有许多人提供协助服务，可以从以下所列出的各种服务中认识到这一点。

（1）公共承运人。公共承运人是为所有的客户在两地间运送物料，通常使用一般的设施提供一次性运输。

（2）契约承运人。契约承运人提供运输服务，通常时间较长，在协议期内负责一个组织的部分或全部运输。这其中有许多种安排，但契约承运人一般会将设备固定给一个组织使用。

（3）复合承运人。传统的承运人专注于一种类型的运输，如铁路或公路运输业务。随着复合运输的发展，许多公司开始提供一系列类型的运输服务和运营，复合承运人一般会照顾两固定地点间运输的所有方面。

（4）卸货码头服务。一般物料需要从一种运输模式转到另一种，或在不同经营者间转换，且这些转换会在不同的组织所运营的港口、机场、车站或集装箱堆插进行。卸货码头不仅要转移物料，还要卸载运输车辆、对商品分类、为地方运输分货、集中商品继续运输、装载外出车辆、记录所有运输的行踪，以及提供所有其他相关服务。

（5）货运代理。第三方承运人的一个问题是运送小量货物的价格比较昂贵。单位运输成本随着数量增加而降低，运输现在采用标准化装载，如整箱装载。如果物料仅仅占用集装箱的一部分，显然会有未利用的空间，但是也要支付整箱的费用。另一种选择是利用货运代理。货运代理收集相对小量的货物，将其组成大的批量，在两地间运输。例如，货运代理会将六七种货物组成整集装箱，降低单位成本且快速运输。货运代理同时提供运送物料所需的一切许可证件，如文件、海关业务服务、保险等。

（6）经纪人。经纪人充当客户和承运人间的中介，照管物料的运送，找出最优路线和承运人，并磋商条款，同时还有专门的经纪人负责路程的特定部分，如海关经纪人准备海关所需的文件，运送物料通过海关和穿越国境线。

（7）代理。通常由地方人员提供运输公司，充当远方承运人和地方客户的中介，交换信息，做出相应安排等。

（8）包裹服务。这种服务与邮局类似，可以将小型包裹运送到任何地方，如联邦快递和联合速递公司。包裹服务均能提供几乎到世界任何地方的快速递送业务，其强项是客户服务，并保证长距离一天运送包裹到达目的地。

4. 自营还是外包选择影响因素

在选择自营还是外包时，要考虑以下几个因素。

（1）运营成本。在不同环境下，自有或第三方运输都可能很廉价，只有存在其他方面的显著收益时，组织才会放弃其廉价选择。

（2）资金成本。资金总是稀缺的，即使自有运输看起来很诱人，一个组织也很难证实车辆投资合理性。

（3）客户服务。组织一定要以最佳的可能运输方式提供合理的客户服务，有时第三方承运人不能满足全部需求，相对而言自有运输是仅有的选择。

（4）控制要求。组织运营自有运输会对其有较大的控制力，从而可以扩展业务。然而这种控制要以高成本来实现，而合同公司会提供相同的服务，没有私营车队管理费用和刚性。

（5）弹性。自营车队的结构和运作相当固定，但不能迅速做出调整以适应环境变化，如果突然出现需求高峰，无法在几天之内增大车队的规模，当需求高峰过后规模又不能缩小。由于公共承运人能在不同公司的需求高峰间进行转换，所以，可以迅速进行调整。

（6）管理技能。管理运输队需要专业技能，一些组织可能不拥有这样的专业技能，也是第三方承运人存在的一个重要原因。大型运输公司可以拥有各种专业技能、知识和经验的管理团队，运输管理较弱的组织由于比竞争者绩效差而变得不具竞争力。

（7）补充和培训。公路运输普遍是劳动密集型的，这使得雇用成本较高，同时熟练司机短缺，许多组织发现补充和培训合适的人员很困难，这些都促使采用第三方运输。

目前，总体上有转向第三方承运的明显趋势。许多组织包括大型组织正在减少自有车队，利用更多的契约承运人，并形成联盟。此外，有的企业采用自有运输和第三方承运人的组合。用自有运输从事核心活动，从而效率高且成本低；其他需求都留给外部的运营人，来应对需求高峰和异常情况。

【例 4.1】假设某公司在甲地至乙地之间具有比较稳定的货流量。该企业的物流管理人员面临这样两种抉择，一是第三方物流服务公司按平均的市场价格进行了报价：吨公里 0.45 元。甲地至乙地距离计为 1 500 公里，每趟运载能力为 10 吨，因此，趟（10 吨）报价为 6 750元(0.45元/吨公里×1 500公里×10 吨，含所有的装卸费用)。同时，对于往返运输的回程，则按单程报价的 50% 计算。二是该公司的管理人员也在考虑自己投资买车、配备司机、建自己的车队。管理人员进行了测算，投资购买一辆普通加长（10 吨）卡车，并改装成厢式货车，一次性投资为人民币 20 万元。每辆车配备两名司机（按正式员工录用，并享受所有人事方面的福利),运营中的固定和可变成本如表4-3所示。管理人员再将每月的运输总支出,根据运送的次数进行了计算,并对单程与往返、自营与外包进行了比较,如表4-4所示。

对表4-4中计算结果比较发现,不论是以单程还是以往返计算,如果货流量足以使运送次数保持在3趟或以上,自营将比外包更经济。由于自营车辆每月的最大往返次数为5趟,所以,只有在货流量在6~7趟时,对于自营车辆无力运送的部分才可能采取外包。

表4-3 自建车队运输中的固定成本与可变成本

	每月固定成本/元	备 注
每月折旧	3 333	按5年直线折旧
人工	4 200	基本工资1500/人,福利、养老、医疗、失业、住房保险(合计大约为基本工资40%);车辆险和五年中平均到每月的维修保养费用
保险与维修	3 000	
养路费	1 400	
小计	11 933	
每趟可变成本	单程/元	往返/元
油耗(按百公里油耗30升,每升油3元,1 500公里)	1 350	2 700
过路桥费(实测)	800	1 600
住宿(按每人每天90元,单程每趟3天计算)	270	540
装卸(每车)	100	200
小计	2 520	5 040

表4-4 单程、自营与外包费用比较

每月运送次数	1	2	3	4	5	6	7
单程自营/元	14 453	16 973	19 493	22 013	24 533	27 053	29 573
外包单程/元	6 750	13 500	20 250	27 000	33 750	40 500	47 250
自营往返/元	16 973	22 013	27 053	32 930	37 133		
外包往返/元	10 125	20 250	30 375	40 500	50 625		

4.4.2 运输方式选择方法

运输影响到客户服务水平、送货时间、服务的连续性、库存、包装、能源消耗、环境污染及其他因素。经济和资源的限制、竞争压力、客户需求都要求企业作出最有效的运输方式,运输部门必须开发最佳的运输方式及承运人选择策略。

运输方式的选择是根据5种运输方式的主要经济特征(运输速度、运输工具容量、运输能力、运输成本、环境影响)做出判定的。具体选择时一般还考虑两个因素：运输方式的速度问题和运输方式的费用问题。运输方式选择常依赖运输成本与费用的分析，对同一批货物在计算其铁路、公路、水运的成本费用后，再根据运输时间、运输的条件、货物的特征，来选择合理的运输方式。如果是自营运输，运输工具、运输设施都属于固定资产，这类费用为相对固定费用，应加强对运输工具和运输设施的合理运用，尽可能加快物流速度，扩大运输量，从而使这部分费用相对减少。物流的运输系统的目标是实现物品迅速安全和低成本的运输。

1. 综合评价法

运输方式的选择应满足运输的基本要求，即经济性、迅速性、安全性和便利性。但是，运输的速度性、准确性、安全性和经济性之间是相互制约的。若重视运输速度、准确、安全则运输成本会增大；反之，若运输成本降低，运输其他目标就不可能全面实现。因此，可采用综合评价方法(加权平均数法)来确定。设运输基本要求重要度为 F，重要度权重系数为 b。

(1) 经济性 $C(F_1)$：主要表现为运输费、装卸费、包装费、管理费等的节省。在运输过程中，总费用支出越少，经济性越好。其权重系数为 b_1。

(2) 迅速性 $D(F_2)$：指货物从发货地到收货地所需要的时间，即货物在途时间。其时间越少，迅速性越好。其权重系数为 b_2。

(3) 安全性 $E(F_3)$：安全程度通常指货物的完整程度，以货物的破损率表示。破损率越小，安全性越好。其权重系数为 b_3。

(4) 便利性 $L(F_4)$：各种运输方式的便利性的定量计算比较困难，在一般情况下，可以近似地利用发货人所在地至装车(船、飞机)地之间的距离来表示。其距离越近，便利性越好。其权重系数为 b_4。

则运输方式重要度的综合评价计算公式为

$$F = b_1 F_1 + b_2 F_2 + b_3 F_3 + b_4 F_4 \tag{4-1}$$

设铁路、公路、水运和航空运输方式分别以 T、G、S、H 表示，则有

$$F(T) = b_1 F_1(T) + b_2 F_2(T) + b_3 F_3(T) + b_4 F_4(T) \tag{4-2}$$

$$F(G) = b_1 F_1(G) + b_2 F_2(G) + b_3 F_3(G) + b_4 F_4(G) \tag{4-3}$$

$$F(S) = b_1 F_1(S) + b_2 F_2(S) + b_3 F_3(S) + b_4 F_4(S) \tag{4-4}$$

$$F(H) = b_1 F_1(H) + b_2 F_2(H) + b_3 F_3(H) + b_4 F_4(H) \tag{4-5}$$

比较其值，数值最大者为应选运输方案。由于 F_1、F_2、F_3、F_4 的数值难以确定，所以先分别计算出经济性、迅速性、安全性、便利性在各种运输方式中的平均值，再以某种运输方式的值与之比较，得到其相对值。以经济性的平均值为例介绍平均值的计算。

经济性平均值为 $\overline{C} = \dfrac{C(T) + C(G) + C(S) + C(H)}{4}$

式中，$\overline{C}$ 为四种运输方式费用支出的平均值；$C(T)$、$C(G)$、$C(S)$、$C(H)$ 分为采用铁路、公路、水运和航空运输的所需的费用。各种运输方式经济性的相对值为

$$F_1(T) = \frac{C(T)}{\overline{C}}；\ F_1(G) = \frac{C(G)}{\overline{C}}；\ F_1(S) = \frac{C(S)}{\overline{C}}；\ F_1(H) = \frac{C(H)}{\overline{C}}$$

依此类推可得

迅速性相对值：$F_2(T)=\dfrac{D(T)}{\overline{D}}$；$F_2(G)=\dfrac{D(G)}{\overline{D}}$；$F_2(S)=\dfrac{D(S)}{\overline{D}}$；$F_2(H)=\dfrac{D(H)}{\overline{D}}$

安全性相对值：$F_3(T)=\dfrac{E(T)}{\overline{E}}$；$F_3(G)=\dfrac{E(G)}{\overline{E}}$；$F_3(S)=\dfrac{E(S)}{\overline{E}}$；$F_3(H)=\dfrac{E(H)}{\overline{E}}$

便利性相对值：$F_4(T)=\dfrac{L(T)}{\overline{L}}$；$F_4(G)=\dfrac{L(G)}{\overline{L}}$；$F_4(S)=\dfrac{L(S)}{\overline{L}}$；$F_4(H)=\dfrac{L(H)}{\overline{L}}$

将以上相对值计算结果分别代入式(4-2)~式(4-5)，则可得 $F(T)$、$F(G)$、$F(S)$、$F(H)$ 的值，其数值大者为优。

$$F(T)=-\left[b_1\dfrac{C(T)}{\overline{C}}+b_2\dfrac{D(T)}{\overline{D}}+b_3\dfrac{E(T)}{\overline{E}}+b_4\dfrac{L(T)}{\overline{L}}\right]$$

$$F(G)=-\left[b_1\dfrac{C(G)}{\overline{C}}+b_2\dfrac{D(G)}{\overline{D}}+b_3\dfrac{E(G)}{\overline{E}}+b_4\dfrac{L(G)}{\overline{L}}\right]$$

$$F(S)=-\left[b_1\dfrac{C(S)}{\overline{C}}+b_2\dfrac{D(S)}{\overline{D}}+b_3\dfrac{E(S)}{\overline{E}}+b_4\dfrac{L(S)}{\overline{L}}\right]$$

$$F(H)=-\left[b_1\dfrac{C(H)}{\overline{C}}+b_2\dfrac{D(H)}{\overline{D}}+b_3\dfrac{E(H)}{\overline{E}}+b_4\dfrac{L(H)}{\overline{L}}\right]$$

因费用支出越大，经济性越差，所以应用"—"表示，同理，运输时间越长，迅速性越差；破损率越高，安全性越差；重复装载或发(到)货地距装(卸)货地越远便利性越差。

当所运货物明显不适合某种运输方式时(如运矿石不可能选用航空运输)，可舍去该方式，以简化计算。

选择运输方式对具体的企业或物流中心来说，是一个多因素问题，如批量大小等也会有影响，综合因素评价方法不是一种唯一的方法。

2. 成本费用分析选择法(成本比较法)

物流运输费用是承运单位提供运输劳务所耗费的费用即运价。运价是由运输成本、税金和利润构成的。运输费用占物流费用比重较大，是影响物流费用的重要因素。为了以最快的速度、最少的运输费用实现物资流转，必须要对所选择的运输方式进行技术经济比较分析，即进行成本费用分析。运输速度和可靠性会影响托运人和收货人的库存水平，如客户面对几乎相同的服务质量或对质量要求不高时，价格成为运输决策的一个重要性的准则。

【例 4.2】 某公司欲将产品从坐落位置 A 的工厂运往坐落位置 B 的公司自有仓库，年运量 D 为 700 000 件，每件产品的价格 C 为 30 元，每年的存货成本 I 为产品价格的 30%。公司希望选择使总成本最小的运输方式。据估计，运输时间每减少一天，平均库存可以减少 1%。各种运输服务的参数如表 4-5 所示。问题：选择哪种运输方式的方案最优？

表 4-5 运输服务参数

运输方式	运输费率 R/(元/件)	运达时间 T/天	每年运送批次	平均存货量 $Q/2$/件
铁路	0.1	21	10	100 000
水路	0.15	14	20	50 000×0.93
公路	0.20	5	20	50 000×0.84
航空	1.40	2	40	25 000×0.81

在途运输的年存货成本为 ICDT/365，两端储存点的存货成本各为 ICQ/2，但其中 C 值有差别，工厂的储存点 C 为产品的价格，购买者储存点的 C 为产品价格加上运费之和。计算结果如表 4-6 所示。由表中计算数值可以看出在 4 种运输方案中公路运输成本最低。因此，选择汽车运输仅从成本控制看是最优的方案。

表 4-6 各种运输方案成本

成本类型	计算方法	运输服务方案成本			
		铁路	水路	公路	航空
运输	$R \times D$	0.1×700 000=70 000	0.15×700 000=105 000	0.20×700 000=140 000	1.4×700 000=980 000
在途运输	ICDT/365	0.3×30×700 000×21/365=362 466	0.3×30×700 000×14/365=241 644	0.3×30×700 000×5/365=86 301	0.3×30×70 000×2/365=34 521
工厂存货	ICQ/2	0.3×30×100 000=900 000	0.3×30×50 000×0.93=418 500	0.3×30×50 000×0.54=243 000	0.3×3 025 000×0.81=182 250
仓库存货	ICQ/2	0.3×30.1×100 000=903 000	0.3×30.15×50 000×0.93=420 593	0.3×30.2×50 000×0.84=380 520	0.3×31.4×250 000×0.81=190 755
总成本		2 235 466	1 185 737	849 821	1 387 526

3. 竞争因素法

良好的运输服务（较短的时间、较少的运达时间波动）可使货物买方保持较低库存和较为确定的运作时间。在存在竞争的环境下，不能只考虑直接成本，还要考虑运输方式对库存成本及运输绩效对物流渠道成员购买选择的影响。对买方来说，良好的运输服务意味着可保持较低的库存和较准确运作时间表。竞争可以促使购买方会将更大的订单转向能提供较好运输服务的供应商。而提供较好运输服务的供应商，可以从增加的交易中获得更多的利润，去支付因提供较佳运输服务增加的成本。在不计竞争对手反应情况下，买方将会向提供特佳运输服务的供应商转移更多的交易。

【例 4.3】某制造商分别向两个供应商购买了 4 000 个配件，每个配件 150 元。目前这种配件由两个供应商平均提供，如供应商缩短运达时间，则可多得到交易份额，每缩短一天可从交易总量中多得 5% 份额，即 200 个配件。供应商从每个配件可赚得配件单价的 20% 利润。如你是其中的一个供应商，了解到客户的对供应商运输服务的政策和各种运输服务的参数如表 4-7 所示，可做何决策？

显然要依据可能获得的潜在利润对运输方式进行决策。由题意可考虑将原铁路运输变动为公路或航空运输，以获得更多的交易，增加利润。使用不同运输方式可能获得的预期利润计算结果如表 4-8 所示。从表中的预期利润看，公路运输最高，如制造商对供应商提供优质服务的政策能实施，我们可以由铁路运输改为选择公路运输，但同时要密切注意另一供应商的竞争行为。如他也采取此种策略，就会削弱我们可能获得的利益。

表 4-7 各种运输服务的参数

运输方式	运费率/(元/件)	运达时间/天
铁路	2.25	7
公路	5.50	4
航空	10.00	2

表 4-8 不同运输方式的预期利润

运输方式	配件销售量/件	毛利/元	运输成本核算/元	净利/元
铁路	2 000	6 000	4 500	55 500
公路	2 600	7 800	14 300	63 700
航空	3 000	90 000	30 000	60 000

采用竞争因素法时要注意：如果买方和卖方对彼此的成本都有一定的了解将促使双方有效合作；将自己的成本信息部分反馈给买方对自己有利。在竞争激烈的环境中，买方和供应商都应该采取合理的行动来平衡成本和运输服务，以获得最佳收益。注意价格影响，假如供应商提供的运输服务优于竞争对手，他很可能会提高产品价格来弥补（至少部分弥补）增加的成本。

4.4.3 承运人选择

承运人选择的总原则：运输成本与服务的平衡、服务质量比较、运输价格比较、综合比较。选择承运人所考虑的因素，只要运输业没有垄断存在，对于同一种运输方式，托运人或货主就有机会面临不同的运输服务商，而托运人或货主甚至于供应商在确定运输方式后，就需要对选择哪个具体的运输服务商做出决策，当然不同的客户会有不同的决策标准和偏好，可以从以下几个角度来考虑。

1. 服务质量比较法

客户在付出同等运费的情况下，总是希望得到好的服务。因此，服务质量往往成为客户选择不同运输服务商的首要标准。

1) 运输质量

运输所体现的价值是把货物从一个地方运送到另一个地方，完成地理上的位移，而无须对货物本身进行任何加工。但如果运输保管不当，就会对货物的质量产生影响。因此，客户在选择运输服务商时会将其运输质量作为一个重要因素来考虑。客户通常从下面几个方面来考虑。

(1) 该运输公司提供的运输工具的完好状态。

(2) 该公司所雇用的装卸公司的服务质量。货物在装卸过程中是否容易造成货损、货差。因此，装卸工人的服务质量会直接影响到货物的运输质量。

(3) 该公司的所雇用从业人员的经验及工作责任心。从业人员丰富的经验及高超的技艺是保证货物安全运输的首要条件。

(4) 该公司的货物运输控制流程。良好的运输控制流程将保证货物及时准确地发运和卸载，减少货物的灭失、错卸、短卸和溢卸，以及错误交付等，从而保证运输质量。

2) 服务理念

随着各服务商运输质量的提高，客户对服务的要求也越来越高，于是客户在选择不同的运输服务商时还会考虑其他的服务理念。

(1) 运输的准班率。较高的准班率可以方便客户对货物的库存和发运进行控制，当然也为安排其接运等提供了便利。

(2) 航班的时间间隔、船舶的发船密度、铁路运输的发车间隔等。合理的间隔同样也将方便客户选择托运的时间及发货密度。

(3) 单证的准确率。

在选择和评估承运人时所采用的最重要的指标是相似的。不论何种运输方式或承运人，准时装载和发送、对客户查询的快速反应、一致的运输时间和富有竞争力的费率等特征都是重要的。

阅读案例 4-3

李宁公司的运输管理

> 不找最大，只找最适合。招标选择承运商。
> 对承运商实施绩效考核、末位淘汰、追踪控制。5个指标：准时提货率、及时正点率、货损货差率、服务态度以及完美回单率（在要求时间内传回记载经销商、专卖店收货信息的单据）。
> 海尔物流的分拨时间是5天，国际著名品牌耐克在中国的物流分拨时间是7天，可是李宁公司只要4天半就够了。
> 与李宁合作的主要承运商有10家左右，分为两种：一种是专线承运商，一种是物流公司。货量大的地区，由李宁公司自己管理指挥承运商；如果货量不大或者承运商的能力不够，就会找一个专业物流公司做代理，代理商下面还有一些承运商，以此来应对李宁不同的市场。
> 资料来源：http://jpk.dky.bjedu.cn/eol/common/fckeditor/openfile.jsp.

2. 承运人—托运人合同

有效的物流运输要求托运人和承运人在战略和操作方面都保持良好的关系。托运人一般喜欢与可靠的、高质量的承运人签订长期合作合同。合同对托运人和承运人都有好处，可以使得托运人对运输活动便于管理，增强了可预测性，并可去除费率波动对托运人的影响。另外，合同还可保证达到托运人所要求的运输服务水平，从而使运输成为托运人的竞争优势。同时，合同这种合作方式也有利于承运人自觉改善运输服务，使得承运人的服务适合托运人的物流要求，并使运费和服务之间的关系更直接，而且改善了托运人和承运人间的关系。此外，长期合同减少了承运人为了满足特殊的托运人的服务要求而购买机器设备的投资风险，并保证托运人得到所需的特殊的服务。一般情况下，既提供随叫随到服务，又提供合同服务的承运人会给托运人以最高的优先级，因为合同的普遍特征使服务不善的惩罚费用很高。因此，托运人对承运人有较强的影响力，并能得到较好的服务。

1) 运输合同的类型

货物运输合同种类较多，按照货物的性质不同分为普通货物运输合同和特种货物运输合同。特种货物运输合同又分为危险货物运输合同、鲜活货物运输合同、长大笨重货物运输合同。按运输工具的不同分为铁路货物运输合同、公路货物运输合同、水路货物运输合同、航空货物运输合同、管道货物运输合同、多式联运货物运输合同。

2) 运输合同的内容和形式

运输合同由当事人约定，它规定了当事人的权利和义务，是确认合同是否合法的依据，也是当事人双方全面履行合同的主要依据。

货物运输合同的形式一般是书面，不同的运输方式对货物运输合同的形式有不同有规定。货物运单是运输合同的基本形式。由于货物运单比较简单，当事人可以通过签订具体的书面合同来明确各自的权利与义务。

阅读案例 4-4

水路运输合同

_____海运计字第_____号

根据《中华人民共和国合同法》和_____省海上运输管理规定的要求，_____公司（简称甲方）向_____省_____司（简称乙方），计划托运_____货物，乙方同意承运，特签订本合同，共同遵守，互相制约，具体条款经双方协商如下：

1. 运输方法
   乙方调派_____吨位船舶一艘（包括船舶吊货设备），应甲方要求由_____港运至_____港，按现行包船运输规定办理。

2. 货物集中
   甲方按乙方指定时间，将_____货物于_____天内集中于_____港，货物集齐后，乙方应在5天内派船装运。

3. 装船时间
   甲方联系到达港同意安排卸货后，经乙方落实并准备接收集货（开集日期由乙方指定）。装船作业时间，自船舶抵港已靠好码头时起于_____小时内装完货物。

4. 运到期限
   船舶自装货完毕办好手续时起于_____时内将货物运达目的港，否则按货规第三条规定承担滞延费用。

5. 起航联系
   乙方在船舶装货完毕起航后，即发报通知甲方做好卸货准备，如需领航时亦通知甲方按时派引航员，领航费用由_____方负担。

6. 卸船时间
   甲方保证乙方船舶抵达_____港锚地，自下锚时起于_____小时内将货卸完。否则，甲方按超过时间向乙方交付滞延金每吨/时_____元，在装卸货过程中，因天气影响装卸作业的时间，经甲方与乙方船舶签证，可按实际影响时间扣除。

7. 运输质量
   乙方装船时，甲方派员监装，指导工人按章操作，装完船封好舱，甲方可派押运员（免费一人）随船押运。乙方保证原装原运，除因船舶安全条件所发生的损失外，对于运送_____货物的数量和质量均由甲方自行负责。

8. 运输费用
   按省水运货物一级运价单以船舶载重吨位计货物运费_____元，空运费按运费的50%计_____元，全船运费为_____元，一次计收。
   装船费用，按省港口收费规则有关制度计收。卸船等费用，由甲方直接与到达港办理。

9. 费用结算
   本合同经双方签章后，甲方应先付给乙方预付运费用_____元，乙方在船舶装卸完后，以运输费用凭据一次结算，多退少补。

10. 附则
    本合同甲乙双方各执正本一份，副本_____份，并向工商行政管理局登记备案。如有未尽事宜，按交通厅海上运输管理规定和经济合同法的有关规定协商办理。

甲方：（盖章）　　　　乙方（盖章）　　　　鉴证机关：
代表人：　　　　　　　代表人
开户银行：　　　　　　开户银行：
账号：　　　　　　　　账号：
　　　　　　　　　　　　　　　　　　　　　_____年____月____日

3. 运输协议的协商

承运人的价格策略越来越灵活，这使得托运人有比较大的余地通过与承运人的协商来降低协议，并且促使双方密切合作。因为大多数协商都以服务成本定价为基础，所以，承运人应该精确核算其成本。只有所有的成本都经过全面考虑，承运人和托运人才能协作，以便共同降低承运人的服务成本。协商程序的目的是考虑到协议各方的利益，开发出一种对承运人和托运人双方都有利的协议。

4.4.4 运输线路的确定

运输设备需要巨大的资金投入，运作中成本也很高，客户服务水平限制下开发最合理的车辆路线计划非常重要。运输路线的确定是运输决策的一个重要领域。一般而言，承运人从合理的车辆路线计划中得到的好处有更高的车辆利用率、更高的服务水平、更低的运输成本、减少设备资金投入、更好的决策管理。对托运人而言，路线计划可以降低其成本并提高其所接受的服务水平。

1. 车辆运行路线计划基本类型

尽管有各种各样的路线计划，但可以将其分为以下几种不同的类型。

（1）单一出发地和单一目的地。单一出发地和目的地的车辆路线计划可以看作网络规划问题，可以用运筹学的方法来解决，其中最简单、最直接的方法是最短路线法。

（2）多起点、多终点问题。实际运输中常碰到多个供应商给多个工厂供货的问题，或者把不同工厂生产的同一产品分配到不同客户处的问题。在这些问题中，起点和终点都不是单一的。在这类问题中，各供应点的供应量往往也有限制。解决这类问题常常可以运用一类特殊的线性规划算法，即运输方法求解。

（3）起点与终点为同一地点。自有车辆运输时，车辆往往要回到起点。比较常见的情况是，车辆从一座仓库出发到不同的零售点送货并回到仓库，这一问题实际是出发地和目的地不同的问题的延伸，但相对而言更为复杂一些。它的目标是找到一个可以走遍所有地点的最佳顺序，使得总运输时间最少或总运输距离最短。

这类问题没有固定的解题思路，在实践中根据实际情况不同，结合经验寻找适用的方法。

2. 安排车辆运行路线和运行时间

车辆运行和时间安排是车辆运行路线选择问题的延伸，在实际运输中，一些具体的限制使得问题变得更为复杂，车辆运行和时间安排受到的约束条件更多。

1）车辆运行和时间安排受到的约束条件

（1）每个停留点规定的提货数量和送货数量。

（2）使用的多种类型车辆的载重量和载货容积各不相同。

（3）车辆在路线上休息前允许的最大的行使时间（如美国运输部安全条款规定至少8小时要有一次休息）。

（4）停留点规定在一天内可以进行提货的时间。

（5）可能只允许送货后再提货的时间。

(6) 司机可能只能在一天的特定时间进行短时间的休息或进餐。这里的问题是车辆从一个仓库出发，向多外停留点送货，然后在同一天内返回到该仓库，要安排一个满意的运行路线和时间。

2) 满意的运行路线和时间安排原则

运行路线和时间安排的决策者，如车辆调度员在长期的实际工作经验中为令人满意的运行路线和时间安排提炼出下列 8 条原则。

(1) 将相互接近的停留点的货物装在一辆车上运送。
(2) 将集聚在一起的停留点安排同一天送货。
(3) 运行路线从离仓库最远的停留点开始。
(4) 一辆运货车顺次途径各停留点的路线要成泪滴状。
(5) 最有效的运行路线通常是使用大载重量的送货车辆的结果。
(6) 提货应混在送货过程中进行，而不要在运行路线结束后再进行。
(7) 对偏离集聚停留点路线远的单独的停留点可应用另一个送货方案。
(8) 应当避免停留点工作时间太短的约束。

3) 制定车辆运行路线

实际的线路选择问题会更加复杂，因为实际问题中一般包括不同种类车辆的车队、多车厢车辆、不相容的产品、不同的物流设施、运输的时间窗口、由交通状况引发的不同速度、优先权和运输条件不同的客户、竞争目标、变化的运输时间、运输需要的专门设备、不确定成本、车辆和司机的各自进度等很多因素。制定车辆运行路线方法常用的有以下几种。

(1) 以地理情况为根据来寻找最优路线，而不管实际路况。
(2) 考虑公路网络，从中找出最短路线。由于电子地图的不断发展成熟，这种方法越来越受欢迎。
(3) 扫描法。扫描法是一种比较简单的方法，虽然不一定是最优的，但是它可以面对这些复杂的问题求得一个满意的解。

用扫描法确定车辆运行路线的方法十分简单，甚至于可用手工计算。一般来说，它求解所得方案的误差率在 10% 左右，这样水平的误差率通常是可以被接受的，因为调度员往往在接到最后一份订单一小时内就要制定出车辆运行路线。

扫描法由两个阶段组成。第一个阶段是将停留点的货运量分配给送货车，第二阶段是安排停留点在路线上的顺序。扫描法进行包括以下步骤。

(1) 将仓库和所有的停留点位置画在地图上或坐标图上，如图 4.1 所示，各点送货量见图数字，送货车载重为 10 吨。
(2) 在仓库位置放置一直尺，直尺指向任何方向均可，然后顺时针或逆时针转动直尺，直到直尺交到一个停留点。
(3) 对每条运行路线安排停留点顺序，以求距离最小化，如图 4.2 所示。
(4) 安排车辆运行时间。

上述的车辆运行路线的设计是假定一辆送货车服务一条路线，如果路线短就会发生送货车辆在剩余时间里得不到充分利用的问题。实际上，如果第二条路线能在第一条线路任务完成后开始，则完成第一条路线的送货车辆可用于第二条路线的送货。

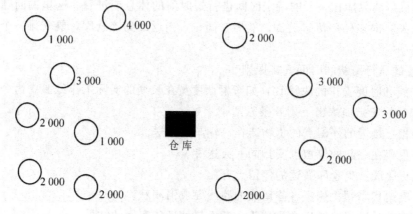

图 4.1 停留点提货量数据

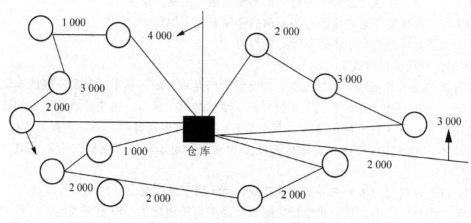

图 4.2 扫描法解决方案

本 章 小 结

运输是物流的主要功能,通常是指用交通工具将物资从一个地方向另一个地方运送,实现物资空间的转移的活动。高效、廉价的运输系统有利于城市化发展、有利于市场竞争、产品价格下降、商品流通规模和范围扩大。

运输货物方式是指运输过程中所使用的基础设施形成的铁路、公路、水上、航空和管道运输和不同运输方式的组合运输。每种方式都有不同的特点,在特定环境下,最优选择要依赖运送物品的种类、场所、距离、价值等。

合理的运输方式、路线选择对于成本控制、物流效率提高具有重要作用。运输合理化,就是在一定的产销条件下,货物的运量、运距、流向和中转环节合理,能以最适宜的运输工具、最低的运输费用、最少的运输环节、最佳的运输线路、最快的运输速度,将物资产品从原产地转移到规定地点。影响物流运输合理化的因素主要有运输距离、运输环节、运输工具、运输时间、运输费用5个方面,称为合理运输的"五要素"。

在实际中,由于组织可以对运输形式做出一系列的决策。什么样的运输方式最好?是选择自己运输还是应用第三方承运人?应选用哪种类型的车辆?应采用何种路线?能否回程?每个组织都会面临这些问题,但依据特定的环境会得出不同的答案。

关键术语

| 运输 | 复合运输 | 集装箱 | 多式联运 | 运输合理化 |
| 契约承运人 | 复合承运人 | 货运代理 | 滞港费 | |

复习思考题

一、选择题

1. 运输业是一特殊的社会再生产部门,这表现为( )。
   A. 运量可以储存、运力不可储存　　B. 运量不可储存、运力不可储存
   C. 运量可以储存、运力可以储存　　D. 运量不可储存、运力可以储存
2. 从发货者门口直到收货者门口,不需要转运或反复装卸搬运的运输方式是( )。
   A. 铁路运输　　B. 水路运输　　C. 航空运输　　D. 公路运输
3. 在下列运输方式中,适用于长途货运、体积小、价值高、时间性强的物资是( )。
   A. 陆路运输　　B. 水路运输　　C. 航空运输　　D. 管道运输
4. 通过( )方式,打破了过去水、陆、空及公路运输等单一运输方式不连贯的传统做法。
   A. 海陆联运　　B. 国际多式联运　　C. 水空联运　　D. 陆桥运输
5. 下列( )不属于运力选择不当。
   A. 弃水走陆　　　　　　　　　　　B. 铁路及大型船舶的过近运输
   C. 选择运输成本过高的运输工具　　D. 运输工具承载能力选择不当
6. 车辆配装时,应遵循的原则是( )。
   A. 重不压轻,后送后装　　B. 重不压轻,后送先装
   C. 轻不压重,后送后装　　D. 轻不压重,后送先装
7. 企业确定运输方式后,( )往往成为选择物流承运商的首要条件。
   A. 价格　　B. 服务水平　　C. 快捷　　D. 运输设备
8. 下列方法中,( )不是制定车辆路线常用方法。
   A. 依地理情况确定最优路线　　B. 据公路网络找出最短路线
   C. 扫描法　　　　　　　　　　D. 重心法

二、简答题

1. 简述5种运输方式的特点。
2. 在物流运作过程中,运输环节主要涉及哪些关系方?这些关系方对运输系统有何影响?
3. 企业采取委托运输还是自行运输所要考虑的主要问题有哪些?
4. 影响企业对运输服务的选择的最重要的因素是哪些?为什么?
5. 衡量运输服务质量高低的因素有哪些?
6. 如何进行运输线路的确定?

三、分析应用题

1. 观察生活周围不合理运输现象,分析原因,讨论对其实现合理化运输途径。

2. 有一条公路 A—D，全长 400 公里，其中 B、D 为煤炭供应点，以三角形表示；A、C 为煤炭的销售点，以矩形表示，各站点煤炭供应数量及站点距离如图 4.3 所示。试问如何组织更为合理？

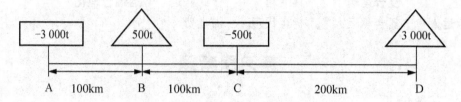

图 4.3　各站点煤炭供应数量及站点距离

四、案例分析题

物流配送高效化的 ZARA 公司

ZARA 公司是从西班牙西北部拉科鲁尼亚的港口城市加利西亚走向世界的。ZARA 在全球 40 多个国家拥有 736 多家直销专卖店，并正以每周一家新店的速度向全球扩张。ZARA 每年提供 12 000 种不同的产品供顾客选择，从设计理念到成品上架仅需 10 几天。ZARA 的物流配送系统十分发达，大约 20 公里的地下传送带将 ZARA 的产品运送到西班牙拉科鲁尼亚的货物配送中心，该中心拥有非常成熟的自动化管理软件系统。为了确保每一笔订单准时到达目的地，ZARA 借用光学读取工具进行产品分拣，每小时能挑选并分拣超过 6 万件的服装。在信息化手段的干预下，ZARA 出货的正确率高达 98.9%，而出错率不足 0.5%。物流配送每周至少进行 2 次，包括产品分拣、打包装运、区域配送和打包装运以及专卖店销售。根据各地区的订单将产品分类，物流中心装备着最先进的系统，使得任何一批货品在 8 小时之内一定能被分运上路。物流中心的运输卡车依据固定的发车时刻表，不断开往欧洲各地。ZARA 还有两个空运基地，距离西班牙本土较远的连锁店商品主要靠空运，通常欧洲的连锁店可以在 24 小时之内收到货物，美国的连锁店需要 48 小时，日本在 48～72 小时之间。运往日本的货物上午到配送中心，在几个小时之内将由卡车送到圣地亚哥机场，然后取道马德里，空运到达大阪，在第三天由第三方货运承包商从机场运到专卖店上货架。除了总部和马德里的两个物流中心，ZARA 还在巴西、阿根廷和墨西哥拥有三个相对较小的配送中心，来应对南半球与欧洲相反的季节和遥远的路途。

资料来源：http://www.efu.com.cn/data.

由上所给资料，试作以下分析：
ZARA 物流配送的高效化是如何实现的？

第 5 章 仓储管理

【本章知识架构】

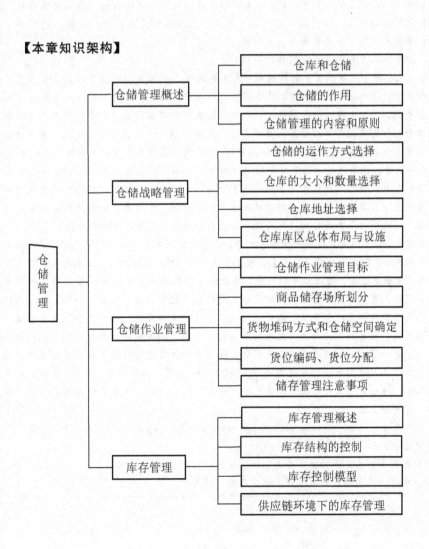

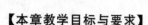

【本章教学目标与要求】

（1）了解仓库分类，认识仓储作用，掌握仓储管理的含义。

（2）了解仓储战略决策的内容，掌握的不同运作方式的特点、适用条件；了解仓库与数量的关系；认识仓库数量选择与成本、客户服务关系。

（3）掌握仓库选址的策略和影响因素、了解选址方案内容。

（4）熟悉仓储作业过程，掌握仓储作业的内容和要求，了解仓库储存区域划分，掌握储存场所分配方法，了解货物堆码方式。

（5）认识库存成本构成，掌握 ABC 管理方法步骤和内容，掌握经济批量计算方法，了解库存控制策略。

（6）理解"牛鞭效应"，认识信息共享供应链下库存管理策略的关键。

西南仓储公司的现代物流之路

西南仓储公司是一家地处四川省成都市的国有商业储运公司，随着市场经济的深入发展，原有的业务资源逐渐减少，在企业的生存和发展过程中，也经历了由专业储运公司到非专业储运公司再到专业储运公司的发展历程。在业务资源和客户资源不足的情况下，这个以仓储为主营业务的企业其仓储服务是有什么就储存什么。以前是以五金交电为主，后来也储存过钢材、水泥和建筑涂料等生产资料。这种经营方式解决了企业仓库的出租问题。

那么，这家企业是如何发展区域物流的呢？

（1）专业化。当仓储资源又重新得到充分利用的时候，这家企业并没有得到更多利益，经过市场调查和分析研究，这家企业最后确定了立足自己的老本行，发展以家用电器为主的仓储业务。一方面，在家用电器仓储上，加大投入和加强管理，加强与国内外知名家用电器厂商的联系，向这些客户和潜在客户介绍企业确定的面向家用电器企业的专业化发展方向，吸引家电企业进入。另一方面，与原有的非家用电器企业用户协商，建议其转库，同时将自己的非家用电器用户主动地介绍给其他同行。

（2）延伸服务。在家用电器的运输和使用过程中，不断出现损坏的家用电器，以往，每家生产商都是自己进行维修，办公场所和人力方面的成本很高，经过与用户协商，在得到大多数生产商认可的情况下，这家企业在库内开始了家用电器的维修业务，既解决了生产商的售后服务的实际问题，也节省了维修品往返运输的成本和时间，并分流了企业内部的富余人员，一举两得。

（3）多样化。除了为用户提供仓储服务之外，这家企业还为一个最大的客户提供办公服务，向这个客户的市场销售部门提供办公场所，为客户提供了前店后厂的工作环境，大大地提高了客户的满意度。

（4）区域性物流配送。通过几年的发展，企业经营管理水平不断提高，企业内部的资源得到了充分地挖掘，同样，企业的仓储资源和其他资源也已经处于饱和状态，资源饱和了，收入的增加从何而来？在国内发展现代物流的形势下，这家企业认识到只有走出库区，走向社会，发展物流，才能提高企业的经济效益，提高企业的实力。发展物流从何处做起？经过调查和分析，决定从学习入手，向比自己先进的企业学习，逐步进入现代物流领域。经过多方努力，该公司找到一家第三方物流企业，在这个第三方物流企业的指导下，通过与几家当地的运输企业合作（外包运输），开始了区域内的家用电器物流配送，为一家跨国公司提供物流服务，现在这家企业的家用电器的物流配送已经覆盖了四川（成都市）、贵州和云南。

资料来源：http://www.chinawuliu.com.cn/cflp/newss/content1/200807/768_28108.html.

讨论及思考：

1. 讨论案例中哪些方面体现了西南仓储公司的现代物流特征。
2. 西南仓储公司向现代物流转变成功的原因是什么？

运输承担改变物品空间状态的重任,仓储则承担着改变物品时间状态的重任,两者都被称为"物流的支柱"。物流系统是一个由线和点所构成的网络,线上的活动为动态的物流活动——运输,而仓储就是点上的主要活动。现代物流中,仓储不再以单纯的储存保管为其主要目的,其功能发展为既要完成基本实物供应作用,又要具有物资配送的作用,这一变化可以说使"固定"仓库已演变为现在的"流动"仓库了。仓储管理也因此从静态管理转向动态管理。

5.1 仓储管理概述

在社会分工和专业化生产的条件下,为保持社会再生产过程的顺利进行,必须储存一定量的物资,以满足一定时间内社会生产和消费的需要。

5.1.1 仓库和仓储

1. 仓库

人类社会自从有了生产剩余以来,就出现了"储备"这个概念。将暂不消费的剩余物资留存起来以备再用的活动,都可称之为储备。我国在西安半坡村的仰韶遗址,已经发现了许多储存食物和用具的窖穴,这可以说是我国最早的仓库的雏形。我国古代把储藏粮食的地方称为"仓廪",把存放兵器的地方称为"库房",后来,人们逐渐把这两个概念合二为一称为"仓库(Warehouse)",用以表示任何存放物资的场所。仓库是用于物资储存的建筑物,其种类繁多,人们赋予它不同的名称,当涉及物料的存货时,通常叫做配送中心和物流中心。采用不同的分类方法,可以将仓库分成不同的种类。仓库类型如表 5-1 所示,常见的几种仓库如图 5.1 所示。

表 5-1 仓库分类

分类标准	类 型
按经营的性质分类	(1) 营业用仓库。一些企业专门为了经营储运业务而修建的仓库。这类仓库有保管杂货的 1 类仓库;保管小麦、肥料的 2 类仓库;保管玻璃、瓷砖的 3 类仓库;保管水泥、缆线的露天仓库;保管危险物品的危险品仓库;温度 10℃ 以下,保管农产品、水产品和冷冻食品的冷藏仓库等 6 种 (2) 自用仓库。生产或流通企业为本企业经营需要而修建的仓库,完全用于储存本企业的原材料、物料、半成品、产成品等货物 (3) 公用仓库。由国家或某个主管部门修建的为社会服务的仓库,如机场、港口、铁路的货场、库房等仓库 (4) 出口监管仓库。经海关批准,在海关监管下存放已按规定领取了出口货物许可证或批件,已对外买断结汇并向海关办完全部出口海关手续的货物的专用仓库 (5) 保税仓库。经海关批准,在海关监管下专供存放未办理关税手续而入境或过境货物的场所
按结构和构造分类	(1) 平房仓库。平房仓库的构造比较简单,建筑费用便宜,人工操作比较方便 (2) 楼房仓库。楼房仓库是指两层楼以上的仓库,进出库作业可采用机械化或半机械化 (3) 高层货架仓库。在作业方面,高层货架仓库主要使用电子计算机控制,能实现机械化和自动化操作 (4) 罐式仓库。罐式仓库的构造特殊,呈球形或柱形,可用来储存石油、天然气等液体化工品和粮食等散装粒状、粉状料物等 (5) 简易仓库。简易仓库的构造简单、造价低廉,一般是在仓库不足又不能及时建库的情况下采用的临时代用办法,包括一些固定或活动的简易货棚等

续表

分类标准	类 型
按仓库保管条件分类	(1) 普通仓库。用于存放无特殊保管要求的物品的仓库 (2) 保温、冷藏、恒湿恒温库。指用于存放要求保温、冷藏或恒湿恒温的物品的仓库 (3) 特种仓库。通常是指用于存放易燃、易爆、有毒、有腐蚀性或有辐射性的物品的仓库 (4) 气调仓库。用于存放要求控制库内氧气和二氧化碳浓度的物品的仓库 (5) 散装仓库。提供对液体的桶装存储和煤、沙等干货的开放存储或者遮蔽存储
按库内形态分类	(1) 地面型仓库。一般指单层地面库多使用非货架型的保管设备 (2) 货架型仓库。采用多层货架保管的仓库。在货架上放着货物和托盘，货物和托盘可在货架上滑动。货架分固定货架和移动货架 (3) 自动化立体仓库。出入库用运送机械存放取出，用堆垛机等设备进行机械化自动化作业的高层货架仓库
按保管物品种类的多少分类	(1) 综合库。用于存放多种不同属性物品的仓库 (2) 专业库。通常每个仓库存储一种产品并对那种产品提供特殊的专业服务。例如，谷物、羊毛和棉花等农产品

(a) 地面仓库

(b) 托盘货架仓库

(c) 罐式仓库

(d) 阁楼仓库

(e) 自动化立体仓库

(f) 露天仓库

图 5.1 常见的几种仓库

2. 仓储

对于仓储(Warehousing)，传统观念是指对仓库中物资进行储存和保管。但在现代物流中的"仓储"是一个非常广泛的概念，它是包括储存设备和方法、库存控制和存货管理在内的广义的概念。

对于仓储的概念，借助道格拉斯·兰伯特在《物流管理》所说"我们可以将仓储定义为公司物流系统的一部分，它从初始点到消费点存储产品(原料、半成品、成品)，提供储存状态、条件和处置等信息。"

在现实生活中,每个组织都持有存货,而只要组织有存货,就需要仓库来储存。仓储不但包括商业和物资部门为了保证销售和供应而的进行建立的仓储和交通运输部门为衔接各种运输方式在车站、码头、港口和机场建立的物品仓储,还包括生产企业的原材料、半成品、成品仓储等。出于政治、军事的需要或为了防止地震、水灾、火灾、旱灾、风灾等自然灾害,进行的物资储备也属于仓储。

5.1.2 仓储的作用

1. 仓储可协调需求和供应的时间差

从消费需求看,一般情况下,生产与消费之间均存在时间差,有些产品的生产是季节性的、非连续性的,而消费是常年的、连续的;有些产品的生产是常年的、连续的,而消费却是季节性的、间断的。例如,人们吃的稻米是在秋天收获的,但要在全年食用;再如空调、冷饮等产品多在暑期消费,如果只在夏季生产,需要过多的生产设备,那么消费量少的时候,生产设备势必闲置。因此,采用适当规模的生产设备,暑期前即增加生产,将产品保存在仓库里以备夏日之需。由于生产和消费在时间上的差异,使物资储备成为可能与必然,所以,仓储的主要功能就是在供应和需求之间进行时间的调整。

2. 仓储支持生产正常进行作用

从社会再生产看,首先,仓储作为社会再生产各环节之中以及之间的"物"的停滞,构成了上一步活动和下一步活动衔接的必要条件。其次,上一道工序的半成品总是要到达一定批量之后才能经济合理地送给下一道工序,而下一道工序为了保持连续生产也总是要有一些储备保证。因此,这种仓储都是使生产各环节连续化、正常化作业的必要条件。

一些偶发事件的影响使供应上具有不确定性,需要仓储。例如,一个组装产品的生产流水线上两个连续的操作环节,在理想状态下,第一个操作环节制造了一个部件,随后把该部件发送给第二个操作环节进行处理,随着部件的到来,第二个操作环节就会立即开展工作。但是,如果第一个操作环节生产出的是一个废品,或者这个部件有毛病,以及由于某种原因,该部件未能被及时地传递到第二个操作环节。这时,第二个操作环节就会出现无事可做的情况。避免这种情况出现的办法就是,储备一些上一环节生成的部件,一旦出现上述问题,下游的操作环节就可以利用这些存货进行工作,解决生产中"断顿"的问题。

为减少库存占用的资金及资金利息,可以采用短期生产,通过使生产数量接近当前需求来使整个物流系统的存货最小化,但是这会使企业生产线变更频繁。生产线的变更有时会增加成本。如果一个工厂以接近或者达到生产能力的水平运转,则频繁的生产线变更可能使制造商不能满足产品需求。如果这样,损失的销售成本(未能实现销售而导致利润损失)可能会非常大。相对于变更生产线的短期生产,大量产品的生产导致了生产能力给定的工厂能生产更多的产品,每一单位成本更低,但长期生产运转会导致更多的存货和不断增加的仓库需求。

3. 仓储在实物供应和实物配送含有运输经济作用

从实物供应、实物配送或输出角度看,仓储除协调需求和供应存在的不确定性以外,也有利于解决供应的最佳批量和需求的实际批量之间存在差异的矛盾。仓库可用来组合产品、合并或拆分输出。

众所周知整车或整箱货物的平均运输费用比零担货物的平均运输费用低。当货物不足整车或整箱的情况下，为了降低运输成本，把小批量的货物凑成整车或整箱运输，这样就大大减少了平均运输费用。实现运输经济。仓库可以作为合并点，将大量小批量货运组合或合并成单一的大批量货运，对于原材料物流系统来说，仓库能将不同供货商的零担及拼箱货整合为整车（TL）及整箱（CL），然后将其送给收货人。产品组合如图5.2所示。

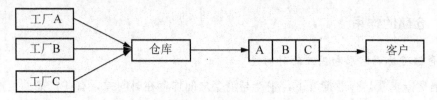

图 5.2　产品组合

仓储可以按照顾客的需要进行产品组合混装。顾客下达的订单，要求的往往是产品线上各种产品的组合。例如，10组旅行器材，包括背包、帐篷、睡袋、望远镜、水和食品。这样的产品组合涉及多个生产工厂。因此，将各个工厂将产品通过 TL 或 CL 大量运至组合仓库（综合仓库）。在那里通过按顾客要求将订购的产品进行组合，高效地完成订单，由此带来的节约通常比因仓储和库存持有成本增加导致的成本增加多得多。产品组合混装如图5.3所示。

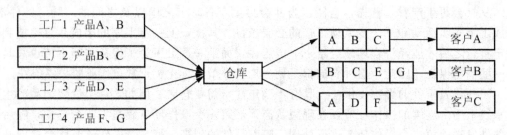

图 5.3　产品组合混装

对产品物流系统来说，仓库也从事与拼装作业相反的拆分工作。在这里，一个供应商把一地区的所有订货都一次性地发送到了当地的一间仓库，在仓库中根据订单对货物实施拆分作业，然后把拆分后的货物分别交付给每个客户。将大的货运分成许多小的货运来满足许多客户的需求。产品拆分如图5.4所示。

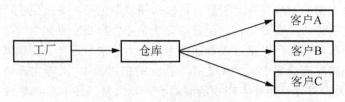

图 5.4　产品拆分

还有一种在极端的情况，仓库根本就不对物料进行储存，而只是担任一个中转站的角色，这种做法称为直接转运（越库作业）。直接转运是指货物到达仓库的时间和将此货物发给客户运输的时间经过协调，使得货物能够直接从收货区域被转移到发货区域，载入正在等待的货车，立刻被发运给下游的客户。这种做法源于卡拉伯斯（Karabus）和克罗萨（Cro-za）于1995年提出的，产品永远都不应该进入仓库或被储存起来，而是应该不断地移动着,并且尽可能地减少装卸的次数。既省去了把货物放入仓库然后再取出来这样的非增值性操作,又降低了存货水平。

仓储在物流运输活动中还发挥作用。运输能力的大小因运输工具的不同而千差万别。由于运输工具运量的不同,给物资运输的衔接造成一定困难。这种由于运输能力的差异而造成的运输矛盾,可用仓储来解决,这便是仓储对运输的调节作用。例如,万吨巨轮载有几万吨的物资到港靠岸后,在较短的停泊期内,用火车和汽车直接将物资运离港口较困难,但在港口货场或仓库暂存待运,则可以解决压港问题。

阅读案例 5-1

义乌市联托运开发总公司中转分拨仓

> 义乌市联托运开发总公司是一家集义乌全市所有联托运线点开发、经营和管理于一体的综合性企业。该公司对义乌市的所有省外线路的各个托运点只是拥有管理权而无所有权,也不拥有省外运输的车队。但其下属的联发快运则直接经营省内运输业务,并在浙江省内几乎每个县市都设有货物收发点,实现定点、定时收发货物。联发快运通过自己的运输力量可以在不超过两天的时间内在浙江省内任何两个县市之间完成货物送达。而发往省外的货物则需要通过义乌中转,交由设在义乌的直达全国三百多个城市的托运点完成全程运输。因此,联发快运在义乌总部设有中转仓,以实现不同运输线路之间的货物中转分拨。货物在中转仓的停留时间短(通常只有几个小时)。因此,基本上没有正式的库存管理和库内管理(如比较正式的盘点、移仓作业)。仓库也是采用两端通透型类似于越库区(Cross Decking)的设计,没有进行细致的库位划分。由于在义乌承接货物、跑国内长途的货车都是平板车等非集装箱类车型。所以,通常不采用托盘作为基本物流单元。也基本上不用叉车,而是以人工搬运为主。
>
> 资料来源:http://www.tianya.cn/new/TechForum/Content.asp?idItem=54&idArticle=522226&.

4. 仓储具有支持企业市场形象的作用

变化的市场条件可能使得在现场存储产品变得必要,主要原因是企业往往不能准确地预测消费者需求及零售商或者批发商的订货时间。例如,商场出售的服装需要一定的时间生产,但对于顾客来说,往往希望到商场时能买到在某一广告上看中的款式,而不愿意等候,这就要求商场必须进行事先安排。从总体看来,在客户前来购买的时间和款式方面,通常都会有变化的特点和不可知性,这就要求商场事先将本季适应目标客户的各种款式服装,置于货架之上,等候客户上门购买。通过在现场仓库保留超量存货,公司能够迅速应对未预料到的需求。因为从满足需求的角度看,超量存货使制造商在现场仓库补货延迟的时候仍能满足客户订单。其次从一个距离较近的仓库供货远比从生产厂商处供货方便得多。如果仓库也能提供更为快捷的递送服务。这样会在供货的方便性、快捷性及对市场需求的快速反应性方面,为企业树立一个良好的市场形象。

如果公司想在原材料和其他产品上获得批量购买折扣,就必须有仓储。批量购买不但会带来折扣,使每单位产品价格降低,而且因为运输的经济性,运输成本也会降低。类似的折扣和节约同样适用于制造商、零售商和批发商。但是,这些成本的节约必须能补偿存货增加带来的库存成本的增加。

总的来说仓储主要作用是可以缓冲供给与需求间的矛盾,实现生产的经济性、运输的经济性，从批量购买折扣和提前购买中获益，维持供应源，支持公司的客户服务政策，以达到理想的客户服务水平。但因仓储成本和风险的存在，公司应根据所处行业、经营理念、资金、产品特征、市场竞争、生产过程等因素，利用仓储管理在既定的客户服务水平下实现总成本最小。

5.1.3 仓储管理的内容和原则

仓储活动中所耗费的物化劳动和活劳动的补偿是由社会必要劳动时间决定的。为实现一定的经济效益目标，必须力争以最少的人财物消耗，及时准确地完成最多的储存任务。

1. 仓储管理的含义

仓储管理是指对仓库和仓库中储存的货物进行管理。但在现代物流中仓储管理包含两个方面概念，一是指对仓库和仓库中储存的货物进行储存、保养、维护管理。二是为及时供应对库存的控制与管理。通常对涉及储存的货物进行的储存、保养、维护管理等工作称为仓储，对存货的管理称为库存控制。仓储和库存管理的关系密切，以至于人们往往把二者当成是同一个概念。不过从根本上来说，库存管理是与有关存货的决策相关联的管理功能，而仓储是实际负责管理存货的操作功能。库存管理负责决定进货的内容，而仓储则是从供货商那里接收物料并负责其在仓库内的管理。

2. 仓储管理的内容

仓储管理的基本内容就是对"仓储"中涉及的"仓"中"储"存"物"，这3个关键词的管理。仓储管理的对象是仓库及库存物资，管理活动范围较广，具体包括以下几个方面。

（1）仓库运作类型选择。例如，公司应该拥有、租赁、出租仓储，或者将这几者结合起来，是否将仓储外包出去，公司应该安装新的物料处理设备还是继续雇用更多的劳动力。

（2）仓库的选址与建筑问题。例如，仓库的选址原则，仓库建筑面积的确定，库内运输道路与作业区域的布置等。

（3）仓库机械作业的选择与配置问题。例如，根据仓库作业特点和所储存物资的种类及其理化特性，选择机械装备及应配备的数量，对这些机械进行管理等。

（4）仓库的业务管理问题。例如，组织物资出入库，对在库物资进行储存、保管与养护。

（5）仓库的库存管理问题。有效的仓储管理涉及不同层面的决策。仓储管理决策可能是战略层面上的，也可能是运作层面上的。战略层面管理者需要了解提高仓储绩效的方法和将仓库设在最佳位置的策略；运作决策用来管理或控制物流绩效，如何最好地利用仓库空间，提高利用率？这些决策以年、月或日进行，通常是一种常规决策，如接收的产品和物料应该置于仓库的哪个地方？运作决策实施期限短较战略决策有更多的确定性。

3. 仓储管理的原则

物流管理的首要任务是通过物流活动的合理化降低物流成本，仓储也不例外。保证质量、注重效率、确保安全、讲求经济是仓储管理的基本原则。

1）保证质量

仓储管理中的一切活动，都必须以保证在库物品的质量为中心。没有质量的数量是无效的,甚至是有害的,因为这些物品依然占用资金、产生管理费用、占用仓库空间。因此,为了完成仓储管理的基本任务,仓储活动中的各项作业必须有质量标准,并严格按标准进行作业。

2) 注重效率

仓储成本是物流成本的重要组成部分,因而仓储效率的提高关系到整个物流系统的效率和成本。在仓储管理过程中要充分发挥仓储设施设备的作用,提高仓库设施和设备的利用率;要充分调动仓库生产人员的积极性,提高劳动生产率;要加速在库物品周转,缩短物品在库时间,提高库存周转率。

3) 确保安全

仓储活动中不安全因素有很多。有的来自库存物,如有些物品具有毒性、腐蚀性、辐射性、易燃易爆性等;有的来自装卸搬运作业过程,如每一种机械的使用都有其操作规程,违反规程就要出事故;还有的来自人为破坏。因此,特别要加强安全教育、提高认识,制定安全制度、贯彻执行"安全第一,预防为主"的安全生产方针。

4) 讲求经济

客户服务是企业营销和物流系统的关键要素。较高的物流服务水平需要较高的物流成本支持。对于成本与服务总有一个平衡点。因此,企业应在给定客户服务水平下确定最优仓储服务水平,做好管理提高效益。

5.2 仓储战略管理

仓储战略管理涉及在较长时期内物流资源,目的是支持公司的整体政策和目标。

5.2.1 仓储的运作方式选择

当公司决定在现场存储产品的时候,公司所做的最重要的决策之一就是,选择使用公共(租赁)仓库,还是自营(建设自有)仓库,或是采用第三方仓储外包仓储业务。

第三方仓储亦称合同仓储(contract warehousing)是仓储服务提供商和使用者之间的一种安排。它被定义为一种互惠的长期安排,提供针对单一客户的唯一的和专门定制的仓储和物流服务。第三方仓储公司与传统仓储公司相比,能为货主提供特殊要求的空间、人力、设备和特殊服务。第三方仓储卖主和客户共同承担运作风险,重点在于生产力、服务和效率,而不是费用和费率结构本身。

公司必须考虑重要的客户服务和财务因素,在公共和自营仓储之间做出选择。例如,公共仓储的运作成本可能比较高。但是,公共仓储不需要公司进行初始投资。从客户服务角度看,自营仓储通常能提供更高的服务水平,因为设施、设备更专门化,更熟悉公司的产品、客户和市场。在有些情况下,革新的公共仓库即第三方仓储能够提供更高的服务水平,因为其具备专长和为客户服务的强烈的竞争驱动力。

1. 不同仓储动运作方式的特点

从成本和服务角度来看,为了作出正确决策,物流经理必须明白各个选择的优点和缺点以及财务影响。不同仓储运作方式的优缺点如表5-2所示。

表5-2 不同仓储运作方式的优缺点

	自有仓库仓储	公共仓库仓储	第三方仓储
优点	可以根据企业特点加强仓储管理	需要保管时，保证有场所；不需要保管时，不用承担仓库场地空闲的无形损失	有利于企业有效利用资源
	可以依照企业的需要选择地址和修建特需的设施	有专家进行保管和进出货物的工作，管理安全	有利于企业扩大市场
	长期仓储时成本低	不需仓库建设资金	有利于企业进行新市场的测试
	可以为企业树立良好形象	可以根据市场需求变化选择仓库的租用面积与地点	有利于企业降低运输成本
缺点	存在位置和结构的局限性	当货物流通量大时，仓库保管费与自有仓库相比较高	对物流活动失去直接控制
	企业的部分资金被长期占用	所保管的货物需遵守营业仓库的各种限制规则	

2. 3种运作方式的成本比较

租赁仓库仓储，建设自有仓库仓储，以及采用第三方仓储外包仓储业务，各有优势，选择何种仓储形式，取决于物流总成本最低。不同类型仓储成本的比较如图5.5所示。

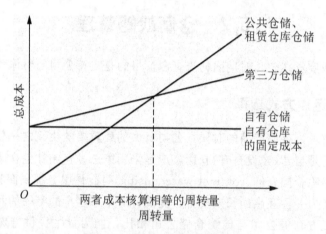

图5.5 建仓库与租赁成本比较

由图中看租赁仓库仓储、第三方仓储的成本只含可变成本，随存储总量的增加，租赁的空间就会增加，仓储费用增加，成本与周转总量成线性关系。自有仓库仓储成本结构包含固定成本，因自建自用可变成本增长速率较缓。当周转总量达到一定规模时两条成本核算线相交，即不同仓储的成本相等。这表明当周转量低时，选用租赁或第三方仓储较好，当周转总量规模较大时，可以有更多存货分摊固定成本，自建仓库仓储更为经济。

3. 影响仓储运作方式选择其他因素

企业是自建仓库还是租赁公共仓库或采用合同制仓储还需要结合仓库货物的周转总量、市场密度、需求的稳定性。仓储运作方式的选择条件如表5-3所示。

表 5-3　仓储运作方式的选择条件

仓储运作方式	周转总量		需求的稳定性		市场密度	
	大	小	是	否	集中	分散
自建仓库仓储	√	×	√	×	√	×
租赁仓库仓储	√	√	√	√	√	√
第三方仓储	√	√	√	√	√	√

（1）周转总量。由于自有仓库的固定成本相对较高，而且与使用程度无关，所以，必须大量存货来分摊这些成本，使自有仓储的平均成本低于公共仓储的平均成本。因此，如果货周转量较高，自有仓储更经济。相反，当周转量相对较低时，选择公共仓储更为明智。

（2）市场密度。市场密度较大或许多供应商相对集中，有利于修建自有仓库。这是因零担运输费率相对较高，经自有仓库拼箱后，整车装运的运费率会大大降低。相反，市场密度较低，则在不同地方使用几个公共仓库要比一个自有仓库服务一个很大地区更经济。

（3）需求的稳定性。需求的稳定性是自建仓库的一个关键因素。许多厂商具有多种产品线，使仓库具有稳定的周转量。因此，自有仓储的运作更为经济。

从表 5-3 可看出自建仓库仓储受限条件较多，公共仓储和第三方仓储更具灵活性，较符合物流社会化发展趋势。

5.2.2　仓库的大小和数量选择

企业仓储运作方式选择后，需要进一步做的是对仓库设施建设进行决策，即为公司产品和客户设计一个最优的仓储网络，这一决策的内容包括选择仓库的大小、数量和仓库地址的确定。

1. 仓库的大小

仓库的大小是指仓库的规模，其大小以面积、容积和吞吐能力来表示。仓库的空间规模主要受以下因素影响：客户服务水平、市场大小、最大日库存量、库存物品尺寸、所使用的物料搬运系统、仓库日吞吐任务量、供应提前期、规模经济、仓库布局、过道要求、计算机信息系统的运用程度等，还和使用的货架类型及需求水平和模式、仓库办公区域有关。

显然，随企业的客户服务水平的提高，销售量增加需要更多的仓储空间存放更多的存货。如企业的产品种类多，需要各种不同材料、产品类别多，在保证生产和销售要求下，各种材料和产品需保持最小库存水平上，这就需要用更大的仓库。仓库设备类型不同对空间的要求也不同，物料搬运系统使用人工库与自动控制化立体库存相比，需要的面积更多。需求波动量大、不确定的情况下，库存水平通常会高一些，这就需要更大的空间，仓库也就要大一些。

2. 仓库的数量

仓库的大小与数量，两者呈现的是反向关系，如仓库数量增加，仓库的平均大小就会减少。由于企业的规模不同，有时这一决策变得相对简单，有时却异常复杂。只有单一市场的中小规模企业通常只需一个仓库,而产品市场遍及全国各地的大规模企业要经过仔细分析和慎重考虑才能做正确选择。

1) 仓库数量选择策略

企业仓库数量选择策略有集中仓储和分散仓储。集中仓储是指以一定的较大批量物品集中于一个场所之中的仓储活动。集中仓储是一种大规模储存的方式,可以利用"规模效益",有利于机械化、自动化、先进科学技术的应用。集中仓储从储存的调节作用来看,也有比较强的调节能力及对需求的更大的保证能力。集中仓储的单位仓储费用较低,经济效果较好。分散仓储是较小规模的储存方式,往往和生产企业、消费者、流通企业相结合,不是面向社会而是面向某一企业的仓储活动。因此,仓储量取决于企业生产或消费要求的经营规模。分散仓储的主要特点是容易和需求直接密切结合。

2) 影响仓库数量的主要因素

(1) 成本。仓库数量对物流系统的各项成本有重要影响。一般来说,随着仓库数量的增加,运输成本和失销成本会减少,而存货成本和仓储成本将增加,仓库数量和物流总成本的关系如图 5.6 所示。

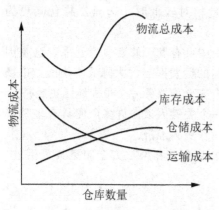

图 5.6 仓库数量与物流总成本的关系

首先,由于仓库数量的增加,企业可以进行大批量运输,所以,运输成本会下降。此外,在销售物流方面,仓库数量的增加使仓库更靠近客户和市场,减少了商品的运输里程,这不仅会降低运输成本,而且由于能及时满足客户需求,提高了客户服务水平,减少了失销机会,从而降低了分销成本。其次,由于仓库数量的增加,总的存储空间也会相应地扩大。因此,仓储成本会上升。由于在仓库的设计中,需要一定比例的空间用于维护、办公、摆放存储设备等,而且通道也会占用一定空间。因此,小仓库比大仓库的利用率要低得多。最后,当仓库数量增加时,总存货量就会增加,这意味着需要更多的存储空间。

由此可以看出,随着仓库数量的增加,运输成本和失销成本的迅速下降导致总成本下降。但是,当仓库数量增加到一定规模时,库存成本和仓储成本的增加额会超过运输成本和失销成本的减少额,于是总成本开始上升。同时,仓库数量增加到一定点后,企业可能不能再大量地运送产品,并且可能要为运输支付更高的费用。总成本曲线随行业、企业、产品、客户不同而有所不同。

(2) 客户服务水平。客户服务是企业营销和物流系统的关键要素。较高的物流服务水平需要较高的物流成本支持。一般来说,产品的可替代程度与所需的客户服务水平之间存在很强的相关关系。当企业的服务反应速度远远低于竞争对手时,它的销售量就会大受影响。如果客户在需要的时候不能买到产品,那么再好的广告和促销活动都不起作用。所以,当客户对服务标准要求高时,需要更多的仓库来及时满足客户需求。但由图 5.6 可知,如果不考虑失销成本(服务水平),仓库数量少比多好。对于成本与服务总有一个平衡点。因此,企业应在给定客户服务水平下确定最优的仓库数量。

(3) 运输服务的水平。在不能提供合适的运输服务情况下,就要增加仓库数量来满足客户对交货期的要求。

(4) 供货的比例。中转供货比例的大小对仓库需求的影响非常大，当一个地区或企业中转供货的比例小，而直达供货的比例大时，这个区域或企业需要的仓库数量就会比较少，而单个仓库的规模则会比较大；反之，当这个地区或企业中转供货的比例大，而直达供货的比例小时，这个区域或企业需要的仓库数量就会比较多。

(5) 计算机的应用程度。计算机的普及和使用成本的降低，使应用模型及配套软件在现代化仓库中得以应用，利用计算机可以改善仓库布局和设施、控制库存、处理订单，从而提高仓库资源的利用率和运作效率，可以使企业对仓库的控制不再受仓库数量与位置的限制。使仓库网点规划中空间位置与数量之间的矛盾得以缓解，实现以较少的仓库满足现有用户需求的目标。物流系统的响应越及时，对仓库数量的需求就越少。

(6) 单个仓库的规模。单个仓库的规模越大，其单位投资就越低，而且可以采用处理大规模货物的设备。因此，单位仓储成本也会降低。从仓库规模来看，当单个仓库的规模大且计算机管理运用程度高的时候，仓库数量可以少一些；反之，则应增加数量以弥补容量及业务能力的不足。

仓库数量的决策还要与运输方式的决策相协调。例如，一个或两个具有战略性选址的仓库结合空运就能在全国范围内提供快速服务，尽管空运的成本相对较高，但却降低了仓储和库存成本。由于运输方式的多样性，尤其需要与其他仓储决策结合考虑，使得仓库数量决策显得非常复杂。

5.2.3 仓库地址选择

与仓库数量决策密切相关的是仓库的规模与选址。如果企业租赁公共仓库，那么仓库规模问题相对重要，而选址决策的重要性相对小一些。因为租赁公共仓库，可以根据需要随时改变。如果企业自建仓库，尤其对于市场遍及全国至全球的大型企业来说，仓库的规模与选址变得极为重要。仓库的选址一方面要考虑仓库本身建设和运行的综合成本，要考虑接近用户，另一方面更要考虑今后企业的发展需要，决定在何地建库。

1. 仓库选址策略

在物流系统设计中，其目标如果是提高服务水平或成本优势的话，一个仓库应当被建立。仓库的地理位置是由客户、制造点与产品要求所决定的，代表着一个公司赢得时间与地点效益的总体努力的一部分。仓库选址策略可划分为市场定位，制造定位或中间定位等。

1) 市场定位策略

如果企业的经营战略要求向客户快速供货，那么企业仓储管理的决策就要体现快速供货要求，仓库选址相应地就要定位在距离靠近客户较近的地方，即为市场定位策略（market positioned strategy）。仓库的地理定位接近主要的客户，会增加供应商的供货距离，但缩短了向客户进行第二程运输的距离，这样可以提高客户服务水平。

市场定位策略最常用于快速消费品，如食品分销仓库的建设，这些仓库在地理上通常坐落在接近所要服务的各超级市场的中心，使多品种、小批量库存补充的经济性得以实现。从一个中心仓库位置可以完成迅速到达零售店的经济性运输，所服务的最远距离的零售分销店一般约离仓库 350 公里。以市场定位分销仓库的也可见于制造物流支持中，在那里部件与零件被陈列着，以实现"适时"战略。制造业的生产物流系统中把零部件或常用工具存放在生产线旁也是"市场定位策略"的应用，它可以保证"适时供应"。

影响这种仓库位置和服务的市场区域的因素主要包括运输成本、订货周期、产品敏感性、订货规模、当地运输的可获得性和要达到的客户服务水平。

2) 制造定位策略

如企业的经营战略是要成为最低成本的供货商，为了保证这一战略的实施，企业注重规模效益。制造定位策略（production positioned strategy）是指将仓库选在接近产地的地方，以作为装配与集运被生产的物件的地点，这些仓库存在的基本原因是便于向客户运输各类产品。产成品从工厂被移送到这样的仓库，再从仓库里将全部种类的物品运往客户。这些仓库的基本功能是支持制造商集中运输产成品。

以制造定位的仓库的优点在于它能跨越一个类别的全部产品而提供卓越的服务。对于产品种类多的企业，产成品运输的经济性来源于大规模整车和集装箱运输。同时，如果一个制造商能够利用这种仓库以单一订货单的运输费率为客户提供服务，还能产生竞争差别优势。

影响这种仓库位置的因素主要包括原材料的保存时间、产成品组合中的品种数、客户订购的产品种类和运输合并率。

3) 中间定位策略

中间定位策略（intermediately positioned strategy）是指把仓库选在最终用户和制造商之间的位置。这些仓库与"以制造定位"的仓库相似，为广泛的库存品种提供集运，从而减少物流成本。中间定位仓库的客户服务水平通常高于制造定位的仓库，但低于市场定位的仓库。企业如果必须提供较高的服务水平和提供由几个供应商制造的产品，就需要采用这种策略，为客户提供库存补充和集运服务。

仓库选址所要考虑的因素在某些情况下是非常简单的，而在某些情况下却异常复杂，尤其是在关系国计民生的战略储备仓库的选址时，这种复杂性就更加突出。

2. 仓库选址的注意事项

仓库选址可以分为两个方面：一是选位，即将仓库建在哪个国家、地区或哪个城市；二是在位置确定后，需要进一步确定具体的地点，可称为定址，如选择某城市后确定在该城市的哪个方位建库。

1) 不同类型仓库选址时的注意事项

（1）转运型仓库大多经营转载或短期储存的周转类商品。因此，一般应设置在城市边缘地区的交通便利的地段，以方便转运和减少短途运输。

（2）储备型仓库主要经营国家或所在地区的中、长期储备物品，一般应设置在城镇边缘或城市郊区的独立地段，且具备直接而方便的水陆运输条件。

（3）公共仓库经营的商品种类繁多，应根据商品类别和物流量选择在不同的地段，如与居民生活关系密切的生活型仓库，若物流量不大又没有环境污染问题，可选择接近服务对象的地段，但应具备方便的交通运输条件。

2) 经营不同商品的仓库选址时的注意事项

（1）果蔬食品仓库应选择入城干道处，以免运输距离拉得过长，商品损耗过大。

（2）冷藏品仓库多选择城郊。

（3）建筑材料仓库选择城市边缘，对外交通运输干线附近。

（4）燃料及易燃材料仓库。石油、煤炭及其他易燃物品仓库应满足防火要求，选择城郊的独立地段，油品仓库选址应远离居住区和其他重要设施，最好选在城镇外围的地形低洼处。

阅读案例 5-2

连云港外贸冷库

连云港外贸冷库于1973年由外经贸部投资兴建，是我国外贸系统的大型冷藏库之一，由12 000吨的低温库（-18℃）和5 000吨的保鲜库（0℃）组成，配备双回路电源。另有3 000平方米的普通仓库、100多吨运力的冷藏车队、年加工能力为1 500吨的冷冻品加工厂。其经营范围为物资储存，商品储存、加工，食用油及制品、副食品、饲料、建筑材料、金属材料的销售、代购、代销、公路运输服务等。

冷库所处区位优越，在连云港港区内，门前公路东接港口，西接宁连、徐连、汾灌高速公路，距离连云港民航机场只有50千米，库内有铁路专用线与亚欧大陆桥东桥头堡相连，毗邻公路、铁路客运站，交通十分便捷。

设备完善的主库和从日本引进的组装式冷库构成了一流的冷冻冷藏条件，保鲜库为国内外客户储存苹果、蒜头、洋葱等果品、蔬菜类保鲜食品。冷冻品加工厂设备完善，质保体系严格，采用恒温避光作业，拥有蔬菜、水产品两条加工生产线，可常年同时加工鲜、冻农副产品及水产品，其显示了仓库在存放商品方面条件优越。

资料来源：http://www.scetop.com/jpkc/View.aspx?id=005002003004004.

5.2.4 仓库库区总体布局与设施

关于仓库的数量、大小及地点这些战略性决策被确定以后，就可以着手研究那些更为直接的决策，如设备的类型和布局等。好的仓库布局能提高产出，改善产品流，降低成本，改进客户服务，提供更好的员工工作条件。

1. 仓库库区构成及布局

仓库库区由储运生产区、辅助生产区和行政商务区构成。储运生产区主要进行装卸货、入库、拣选、流通加工、出库等作业，这些作业一般具有流程性的前后关系。辅助生产区和行政商务区内主要进行计划、协调、监督、信息传递、维修等活动，与各储运生产区有作业上的关联性。构成一个仓库运营的基本元素包括以下内容。

(1) 一个进货站台，供应商运来的物料将在这里被交付，检验和储存。
(2) 一个储存区域，物料被存放在这里。
(3) 一个发货站台，根据客户的订单在这里进行拼装和发运。
(4) 一套物料搬运系统，用于在仓库内处理货物搬运作业。
(5) 一套信息系统，用于记录所有货物的位置、来自供应商的进货、给予客户的发货及其他相关信息。

仓库布局有多种模式，其中最常见的一种模式包括两个储存区域，供应商交付的货物到达后被直接存放在一个主要的大货储存区。然后根据需要，将其拆分成为独立单元送往一个较小的分拣区。当接到客户订单后，所需的货物从分拣区挑选出来送往一个拼装区，等待被送往发货站台。当分拣区的存货过低时，就需要从大货储存区补货。常见仓库布局示意图如图5.7所示。

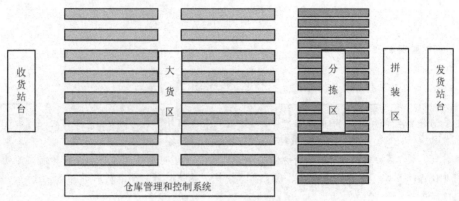

图 5.7　仓库布局示意图

2. 仓库的整体布局规划步骤

实际操作中，仓库的整体布局主要取决于建筑物的实际形状、建筑师的意见、可使用区域、空间高度或其他一些实际条件限制。在这些条件许可的情况下，仓库管理者需要规划出最适合操作的详细方案。而要制定出一个这样的详细规划的方法，包括下列步骤。

（1）预估未来5年的物料需求。将上述需求转换成物料入库、库内周转，以及出库的计划流程。

（2）比较各种搬运设备并选择最适合的设备。确定所需的储存和搬运区域。

（3）设计货架的整体规划，考虑哪些货物需要被放置于相邻区域（如高周转率的货物要放在靠近运输站台的位置，冷冻货放在同一区域，高值货放在安全区域等）及哪些货物要分开存放（如食品要远离化学品存放），规划设备的整体布局，比较各种方案并挑选出最佳方案。添加细节以得到最终方案。最基本的一类仓库包括一个用网格划定出不同位置的区域。可以用叉车把较大较重货存放在专门区域。更加先进的仓库使用普通货架或带有过货道的货架储存区，货物一般置于托盘上。

3. 仓库设备选择

详细规划的细节取决于储存和搬运设备的种类。与货物储存相关的储存和搬运设备对于降低物流费用、提高物流效率具有较大作用。不同仓库的设备选择配置如下。

（1）人工仓库。这是最简单的设置，各种物品被放置于货架或箱内。工作人员四处走动，从货架上挑选货物，放入类似超市里的推车那样的容器中，将其移动到别的地方。其他搬运货物的工具包括用来搬运托盘的人力搬运车、用来把货物带到搬运工面前的传送带，但是从根本上来说，所有的操作都是由人来控制的。人工仓库只适用于货物较轻较小、能够人工搬运、货架高度在可触及的范围之内、货架间尽可能靠近以减少走动等前提之下。人工仓库如图5.8所示。

（2）机械仓库。以机械代替厂人工仓库中的一些人力工作。为了减少占地面积，这些过道往往都很高很长。而货架必须很浅，以方便取放货物。典型的设计当中，货架都很长、很高、很窄。高货架机械化仓库的设备如图5.9所示。

（3）自动化仓库。传统仓库的运营成本往往都很高，即便是机械化仓库也不例外。自动化仓库可以通过使用电子计算机进行管理和的控制，不需人工搬运作业，而实现收发作业的仓库来降低运营成本和改进服务。但是，这么做需要大量的设备投资，并且只适用于大型仓库。自动化仓库的配置设备如图5.10所示。

图5.8　人工仓库　　　　　图5.9　高货架机械化仓库　　　图5.10　自动化仓库

阅读案例 5-3

正泰集团的自动化立体仓库

　　正泰集团公司是中国目前低压电器行业最大销售企业。主要设计制造各种低压工业电器、部分中高压电器、电气成套设备、汽车电器、通信电器、仪器仪表等，其产品达150多个系列、5 000多个品种、20 000多种规格。在全国低压工业电器行业中，正泰首先在国内建立了3级分销网络体系，经销商达1 000多家。同时，建立了原材料、零部件供应网络体系，协作厂家达1 200多家。

　　1. 立体仓库的功能

　　正泰集团公司自动化立体仓库是公司物流系统中的一个重要部分。它在计算机管理系统的高度指挥下，高效、合理地储存各种型号的低压电器成品。准确、实时、灵活地向各销售部门提供所需产成品，并为物资采购、生产调度、计划制订、产销衔接提供了准确信息。同时，它还具有节省用地、减轻劳动强度、提高物流效率、降低储运损耗、减少流动资金积压等功能。

　　2. 立体库主要设施

　　（1）托盘。所有货物均采用统一规格的钢制托盘，以提高互换性，降低备用量。此种托盘能满足堆垛机、叉车等设备装卸，又可满足在输送机上下均衡运行。

　　（2）高层货架。采用特制的组合式货架，横梁结构。该货架结构美观大方，省料实用，易安装施工，属一种优化的设计结构。

　　（3）巷道式堆垛机。根据本仓库的特点，堆垛机采用下部支承、下部驱动、双方柱型式的结构。该机在高层货架的巷道内按X、Y、Z 3个坐标方向运行，将位于各巷道口入库台的产品存入指定的货格，或将货格内产品到运出送到巷道口出库台。该堆垛机设计与制造严格按照国家标准进行，并对结构强度和刚性进行精密地计算，以保证机构运行平稳、灵活、安全。堆垛机配备有安全运行机构，以杜绝偶发事故。其运行速度为4～80mm/min（变频调速），升降速度为3～16mm/min（双速电机），货叉速度为2～15mm/min（变频调速），通信方位为红外线，供电方式为滑触导线方式。

　　3. 计算机管理及监控调度系统

　　该系统不仅对信息流进行管理，而且也对物流进行管理和控制，集信息与物流于一体。同时，还对立体库所有出入库作业进行最佳分配及登录控制，并对数据进行统计分析，以便对物流实现宏观调控，最大限度地降低存量及资金的占用，加速资金周转。

　　日常存取活动中，尤其库外捡选作业，难免会出现产品存取差错，因而必须定期进行盘库。盘库处理通过对每种产品的实际清点来核实库存产品数据的准确性，并及时修正库存账目，达到账、物统一。盘库期间堆垛机将不做其他类型的作业。在操作时，如对某一巷道的堆垛机发出完全盘库指令，堆垛机按顺序将本巷道内的货物逐次运送到巷道外，产品不下堆垛机，待得到回库的命令后，再将本盘货物送回原位并取出下一盘产品，依此类推，直到本巷道所有托盘产品全部盘点完毕，或接收到管理系统下达的盘库暂停的命令进入正常工作状态。若本巷道未盘库完毕便接收到盘库暂停命令,待接到新的指令后,继续完成盘库作业。

正泰集团公司高效的供应链、销售链大大降低了物资库存周期,提高了资金的周转速度,减少了物流成本和管理费用。自动化立体仓库作为现代化的物流设施,对提高该公司的仓储自动化水平无疑具有重要的作用。

资料来源:http://www.boraid.com/DARTICLE3/ru_query.asp.

5.3 仓储作业管理

仓储作业管理是根据仓库总平面布置和储存任务,确定各类商品的储存位置和储存方法,使商品有明确的存放货位。合理的商品储存规划应既能合理利用仓库设施,商品储位明确,又便于储存商品的收发、分拣、配送作业,有利于商品的保管保养,仓储作业顺畅。

5.3.1 仓储作业管理目标

1. 储存作业的过程

储存作业是指在物品储存过程中所发生的所有作业活动的总称。储存作业主要包括接货、验收、入库、保管、保养、出库、发运等环节。不同形式的储存,其作业内容有所不同。以利用仓库作为储存设施的作业为例,其一般程序如图 5.11 所示。

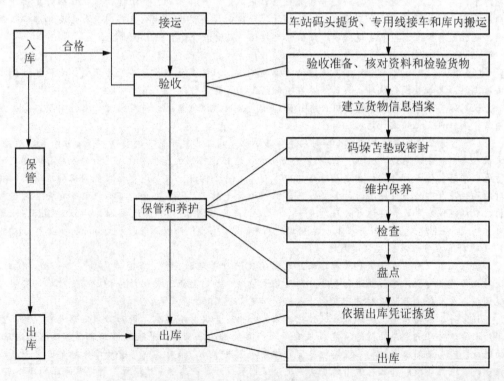

图 5.11 仓储作业的过程

2. 仓储作业内容与要求

(1) 接收入库内容与要求。入库流程：订购单→送货单→点收检查→办理入库手续→物品放置到指定位置→物品标识卡加以标识。

货物入库要求能最快、最准确地将接收到的到货信息转换为入库计划、仓位分配、堆码方案等有用的作业信息。

(2) 存储内容与要求。货物入库储存首先根据托盘载重的参数选择储存的位置和大小，以达到最大限度的空间利用率。这要求仓库建立一个仓位管理系统，明确货物存放位置和数量。

一个高效的仓位管理系统具有以下功能：①载货能被放到任何一个货架允许存放的任何一个可得的空位，可大大增加仓位的利用；②可根据仓位的存储状况进行周期性盘点，并与人工实际盘点量核对，有利于减少可能发生的差错；③能及时更新存货批量和仓位的纪录，为仓库管理者提供及时的有用信息，有助于以后的入库、拣货和生产决策的制定。

(3) 出库内容与要求。出库程序：订单处理→拣选→复核→包装→点交→登账→清理等过程。

分拣作业过程包括4个环节：行走、拣取、搬运和分类。

拣选作业是仓库在接受订货指示、发出货票的同时，拣选(备货)人员按照商品分列的清单在库内寻找、提取所需商品。仓位定位系统是实现高效的订单拣货的基础。在多层仓位和区域拣货环境中，仓位选择的准确性对于避免储存货物的废弃和减少完成一个订单所必须前往的仓位数都是十分重要的。

(4) 发货内容与要求。确定已拣选货物通向特定存放通道的路线，以便来自多个拣货区域的订单控制和整合。同时将装箱单、提单，顾客订单文件、托运单，货物包装、检验和装载通过电子数据交换系统向顾客发出运送通知。

仓库操作还有许多其他功能的需要，从作业角度，对员工的绩效进行监督(作业成本计算)；对所有存储活动进行查账，便于纠错；保存生产数据文件，跟踪、存取订单从接单开始到发货的状态；记录各项活动的报告，用于管理仓储。仓库管理系统建立对提高作业效率具有重要作用。

3. 仓储作业管理目标

一个仓库储存系统主要由空间、货品、人员、储存设备、搬运与输送设备构成。对仓库作业管理的目标从仓储组成看其目标有以下几个。

(1) 仓库空间利用的最大化，这样能够有效地利用空间，减少库房的闲置。

(2) 劳动力及设备的有效使用，做到物尽其用，追求运营成本的最小。

(3) 所有物品都能随时准备存取，因为储存增加商品的时间价值，所以，若能做到一旦有需求时，立即就能满足需要，此系统才算是有计划的储存系统及良好的库房布置。

(4) 物品的有效移动，在储存区内进行的大部分活动是物品的搬运，需要多数的人力及设备来进行物品的搬进与搬出。因此，人力与机械设备操作应达到经济和安全的程度。

(5) 物品良好的保护，储存的目的在于保证物品数量与质量完好直到被要求出货的时刻，所以，必须保持被储存物品在存储期间免受自然或人为的影响。

(6) 良好的管理，整齐的通道、干净的地板、适当且有次序的储存及安全的运行，将使得工作变得更有效率。

5.3.2 商品储存场所划分

1. 明确商品存储区域的划分

按照仓储作业的功能特点和ISO 900国际质量体系认证的要求存储区域可划分为待检区、待处理区、合格品储存区和不合格品隔离区等。

（1）待检区，用于暂存处于检验过程中的商品。处于待检状态的商品一般采用黄色的标识以区别于其他状态的商品。

（2）待处理区，用于暂存不具备验收条件或质量暂时不能确认的商品。处于待处理状态的商品一般采用白色的标识以区别于其他状态的商品。

（3）合格品存储区，用于储存合格的商品。处于合格状态的商品一般采用绿色的标识以区别于其他状态的商品。

（4）不合格商品隔离区，用于暂存质量不合格的商品。处于不合格隔离状态的商品一般采用红色的标识以区别于其他状态的商品。

仓库内除设置上述基本区域外，还应根据仓储业务的需要，设置卸货作业区、流通加工区、出库备货区等。为方便有关业务的处理和库内货物的安全，待检区、待处理区和不合格商品隔离区应该设置在仓库的入口处。

2. 商品分区分类储存

分类分区储存就是分门别类地将商品相对固定储存在某一货区内，即在一定的区域内合理储存一定种类的商品，以便集中保管和养护。

分类是依据产品自然属性、互补性、流动性对储存物划分为若干类别，分区中根据仓库的建筑、设备等条件把仓库划分为若干保管区。

由于仓库的类型、规模、经营范围、用途各不相同，各种仓储商品的性质、养护方法也迥然不同，因而分区分类储存的方法也有多种，需统筹兼顾，科学规划。具体的方法如下所述。

（1）按商品的种类和性质分区分类储存。

（2）按商品的危险性质分区分类储存。

（3）按商品的发运地分区分类储存。

（4）按商品的作业特点分区分类储存。

（5）按仓库的条件及商品的特性分区分类储存。

按商品的种类和性质分区，不同种类、性能相近、易被一起订购的产品，一般应存储在同一区域，如桌和椅；相互影响品质的商品应分开储存，如医药品不能和袋装农业化学品存储在一起，烟不能与茶叶存放在一起。

商品的作业特点是指储存货物的需求量和周转率或流通速度安排储存场所，如需求很大的商品应该存储在离运送和接收场地近的地方，这减少了物料搬运设备运送的距离。流动快的产品被放在最接近输出卡车停靠的位置。需求少又周转慢的商品应该存储在仓库的偏远区域或别的地方。

5.3.3 货物堆码方式和仓库空间确定

在分区分类后对储存场所规划的基础上，依据商品特性确定商品存放方式和货物占用仓库的空间，是储存计划中的一部分内容。

1. 货物堆码方式选择

商品堆码的目的是为了在确保商品存安全的前提下，充分发挥仓库的使用效能，保持仓库的整齐美观。商品堆码是商品的具体存放形式。

(1) 地面堆放。不采用货架等存储设备，将货物在地面上直接码放堆积，适用对象是批量大的整批进出的物品。其优点是对储存设备要求低，堆码尺寸可随意调整，通道要求低，且容易调整。缺点是不易先进先出、边缘货物易损，因为堆码极限的限制易浪费空间。地面堆放有两种形式，一是将货物在地面上直接码放堆积，二是将货物堆码在托盘上，再将托盘放在地面上。

(2) 货架存放。将货物直接码放在货架上。使用货架所带来的好处体现在：①可充分利用仓库空间，提高库容利用率和存储能力；②物品存取方便，便于清点及计量，可做到先进先出；③存放物品互不挤压，损耗小，确保物品的完整性，减少破损；④采取防潮、防尘、防盗、防破坏等措施，提高存储质量；⑤有利于实现仓库的机械化及自动化管理。货架存放的不足体现在：①选择货架之后，不能随意更改；②不适用于较重物品的存储，较重物品的垂直运动会消耗较多的能量，对叉车消耗较大；③对仓库建设标准的要求比平面仓库要高，如照明系统、防火系统等，从而带来设计的难度和建筑成本的增加；④投资较大，需要价值昂贵的升高叉车相配合。因货架的不同有多种形式，以适合不同商品的存放。不同形式的货架如图5.12～图5.17所示。

商品堆码作业时，应符合以下要求：①要根据商品的性能和包装情况，合理地选择商品的堆码方式以符合商品保管和养护的要求；②要根据有关消防的规定，堆码时留有5距，即墙距、柱距、顶距、垛距、灯距；③要为库内业提供方便；④在商品安全、作业方便的前提下，最大限度提高库容的利用率。

图5.12 衣物吊架

图5.13 隔板货架

图5.14 驶入式货架

图5.15 悬臂梁货架

图5.16 阁楼货架

图5.17 流动式货架

2. 实用面积计算

仓库的空间可以划分为货物实际占用的实用空间、使出入库作业活动不发生障碍和顺利进行的作业空间、可以利用起来的潜在空间，以及一些无法利用的无用空间。

实用面积指仓库中货垛或货架占用的面积。实用面积的计算依据堆码不同主要有3种方法。

(1) 计重物品就地堆码。实用面积按仓容定额计算,计算公式为

$$S_{实}=Q/N_{定} \quad (5-1)$$

式中:$S_{实}$——实用面积(平方米);
$\quad Q$——该种物品的最高储备量(吨);
$\quad N_{定}$——该种物品的仓容定额(吨/平方米)。

仓容定额是某仓库中某种物品单位面积上的最高储存量,单位是吨/平方米。不同物品的仓容定额是不同的,同种物品在不同的储存条件下其仓容定额的大小受物品本身的外形、包装状态、仓库地坪的承载能力和装卸作业手段等因素的影响。

(2) 计件物品就地堆码。实用面积按可堆层数计算,计算公式为

$$S_{实}=单件底面积 \times \frac{总件数}{可堆积层数} \quad (5-2)$$

【例5.1】某种货物C为木箱包装,尺寸为1 000毫米×600毫米×700毫米,箱底部平行方向有两根垫木,可用叉车搬运,堆垛可堆4层,货物C最大库存量为600件,因通道等空间损失率合计为0.775,请确定其需要的面积。

解:实际占面积:$S_C=(1\times0.6\times600)/4=90$(平方米)
考虑空间损失该批货物所需存储面积:$90/(1-0.775)=400$(平方米)

(3) 上架存放物品。上架存放物品货架占用面积,计算公式为

$$S_{实}=\frac{Q}{(l \cdot b \cdot h) \cdot k \cdot r} \cdot (l \cdot b)=\frac{Q}{h \cdot k \cdot r} \quad (5-3)$$

式中:$S_{实}$——货架占用面积(平方米);
$\quad Q$——上架存放物品的最高储备量(吨);
$\quad k$——货架的容积充满系数;
$\quad r$——上架存放物品的容重(吨/立方米);
$\quad l、b、h$——货架的长、宽、高(米)。

5.3.4 货位编码和货位分配

货位是指仓库中货物存放的具体位置,货位设置可以方便对货物组织及出入库管理。

1. 货位编码

货位编号是将货位按照一定的方法编上顺序号码,并做出明显的标志,货位编号在商品的保管作业中具有重要的作用。按照货位编号对商品进行查找,可以提高作业效率,减少差错。

货位编号通常由通道编号、货架编号、列数、层数组成。通道编号一般采用英文字母,其他的用阿拉伯数字;编号位数视储位数确定,通道编号、货架编号、列数、层数应用醒目的字体制成标牌,装订在相应位置。

注意在同一仓库中,货位编号要采取统一的原则和方法进行。首先,在同一仓库中,编号规则必须相同,以便于查找和防止混乱。其次,应采用统一的方法进编号,每一货位的号码必须使用统一的形式、统一的层次和统一的含义。统一的形式是指所用的代号和联

结符号必须一致；统一的层次是指货位编号中每种代号的先后顺序必须固定；统一的含义是指货位编号中的每代号必须代表特定的位置。例如，货位编号"4—3—2—1"，如果是平房(楼房)仓，则是指"库房—货区—段号—组号"；如果是高架储存，是指"库房—货架—货架层数—货架格数"。

仓储作业中要求在每一货架或货物托盘上放置一"储位卡"。储位卡是一张用以反映所在货位存货情况的卡片，卡片通常记录所存货物的名称，存、取时间，数量，批号及结数，每次存、取货物的时间、数量保管员均要在"储位卡"上做记录。手工操作下"储位卡"是有效的管理工具。

2. 商品储存货位的分配

良好的商品储存场所的分配可以减少出入库移动的距离，缩短作业时间，甚至能够充分利用储存空间。商品储存场所的分配常用以下储存策略。

(1)定位储存(Dedicated Location)，每一储存商品都有固定储位。商品之间不能互用储位。因此，需规划每一商品的储位容量不得小于其可能的最大在库量。管理容易，所需搬运距离短，适用于仓库空间大、商品品种多数量少的情况。

(2)随机储存(Random Location)。每一个商品被指派储存的位置都是经随机的过程所产生的，而且可经常改变。也就是说，任何商品都可以被存放在任何可利用的位置。随机储存放空间利用率高，据模拟统计与定位储存相比，可节约35%的移动距离，增加30%的储存空间，此方式适用于储存商品品种少数量大的情况。

(3)分类储存(Class Location)。所有的储存商品按照一定特性加以分类，每一类商品都有固定存放的位置，而同属一类的不同商品又按一定的规则来指派储位。分类储放通常按商品的相关性、流动性，商品的尺寸、重量等特性来分类。较定位储存缺点类似，但更有弹性，适用于产品尺寸相差大、周转率差别大、产品关联度大的情况。

(4)分类随机储存(Random Within Class Location)。分类随机储存是指每一类商品有固定存放区域，但每个存放区内，每个储位的分配是随机的。具有分类储存和随机储存的优点，储存空间利用介于两者之间。

(5)共同储存(Utility Location)。共同储存是指在确定各类商品进出库存时间的情况下，不同商品共用相同储位的方式。共同储位能大大提高仓库利用率，但管理体制上较为复杂，适用条件也较为苛刻。

定位储存、随机储存、分类储存分配方式优点和缺点如表5-4所示。

表5-4 不同储位分配方式的优缺点

分配方式	优　　点	缺　　点
定位储存	便于拣货人员熟悉商品储位； 储位可按周转率大小或出入库程度安排，搬运距离短； 可针对商品特性调整储位，使商品特性间相互影响最小	储位容量必须按各项商品的最高在库量计算； 仓库空间利用率低
随机储存	储位共用，空间利用率高	出入管理、盘点工作难度增加； 周转率高的商品可能储存于离入口远处增加搬运距离； 相互影响特性的商品相邻储放，商品质量受损

续表

分配方式	优 点	缺 点
分类储存	具定位储存优点,分类储存区域可按商品特性设计,有助于商品在库管理	储位容量必须按各项商品的最高在库量计算; 仓库空间利用率低

5.3.5 储存管理注意事项

储存场所分配策略是储区分配的大原则,具体到储位分配操作时还要注意。

(1) 库存商品要进行定位管理,其含义与商品配置图表的设计相似,即将不同的商品分类分区管理的原则来存放,并用货架放置。仓库内至少要分为 3 个区域:①大量存储区,即以整箱或栈板方式储存;②小量存储区,即将拆零商品放置在陈列架上;③退货区,即将准备退换的商品放置在专门的货架上。

(2) 区位确定后应制作一张配置图,贴在仓库入口处,以便于存取。小量储存区应尽量固定位置,整箱储存区则可弹性运用。若储存空间太小或属冷冻(藏)库,也可以不固定位置而弹性运用。

(3) 储存商品不可直接与地面接触。一是为了避免潮湿;二是由于生鲜食品规定;三是为了堆放整齐。

(4) 要注意仓储区的温湿度,保持通风良好,干燥、不潮湿。

(5) 仓库内要设有防水、防火、防盗等设施,以保证商品安全。

(6) 商品储存货架应设置存货卡,商品进出要注意先进后出的原则。也可采取色彩管理法,如每周或每月不同颜色的标签,以明显识别进货的日期。

(7) 仓库管理人员要与订货人员及时进行沟通,以便到货的存放。此外,还要适时提出存货不足的预警通知,以防缺货。

(8) 仓储存取货原则上应随到随存、随需随取,但考虑到效率与安全,有必要制定作业时间规定。

(9) 商品进出库要做好登记工作,以便明确保管责任。但有些商品(如冷冻、冷藏商品)为讲究时效,也采取卖场存货与库房存货合一的做法。

(10) 仓库要注意门禁管理,不得随便入内。

5.4 库存管理

由于库存成本在总成本占有相当大的比例,对库存的控制和管理是企业物流部门面临的一个关键问题。传统库存管理主要涉及订货量和订货时间的问题,管理者做决策相对而言较容易。但在今天的环境中库存管理的任务越来越复杂,涉及库存管理的方法越来越多,决策也变得更加复杂,需要管理者根据企业具体情况选择库存管理方法,使企业库存的总成本最小化。现代物流管理中存在以信息代替存货向零库存方向发展的趋势。

5.4.1 库存管理概述

库存管理的主要工作内容是根据市场需求情况与企业目标,决定企业的订货量、订货时间、库存结构、库存量。在库存管理中既要保持合理的库存数量,防止缺货和库存不足,又要避免库存过量,发生不必要的库存费用。

1. 库存的含义

库存(Inventory 或 Stock),是企业为不需要但又要有的货物或物料投入的成本,即处于储存状态的货物。企业存货不足,会造成供货不及时、供应链断裂,丧失市场占有率或交易机会;整体社会存货不足,会造成货物贫乏、供不应求。而货物库存需要一定的维持费用,同时还存在由于货物积压和损坏而产生的库存风险。

2. 库存类型

从生产过程的角度划分,存货可分为原材料库存、零部件及半成品库存、成品库存3类。从库存货物所处状态划分,可分为静态库存和动态库存。静态库存指长期或暂时处于储存状态的库存,这是一般意义上的概念。实际上广义的库存还包括处于制造加工状态或运输状态的库存,即动态库存。从经营过程的角度可将库存分为以下6种类型。

(1) 周期库存(Cycle Stock):用于销售或生产过程中的库存补给而产生的库存。这种库存是为了满足确定情况下的需求,即企业可以预测需求和补货周期。例如,某产品每天都是销售20单位,随每日的销售或产品生产不断减少,提前期总是10天,则在周期库存之外就不需要额外库存。只是当库存降到某一水平(如采购点)就要进行订货来补充库存,这种库存补充是按一定的规则反复地进行,如图5.18所示。

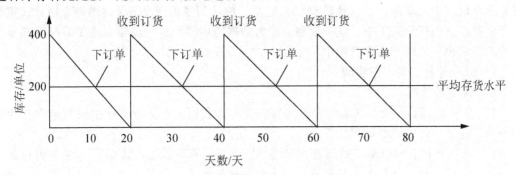

图 5.18 需求和提前期稳定情况下的库存水平

(2) 在途库存(Transit Inventory):指从一个点到另一个点的路上的货物,也称中转库存。尽管这些货物到达目的地之前不能销售或利用,但仍将其看做是库存的一部分。计算库存持有成本时,在途库存应被视为原装运地的库存,因为其不能使用、销售或随后再装运。

(3) 安全库存(Safety or Buffer Stock):又称缓冲库存,是指为了防止由于不确定因素(如突发性大量订货或供应商延期交货)影响订货需求而在基本库存之外,额外保有的缓冲库存。采购点的平均库存为应付需求或订货提前期的变化,应等于订货量的一半加上安全库存。

(4) 季节性库存(Seasonal Stock):为了满足特定季节中出现的特定需求而建立的库存,或是对季节性货物在出产的季节大量收储而建立的库存。常用于农产品、季节性产品。

(5) 投机库存(Speculative Stock):又称增值库存,是除了为满足正常需求之外的原因而备的库存,如预期价格会上涨为了避免价格上涨造成损失,或者为了从货物价格上涨中获利而建立的库存；为批量折扣而购买的多于需求的材料；其他原因如罢工、水灾、火灾、地震等突发因素造成的供不应求。

（6）呆滞库存（Dead Stock）：指已有一段时间没有市场需求的滞销的货物积压库存，超额仓储的库存，因货物品质变坏或损坏造成的库存。

5.4.2 库存结构的控制

1. ABC 分析法

对于一个企业来讲，一般其库存物料、成品种类繁多，不同品种价格各异，库存数量和价值也不尽相同。有的物资品种不多但价值很大，而有的物资品种很多但价值不高，由于企业的资源有限，所以，对所有的库存品种都给予相同程度的重视和管理是不太现实的。为了使有限的时间、资金、人力、物力等企业资源能得到更为有效的利用，应该对库存物资进行分类，将管理的重点放在重要的物资上，进行分类管理和控制。

利用 ABC 分析法企业可以了解库存各类商品结构关系，认识重点管理对象，采取相应技术措施控制库存。ABC 分析法的应用，在储存管理中可以取得以下成效：压缩总库存量、解放占压资金、使库存结构合理、提高管理效率。

1) ABC 分析法的原理

ABC 分析法是 19 世纪文艺复兴时期维尔弗雷多·帕累托（Vilfredo Pareto）在对米兰财富分布研究中发现的，20%掌握着 80%财富。他认为很多情况下关键事件、财富、重要性等掌握在一小部分人手中，这一原理被称为帕累托定律。这一规律在很多情况下都是成立的，当然也可以用于库存管理中。

2) ABC 分析法的一般步骤

（1）确定统计期。

（2）收集数据。按分析对象和分析内容收集有关数据。仓储管理中主要收集库存商品的平均库存量、每种商品的单价等。

（3）处理数据。对收集的数据进行整理，按要求计算和汇总，如表 5-5 中各种商品平均库存占用资金量，计算库存品种累计与全部品种的比例，以及货物占用资金累计与全部资金的比例。

（4）库存商品进行排序。对库存货物按资金比例和品种项目比例这两个指标来排序，就是编制用以 ABC 分析的表，具体如表 5-5 所示。

（5）根据 ABC 分析表确定分类，按 ABC 分析表，观察表中栏品种累计百分数和平均资金占用额累计百分数，将栏目累计百分数为 5%~15%，平均资金占用累计百分数为 60%~80%的商品确定为 A 类；将栏目累计百分数为 20%~30%，平均资金占用累计百分数为 60%~80%的商品确定为 B 类；将栏目累计百分数为 60%~80%，平均资金占用累计百分数为 5%~15%的商品确定为 C 类，如表 5-6 所示。

表 5-5 储存商品为 7 类的 ABC 分析表

品种序号	品种数/个	品种数累计/个	占库存种的比例/%	占用资金/万元	占用资金累计/万元	占用库存金的比例/%	分类结果
1	260	260	7	5 800	5 800	69	A
2	68	328	9	500	6 300	75	A

续表

品种序号	品种数/个	品种数累计/个	占库存种的比例/%	占用资金/万元	占用资金累计/万元	占用库存金的比例/%	分类结果
3	55	383	11	250	6 550	78	B
4	95	478	14	340	6 890	82	B
5	170	648	19	420	7 310	87	B
6	352	1 000	29	410	7 720	92	B
7	2 421	3 421	100	670	8 390	100	C

(6) 确定管理要求。按 ABC 分析的结果，只是分清了库存商品的结构，明确了重点。但必须得出解决问题的办法才能达到分析的目的。按 ABC 分析的结果，再权衡管理力量和经济效果，制定相应策略。对 3 类库存进行有区别的管理和控制，如表 5-6 所示。

表 5-6　ABC 分类管理和控制表

项　目	A 类货物	B 类货物	C 类货物
控制程度	严格	一般	简单
管理重点	投入较大力量精心管理	按经营方针调节库存水平	集中大量订货，不投入太大精力
安全库存量	低	较大	大
库存量计算	按模型计算	一般计算	简单或不计算
进出记录	详细	一般	简单
检查次数	多	一般	少

3) 3 类货物的管理

(1) A 类库存货物。这类货物属于重要的库存货物。虽然这类货物数量较少，但是占用资金大，必须严格管理和控制。企业必须对此类货物进行定时盘点，详细记录并经常检查、分析货物库存量的增减，在满足企业内部需要和顾客需要的前提下维持尽可能最低的经常库存量和安全库存量，加快库存周转。

(2) B 类库存货物。这类货物属于一般重要的库存货物。这类货物的库存量介于 A 类货物和 C 类货物之间，一般进行正常的例行管理和控制。

(3) C 类库存货物。这类货物数量最大，但占用资金相对少，对企业的重要性最低，因而被视为不重要的库存货物，一般进行简单的管理和控制。

2.CVA 库存管理法

CVA 库存管理法又称关键因素分析法，CVA 库存管理法比 ABC 库存管理法有更强的目的性。在使用中，不要确定太多的高优先级物品，如高优先级物品太多，结果是哪种物品都得不到重视。在实际工作中可以把两种方法结合使用，效果会更好。CVA 库存管理库存种类及其管理策略如表 5-7 所示。

表 5-7 CVA 库存管理库存种类及其管理策略

库存类型	特点	管理措施
最高优先级	经营管理中的关键物品，或 A 类重点客户的存货	不可缺货
较高优先级	生产经营中的基础性物品，或 B 类客户的存货	允许偶尔缺货
中等优先级	生产经营中比较重要的物品，或 C 类客户的存货	允许合理范围内缺货
较低优先级	生产经营中需要，但可替代的物品	允许缺货

5.4.3 库存控制模型

1. 库存控制模型中的基本概念

库存控制主要解决 3 个问题：①确定库存检查周期；②订货量；③确定订货点（何时订货）。库存控制策略是指决定在什么情况下对存储进行补充，以及补充数量的多少。使得库存和补充采购的总费用最少。同库存控制模型相关的基本概念有需求、补充、费用、库存控制策略。

1) 需求

根据需求的时间特征，可将需求分为连续性需求和间断性需求。在连续性需求中，需求随着时间的变化而连续地发生，因而库存也连续地减少；在间断性需求中，需求发生的时间极短，可以看作瞬时发生，因而库存的变化是跳跃式地减少。根据需求的数量特征，可将需求分为确定性需求和随机性需求。在确定性需求中，需求发生的时间和数量是确定的，如生产中对各种物料的需求，或在合同环境下对商品的需求，一般都是确定性需求；在随机性需求中，需求发生的时间或数量是不确定的，如在非合同环境中对产品或商品的独立性需求，很难在事先知道需求发生的时间及数量。对于随机性需求，要了解需求发生的时间和数量在统计上的规律性。

2) 补充

通过补充来弥补因需求而减少的库存。没有补充，或补充不足、不及时，当库存耗尽时，就无法满足新的需求。从开始订货（发出内部生产指令或市场订货合同）到库存的实现（入库并处于随时可供输出以满足需求的状态）需要经历一段时间。这段时间可以分为两部分。

（1）开始订货到开始补充（开始生产或货物到达）为止的时间。这部分时间如从订货后何时开始补充的角度来看，称为滞后时间；如从为了按时补充需要何时订货的角度来看，称为提前时间（期）。在同一库存问题中，滞后时间和提前时间是一致的，只是观察的角度不同而已。在实际库存问题中，滞后时间可能很短，以致可以忽略，此时可以认为补充能立即开始，滞后时间为零。如滞后时间较长，则它可能是确定性的，也可能是随机性的。

（2）开始补充到补充完毕为止的时间（即入库或生产时间）。这部分时间和滞后时间一样，可能很短（因此可以忽略），也可能很长；可能是确定的，也可能是随机的。

3) 费用

在库存中，常以费用标准来评价和优选库存策略。为了正确地评价和优选库存策略，不同库存策略的费用计算必须符合可比性要求。最重要的可比性要求是时间可比和计算口径可比。所谓时间可比，是指各库存策略的费用发生时间范围必须一致。实际计算时，常用一个库存周期内的总费用或单位时间平均总费用来衡量；所谓计算口径可比，是指库存策略的费用统计项目必须一致。

经常考虑的费用项目有库存费、订货费、生产费、缺货费等。在实际计算库存策略的费用时，对于不同库存策略都是相同的费用可以省略。

(1) 订购成本。该成本是指向外采购物资的费用。其构成有两类：一类是订购费用，如手续费、差旅费等，它与订货次数有关，而和订货数量无关；另一类是物资进货成本，如货款、运费等，它与订货数量有关。

(2) 库存持有成本。它一般是指存储一单位货物在单位时间内所需花费的费用。这一项费用中，只计入与库存物资数量成正比的部分，凡与存储物资数量无关的不变费用不计算在内。有时存储费还经常用每存储1元物资单位时间所支付的费用来表示，称为保管费率。

保管费包括存储物资所占用资金的利息、物资的存储损耗、陈旧和跌价损失、存储物资的保险费用、仓库建筑物及设备的修理折旧费、保险费、存储物资的保养费、库内搬运设备的动力费、搬运工人的工资等。包括货物占用资金应付的利息、使用仓库物、货物损坏变质等支出的费用。一般和物资库存数量及时间成比例。

(3) 生产成本。该成本是指自行生产所需库存物资的费用。其构成有两类：一类是生产组织费用，如组织或调整生产线的有关费用，它同组织生产的次数有关，而和每次生产的数量无关；另一类是与生产数量有关的费用，如原材料和零配件成本、直接加工费等。

(4) 短缺成本。该成本产生于需要但库中又没有的情况。它一般是指由于中断供应影响生产造成的损失赔偿费，包括生产停工待料，或者采取应急措施而支付的额外费用，不能履行合同而缴纳罚款，以及影响利润、信誉的损失费、丧失未来的潜在销售等。短缺成本很难得到具体的数据。

(5) 计算中还涉及单位成本。单位成本是指取得一单位货品的成本或通过近期供应商所提供的报价单得知供应商对每种产品的报价。

另外库存管理中对存货价值的计算，可以用以下方法计算。

① 先进先出(First in First out，FIFO)法。它假设存货是以购买的顺序出售，所以，保留的存货以当前的订购成本来计算；

② 后进先出(Last in First out，LIFO)法。它假设最后买的货物最先用，所以，保留的存货以较早的订购成本来衡量。

③ 平均成本。在一段时间内的平均变动成本。

4) 库存控制策略

库存控制策略是指决定在什么情况下对存储进行补充，以及补充数量的多少。库存控制的策略很多，最基本的策略有4种。

(1) 连续性检查的固定订货量、固定订货点(Q、R)策略。该策略的基本思想：对库存进行连续性检查，当库存降低到订货点水平 R 时，即发出订单，每次的订货量保持不变，都为 R，如图 5.19 所示。该策略适用于需求量大、缺货费用较高、需求波动性很大的情形。

(2) 连续性检查的固定订货点、最大库存(R、S)策略。该策略是要随时检查库存状态，当发现库存降低到订货点水平 R 时，开始订货，订货后使最大库存保持不变，即为常

量 S。若发出订单时库存量为 I，则其订货量即为 $(S-I)$。

(3) 周期性检查 (t,S) 策略。该策略是每隔一定时期检查一次库存，并发出一次订货，把现有库存补充到最大库存水平 S，如果检查时库存量为 I，则订货量为 $(S-I)$，如图 5.20 所示。经过固定的检查期 t 发出订单，这时库存量为 I_1，订货量为 $(S-I_1)$，经过一定时间（LT——订货提前期，可以为随机变量）库存补充为 $(S-I_1)$，库存到达 A 点。再经过一个固定的检查期 t，又发出一次订单，订货量为 $(S-I_2)$，经过一定的时间（LT），库存又达到新的高度 B。如此周期性检查库存，不断补给。该策略不设订货点，只设固定检查周期和最大库存量。该策略适用于一些不太重要的、使用量不大的物资。

(4) 综合库存策略，即 $(t,R$ 及 $S)$ 策略。该策略是策略 (t,S) 和策略 (R,S) 的综合。这种补给策略有一个固定的检查周期 t、最大库存量 S、固定订货点水平 R。过一定的检查周期 t 后，若库存低于订货点 R，则发出订单，否则，不订货。订货量的大小等于最大库存量减去检查时的库存量。

在以上 4 种基本的库存策略基础上，又延伸出了很多库存策略。

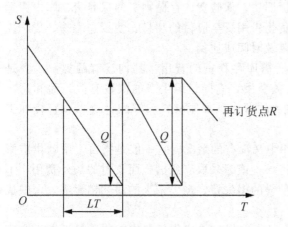

图 5.19　连续性检查（定量订货）(Q,R) 策略　　图 5.20　周期性检查 (t,S) 策略

2. 需求确定库存控制模型

1) 经济订购批量

库存控制模型根据其主要的参数，如需求量与提前期是否为确定，分为确定型库存模型和不确定型库存模型。确定型库存模型以经济订购批量（Economic Ordering Quantity, EOQ）库存模型为代表。

EOQ（Economic Order Quantity），即通过费用分析求得在库存总费用为最小时的每次订购批量，EOQ 模型属连续性检查模型，不允许缺货，瞬间补货。假设条件如下所述。

(1) 需求是连续均匀的，即需求速度（单位时间的需求量）是常数。

(2) 补充可以瞬时实现，即补充时间（滞后时间和生产时间）近似为零。

(3) 不允许缺货。

其储存参数：T 为储存周期或订货周期，D 为全年需求量，P 为产品单价，C 为每次订货费用（元/次），K 为单位产品年保管费用为（元/件年），Q 为批量或订货量，一个存储期平均存货量为 $\frac{1}{2}Q$。确定最经济批量成本权衡如图 5.21 所示。通过确定 EOQ 和按其分配年度需求就能计算出使两项成本之合最小的订货周期和订货量。以一个最佳的订货数量来实现最低总库存成本。

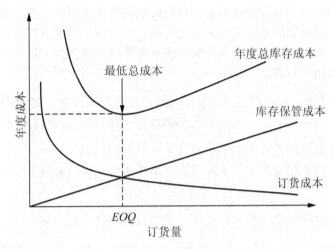

图 5.21 EOQ 模型

年度总库存成本＝年采购成本＋年订货成本＋年保管成本
计算公式为

$$TC = DP + \frac{DC}{Q} + \frac{QK}{2} \qquad (5-4)$$

式中：TC——年总库存成本；

DP——年采购成本；

$\dfrac{DC}{Q}$——年订货成本；

$\dfrac{QK}{2}$——保管成本。

要使 TC 最小，即要对 Q 求导，并令一阶导数为 0，(推导过程省略)得到经济订货批量计算公式为

$$EOQ = \sqrt{\frac{2CD}{K}} = \sqrt{\frac{2CD}{PF}} \qquad (5-5)$$

式中：F——单位货物年储存费率；

P——货物单价。

【例 5.2】某制造企业每年需采购 6 000 个单位的某零件，价格为每只 30 元，每次采购处理订单和送货等要产生 125 元的费用，每个单位产品占用资金产生的利息和存储成本之和为 6 元，求这种产品的经济订货批量、订货间隔、年总成本。

解：依题意已知，需求量 D＝每年 6 000 个单位，单位产品成本 P＝30 元，每次订货发生的费用 C_0＝每个订单 125 元，单位产品年存储费用 K＝6 元。

将上述已知条件代入公式，得经济批量 EOQ，用 Q_0 表示

$$Q_0 = \sqrt{\frac{2CD}{K}} = \sqrt{\frac{2 \times 125 \times 6\,000}{6}} = 500(只)$$

假如企业年生产时间为50周，每周对零件的需求为120只，订单发出到交货周期为2周，那么企业的最佳订货政策是什么？

最佳经济批量给出了每次的订货量。订货时还需要知道何时需要订货（订货点）。发出订单时，现有的存货必须能满足订货到达之前的需求。由于前假设需求和订货到交货周期是恒定的，所以，再订货到交货周期内满足需求的那部分存货也是恒定的，不需要设置安全库存，可直接求出订货点。

$$\text{再订货水平（订货点）}=\text{单位时间内的需求}\times\text{订货至交货周期}$$
$$=(\text{全年需求量}/360)\times\text{订货提前期（天）}$$

该例中再订货水平：再订货水平=2×120=240个单位产品。

订货政策即为企业在存货水平下降到240个产品单位时，就发出一个订货量为500个产品单位的订单。

经济条购批量的年订货次数：$N=\dfrac{D}{Q_0}$，平均订货间隔：$T_0=\dfrac{360}{N}$

EOQ模型曾经广泛地应用于国外企业的存货管理，且收到良好的经济效果。但其并非没有局限性。EOQ与许多模型一样，在确定EOQ时还做了其他一些基本假设。

(1) 连续、稳定、已知的需求。
(2) 稳定、已知的补货或订货前置期。
(3) 每次订货的订货费用相同，与订货批量的大小无关。
(4) 与订货数量和时间无关的稳定的运输价格。
(5) 所有需求都有能满足即不允许缺货。
(6) 无中转库存。
(7) 只有一种产品或产品之间无相关性。
(8) 资金不受限。

因此，上述的EOQ模型是建立在许多假设条件基础上的一种简单模型。

2) 允许缺货的经济批量

事实上很难找到一个需求确定、前置固定、预先知道确定的成本的环境。EOQ模型在实际应用时往往要做进一步的修正和拓展。如果生产不均衡，供货又没有绝对保证，缺货不可避免。加大保险储备的代价又大于因缺货造成的损失，就需将EOQ模型修改为允许缺货的经济订购批量。允许缺货经济批量是指订购费用、保管费用、缺货损失费用三者之和总费用最小的批量。如单位缺货费用为C_0，其计算公式为

$$EOQ=\sqrt{\dfrac{2CD}{K}}\sqrt{\dfrac{K+C_0}{C_0}} \qquad (5-6)$$

3) 考虑数量折扣和运输费的经济批量

供应商为鼓励大量购买常常对超过一定数量的条购提供优惠价格。在这种情况下，买方应进行计算和比较以确定是否需求量增大订货去获取价格折扣。比较准则是如接受折扣所产生的年度费用小于经济批量下的年度费用则接受折扣；否则仍按经济批量EOQ购买。

在运输费用如由买方支付的情况下，买方需要考虑运输费用对年度总费用的影响。此时，年度总费用需在公式(5-4)的基础上再加上运输费用计算公式为

$$TC = DP + \frac{DC_1}{Q} + \frac{QK}{2} + Y \qquad (5-7)$$

式中，Y 为运输费用。与折扣批量计算一样仍是采用将有、无运输费用折扣的两种情况下的年度总费用进行比较，选择年度费用小的方案。

3. 不确定型库存控制模型

上面的库存控制模型中的参数都是固定的。但在实际的库存管理中，由于顾客的多样性等原因，需求往往是随机的。另外，不同货物的到货过程也是随机的，它受到上游生产商的生产状况、运输状况的影响，很难精确确定。对这种需求及供应的随机性，主要通过设立安全库存来实现。在需求和订货提前期都不确定的情况下，订货点计算如下。

订货点＝订货提前期的平均需求量＋安全库存
＝（单位时间的平均需求量×最大订货提前期）＋安全库存

如果某一期间的需求是固定的，不会出现变动，则没有设置安全库存的需要。但是，市场需求和生产现场的消费大多数情况下是要发生波动的，补充库存的交货期也会出现或提前或延迟的现象。另外，生产过程出现的破损、物料计算差错及记账误差都会导致库存与需求之间发生偏差。为了避免出现库存不足或过剩，对库存进行适当地管理而设置安全库存是非常有必要的。

安全库存越大，出现缺货的可能性就会越小。但是，作为库存的一部分，安全库存与库存量的大小有直接关系。安全库存过高，会导致剩余库存的出现，而且，从经济性的角度看，保持100%的库存付出的代价也越大。因此，应根据不同物品的用途及客户的要求，将缺货率保持在适当的水平上，允许一定程度缺货现象的存在。

安全库存量的计算，可以根据顾客需求量发生变化、提前期固定，提前期发生变化、顾客需求量固定，以及两者同时发生变化3种情况，分别求安全库存量。

1）订货提前期固定而需求变动

如果需求和订货提前期不变，如在周期性变化提到的订货提前期为10天，每天需求量为20单位，则平均周期库存为100单位。但是，如果需求而非先前预测的20单位，实际上是每天25单位，订货提前期是10天，则库存在第8天就会用完。由于下次订货直到第10天才会到，因而就会有2天没有货。若每日需求是25单位，总共就会有50单位的缺货。如果管理层确信需求的最大变动是±5单位/天，则应保有50单位的安全库存，以防因需求变动而缺货。这就要求保有150单位的平均库存（100单位的平均周期库存＋50单位安全库存）。

假设需求连续且变化情况服从正态分布，由于提前期是固定的数值，因而可以根据正态分布图，直接求出在提前期内的需求分布的均值和标准差，或通过直接的期望预测，以过去提前期内的需求情况为依据，确定需求的期望均值和标准差。在这种情况下，安全库存量的计算公式为：

$$s = z\sigma_d \sqrt{L} \qquad (5-8)$$

式中：σ_d——提前期内的需求量的标准差；

　　　L——提前期的长短；

　　　z——一定顾客服务水平下需求量变化的安全系数（概率度），它可根据预定的服务水平，由正态分布表查出。

2) 需求固定不变而订货提前期变化下库存水平。

假若需求不变而订货提前期在±2天范围内波动,如货早到2天,现有库存就是12天的供应量;如迟到达2天,就会发生2天缺货。为了保证不缺货就需要保有40单位的安全库存。平均库存就为140单位。假设需求连续且变化情况服从正态分布,安全库存计算公式为

$$s = zd\sigma_L \tag{5-9}$$

式中:z——一定顾客服务水平下的安全系数;

σ_L——提前期的标准差;

d——提前期内的日需求量。

3) 需求变化、订货提前期也变化的库存水平

在现实中,多数情况下提前期和需求都是随机变化的,此时,问题就比较复杂了,要通过建立联合概率分布来求出需求量水准和提前期延时的不同组合的概率(联合概率分布值域为从以最小需求量和最短提前期的乘积表示的水准,到以最大需求量和最长提前期的乘积表示的水准),然后把联合概率分布同上面导出的两个公式结合起来运用。因此,在这种情况下,如果假设顾客的需求和提前期是相互独立的,那么安全库存量的计算公式为

$$s = z\sqrt{\sigma_d \bar{L} + \bar{d}^2 \sigma_L} \tag{5-10}$$

式中:$\bar{L}$——平均提前期长度;

z——一定顾客服务水平下的安全系数;

$\bar{d}$——提前期内平均日需求量;

σ_d、σ_L 含义同上。

5.4.4 供应链环境下的库存管理

1. 供应链中"牛鞭效应"对库存的影响

在供应链中,常常存在着如预测不准确、需求不明确、供给不稳定、企业间合作性与协调性差等现象,造成了供应缺货、生产与运输作业不均衡、库存居高不下、成本过高等问题。对于这一问题,引起这些问题的根源有许多,其中主要原因之一是"牛鞭效应"。

"牛鞭效应"是供应链中存在的一种需求逐渐放大的现象,这是由于信息流从最终端客户向原始供应商传递时,由于无法有效地实现信息共享,使得信息扭曲逐级放大导致需求信息出现越来越大的波动。这种信息扭曲的放大作用在图形上很像一根甩起的赶牛鞭。因此,被形象地称为"牛鞭效应"。最下游的客户相当于鞭子的根部,而最上游的供应商相当于鞭子的梢部,在根部的一端只要有一个轻微的抖动,传递到末梢端就会出现很大的波动。在供应链中,这种效应越往上游,变化就越大;距终端客户越远,影响就越大。这种信息扭曲如果和企业制造过程中的不确定因素叠加在一起,将会导致巨大经济损失。对此,美国著名供应链管理专家 Hau L. Lee 教授将之称为"需求变异加速放大原理"。

例如,某零售销售某产品的历史最高月纪录为100件,为了保证在即将到来的重大节日销售不断货,零售商会在最高月销售纪录的基础上增加 X 件,订货量为 $(100+X)$ 件。他的上一级批发商也会在其订货基础上增加 Y 件。因此,向生产商订货的数量就变成了

$(100+X+Y)$ 件，生产商为了保证供货，必须要按大于该订货的数量进行生产，这样一层层地增加，就导致了"牛鞭效应"。

产生"牛鞭效应"的产生的主要原因是供应链上下游企业之间信息流通不畅、无法共享所造成的。主要体现在以下方面：供应链中的各级企业没有供应链的整体观念，对用户服务的理解不当，不及时的交货状态数据，库存控制策略简单化，缺乏协调性，供应链中的不确定性与库存管理，低效率的信息传递系统等。有些情况也会给上游供应商带来扭曲的需求信息，如零售商和分销商面对价格波动剧烈、促销与打折活动、供不应求、通货膨胀、自然灾害等情况，往往会采取加大库存量的做法，使订货量远远大于实际的需求量。批量订货企业订货常采用最大库存策略，在一个周期，或者汇总到一定数量后再向供应商整批订货，这也会使其上游供应商看到的是一个不真实的需求量。

由于"牛鞭效应"是从下游客户端逐级向上游转嫁风险的结果，因而它会危害整个供应链的运作，导致总库存增加、生产无序和失衡、业务流程阻塞、资源浪费、市场混乱和风险增大。因此，必须运用先进的管理技术和信息技术加以妥善解决，消除需求信息的扭曲和失真现象。

2. 供应链下的库存策略

为消除供应链需求变异加速放大现象，应用信息技术实现信息共享，控制库存。供应链下的库存管理技术相应出现联合库存管理、供应商管理库存、零库存、准时制生产等库存管理技术方法。消除"牛鞭效应"最重要的是上下游企业间建立紧密的伙伴关系，只有在双方相互信任、利益共享和风险共担的基础上，才能公开各自的业务数据，共享信息和业务过程。也只有在企业达成这种伙伴关系的前提下，利用先进的信息技术和信息管理系统，才能有效地消除各种因素的影响，真正地解决"牛鞭效应"问题。

1）供应商管理库存

供应商管理库存（Vendor Managed Inventory，VMI）最早是由宝洁公司（P&G）和沃尔玛公司（Wal-Mart）在 20 世纪 80 年代发起并采用的一种全新的库存策略。VMI 是一种在用户与供应商之间的合作性策略，在一个相互同意的框架下由供应商管理库存。

VMI 模式的提出，主要是源于对供应链管理模式成功集成化的考虑，即 VMI 模式的基本设想是力图通过集成供应链中各节点企业的库存控制职能，从而达到降低整体库存费用的目的。VMI 模式的基本内涵是通过供应商和用户之间实施战略性合作，采用对双方来说能实现成本最低化的方案，并在双方满意的目标框架下由供应商管理库存的方法。

VMI，是供应链管理理论出现以后提出来的一种新的库存管理方式。它是供应商掌握核心企业库存的一种库存管理模式，是对传统的由核心企业自己从供应商购进物资、自己管理、自己消耗、自负盈亏的模式的一种革命性变动。

供应商管理库存具有以下优点。

（1）供应商是商品的生产者，它掌握核心企业的库存具有很大的主动性和灵活机动性。

（2）供应商掌握库存，就可以把核心企业从库存陷阱中解放出来。

（3）供应商掌握库存，就是掌握市场。

可见，实施 VMI，由供应商掌握库存，可以实现核心企业和供应商企业的"双赢"，不但对核心企业，而且对供应商企业自身都是有好处的。

实施 VMI 管理，需要有以下几个前提条件。

(1) 供应商要详细掌握核心企业的销售信息和库存消耗信息,也就是核心企业的销售信息和库存消耗信息要对供应商透明。

(2) 为了使供应商能够及时详细地掌握核心企业的销售信息和库存消耗信息,就要建立起通畅的信息传输网络,建立供应链系统的管理信息系统,实现信息的及时传输和处理。

(3) 建立起供应链系统的协商机制和互惠互利的机制,要加强沟通,及时协商处理出现的各种问题,要本着责任共担、利益共享的精神,建立起企业之间的友好协作关系。可以建立起某种组织的或规章制度的保证系统,订立合作框架协议。

阅读案例 5-4

家乐福与雀巢公司的合作管理库存

家乐福在引进 QR 系统后,一直努力寻找合适的战略伙伴以实施 VMI 计划。经过慎重挑选,家乐福最后选择了其供应商雀巢公司。就家乐福与雀巢公司的既有关系而言,双方只是单纯的买卖关系,唯一特殊的是,家乐福对雀巢来说是一个重要的零售商客户。在双方的业务往来中,家乐福具有十足的决定权,决定购买哪些产品与数量。

两家公司经协商,决定由雀巢建立整个 VMI 计划的机制,总目标是增加商品的供应效率,降低家乐福的库存天数,缩短订货前置时间,以及降低双方物流作业的成本等。由于双方各自有独立的内部 ERP 系统,彼此并不相容,所以,家乐福决定与雀巢以电子数据交换连线方式来实施 VMI 计划。在 VMI 系统的经费投入上,家乐福主要负责电子数据交换系统建设的花费,没有其他额外的投入;雀巢公司除了电子数据交换建设外,还引进了一套 VMI 系统。经过近半年的 VMI 实际运作后,雀巢对家乐福配送中心产品的到货率由原来的 80% 左右提升至 95%(超越了目标值),家乐福配送中心对零售店铺产品到货率也由 70% 提升至 90%,并仍在继续改善中;库存天数由原来的 25 天左右下降为 15 天以下,在订单修改方面也由 60%~70% 下降为现在的 10% 以下,每日商品销售额则上升了 20% 左右。总体而言,VMI 使家乐福受益无穷,极大地提升了其市场反应能力和市场竞争能力。

相对家乐福的受益而言,雀巢公司也受益匪浅。最大的收获便是在与家乐福的关系改善方面。过去雀巢与家乐福只是单向买卖关系,所以,家乐福要什么就给他什么,甚至是尽可能地推销产品,彼此都忽略了真正的市场需求,导致好卖的商品经常缺货,而不畅销的商品却有很多存货。这次合作使双方愿意共同解决问题,从而有利于从根本上改进供应链的整体运作效率,并使雀巢容易掌握家乐福的销售资料和库存动态,以更好地进行市场需求预测和采取有效的库存补货计划。

资料来源:黄培,物代物流导论[M].北京:机械工业出版社,2005:164.

2) 准时制

准时制(JIT)包括准时化生产、准时化运输、准时化采购、准时化供货、准时化库存等一整套 JIT 技术。这些在供应链中基本上可以全部用上。其思想原理都一样,就是 4 个"合适(Right)":在合适的时间、将合适的货物、按合适的数量、送到合适的地点。其管理控制系统一般采用看板系统。基本模式都是多频次小批量连续送货。

JIT 的管理基本思想就是通过严格管理,杜绝生产待工、多余劳动、不必要搬运、加工不合理、不良品返修等方面的浪费,达到零故障、零缺陷、零库存。一句话,只在需要的时候,按需要的量,生产所需的产品,也就是追求一种无库存,或库存达到最小的生产系统。

生产和销售系统中的库存常常只是当出了某种差错时才有必要存在，换句话说，只是当生产计划出现了某种偏差时，这种"额外"的库存就被用来填补偏差或是解决问题。通常认为好的库存策略要求的不是准备应付某种情况，而是准时供货的JIT库存，是维持系统完整运行所需的最少库存。有了JIT库存，所需商品就能按时按量到位，分秒不差。

为了获得实时库存，管理者必须减少由于内外两种因素造成的易变性。库存掩盖了易变性，系统的易变性越少，需要的库存也就越少。大多数差错是由于容忍浪费和低水平的管理造成的，差错的产生包括以下原因。

（1）雇员、机器和供应商未按标准生产，或者未能按时生产，或者生产数量不对。

（2）工程图或生产说明不准确。

（3）生产人员在图纸或生产说明完成之前就试图开始生产。

（4）不了解客户的需求。

因此，为了能实现低成本的JIT生产，管理必须从削减库存开始。削减库存就使得那些有差错和问题的库存暴露出来。库存减少之后，管理者就可清除那些暴露出来的问题。然后，进一步地削减库存，再清除下一级暴露出来的问题。最后，库存和问题都完全不存在了。

JIT的关键是按标准进行小批量生产，减少批量的大小可以对减少库存及其成本有很大帮助。当库存用量是一个常数时，平均库存量就等于最大库存量与最小库存量之和再除以2。

当库存的再订货量下降时，平均库存量也就下降了，因为最大库存量降低了，而且批量越小隐藏的问题越少，获得这种小批量的一个方法是，只有当需要存货时才将其运入下一个工作站，当存货只是在需要时才运入，这称为一个牵引系统，并且理想的批量是1，日本称之为看板系统。

3）零库存

零库存（Zero Inventory）的含义是以仓库储存形式的某种或某些种物品的储存数量很低的一个概念，甚至可以为"零"，即不保持库存。不以库存形式存在就可以免去仓库存货的一系列问题，如仓库建设、管理费用、存货维护、保管、装卸、搬运等费用，存货占用流动资金及库存物的老化、损失、变质等问题。

零库存源自20世纪的六七十年代，当时的日本丰田汽车开创的全新管理模式，即丰田生产方式（Toyota Production System，TPS）。TPS的目标是低成本、高效率、高质量地进行生产，最大限度地使顾客满意。TPS以准时化生产、自动化生产为支柱，以不断改进，消灭一切生产中的浪费来实现成本的最低化。零库存主要包括以下方式。

（1）委托保管方式。接受用户的委托，由受托方代存代管所有权属于用户的物资，从而使用户不再保有库存，甚至可不再保有保险储备库存，从而实现零库存。受托方收取一定数量的代管费用。这种零库存形式的优势在于：受委托方利用其专业的优势，可以实现较高水平和较低费用的库存管理，用户不再设库，同时，省去了仓库及库存管理的大量事务，可以集中力量于生产经营。但是，这种零库存方式主要是靠库存转移实现的，并未能使库存总量降低。

（2）协作分包方式，即美国的"Sub—Con"方式和日本的"下请"方式。主要是制造企业的一种产业结构形式，这种结构形式可以以若干分包企业的柔性生产、准时供应，使核心企业的供应库存为零。同时，核心企业的集中销售库存，使若干分包劳务及销售企业的销售库存为零。

在许多国家，制造企业都是以一家规模很大的核心企业和数以千百计的小型分包企业组成一个金字塔形结构。核心企业主要负责装配和产品开拓市场的指导，分包企业各自分包劳务、分包零部件制造、分包供应和分包销售。例如，分包零部件制造的企业，可采取各种生产形式和库存调节形式，按指定时间送货到核心企业，以保证按核心企业的生产速率，从而使核心企业不再设安全库存，达到零库存的目的。核心企业的产品（如家用电器、汽车等）也分包给若干推销人或商店销售，可通过配额、随供等形式，以核心企业集中的产品库存满足各分包者的销售，使分包者实现零库存。

（3）轮动方式。轮动方式也称同步方式，是在对系统进行周密设计前提下使各个环节速率完全协同，从而根本取消甚至是工位之间暂时停滞的一种零库存、零储备形式。这种方式是在传送带式生产基础上，进行更大规模延伸形成的一种使生产与材料供应同步进行，通过传送系统供应从而实现零库存的形式。

（4）看板方式。看板方式是准时方式中一种简单有效的方式，也称"传票卡"制度或"卡片"制度，是日本丰田公司首先采用的。在企业的各工序之间，或在企业之间，或在生产企业与供应者之间，采用固定格式的卡片为凭证，由下一环节根据自己的节奏，逆生产流程方向，向上一环节指定供应，从而协调关系，做到准时同步。采用看板方式，有可能使供应库存实现零库存。

（5）水龙头方式。是一种像拧开自来水管水龙头就可以取水而无需自己保有库存的零库存形式。这是日本索尼公司首先采用的。这种方式经过一定时间的演进，已发展成即时供应制度。用户可以随时提出购入要求，采取需要多少就购入多少的方式，供货者以自己的库存和有效供应系统承担即时供应的责任，从而使用户实现零库存。适于这种供应形式实现零库存的物资，主要是工具及标准件。

（6）无库存储备。国家战略储备的物资，往往是重要物资。战略储备在关键时刻可以发挥巨大作用，所以，几乎所有国家都要有各种名义的战略储备。由于战略储备的重要，一般这种储备都保存在条件良好的仓库中，以防止其损失，延长其保存年限。因此，实现零库存几乎是不可能的。无库存的储备，是仍然保持储备，但不采取库存形式，以此达到零库存。有些国家将不易损失的铝这种战略物资作为隔音墙、路障等储备起来，以防万一，在库存中不再保有库存就是一例。

（7）配送方式。这指通过多种方式配送保证供应从而使用户零库存。

（8）寄售。企业实现"零库存资金占用"的一种有效的方式，即供应商将产品直接存放在用户的仓库中，并拥有库存商品的所有权，用户只在领用这些产品后才与供应商进行货款结算。

阅读案例 5-5

一汽大众应用物流系统实现"零库存"

一汽大众汽车有限公司目前仅捷达车就有七八十个品种，十七八种颜色，而每辆车都有 2 000 多种零部件需要外购。从 1997—2000 年年末，公司捷达车销售量从 43 947 辆一路跃升至 94 150 辆，市场兑现率已高达 95%～97%。与这些令人心跳的数字形成鲜明对比的是公司零部件基本处于"零库存"状态，这是该公司物流控制系统的杰作。

> 　　该公司的整车车间占地9万多平方米，可同时生产3种不同品牌的汽车，却没有仓库。走进一个标有"整车捷达入口处"牌子的房子，只见在上千平方米的房间内零零星星地摆着几箱汽车玻璃和小零件，四五个工作人员在有条不紊地用电动叉车往整车车间送零件。在入口处旁边的一个小亭子里，一位保管员正坐在电脑前用扫描枪扫描着一张张纸单上的条形码，他正在把订货单发往供货厂。这时，一辆满载着安全杠的货车开了进来，两个工作人员见状立即开着叉车跟了上去。几分钟后，这批安全杠就被陆续送进了车间。
> 　　一汽大众的零部件的送货形式有3种。
> 　　（1）电子看板，即公司每月把生产信息用扫描的方式通过电脑网络传送到各供货厂，对方根据这一信息安排自己的生产，然后公司按照生产情况发出供货信息，对方则马上用自备车辆将零部件送到公司各车间的入口处，再由入口处分配到车间的工位上。刚才看到的安全杠就采取这种形式。
> 　　（2）JIT，即公司按过车顺序把配货单传送到供货厂，对方也按顺序装货直接把零部件送到工位上，从而取消了中间仓库环节。
> 　　（3）是批量进货，供货厂每月对于那些不影响大局又没有变化的小零部件分批量地送一到两次。
>
> 　　　　　　　　　　　　　　　资料来源：http://www.faw-vw.com。

4）物料需求规划

物料需求规划（Material Requirement Planning，MRP）把原料和零部件的需求看成是最终产品需求量的派生需求。其出发点是要根据成品的需求，自动地计算出构成这些成品的部件、零件，以至原材料的相关需求量，根据成品的交货期计算出各部件、零件生产的进度日程与外购件的采购日程。MRP的思想很早就产生了，但直到计算机产生、信息系统实施以后，MRP才真正得以广泛应用。MRP系统依据主生产计划、产品结构、库存状态来计算每种材料的净需求量，并把需求量分配到每个时期。

MRP系统具有以下目标。

（1）保证在客户需要或生产需要时，能够立即提供足量的材料、零部件、产成品。

（2）保持尽可能低的库存水平。

（3）合理安排采购、运输、生产等活动，使各车间生产的零部件、外购件与装配的要求在时间与数量上精确衔接。

因此，MRP系统可以指明现在、未来某时的材料、零部件、产成品的库存水平。MRP系统的起点是需要多少最终产品，何时需要；然后再分解到每一种材料、零部件，并确定需求时间。

MRP系统主要具有以下优点。

（1）维持合理的保险库存，尽可能地降低库存水平。

（2）能够较早地发现问题和可能发生的供应中断，及早采取预防措施。

（3）它的生产计划是基于现实需求和对最终产品的预测。

（4）它并不是孤立地考虑某一个设施，而是统筹考虑整个系统的订货量。

（5）它适合于批量生产或间歇生产或装配过程。

5）联合库存管理

联合库存管理是一种风险分担的库存管理模式。联合库存管理是解决供应链系统中由于各节点企业的相互独立库存运作模式导致的需求放大现象，提高供应链同步化程度的一种有效方法。

所谓联合库存管理，就是建立起整个供应链以核心企业为核心的库存系统，具体地说，一是要建立起一个合理分布的库存点体系；二是要建立起一个联合库存控制系统。

联合库存管理和供应商管理用户库存不同，它强调双方同时参与，共同制订库存计划，使供应链过程中的每个库存管理者（供应商、制造商、分销商）都从相互之间的协调性考虑，使供应链相邻两个节点企业之间的库存管理者对需求的预期保持一致，从而消除了需求变异放大现象。任何相邻节点企业需求的确定都是供需双方协调的结果，库存管理不再是各自为政的独立运作过程，而是供需连接的纽带和协调中心。

联合库存实施一般是供应商企业取消自己的成品库存，而将自己的成品的库存直接设置到核心企业的原材料仓库中，或者直接送上核心企业的生产线，如图5.22所示。图5.22中实际上给出了两种模式。

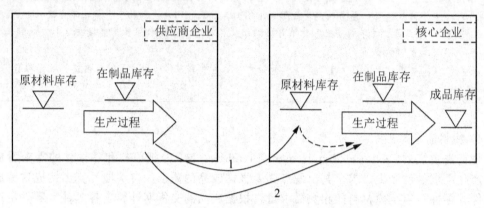

图 5.22 联合库存分布原理和物资从产出点到需求点的途径

第一种模式是集中库存模式。各个供应商的货物都直接存入核心企业的原材料库，变各个供应商的分散库存为核心企业的集中库存（如图5.22中的1）。这样做有很多好处。

(1) 减少了库存点，省去了一些仓库设立的费用和相应的仓储作业费用，减少了物流环节，降低了系统总的库存费用。

(2) 减少了物流环节，在降低物流成本的同时，还提高了工作效率。

(3) 供应商的库存直接存放在核心企业的仓库中，不但保障核心企业的物资供应、取用方便，而且使核心企业可以统一调度、统一使用管理、统一进行库存控制，为核心企业方便高效地生产运作提供了保障条件。

(4) 这种方式也为科学的供应链管理如 VMI、连续补充货物（Continous Replenishment Program，CRP）、QR、配送、JIT 等创造了条件。

第二种模式是无库存模式，核心企业也不设原材料库存，实行无库存生产。这个时候供应商的成品库和核心企业的原材料库都取消（如图5.22中的2，即最下面一个虚线弧状箭头所示），则这时供应商与核心企业实行同步生产、同步供货，直接将供应商的产成品送上核心企业的生产线，这就是准时化供货模式。这种准时化供货模式，由于完全取消了库存，所以，效率最高、成本最低。但是对供应商和核心企业的运作标准化、配合程度、协作精神则也要求越高，操作过程也要求越严格，一般二者的距离不能太远。

这两种联合库存模式，不但适用于各个供应商和核心企业，原理上也适用于核心企业与分销企业。在运用于核心企业与分销商的情况下，核心企业要站在供应商的立场上，对各个分销企业实行分布库存，将货物直接存于各个分销仓库，并且直接掌握各个分销库存，采用配送等方式实行小批量、多频次送货。

联合库存体系除了建立起如上的联合库存分布之外,还要建立起统一的库存控制系统。如果建立好了联合库存分布体系,则建立联合库存控制系统的问题也就很好解决了。

本章小结

仓库是用于物资储存的建筑物,其种类繁多,当涉及物料的存货时,通常称为配送中心和物流中心。仓储是公司物流系统的一部分,它从初始点到消费点存储产品(原料、半成品、成品),提供储存状态、条件和处置等信息。仓储具有消除供需差异、支持生产等作用,现代物流要求仓储不仅要完成存储等物流基本的功能,还要提供信息服务等增值服务。仓储管理包含对仓库和仓库中储存的货物进行储存、保养、维护管理,为及时供应对库存的控制与管理两个方面概念。仓储管理可以能是战略层面上的,也可能是运作层面上的。

从战略层面与企业的长期规划有关,涉及的内容有自有、公共和外包仓储的服务方面的决策;企业仓库数量选择集中仓储和分散仓储,企业应在给定客户服务水平下确定最优的仓库数量;仓库的选址要考虑仓库本身建设和运行的综合成本,要考虑接近用户,仓库选址策略有市场定位、制造定位或中间定位等;储存和搬运设备的种类,有人工库、机械库、立体自动化库3种形式供企业选择。仓储作业管理是属运作层面,仓库储存保管作业流程包括入库过程、储存保管过程和出库过程,为实现作业目标,需要明确仓库区域划划分,确定各类商品的储存位置和储存方法,使商品有明确的存放货位。合理利用仓库设施,便于储存商品的收发、分拣、配送作业,有利于商品的保管保养,仓储作业顺畅。

采用 ABC 分析法可以了解库存各类商品结构关系、储存量,认识重点管理对象,采取相应技术措施控制库存,以压缩总库存量,释放占压资金,使库存结构合理。企业还可利用定期订货法或定量订货法经济批量对库存进行合理地控制。供应链中库存控制可采用联合库存、零库存、VMI、JIT 方式、MRP 等方法进行库存管理,以减少"牛鞭效应"。

 关键术语

| 仓库 | 仓储 | 仓储管理 | 越库 | 牛鞭效应 | 联合库存 |
| 零库存 | VMI | JIT 方式 | MRP | | |

复习思考题

一、选择填空题

1. 仓储在人们消费生活中,企业生产、销售中起到(　　)。
　　A. 平衡作用　　B. 稳定作用　　C. 保障作用　　D. 促进作用
2. 在物流系统中,起着缓冲、调节和平衡作用的物流活动是(　　)。
　　A. 运输　　B. 配送　　C. 装卸　　D. 仓储
3. 周转量相对较低且不稳定,市场密度也较低情况下企业不宜选择(　　)储存货物。
　　A. 自有仓库　　B. 租赁仓库　　C. 公共仓库　　D. 第三方仓储

4. 使用由计算机进行管理和控制，不需人工搬运作业，而实现收发作业的仓库是（　　）。
   A. 人工仓库　　B. 机械仓库　　C. 自动化仓库　　D. 自动化立体库
5. 将所有货物按一定特性分类，每一类货物都有其固定存放位置，而属同类的不同货品又按一定原则来指派货位，这种货位分配方式是（　　）。
   A. 定位储存　　B. 随机储存　　C. 分类储存　　D. 分类随机储存
6. 将储存的物资按重要程度进行分类管理的方法是（　　）。
   A. 成本分类法　　B. 零库存法　　C. ABC分类法　　D. 运输分类法
7. 对于需求量大、缺货费用较高、需求波动性大的货物，库存控制可采用（　　）。
   A. 固定订货量、固定订货点策略　　B. 固定订货点、最大库存(R, S)策略
   C. 周期性检查(t, S)策略　　D. 综合库存策略
8. 零库存并不是指（　　）。
   A. 真正实现物料储存量为零　　B. 尽可能不保存库存
   C. 实现库存量最小化　　D. 实现不保有库存

二、简答题

1. 试比较库存、储备及储存的不同；仓储与库存管理的不同。
2. 由供应与需求的不确定性分析仓储是如何起到缓冲作用的。
3. 企业对仓储管理需要作用的决策有哪些？
4. 请比较不同仓储运作方式的优缺点。
5. 简述仓库设施选址的影响因素。
6. 结合阅读案例5-3列出立体自动化仓库的储存搬运设备种类和作用。
7. 仓储作业管理目标有哪些？储存管理中需注意哪些事项？
8. 分区分类储存的目的和依据是什么？
9. 货位分配有哪几种方法？各有何特点？
10. 库存控制的方法有哪些？

三、分析应用题

1. 请分析供应链下几种库存管理策略的异同。
2. 货物A、B纸箱包装，尺寸分别为500（毫米）×280（毫米）×180（毫米）和400（毫米）×300（毫米）×205（毫米），进货量分别是为6 400件和2 400件，采用1 200（毫米）×1 000（毫米）×150（毫米）的标准托盘上堆垛，托盘上堆货高度不超过900。上题中如为重型货架仓库，仓库货架布置为双排8列4层，货架每格高度为900可存放两个1 200（毫米）×1 000（毫米）×150（毫米）的标准托盘，请计算A、B两种货物需要几排货架放置。
3. 某小型配送中心试图使用ABC分析法对其仓储物进行存货管理，10类商品的库存情况如表5-8所示，假如企业决定以20%的A类商品、30%的B类商品、50%的C类商品试建立ABC库存分析系统。请对此进行ABC分析。

表5-8　十类商品的库存

商品类别	代号	平均单价/(元/件)	平均库存/件
***	A	5	40 000
***	B	8	190 000
***	C	7	4 000

续表

商品类别	代 号	平均单价/(元/件)	平均库存/件
***	D	4	100 000
***	E	9	2 000
***	F	5	250 000
***	G	6	15 000
***	H	4	80 000
***	I	5	10 000
***	J	7	5 000

4. 某机械设备制造厂，每周需求量为500只某部件，部件单价为每只16元，库存成本中利息为单位成本的15%，保管成本为单位成本的15%，存货损失和保险共计为部位成本的20%，每次采购费用100元，试计算经济批量、总成本，确定订货政策。

四、案例分析题

通用公司精益物流

在上海通用的仓库，各式复杂的汽车零部件被有序地分配到各个部件装配车间或总装车间，通过自动化汽车生产线，精准地安装到不同车型汽车上，整个制造过程合理有序，精益美妙，体现出现代企业仓储物流的无限魅力。

要对成千上万的不同物料精益管理，对大量的产成品及时销售与配送，对上百家供应商进行管理，必然需要一个核心的仓储物流指挥控制系统，这个系统就是物流管理运作的灵魂，是物流管理运作的神经系统。显然，像上海通用这样复杂的物流管理运作系统，仅凭手工统计管理，通过传统方式传递物流作业信息是不可能的。上海通用精益物流运作管理也必然有一个信息化的神经中枢，有管理物流作业的IT神经系统，这个系统显然在上海通用仓储物流管理中起着至关重要的作用。

上海通用MRP采用贯穿订单—物料准备—发运一体化的一个完整的闭环系统，体现了企业的供应链关系，通过利用信息技术，可对客户的个性化需求快速及时反应，自动安排生产计划、物料供应计划等。在电脑中，除了存有客户对购买车型、配置的个性化要求，还对每辆生产车辆编有SGM生产编号，这个编号是车辆在流水线上的身份证，自动车体识别系统将汽车制造信息自动读入电子标签内，零部件组装等制造信息就将随车身经过每一生产工段直至进入总装车间。通过计算机联网系统，将与汽车"身份证"对应的符合顾客个性化需求的汽车制造过程中所需物料信息，一一对应传递到各工位，在生产线上根据车辆不同的生产编号准确无误地执行不同的任务，正确完成不同的装配工作，形成由零部件的涓涓细流汇成整车流的完整过程。

上海通用仓储物流信息系统不仅在生产物流中发挥着重要作用，而且在对供应商管理及信息交换以保证零部件准时配送中、在产品营销中起到了巨大作用。对供应商信息交换与管理的系统是通过整个信息系统中的MGO子系统实现的。这一系统有订单展开、产品信息描述、物料需求计划自动生成、物流配送、库存管理控制及与供应商的信息交换等功能，是物料供应控制的灵魂。成品销售与配送是通过GPRS子系统实现的，这一系统具有订单管理、确认、展开功能，有售后服务与配件服务管理功能，有客户关系管理功能及产品成本与库存分析功能等。可以认为，没有完善的物流系统，要完成如此复杂的物流作业管理，是不可想象的。

自上海通用投产以来，通过持续改进战略，上海通用在仓储物流管理上已经做了许多改进。目前，上海通用按持续改进战略，还在不断研究如何进一步缩短订货周期、缩短产品制造周期，如何高效管理和利用物流信息，如何进一步改善供应链，如何更好地做到精益求精，如何做到物料供应的即时配送，

如何做到客户订单的快速反应,如何实现零库存,如何进一步做好营销管理如何进一步做好成品售后维修服务和零配件的及时供应,等等。目前,正在研究的比较具体的改进措施有利用企业电子商务平台,改进与供应商的信息交流,并准备通过互联网与供应商做到供货信息及时交流,缩短响应时间。支持制造系统也在探讨对由供应商供货的大型零部件,如供货批量小、供货配送效率不高的,今后是否可采用单独派车循环取货方法,以进一步提高运输效率等。

资料来源：http://www.xmfwl.com.

根据以上案例所给资料,试作以下分析：

1. 通用公司精益物流的核心是什么？
2. 通用公司从哪些方面实施持续改进战略,优化仓储系统的？

第6章　装卸搬运管理

【本章知识架构】

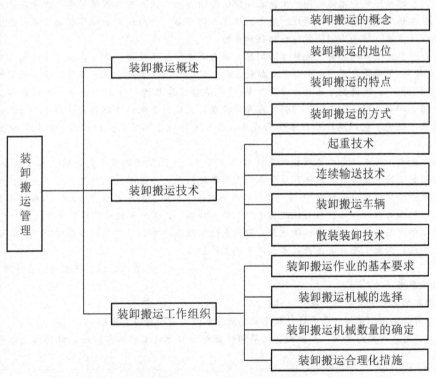

【本章教学目标与要求】
(1) 掌握装卸搬运的概念、特点及其在现代物流中的地位。
(2) 了解装卸搬运的几种方式。

（3）认识一些常见的装卸搬运技术。
（4）理解如何根据实际需要合理选择和配置装卸搬运机械。
（5）掌握装卸搬运合理化的措施。

云南省烟草烟叶公司装卸搬运流程改进

云南省烟草烟叶公司作为云南烟草行业的重点、骨干企业，是云南省最大的云烟原料加工基地，是集收购、加工、储存、销售为一体的国有中型企业，公司总的仓储、复烤能力达到了150万担，担负着省内烟厂及全国100多家烟厂的烟叶调拨任务。根据精细化管理的要求，为进一步加强各部门之间的沟通与协调，公司制定了《云南省烟草烟叶公司生产业务管理规定》，拟订了公司生产流程图，对原有的装卸搬运系统进行了改进，采取了以下措施。

首先，取消合并装卸搬运环节和次数。装卸搬运不仅不增加烟叶的价值和使用价值，相反，随着流通环节的增加和流程的繁杂，烟叶的"综合损耗"和生产成本随之增加。因此，公司在生产物流系统设计中研究了各项装卸搬运作业的必要性，千方百计地取消合并装卸搬运环节和次数。

其次，进行托架单元化组合，充分利用机械进行物流作业。公司在实施物流系统作业过程中充分利用和发挥机械作业，如叉车、平板货车等，增大操作单位，提高作业效率和生产物流"活性"，实现装卸搬运作业标准化。改进了烟叶的传统堆码方法，改变了过去初烟解包码板后再进行挑选，容易形成2次3次造碎的方法，采用整包保湿，在挑选工序完成烟叶解包的方式有效地减少了解包挑选工序的烟叶损耗。

接着，合理分解装卸搬运程序，改进装卸搬运各项作业，提高装卸搬运效率，力争在最短时间内完成烟叶加工的所有工艺流程。通过对装卸搬运体系的完善，公司逐渐加强了现场管理，减少简化生产工艺流程的方法，从而达到降低综合损耗的目的。

再有，对挑选生产的主要物流载体如烟笼、托盘等进行技术改造。公司在烟笼原结构基础上加装"斜三角支撑"，堆码高度由原来的3层增加到4层，实现了挑选生产系统和存储保管系统烟叶物流的"托架一体化运输"，既提高了成品库房容积率（使成品仓库库容增加近1/3）和叉车的有效作业率，降低了烟叶综合碎耗，节约了人工、辅料及库房的投资，又提高了烟叶堆码稳定性和安全性，杜绝了歪斜倒塌现象，促进了生产现场管理水平的提高，有效地降低了烟叶生产的"综合碎耗"和生产成本投入。

最后，完成了挑选设备的各项技改及技术创新项目，实现了挑选设备良好的"人机配合"。这项管理不但增加了输送皮带的表面湿润度和车间内的环境湿度，降低了室内空气中的扬尘，使烟叶在解包挑选分级过程中的水分保持在16%~18%，不易破碎，缓解了打叶车间"回潮"工序的压力，大大降低了烟叶的综合损耗，而且极大地改善了职工的工作环境，促进了现场管理水平的提高。

云南省烟草烟叶公司通过实施物流装卸搬运系统的改造，整合了公司的现场管理能力，降低了烟叶的综合损耗，为降低企业的生产成本奠定了坚实的基础。

资料来源：根据网络资料综合整理.

讨论及思考：
1. 思考烟草业装卸搬运的特点是什么？
2. 分析云南省烟草烟叶公司进行物流装卸搬运系统改造的原因有哪些？
3. 什么是装卸搬运合理化？云南省烟草烟叶公司如何通过物流装卸搬运系统的改造达到合理化的目标的？

装卸搬运是物流的主要功能之一，是物流各功能之间能否形成有机联系和紧密衔接的关键。解决好装卸搬运环节的技术和管理问题可以大幅度降低物流成本，提高物流效率，加快商品流通速度，其作用不可低估。

6.1 装卸搬运概述

6.1.1 装卸搬运的概念

装卸(Loading and Unloading)是指物品在指定地点以人力或机械装入运输设备或卸下。它一般是以改变货物与地面之间的垂直距离,即改变货物一定的存放、支承状态为目的的实物运动形式。

搬运(Handling 或 Carrying)是指在同一场所内,对物品进行水平移动为主的物流作业。它一般是在小范围内(通常是指在某一物流节点,如仓库、车站或码头等)发生的短距离的水平位移。搬运的"运"与运输的"运"的区别之处在于,搬运是在同一地域的小范围内发生的,而运输则是在较大范围内发生的,两者是量变到质变的关系,中间并无一个绝对的界限。

严格地说,装卸和搬运是两个不同的概念,两者既有区别又有联系。因为货物在空间上发生绝对的、完全的垂直位移和水平位移的情况是少有的,多种情况下两者是伴随在一起发生的。有时以垂直位移为主(装卸);有时以水平位移为主(搬运),有时两者同时进行或交替进行,这些则统称为装卸搬运。因此,在物流科学中并不过分强调两者的差别,而是作为一种活动来对待,那么装卸搬运就是指在某一物流节点范围内进行的,以改变物料的存放状态和空间位置为主要内容和目的的活动。

6.1.2 装卸搬运的地位

前面已谈到,运输能产生空间上的效用,保管能产生时间上的效用,而装卸搬运本身不能创造出新的效用,但是在调节物流、企业内物流、销售物流等整个供应链物流过程中,装卸搬运所占的比重比较大。

1. 衔接物流各环节的桥梁

装卸搬运是物流系统的一个重要构成要素,分布在物流活动的各个环节、各个方面。装卸搬运是物流过程中的一个个"节",对运输、储存、配送、包装、流通加工等活动进行有效连接。从宏观物流考察,物资离开生产企业到进入再生产消费和生活消费,装卸搬运伴随物流活动的始终。装卸搬运在整个宏观物流中虽然只是"节",然而从局部、微观的角度来研究时,它本身又是一个不容忽视的子系统。例如,以装卸搬运活动为中心的港口物流系统就是一个社会、区域或行业物流系统的子系统。

2. 影响物流成本的高低

在生产企业物流中装卸搬运作业具体包括对物品进行装卸货、搬运移送、堆垛拆垛、放置取出、分拣配货等作业。在这些环节中,装卸搬运因物化劳动和活劳动的消耗而增加了商品的成本。同时,装卸搬运作业质量的好坏和效率的高低也影响物流成本,包括物品在装卸搬运过程中的损坏、污染等造成的损失成本及保护物品的包装成本相关。由于当前企业装卸搬运的效率不高,而消耗的人力、物力却不少,所以,装卸费用在物流成本中所占的比重也较高。

3. 提高物流效率的关键

在物流过程中装卸搬运是不断出现和反复进行的,且装卸搬运的合适与否将直接影响后续作业的顺利进行。因此，装卸搬运往往成为决定物流速度的关键，并与是否能及时满足顾客的服务要求相关联。

4. 影响物流质量与环境保护

装卸搬运是各物流要素的连接点，操作时往往需要接触货物，容易引起货物破损、散失和混合而造成资源浪费，并影响物流服务质量。此外，一些泄漏废弃物还会对环境造成污染，如化学液体物品的泄漏易造成水体和土壤污染，煤或水泥在装卸搬运过程中的粉尘易造成大气污染等。

由此可见，装卸搬运是物流活动得以进行的必要条件，在全部物流活动中占有重要地位，发挥着重要作用，改善装卸搬运作业能显著提高物流经济效益和社会效益。这个社会效益还包括在获得装卸搬运系统本身的效益的同时为整个生产系统获得更大的经济效益。

6.1.3 装卸搬运的特点

与生产领域和流通领域的其他环节相比，装卸搬运具有以下特点。

1. 装卸搬运是作业量大、对象复杂的活动

传统的装卸搬运主要依赖人工体力劳动来完成，是一种劳动密集型的作业活动，而且在许多情况下，装卸搬运往往是一种重体力劳动。物流发展到今天，完全的人工装卸搬运几乎不复存在，现代装卸搬运表现为人与机械、货物、其他劳动工具相结合，以减轻劳动强度、提高装卸作业效率。但是，随着消费者需求的个性化和多样化的发展，多品种、小批量、多批次、小数量的物流方式使得装卸搬运作业量大幅度提高，此外，运输方式的变更、仓库的中转、货物的集中或分散、物流的调整等都会使装卸搬运作业变得十分频繁。

通常认为货物装卸搬运改变物料存放状态和几何位置者居多，作业比较单纯，但由于它经常和运输、存储紧密衔接，除装卸搬运外，还要同时进行堆码、装载、加固、计量、取样、检验、分拣等作业，以保证充分利用载运工具、仓库的载重能力与容量。因此，作业是比较复杂的。这些作业也可看成是装卸搬运作业的分支或附属作业，它丰富了"改变货物存放状态和位置"这一基本概念的内涵，装卸搬运系统对这些分支作业应有较强的适应能力。

2. 装卸搬运是附属性和伴生性的活动

装卸搬运是伴随生产与流通的其他环节发生的，是介于物流各环节（如运输、储存等）之间起衔接作用的活动。它将物资运动的各个阶段连接成为连续的"流"，使物流的概念名符其实。无论是生产领域的原材料输送、加工、组装、检测，还是流通流域的包装、运输、储存，一般都以装卸搬运作为起始和终结。装卸搬运在物流活动中起到了承上启下的连接作用，所以说，无论在生产还是流通领域里，装卸搬运环节既不可缺少，又与其他环节密不可分。

3. 装卸搬运是支持性和保障性的活动

装卸搬运会影响其他物流活动的质量和速度，这个环节处理不好会造成整个物流系统的瘫痪。在货物运输过程中，完成一次运输循环所需时间，其中在发运地的装车时间和在目的地的卸车时间占有不小的比重。特别是在短途运输中，装卸车时间所占比重更大，有时甚至超过运输工具运行时间。所以，缩短装卸搬运时间不但对加速车船和货物周转具有重要作用，而且有利于疏站疏港。在仓储活动中，装卸搬运效率对货物的收发速度和货物周转速度产生直接影响。同时，装卸搬运组织与技术对仓库利用率和劳动生产率也有一定影响。

4. 装卸搬运是服务性的活动

装卸搬运不产生有形的产品，没有提高作业对象的价值和使用价值的功能，而是提供劳动服务。因为它既不改变作业对象的物理、化学、几何、生物等方面的性质，也不改变作业对象的相互关系(指零件组装成部件或机器、机械设备拆解为零部件等)，装卸搬运过程也不消耗作业对象，不排放废弃物，不占用大量流动资金。因此，装卸搬运具有提供劳务的性质。

5. 装卸搬运作业是波动性较大的活动

装卸搬运大都是多环节、多机联合作业的，要保持作业的连续性和均衡性，各环节的机械设备数量要按照各个环节的作业内容和特点做到基本均衡，如生产领域的装卸搬运必须与生产活动的节拍一致，表现为与生产过程均衡性、连续性的一致性。然而，流通领域的装卸搬运虽力求均衡作业，但随着车船的到发和货物出、入库的不均衡，作业是突击的、波动的、间歇的。因此，流通领域的装卸搬运作业应具有适应波动性的能力。

6. 装卸搬运是安全性的活动

装卸搬运是使货物产生垂直和水平方向上的位移，货物在移动过程中会受到各种外力的作用，如振动、撞击、挤压等，容易使货物包装和货物本身受损，如损坏、变形、破碎、散失、流溢等。装卸搬运，特别是装卸作业，货物要发生垂直位移，不安全因素比较多。实践表明，物流活动中发生的各种货物破失事故、设备损坏事故、人身伤亡事故等，相当一部分是在装卸过程中发生的。特别是一些危险品，在装卸过程中如违反操作规程进行野蛮装卸，很容易造成燃烧、爆炸等重大事故。

6.1.4 装卸搬运的方式

装卸搬运作业是一个完整的系统，它由劳动力(装卸搬运人员)、装卸搬运设施和设备、货物、车船库等硬件系统和工艺(作业方法及流程)、信息、管理等软件系统组成，同时还需要保障系统。因此，通常可根据作业场所、作业对象和作业特点对其进行分类。

1. 按作业场所分类

(1) 仓库装卸搬运，指在厂矿或储运业的仓库、堆场、集散点等处，为配合出库、入库、维护保养等活动进行的以堆垛、上架、分拣、取货等操作为主的装卸搬运作业。

(2) 铁路(站台)装卸搬运，指在铁路车站进行的装卸作业。它包括汽车在铁路货物和站台旁的装卸作业；铁路仓库和堆场的堆码、拆取、分拣、配货、中转作业；铁路车辆在货场及站台的装卸作业；服务于装卸搬运的辅助作业，如加固、清扫、揭盖篷布、移动车辆、计量等作业。铁路装卸是对火车车皮的装进及卸出，特点是一次作业就实现一车皮的装进或卸出，很少有像仓库装卸搬运时出现的整装零卸或零装整卸的情况。

(3) 港口装卸搬运，指在港口进行的各种装卸作业，主要是码头、船舶的装卸搬运作业。港口装卸搬运包括码头前沿的装船，也包括后方的支持性装卸搬运，有的港口装卸还采用小船在码头与大船之间"过驳"的办法，因而其装卸的流程较为复杂，往往经过几次的装卸及搬运作业才能最后实现船与陆地之间货物过渡的目的。

(4) 车间装卸搬运，指在车间内部工序间进行的装卸搬运活动。以原材料、半成品、产成品等的取放、分拣、包装、堆码、输送为主。

2. 按作业对象分类

1) 单件作业方式

单件装卸搬运指的是非集装、按件计的货物逐个进行装卸操作的作业方法。装卸搬运单件货物通常是逐件由人力作业完成的,对于一些零散货物,如搬家货物等也常采用这种作业方法。长、大、笨重货物,不宜集装的危险货物,以及行包等仍然采用单件作业法。单件作业对机械、装备、装卸条件要求不高,可采取人力、半机械化及机械装卸,因而机动性较强,不受固定设施、设备的地域局限。但是,单件作业由于逐件处理,装卸速度慢,且装卸要逐件接触货体,容易出现货损及货差。

2) 集装作业方式

集装作业方式是用集装化工具将小件或散装物品集成一定质量或体积的组合件,以便利用机械进行作业的装卸方式。它和单件装卸的主要异同在于,都是按件处理,但集装作业"件"的单位大大高于单件作业每件的大小。集装作业方式包括以下几种方式。

(1) 托盘作业法。托盘作业法是用托盘系列集装工具将货物形成成组货物单元,以便于采用叉车等设备实现装卸作业机械化的装卸作业方法。利用叉车对托盘货载进行装卸属于"叉上叉下"方式。叉车本身有行车机构,在装卸同时可以完成小搬运,无需落地过渡。

(2) 集装箱作业法。集装箱的装卸搬运作业通常采用垂直装卸法和水平装卸法进行,有的集装箱在货物堆场也可采用能力很大的集装箱叉车装卸。垂直装卸法在港口可采用集装箱起重机进行"吊上吊下"式的装卸,同时完成小范围的搬运。目前,以跨运车应用为最广,但龙门起重机方式最有发展前途。在车站以轨道式龙门起重机方式为主,配以叉车较为经济合理。水平装卸法在港口是以挂车和叉车为主要装卸设备进行"滚上滚下"方式装卸的。而在车站主要采用叉车或平移装卸机的方式,在车辆与挂车间或车辆与平移装卸机间进行换装。

(3) 其他集装作业法。该作业法包括以下几种:① 货捆装卸,主要采用起重机进行装卸,短尺寸货捆还可采用一般叉车装卸,长尺寸货捆还采用侧式叉车进行装卸,货捆装卸适于长尺寸货物、块条状货物、强度较高无需保护的货物,如木材、建材、金属等;② 集装网、集装袋装卸,主要采用吊车进行"吊上吊下"作业,也可与各种搬运车配合进行吊车所不能及的搬运,适宜于粉粒状货物、各种袋装货物、块状货物、粗杂物品的装卸作业,货捆装卸与集装网袋装卸有一个共同的突出优点,即货捆的捆具及集装袋、集装网本身重量轻,又可折叠,因而无效装卸少,装卸作业效率高,货捆捆具与集装袋、网成本较低,装卸后易返运;③ 挂车装卸,利用挂车的可行走机构,连同货载一起拖运到火车车皮上或船上的装卸方式,属水平装卸,是所谓的"滚上滚下"的装卸方式。

其他集装装卸方式还有滑板装卸、无托盘集装装卸、集装罐装卸等。

3) 散装作业方式

散装作业指对大批量粉状、粒状货物进行无包装散装、散卸的装卸方法。装卸可连续进行,也可用间断式,但是都需机械化设施设备。在特定情况下,且批量不大时,也可采用人力装卸。散装作业方法主要有以下几种。

(1) 重力法作业。重力法是利用散装货物的位能进行装卸的方法,这种方法必须与其他方法配合,首先将散货提升到一定高度,具有一定位能之后,才能利用本身重力进行下一步装卸。

(2) 气力输送法作业。气力输送法是指散装物料在管道中,利用一定速度的空气能量,使之沿着指定的路线输送的方式。其主要设备是管道及气力输送设备,以气流运动裹携粉状、粒状物沿管道运动。管道装卸密封性好,装卸能力高,容易实现机械化、自动化。

(3) 倾翻法作业。倾翻法是将运载工具的载货部分倾翻,而将货物卸出的方法,主要用于铁路敞车和自卸汽车的卸载方法，汽车一般是依靠液压机械装置顶起货厢实现卸载的。

（4）机械法作业。机械法是采用各种机械，使其工作机构直接作用于货物，如通过舀、抓、铲等作业方式达到装卸目的的方法。常用的机械有带式输送机、堆取料机、装船机、链斗装车机、单斗和多斗装载机、挖掘机及各种抓斗等。

在以上几种装卸作业法中，集装作业方式和散装作业法都是随物流量增大而发展起来的，并与现代运输组织方式（如集装箱运输）、储存方式（如高层货架仓库）等相互联系、互为条件、互相促进、相互配合，加速了物流现代化进程。

3．按作业特点分类

（1）连续作业法。连续作业法主要是指同种大批量散装或小件杂货通过连续输送机械，连续不断地进行作业，中间无停顿，货间无间隔的作业法。在装卸量较大、装卸对象固定、货物对象不易形成大包装的情况下适合采取这一方式。

（2）间歇作业法。间歇作业法指在装卸搬运过程中有重程和空程两个阶段，即在两次作业中存在一个空程准备过程的作业法。这种作业法有较强的机动性，装卸地点可在较大范围内变动，主要适用于货流不固定的各种货物，尤其适合于包装货物、大件货物，散粒货物也可以采取此种方式。

4．其他装卸搬运方式

其他装卸搬运方式如表6-1所示。

表6-1 其他装卸搬运方式

分类标准	类型和主要内容
作业手段和组织水平	（1）人工作业：完全依靠人力和人工，使用无动力器械来完成装卸搬运的方法 （2）机械作业：以各种装卸搬运机械，采用多种操作方法来完成物品装卸搬运的方式 （3）综合作业：要求作业机械设备和作业设施、作业环境的理想配合，要求对装卸搬运系统进行全面的组织、管理、协调，并采用自动化控制手段的装卸搬运方式
操作特点	（1）堆码拆取。堆码（或装上、装入）是将物品从预先放置的场所移送到运输工具或仓库等储存设施的指定场所，再按所规定的位置和形态码放的作业；拆取（卸下、卸出）是与堆码逆向的作业 （2）分拣配货。分拣是在堆码作业前后或配送作业之前将货物按品种、出入先后、运送方向进行分类，将货物堆码到指定地点的作业；配货是将货物从所定的位置，按照货物种类、作业次序、发货对象等分类取货、堆码在规定场所的作业。一般情况下，配货作业多以人工进行，但是由于多品种、小批量的物流形态日益发展，对配货速度要求越来越高，以高速分拣机为代表的机械化作业应用逐渐增多 （3）挪动移位，即狭义的装卸搬运作业，搬运移位作业是为进行装卸、分拣、配送等活动而进行的各种移动货物的作业，包括水平、垂直、斜向搬送及其组合
机械作业方式	（1）吊上吊下方式：采用各种起重机械从货物上部起吊，依靠起吊装置的垂直移动实现装卸，并在吊车运行的范围内或回转的范围内实现搬运或依靠搬运车辆实现小搬运。吊起及放下属于垂直运动，这种装卸方式属垂直装卸 （2）叉上叉下方式：采用叉车从货物底部托起货物，并依靠叉车的运动进行货物位移，搬运完全靠叉车本身，货物可不经中途落地直接放置到目的点处。这种方式垂直运动不大而主要是水平运动，属水平装卸方式

续表

分类标准	类型和主要内容
机械作业方式	(3) 滚上滚下方式：主要指港口装卸的一种水平装卸方式。利用叉车或半挂车、汽车承载货物，连同车辆一起开上船，到达目的地后再从船上开下，称为"滚上滚下"方式。利用叉车的滚上滚下方式，在船上卸货后，叉车必须离船，利用半挂车、平车或汽车，则拖车将半挂车、平车拖拉至船上后，拖车开下离船而载货车辆连同货物一起运到目的地，再原车开下或拖车上船拖拉半挂车、平车开下。滚上滚下方式需要有专门的船舶，对码头也有不同要求，这种专门的船舶称为"滚装船" (4) 移上移下方式：在两车之间（如火车及汽车）进行靠接，然后利用各种方式，不使货物垂直运动，而靠水平移动从一个车辆上推移到另一车辆上，称移上移下方式。移上移下方式需要使两种车辆水平靠接。因此，对站台或车辆货台需进行改变，并配合移动工具实现这种装卸。

6.2 装卸搬运技术

装卸搬运技术水平是装卸搬运作业现代化的重要标志之一。装卸搬运技术的发展极大地减轻了人们的劳动强度，提高了物流运作效率和服务质量，降低了物流成本，在物流作业中起着重要作用。

6.2.1 起重技术

起重技术用来垂直升降货物或兼作货物的水平移动，以满足货物的装卸、转载等作业要求。多数起重机械在吊具取料之后即开始垂直或垂直兼有水平的工作行程，到达目的地后卸载，再空行程到取料地点，完成一个工作循环，然后再进行第二次吊运。起重技术是土木工程建设，包括建筑工程、道路与桥梁工程、设备安装工程等工程施工中直接关系到安全、质量、进度和施工成本的重要施工技术。不同类型起重机如图 6.1～图 6.3 所示。

(a) 梁式起重机

(b) 龙门起重机

(c) 装卸桥式起重机

图 6.1 桥式类起重机

(a) 轮胎式起重机

(b) 塔式起重机

(c) 浮式起重机

图 6.2 臂架式起重机

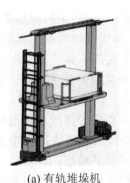  

(a) 有轨堆垛机　　　　　　(b) 无轨堆垛机　　　　　　(c) 巷道堆垛机

图 6.3　堆垛起重机

（1）轻小型起重机。轻小型起重机一般只作升降运动或一个直线方向移动，只需要具备一个运动机构。轻小型起重设备主要包括起重滑车、吊具、千斤顶、手动葫芦、电动葫芦和普通绞车。轻小型起重机大多体积小、重量轻、使用方便。除电动葫芦和绞车外，绝大多数用人力驱动，适用于工作不繁重的场合。轻小型起重机可以单独使用，有的也可作为起重机的起升机构。有些轻小型起重设备的起重能力很大，如液压千斤顶的起重量已达 750 吨。

（2）桥式类起重机。桥式类起重机用一个横跨空间的横梁或桥架支撑起升机构、小车运行机构和大车运行机构，完成起重作业。它的特点是依靠这些机构的配合动作，可使挂在吊钩或其他取物装置上的重物在一定的立方形空间内起升和搬运。桥式起重机、梁式起重机、龙门起重机、装卸桥式起重机、冶金桥式起重机、缆索起重机等都属此类。

（3）臂架式起重机。臂架式起重机的特点与桥式类起重机基本相同。臂架式起重机的结构包括起升机构、变幅机构、旋转机构。依靠这些机构的配合动作，可使重物在一定的圆柱形空间内起重和搬运。臂架式起重机多装设在车辆上或其他形式的运输（移动）工具上，这样就构成了运行臂架式旋转起重机，如汽车式起重机、轮胎式起重机、塔式起重机、门座式起重机、浮式起重机、铁路起重机等。

（4）堆垛起重机。堆垛起重机是可以在自动化仓库高层货架之间或高层码垛货场完成取送、堆垛、分拣等作业的专用起重机。

6.2.2　连续输送技术

连续输送机械是一种可以将物资在一定的输送线路上，从装载起点到卸载终点以恒定的或变化的速度进行输送，形成连续或脉动物流的机械。连续输送机具有在一个区间内能连续搬运大量货物，搬运成本非常低廉，搬运时间比较准确，货流稳定的特点。因此，它被广泛用于现代物流系统中。在现代化货物或物料搬运系统中，连续输送机械担当着重要的作用。连续输送机械是生产加工过程中组成机械化、连续化、自动化的流水作业运输线中不可缺少的组成部分，是自动化仓库、配送中心、大型货场的生命线。

尽管连续输送机械具有诸多优点，但是由于连续输送机械只能按照一定的路线输送，每种机型只能用于一定类型的货物，一般不适于运输重量很大的单件物品，通用性差；此外，大多数连续输送机不能自行取货，因而需要一定的供料设备。常见的连续输送机械有以下几种。

（1）带式输送机。带式输送机是一种摩擦驱动以连续方式运输物料的机械。应用它可以将物料在一定的输送线上从最初的供料点到最终的卸料点间形成一种物料的输送流程。它既可以进行碎散物料的输送,也可以进行成件物品的输送。除进行纯粹的物料输送外,还可以与各工业企业生产流程中的工艺过程的要求相配合,形成有节奏的流水作业运输线。所以,带式输送机广泛应用于现代化的各种工业企业中。在矿山的井下巷道、矿井地面运输系统、露天采矿场及选矿厂中广泛应用带式输送机。

(2) 斗式输送机。它是输送散装货(如煤等)货斗的传送带,传送带连续不断地将货斗送到敞开的舱口上面的某一点后,再将货斗向货舱内倒空。斗式输送机适用于冶金、矿山、建筑、化工、食品、粮食等行业一定粒度、块度的物料和粉料的输送。

(3) 悬挂输送机。它是一种常用的连续输送设备,广泛应用于连续地在厂内输送各种成件物品和装在容器或包装内的散装物料,也可以在各个工业部门的流水线中用来在各工序间输送工件,完成各种工艺过程,实现输送和工艺作业的综合机械化。

(4) 辊子输送机。辊子输送机是以一系列以一定间距排列的辊子组成的,可以沿水平或较小的倾斜角输送具有平直底部的成件物品,如板、棒、管、型材、托盘、箱类容器,以及各种工件。对于非平底物品及柔性物品可借助托盘实现输送。辊子输送机具有结构简单、运行可靠、维护方便、可输送高温物品、节能等特点,适于运送成件物品。

(5) 螺旋输送机。螺旋输送机由驱动装置、封闭槽箱和螺旋组成,借螺旋转动将槽箱内的物料推移输出,适用于水平或倾斜输送粉状、粒状和小块状物料,如煤矿、灰、渣、水泥、粮食等,物料温度小于200℃。螺旋输送机不适于输送易变质的、黏性大的、易结块的物料。在混凝土搅拌站中,螺旋输送机的作用得到了最大的体现。

(6) 其他。其他连续输送机械如振动输送机,它是利用激振器使料槽振动,从而使槽内物料沿一定方向滑行或抛移的连续输送机械;气力输送装置,该装置是利用压缩空气作动力,将固态颗粒物通过密封管道进行干法输送的全套系统设备。

常见的连续输送机械如图6.4所示。

(a) 固定带式输送机　　(b) 移动带式输送机　　(c) 斗式输送机　　(d) 悬挂输送机

(e) 辊子输送机　　(f) 螺旋输送机　　(g) 振动输送机　　(h) 气力输送装置

图6.4　常见的连续输送机械

6.2.3　装卸搬运车辆

装卸搬运车辆是依靠机械本身的运行和装卸机构的功能,实现物资的水平搬运和装卸、码垛（小部分车辆无装卸功能）的车辆。装卸搬运车辆机动性好，实用性强，广泛地用于仓库、港口、车站、货场、车间、船舱、车厢内和集装箱内作业。常用的各种搬运车如图6.5所示。

（1）叉车。叉车具有一副水平伸出的叉臂，叉臂可做上下移动。因此，叉车具有装载货物的功能，并能携带货物做水平和垂直方向的移动。叉车在堆码、卸货作业和搬运、移动作业两方面都十分灵活便利，使得叉车成为目前使用最广泛的装卸机械。叉车的类型很多，应根据货物的特征、货架的高度、库区的通道宽度合理选取。

（2）搬运车。搬运车是一种主要用于短距离搬运货物的简单机械，由于其载货平台很低，且起升高度有限或根本没有起升能力，所以，一般不具备装卸功能。

无人搬运车（Automated Guided Vehicle，AGV）作为一种无人驾驶工业搬运车辆，在20世纪50年代得到了应用。一般用蓄电池作为动力，载重量从几公斤到上百吨，工作场地可以是办公室、车间，也可以是港口、码头。无人搬运车的引导方式主要有电磁感应引导、激光引导和磁铁陀螺引导等方式，其中以激光引导方式发展较快，但电磁感应引导和磁铁陀螺引导方式占有较大比例。利用激光引导的搬运车可以在无人监督的情况下完成物体的搬运，人只要在第一次搬运时引导搬运车完成一次学习，搬运车就会自动完成剩下的任务。在磁导系统中，路径地面上安装有磁性物体，靠磁场来引导搬运车行驶。由于省去了驾驶员，人工成本可以减少。随着传感技术和信息技术的发展，无人搬运车也在向智能化方向发展。因此，无人搬运车又称智能搬运车。

(a) 叉车　　(b) 侧面式叉车　　(c) 手动液压搬运车　　(d) 电动搬运车

(e) 轨道无人搬运车　　(f) 激光引导无人搬运车　　(g) 电动牵引车　　(h) 牵引车和拖车

图6.5　常用的各种搬运车

（3）牵引车和挂车。牵引车这种设备只有动力，没有装载能力，主要用于拖带货车或挂车，可较长距离的运输，一台牵引车可拖很长一列挂车。挂车这种设备自身没有动力，有一个载物平台，仅用于装载货物。载满货物的挂车连成一列后，由牵引车拖到目标库区。列车可长可短，可任意组合，十分灵活。缺点是需要大量人员参与，而且经常闲置，使用率低，不经济。比较适于运输量大而稳定的场合，如码头、铁路的中心货站，大型企业的原料仓库等。挂车必须和牵引车配套使用。

6.2.4 散装装卸技术

这是一种具有装卸和运输两种功能的组合机械，主要以装卸散装物资为主。

（1）装载机、卸载机。装载机是以装卸土壤、砂石、煤炭等综合性物料为主的一种大、中、小型多用途的高效率工程机械，适用于矿场、港口、基建、道路修建等作业，广泛应用于工厂、车站、码头、货场、仓库等工况。卸载机是以卸载、运输为主，将货物从车中或船中取出，运往货场或仓库的机器。

（2）翻车机。它是使货物倾倒，将物资卸入地下运输系统的一种大型机械，一般需要设置重车推入和空车牵出等辅助机械配合使用。翻车机具有卸车效率高、生产能力大、机械化程度高等特点，适用于大型专业化散货码头或货场。

（3）堆取料机。这是既能从货场上挖取散装物资送到指定地点，又能将散料物资通过运输系统送入货场堆放的大型机械，按其功能可分为取料机、堆料机和堆取料机 3 种。

6.3 装卸搬运工作组织

6.3.1 装卸搬运作业的基本要求

为了提高物流质量和效率，装卸搬运作业应当注意以下几项要求。

（1）减少不必要的装卸环节。从物流过程分析，装卸搬运作业环节不仅不增加货物的价值和使用价值，反而有可能增加货物破损的可能性和相应的物流成本。系统地分析研究物流过程各个装卸搬运作业环节的必要性，取消、合并装卸搬运作业和次数，避免进行重复的或可进行也可不进行的装卸搬运作业，这是减少不必要装卸搬运环节的重要保证。

（2）提高装卸搬运作业的连续性。必须进行的装卸搬运作业应按流水作业原则运作，各工序间应密切衔接，必须进行的换装作业也应尽可能采用直接换装方式。

（3）相对集中装卸地点。装载、卸货地点的相对集中可以增加装卸工作量，易于采用机械化作业方式。在货物堆场上，应将同类货物的作业集中在一起进行，以便于采用装卸搬运作业的机械化、自动化作业。

（4）力求装卸搬运设备、设施、工艺等标准化。为了促进物流各环节的协调，要求装卸搬运作业各工艺阶段间的工艺装备、设施、效率与组织管理工作相协调。装卸搬运作业的工艺、装备、设施、货物单元或包装、运载工具、集装工具、信息处理等作业的标准化、系列化、通用化是装卸搬运作业实现机械化、自动化的基本前提。

（5）提高货物集装化或散装化作业水平。成件货物集装化、粉粒状货物散装化是提高作业效率的重要方向。所以，成件货物尽可能集装成托盘系列、集装箱、货捆、货架、网袋等货物单元再进行装卸作业。各种粉粒状货物尽可能采用散装化作业，直接装入专用车、船、库。不宜大量化的粉粒状货物也可装入专用托盘箱、集装箱内，提高货物活化指数，便于采用机械设备进行装卸作业。

（6）做好装卸搬运现场组织工作。装卸搬运现场的作业场地、进出口通道、作业线长度、人机配置等布局设计合理能使现有的和潜在的装卸搬运能力充分发挥或发掘出来，避免由于组织管理工作不当造成装卸搬运现场拥挤、阻塞、紊乱，确保装卸工作能够安全顺利地进行。

6.3.2 装卸搬运机械的选择

为了保证装卸搬运高效、经济，要特别注意装卸搬运机械配置及主体装卸搬运机械设备类型的选择。装卸搬运作业机械的配置的选择包括以下原则。

（1）根据作业性质和作业场合进行选择。明确作业是单纯的装卸或搬运还是装卸、搬运兼顾，从而可选择更合适的装卸搬运机械。如果是以搬运为主，则采用输送带等设备；若以装卸为主，则可选择吊车；装卸和搬运均存在的作业场所则可选择叉车等设备。

另外，根据物流作业场合的具体情况不同，可根据需要选择合适的装卸搬运机械类型。例如，在有铁路专用线的车站、码头、仓库等，可选择门式起重机；在库房内可选择桥式起重机；在使用托盘和集装箱作业的生产条件下可尽量选择叉车和跨载起重机。

（2）根据作业运动形式进行选择。装卸搬运作业运动形式不同，需配置不同的机械设备。水平运动可选用卡车、连续运输机、牵引机、小推车等机械，垂直运动可选用提升机、起重机等机械。

（3）根据作业量进行选择。机械设备具有的作业能力应该和装卸搬运作业量大小相适应，作业量大时，应配备作业能力较高的大型专用机械设备；作业量小时，最好采用构造简单、造价低廉而又能保持相当生产能力的中小型通用机械设备。

（4）根据货物种类、性质进行选择。货物的物理性质、化学性质，以及外部形状和包装千差万别，有大小、轻重之分，有固体、液体之分，又有散装、成件之分，所以，对装卸搬运设备的要求也不尽相同。

（5）根据搬运距离进行选择。长距离搬运一般选用火车、船舶、载货汽车、牵引和挂车等运输设备，较短距离可选用叉车、跨运车、连续运输机等机械设备。为了提高机械利用率，应当结合设备种类的特点，使行车、货运、装卸、搬运等作业密切配合。

6.3.3 装卸搬运机械数量的确定

制订货物装卸搬运计划的一个很重要的方面就是要确定货物装卸搬运机械设备的数量。装卸搬运机械的数量一般根据以下几个指标确定。

（1）作业量。一般情况下，装卸作业量越大，所需要的机械设备的数量就越多；反之则越少。但同样的货物量，由于货物的包装状态不同，作业环节不同和装卸次数不同，其作业量也不相同。因此，确定作业所需要的机械设备的数量时，要综合考虑货物的实际作业量。

（2）设备类型、性能。在作业量一定的情况下，装卸搬运设备的类型、性能直接影响到所需设备的数量。在选择装卸搬运设备时，应尽量选择作业效率高、适应性强、安全可靠的机械设备。

（3）作业均衡性。货物装卸搬运大都是多环节、多机联合作业，要保持作业的连续性和均衡性，各环节的机械设备数量要按照各个环节的作业内容和特点，做到基本均衡。

（4）作业时间。当作业量一定的情况下，作业时间随着机械设备增加而缩短，因而要合理确定作业时间。

（5）作业条件。在确定装卸搬运机械的数量时，要充分考虑作业面的大小，避免机械设备作业时相互干扰。另外，机械设备的运行速度与地形条件、道路情况有关。在确定机械设备作业能力时，应充分考虑作业条件，保证机械设备运行速度合理，运行既安全又经济。

6.3.4 装卸搬运合理化措施

物流中装卸搬运合理化主要是对装卸搬运方式、装卸搬运机械设备的选择和合理配置与使用，以及装卸搬运作业本身的合理化，尽可能减少装卸搬运次数，以节约物流费用，获得较好的经济效益。

1. 防止和消除无效作业

所谓无效作业是指在装卸作业活动中超出必要的装卸、搬运量的作业（即消耗于有用货物的必要装卸劳动之外的多余装卸搬运活动）。显然，防止和消除无效作业对装卸作业的经济效益有重要作用。为了有效地防止和消除无效作业，可从以下几个方面入手。

（1）尽量减少装卸搬运次数。物流过程中，货损发生的主要环节是装卸环节，因为货物装卸搬运不产生价值，作业的次数越多，货物破损和发生事故的频率越大，费用越高。因此，首先要考虑尽量不装卸搬运或尽量减少装卸搬运次数。此外，装卸又会大大减缓整个物流速度，是降低物流速度的重要因素。影响装卸搬运次数的因素主要有以下几个。

① 物流设施和设备。厂房、库房等建筑物的结构类型、结构特点及建筑参数对装卸次数有直接影响。使各种尺寸与装卸机械相适应，装卸运输设备自由进出，直接在车间或库房内进行装卸，以减少二次搬运。

物流设备的类型与配套对装卸次数也会产生影响，如叉车配以托盘进行出入车间和出入库的作业可减少装卸次数。又如将电子秤安装在起重机上，在装卸作业的同时就完成了检斤作业，省去了单独的检斤作业环节，从而减少了装卸次数。

② 装卸作业组织调度工作。在物流设施、设备一定的情况下，装卸作业组织调度水平是影响装卸次数的主要因素，如联运过程中，组织货物不落地完成运输方式和运输工具的转换。对物流据点而言，主要组织一次性作业，货物不落地无间歇。

（2）提高被装卸物的纯度。物料的纯度指物料中含有水分、杂质与物料本身使用无关的物质的多少。物料的纯度越高，则装卸作业的有效程度越高；反之，则无效作业就会增多，如煤炭中的矸石，矿石中的表面水分，石灰中的未烧熟石灰及过烧石灰等，在反复装卸时，实际对这些无效物质反复消耗劳动，因而形成无效装卸。

（3）包装要适宜。包装是物流中不可缺少的辅助作业手段。包装的轻型化、简单化、实用化会不同程度地减少作用于包装上的无效劳动。

2. 省力化

所谓省力就是节省动力和人力。首先，在装卸时考虑重力因素，可以利用货物本身的重量和落差原理进行有一定落差的装卸，以减少或根本不消耗装卸的动力，这是合理化装卸的重要方式，如滑槽、滑板等工具的利用，从高处自动滑到低处，这就无需消耗动力；多采用斜坡式，减少从下往上的搬运，以减轻负重；卡车后面带尾板升降机，仓库作业台设装卸货升降装置等。其次，在装卸时尽量消除或削弱重力的影响，也会求得减轻体力劳动及其他劳动消耗的合理性，如进行水平装卸搬运，让仓库的作业台与卡车车厢处于同一高度，从而使货物平移，或手推车直接进出，这就能有效消除重力影响，实现合理化；然后，人力装卸时如果能配合简单机具，做到"持物不步行"，则可以大大减轻劳动量，做到合理化；此外，充分利用专业装卸搬运设备，实现规模装卸，达到充分发挥机械最优效率的水准，从而使单位装卸成本降低；最后，装卸搬运作业方式现代化，如集装化装卸、多式联运、集装箱化运输、托盘一贯制物流等。

总之，省力化装卸搬运原则是能往下则不往上、能直行则不拐弯、能用机械则不用人力、能水平则不要上斜、能滑动则不摩擦、能连续则不间断、能集装则不分散。

3. 提高装卸搬运活性

这里所说的活性是指"从物的静止状态转变为装卸运输状态的难易程度"。如果容易或适于下一步装卸搬运作业，则活性化高，如果难于转变为下一步的装卸搬运，则活性低，如仓库中的货物乱七八糟与整齐堆码的差别，散乱状态与放在托盘上的差别等。此外，在装卸机械灵活化方面的例子有叉车、铲车、带轨道的吊车、能转动360°的吊车和带轮子、履带的吊车等。

装卸、搬运的灵活性，根据物料所处的状态，即物料装卸、搬运的难易程度，可分为不同的级别，这就是"活性指数"。活性指数分为0~4共5个等级，具体如表6-2所示。

（1）0级——物料杂乱地堆在地面上的状态。进行下一步装卸必须要进行包装或打捆，或者只能一件件操作处置，因而不能立即实现装卸或装卸速度很慢。

（2）1级——物料装箱或经捆扎后的状态。在下一步装卸时可直接对整体货载进行操作，活性有所提高，但操作时需支起、穿绳、挂索，或支垫入叉，因而装卸搬运前预操作要占用时间，不能取得很快的装卸搬运速度，活性仍然不高。

（3）2级——箱子或被捆扎后的物料，下面放有枕木或其他衬垫后，便于叉车或其他机械作业的状态，装卸机具能立刻起吊或入叉，活性有所提高。

（4）3级——物料被放于台车上或用起重机吊钩钩住，能随时将车、货拖走，处于即刻移动的状态，这种活性更高。

（5）4级——被装卸、搬运的物料，已经被启动、直接作业的状态，即刻进入运动状态，而不需做任何预先准备，活性最高。

表6-2 装卸搬运活性指数

放置状态	需要进行的作业				活性指数
	整理	架箱	提起	拖运	
杂乱散放地上	需要	需要	需要	需要	0
装箱或简单捆扎	0	需要	需要	需要	1
集装化	0	0	需要	需要	2
处于随时起运	0	0	0	需要	3
已经被启动、可直接作业	0	0	0	0	4

从理论上讲，活性指数越高越好，但也必须考虑到实施的可能性。例如，物料在储存阶段，活性指数为4的输送带和活性指数为3的车辆在一般的仓库中很少被采用，这是因为大批量的物料不可能存放在输送带和车辆上的缘故。

为了说明和分析物料搬运的灵活程度，通常采用平均活性指数的方法。所谓平均活性指数就是一个装卸搬运系列中各阶段停滞部分（即活性指数0~3）的指数平均值。根据这一指数就可对该装卸搬运系列的改善步骤做一个基本估计。这个方法是对某一物流过程物料所具备的活性情况累加后计算其平均值，用"δ"表示。δ值的大小是确定改变搬运方式的信号。

（1）当$\delta<0.5$时，指所分析的搬运系统半数以上处于活性指数为0的状态，即大部分处于散装情况，其改进方式可采用料箱、推车等存放物料。

(2) 当 $0.5<\delta<1.3$ 时，则是大部分物料处于集装状态，其改进方式可采用叉车和动力搬运车。

(3) 当 $1.3<\delta<2.3$ 时，装卸、搬运系统大多处于活性指数为 2，可采用单元化物料的连续装卸和运输。

(4) 当 $\delta>2.3$ 时，则说明大部分物料处于活性指数为 3 的状态，其改进方法可选用拖车、机车车头拖挂的装卸搬运方式。

4. 装卸搬运顺畅化

货物装卸搬运的顺畅化是保证作业安全、提高作业效率的重要方面，所谓顺畅化就是作业场所无障碍，作业不间断、作业通道畅通，如叉车在仓库中作业，应留有安全作业空间，转弯、后退等动作不应受面积和空间限制；人工进行货物搬运要有合理的通道，脚下不能有障碍物，头顶留有空间，不能人撞人、人挤人；用手推车搬运货物，地面不能坑坑洼洼，不应有电线、工具等杂物影响小车行走；人工操作电葫芦吊车，地面防滑、行走通道两侧的障碍等问题均与作业顺畅与否相关。机械化、自动化作业途中停电、线路故障、作业事故的防止等都是确保装卸搬运作业顺畅和安全的因素。

提高装卸搬运作业的顺畅化应做到：①作业现场装卸搬运机械合理衔接；②不同的装卸搬运作业在相互联结使用时力求使其装卸搬运速率相等或接近；③充分发挥装卸搬运调度人员的作用，一旦发生装卸搬运作业障碍或停滞状态，立即采取有力的措施补救。

5. 实现装卸搬运的短距化

物料在装卸搬运当中要实现水平和垂直两个方向的位移，选择最短的路线完成这一活动就可避免超越这一最短路线以上的无效劳动。短距化，即以最短的距离完成装卸搬运作业，最明显的例子是生产流水线作业，它将各道工序连接在输送带上，通过输送带的自动运行使各道工序的作业人员以最短的动作距离实现作业，大大地节约了时间，减少了人的体力消耗，大幅度提高了作业效率。转动式吊车、挖掘机也是短距化装卸搬运机械。短距化在人们生活中也能找出实例，如转盘式餐桌，各种美味佳肴放在转盘上，人不必站起来就能夹到菜。缩短装卸搬运距离不仅省力、省能，又能使作业快速、高效。

6. 推广组合化装卸搬运

组合化装卸搬运又叫单元化或成组化装卸搬运，是提高装卸搬运效率的有效方法，如集装箱、托盘等单元化设备的利用等都是单元化的例证。组合化装卸具有很多优点：①装卸单位大、作业效率高，可大量节约装卸作业时间；②能提高物料装卸搬运的灵活性；③操作单元大小一致，易于实现标准化；④用手去触及各种物料，可达到保护物料的效果。

7. 提高装卸搬运作业的机械化水平

一般来说，装卸搬运是重体力劳动，很容易超过人的承受限度。如果不考虑人的因素或不够尊重人格，则容易发生野蛮装卸、乱扔乱摔现象。搬运的东西在包装和捆包时应考虑人的正常能力和抓拿的方便性，也要注重安全性和防污染性等。随着生产力的发展，装卸搬运的机械化程度定将不断提高。此外，装卸搬运的机械化能将工人从繁重的体力劳动中解放出来，尤其对于危险品的装卸作业，机械化能保证人和货物的安全，也是装卸搬运机械化程度不断得以提高的动力。

8. 合理地规划装卸搬运作业过程

装卸搬运作业过程是指对整个装卸作业的连续性进行合理的安排，以减少运距和装卸次数。装卸搬运作业现场的平面布置是直接关系到装卸、搬运距离的关键因素，装卸搬运机械要与货场长度、货位面积等互相协调。要有足够的场地集结货场，并满足装卸搬运机械工作面的要求，场内的道路布置要为装卸搬运创造良好的条件，有利于加速货位的周转。使装卸搬运距离达到最小平面布置是减少装卸搬运距离的最理想的方法。

本章小结

装卸是指物品在指定地点以人力或机械装入运输设备或卸下。它一般是以改变货物与地面之间的垂直距离，即改变货物一定的存放、支承状态为目的的实物运动形式；搬运是指在同一场所内，对物品进行水平移动为主的物流作业，它一般是在小范围内（通常是指在某一物流节点，如仓库、车站或码头等）发生的短距离的水平位移；装卸搬运就是指在某一物流节点范围内进行的，以改变物料的存放状态和空间位置为主要内容和目的的活动。在物流系统中，装卸与搬运是连接保管与运输的重要环节，是决定物流速度的关键，已成为物流环节不可或缺的一环。装卸搬运方式通常可根据作业场所、作业对象和作业特点等对其进行分类。

装卸搬运技术水平是装卸搬运作业现代化的重要标志之一。常见的装卸搬运技术有起重技术、连续输送技术、装卸搬运车辆和散装装卸技术。

科学合理地装卸与搬运是提高物流效率，更好地满足顾客物流服务需求，提高物流服务水平的重要手段。装卸搬运工作组织内容包括装卸搬运机械的选择、装卸搬运机械数量的确定和装卸搬运合理化措施。

关键术语

| 装卸 | 搬运 | 装卸搬运 | 起重技术 | 连续输送技术 |
| 装卸搬运车辆 | 散装装卸技术 | 装卸搬运合理化 | 装卸搬运活性指数 | |

复习思考题

一、选择题

1. 以改变物料的存放状态和空间位置为主要内容和目的的活动是（　　）。
   A. 装卸搬运　　　　B. 运输　　　　　　C. 配送　　　　　　D. 储存保管

2. 以下关于装卸搬运说法不正确的是（　　）。
   A. 装卸搬运是物品的不同运动阶段之间相互转换的桥梁
   B. 装卸搬运改变了物品的时间或空间价值
   C. 装卸搬运就像影子一样始终伴随着生产、流通活动
   D. 装卸搬运制约着生产与流通领域其他环节的业务活动

3. 集装箱的装卸作业通常采用（　　）装卸。
   A. 垂直和水平　　　　　　　　　　　　B. 铁路和水路
   C. 单件和集装　　　　　　　　　　　　D. 吊上吊下和叉上叉下

4. 为实现装卸搬运合理化的目标，要选择适当的包装。能减少无效包装作业的包装措施有（   ）。

A. 包装盛装化　　　　　　　　B. 包装简单化
C. 包装实用化　　　　　　　　D. 包装复杂化
E. 包装轻型化

5. （   ）是安装有微型电脑，能按编程指令自动完成一系列动作的机械。仓库中的作业具有多样性，要求机器人具有识别和判断功能，还需要具备一些简单的决策功能。

A. 无人搬运车　　B. 机器人　　C. 回转货架　　D. 挂车

二、简答题

1. 简述装卸搬运的概念和特点。
2. 装卸搬运方式有哪些分类方法？
3. 简述常见的装卸搬运技术。
4. 装卸搬运作业的基本要求有哪些？
5. 物料装卸搬运机械的选择、配置原则是什么？
6. 如何确定装卸搬运机械的数量？
7. 什么是装卸搬运活性？每种活性指数的含义是什么？
8. 简述装卸搬运合理化的措施。

三、分析应用题

1. 选择一超市观察其货物上架过程分析其装卸搬运是否合理，如存在不合理现象，试提出改进建议。
2. 试分析装卸搬运与仓库布局的关系。

四、案例分析题

"云南双鹤医药"装卸搬运的现状

云南双鹤医药有限公司是北京双鹤这艘医药航母部署在西南战区的一艘战舰，是一个以市场为核心、现代医药科技为先导、金融支持为框架的新型公司，是西南地区经营药品品种较多、较全的医药专业公司。

虽然云南双鹤已形成规模化的产品生产和网络化的市场销售，但其流通过程中物流管理严重滞后，造成物流成本居高不下，不能形成价格优势。这严重阻碍了物流服务的开拓与发展，成为公司业务发展的"瓶颈"。装卸搬运活动是衔接物流各环节活动正常进行的关键，而云南双鹤恰好忽视了这一点，由于搬运设备的现代化程度低，只有几个小型货架和手推车，大多数作业仍处于人工作业为主的原始状态，工作效率低，且易损坏物品。另外，仓库设计得不合理，造成长距离的搬运，并且库内作业流程混乱，形成重复搬运，大约有70％的无效搬运，这种过多的搬运次数损坏了商品，也浪费了时间。

资料来源：彭扬.现代物流学案例与习题[M].北京，中国物资出版社，2010.

通过阅读以上案例，试作以下分析。

1. 分析装卸搬运环节对企业发展的作用。
2. 针对医药企业的特点，试对云南双鹤的搬运系统的改造提出建议和方法。

第7章 包装与流通加工

【本章知识架构】

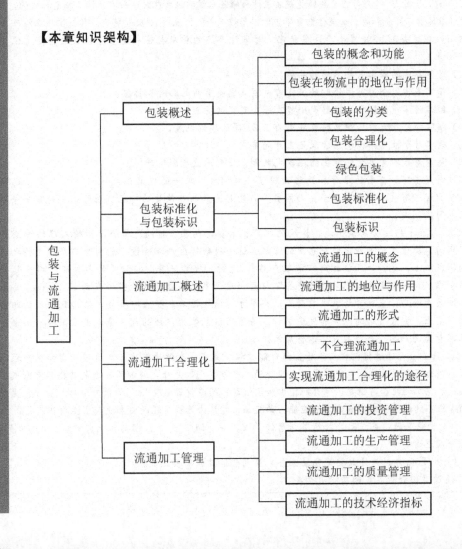

物流管理概论

【本章教学目标与要求】

（1）掌握包装的概念。
（2）了解包装的地位与作用。
（3）掌握包装的功能，了解包装的分类。
（4）掌握包装合理化。
（5）掌握流通加工的概念及其特点。
（6）明确流通加工在物流活动中的地位与作用。
（7）了解流通加工的形式。
（8）了解流通加工管理的内容。

Fruit Tree 公司的包装

Fruit Tree 公司是一家生产各类果汁及一些水果的企业，随着零售点数目和类型的增加，果汁市场迅速地成长起来，Fruit Tree 公司所关注的最主要的一个问题是果汁生产时的鲜度。因此，有些产品要么是通过冰冻制造，要么通过浓缩制造，对于 Fruit Tree 公司的大部分生产来讲，气候在决定公司能否生产出某一产品中起着一个很重要的作用。

10 年前，Fruit Tree 公司的产品线是瓶装果汁和罐装水果的独立包装，所有的标签都是相同的，并且只有两种标准容器，即瓶和罐。如果你需要苹果汁、梨罐头等，Fruit Tree 公司将会给你提供独立的产品。

然而，在过去 10 年中发生了许多变化，对果汁产品的要求也越来越多元化，这些多元化要求包括以下几点。

（1）世界各地的顾客需要不同的品牌。
（2）顾客不再完全为英语语种的消费者，因此需要有新的品牌和标签。
（3）顾客的消费习惯要求容器大小能有一个可变的空间。
（4）顾客的包装需要从独立的包装变为了 24 罐的不同包装。
（5）顾客对个性化品牌包装需求呈上升趋势。
（6）大量商品不再接受标准化的托盘式装卸，而要求被重新托盘化。

在这种趋势下，公司的库存和销售出现了一些问题。单一的包装形式很难适应多元化地市场需要，从而出现了有些产品库存过多，而同类产品的其他产品却缺货的情况。因此，公司需要寻求另一种方法来解决问题。

于是，Fruit Tree 公司认识到，传统的生产、装箱、包装、打包、集合及运输入库的方法并不有效，问题的解决方式是重新设计对仓库的责任。这一战略将生产环节设计成为生产产品并将之放于未包装的罐或瓶上，这种产品被称为"裸装产品"。这种"裸装产品"与相关的各种瓶和罐一起被送入仓库，仓库成为一个为托盘化"裸装产品"与瓶和罐的半成品储存地。当顾客向 Fruit Tree 公司提交每月的购买意向后，直到货物装车前两天，公司才会确认订单，并立即将订单安排到仓库的四条包装线上的一条上，完成最后的包装和发运工作。为了保证包装生产线的利用率，当生产线有闲余时，将生产需求量大的产品，并将其入库以备后用。

Fruit Tree 公司通过将包装业务后置到仓储过程中完成，有效地解决了库存不均匀和生产预测的复杂问题。该公司仓库改建包装流水线的总投资约 700 万美元，另外，增加了 6 名包装操作员来充实包装线及安排已完工的托盘，但是，库存的减少和运输成本的减少带来了 26% 的额外税后利润率。更重要的是，顾客服务的改进和对市场需求反应能力的提高，曾认为无法实现的要求现在已能顺利完成。

资料来源：吴正心，杜丽芬．仓储管理实务［M］．长沙：湖南人民出版社，2007：13-14．

讨论及思考：
1. Fruit Tree 公司为什么要将包装业务后置到仓储过程中去完成？
2. 通过案例分析包装的功能有哪些？

包装是生产的终点、物流的始点。包装作为现代物流的一个重要环节，对现代物流的发展起着不可低估的作用。同时，现代物流的迅速发展也对包装提出了更高的要求。作为生产的终点，包装标志着生产的完成，必须满足生产的要求。作为物流的始点，包装完成后便具有物流的能力，在整个网络过程中，包装便可发挥对产品的保护作用。

7.1 包装概述

7.1.1 包装的概念和功能

1. 商品包装的概念

关于包装的定义，具有历史性和阶段性，不是一成不变的概念，它是随着历史的发展而变化。包装是从人类考虑如何保护、储存食物时开始出现的。早期的包装，只是为了保护和储存食物。随着生产力的发展，出现了商品交换，商品流通要求包装具有方便运输和识别商品的功能。到了现代社会，随着超级市场的普及与发展，使包装由原来的保护商品安全流通为主转向依靠包装传达信息、推销商品起无声售货员的作用，赋予包装新的使命与内涵。

对包装的含义，各个国家或组织有不同的表述和理解，但基本意思是一致的，都以包装功能和作用为其核心内容。美国包装协会对包装的定义："包装是为产品的运出和销售的准备行为。"英国标准协会对包装的定义："包装是为货物的运输和销售所做的艺术、科学和技术上的准备工作。"加拿大包装协会对包装的定义："包装是将产品由供应者送到顾客或消费者，而能保持产品于完好状态的工具。"日本工业标准在 JIS Z 0101—1959 中对包装的定义："包装是在商品的运输与保管过程中，为保护其价值及状态，以适当的材料、容器对商品所施的技术处理，或施加技术处理后保持下来的状态。"

上述几种说法的基本意思都表明包装的主要功能在于从产品生产后直到消费者手中的全过程中的每一个阶段，不论遇到什么外来影响都能使内容物受到保护，而不降低其使用价值。

我国国家标准 GB/T 18354—2006 中规定包装的定义："为在流通过程中保护产品、方便储运、促进销售，按一定技术方法而采用的容器、材料及辅助物等的总体名称。也指为了达到上述目的而采用容器、材料和辅助物的过程中施加一定技术方法等的操作活动。"在此，包装有两重含义：一是关于盛装商品的容器、材料及辅助物品，即包装物；二是关于实施盛装和封缄、包扎等的技术活动。

综上所述，包装是在物流过程中，为保证产品使用价值和价值的顺利实现而采用的一个具有特定功能的系统。

2. 包装的功能

良好的包装能增加产品的功能、扩大产品的效用，成为产品不可缺少的一部分。从生产角度讲，包装是生产的最后一道工序，是产品的重要组成部分，有了包装，产品才算完整。从流通领域来看，包装是物流的开始，是连接相关物流过程的重要手段。物流中商品包装的功能主要有保护功能、便利功能、定量功能。

1) 保护功能

保护功能是指在搬运、储存和运输期间保护内容物，使其不受外来冲击，免受损伤或变质。防止被包装（容）物在物流过程中受到质量和数量上的损失，并能防止危害性内装物对其接触的人、生物和环境造成危害。商品从生产领域到消费领域，往往需要经过一段时间和路程，为了保证商品能完整无损地运到目的地，需要根据商品的特性和流通条件，选择适当的包装材料、包装方式，对商品进行包装，以防止商品受损或变质。包装的保护功能，主要体现在以下几个方面。

（1）防止商品的破损变形。为了防止物资的破损变形，物资包装必须能承受在装卸、运输、保管等过程中的各种冲击、振动、压缩、摩擦等外力的作用，形成对外力的防护，而且具有一定的强度。例如，在装卸搬运作业过程中，由于操作不慎导致包装跌落，造成落下冲击。储存及运输过程中的堆码，使最低层货物承受强大的压力。这些都要求包装有足够的强度，如对于易碎和高精密的产品，一般多采用较厚的纸板，结构以封闭式包装为主，内衬泡沫等填充物，以免电子产品受损坏，充分体现了包装的保护功能。

（2）防止商品发生化学变化。在流动过程中，由于外界温度、湿度、光线等因素的影响，商品可能会发生发霉、变质、生锈等化学变化。因此，要求商品包装必须能在一定程度上起到阻隔水分、霉菌、光线，以及空气中各种有害气体的作用，起到防霉、防变质、防生锈、防老化等化学变化的目的，如对于易受潮、易氧化和易变质、腐烂的产品应防潮、防氧化、防虫蛀、防腐烂。如药品和食品等。

（3）防止有害生物对商品的影响。鼠、虫及其他有害生物对物资有很大的破坏性。包装封闭不严，会给细菌、虫类造成侵入之机，导致变质、腐败，如鼠、白蚁等生物会直接吞蚀纸张、木材等物资。因此，包装要能阻隔鼠、虫等有害生物对商品的破坏。

（4）防止商品对环境、人等的危害。对那些具有易燃性、爆炸性、腐蚀性、有毒性、感染性和放射性的产品，应采用特殊包装，并打上危险货物标志和说明文字。这有利于安全地进行储运、装卸和使用，避免污染环境，保障人和生物的安全。

2）便利功能

便利功能是指方便流通和消费的功能。在物流过程中，商品要经过多个环节，合理的包装会提供巨大的便利，从而提高物流作业的效率和效果。另外，包装还应方便顾客使用。其便利功能主要体现在以下几个方面。

（1）便于运输配送。包装的规格、形状、重量等与货物运输关系密切。包装尺寸与运输车辆、船舶、飞机等运输工具的箱、仓容积相吻合，有利于运输配送和提高运输配送的效率。

（2）便于装卸搬运。商品经过适当包装后为装卸搬运作业提供了便利，商品的包装便于各种装卸搬运工具的使用，有利于提高装卸搬运作业的机械化程度，以及装卸搬运机械的生产效率。另外，包装的标准化与集合化也大大提高了装卸搬运的效率。

（3）便于储存。从入库、出库角度看，包装规格、尺寸、形状适合仓库内作业，为入库和出库作业提供了便利。从储存保管角度看，商品的包装为储存保管工作提供了方便，便于维护商品的使用价值。包装上的各种标识和标志，便于仓库操作人员识别、读取、盘点、操作，有特殊要求的物资易于引起注意。从物资的验收角度上看，易于开包，便于重新订包的包装方式为验收提供了方便性。包装的集合方法、定量性，对节约验收时间、加快验收速度起到十分重要的作用。

3）定量功能

定量即单位定量或单元化，形成基本单件或与目的相适应的单件。包装有将商品几种单位集中的功能，以达到方便物流与方便商业交易等目的。从物流方面来考虑，包装单位的大小要和装卸、保管、运输条件的能力相适应，应当尽量能便于集中输送以获得最佳的经济效果，同时又要求能分割及重新组合以适应多种装运条件及分货要求。从商业交易方面来考虑，包装单位的大小应适于进行交易的批量，零售商品应适于消费者的一次购买。

现代包装的几大基本功能是彼此联系、相辅相成的，是通过包装容器融为一体而共同发挥作用的。所有包装都应具备这些功能，但对几者不能均等看待，对不同用途的包装要具体分析，对不同特点的包装，在功能设计上要有所侧重。

7.1.2 包装在物流中的地位与作用

1. 包装在物流中的地位

（1）包装是现代物流的始点。在现代物流理念形成以前，包装一直被认为是生产领域的活动，被看做是生产的终点，包装的设计往往主要从生产终结的要求出发，因而常常不能满足后续物流环节的要求。我国物流专家王之泰提出，包装与物流的关系，比之与生产的关系要密切，其作为物流始点的意义比之作为生产终点的意义要大得多。在整个流通过程中，包装的结实程度、美观与否和标准性，决定着产品是否能以完美的使用价值达到用户满意。

（2）合理的包装可以提高物流运营的整体效率。物流系统由运输配送、仓储、搬运装卸、流通加工、包装和物流信息处理6个环节构成。6大环节不是简单的组合，而是有必然的内在联系，相互影响，相互制约，有时还相互矛盾。物流效益背反说即是物流领域中这一普遍现象的典型描述。在包装方面主要体现为简化包装，可以降低包装费用，但是，由于包装强度降低，产品的防护效果降低，仓库里的货物就不能堆放过高，这就降低了保管效率，而且在装卸和运输过程中容易出现破损，以致搬运效率下降，破损率增多，造成储存、装卸、运输功能要素的工作劣化和效益递减。包装直接影响装卸搬运、保管、运输的质量和效率，关系到整个物流成本和销售效果，所以，包装在物流中的地位和作用十分重要。

2. 包装在物流中的作用

（1）在运输中的作用。防护作用，保证商品在复杂的运输环境中的安全，保证其质量和数量不受损失；方便作用，提高运输工具的装载能力，减少运输难度，提高运输效率。

（2）在装卸搬运中的作用。有利于采用机械化、自动化装卸搬运作业，减少劳动强度和难度，加快装卸搬运速度；在装卸搬运中使商品能够承受一定的机械冲击力，达到保护商品，提高工效的目的。

（3）在储功效的作用。方便计数；方便交接验收；缩短接收、发放时间，提高速度及效率；便于商品堆、码、叠放；节省仓库空间，进而节省仓容；良好的包装抵御储存环境对商品的侵害。

7.1.3 包装的分类

包装的种类繁多，为了使人们对包装有一个清晰的了解，需要对包装进行分类。包装的分类方法有多种。

1. 按照包装在商品流通中的作用分类

(1) 销售包装。销售包装又称商业包装、消费者包装或内包装，我国国家有关标准的定义：直接接触商品，并随商品进入零售网点和消费者或客户直接见面的包装。它是以促进销售为主要目的的包装。因此，销售包装的结构、形态、式样、性质，以及文字、图案、装潢设计，不仅要能够保护商品、方便流通，还要能够吸引消费者，激励消费者的购买欲望，起到美化商品、宣传商品、促进销售的作用。

商业包装强调营销，是把商品分装成方便顾客购买和易于消费的商品单位，其目的是向消费者显示商品的内容，吸引消费者。但对于物流系统却并不适宜。

(2) 运输包装。运输包装又称工业包装或外包装，是满足运输储存要求为主要目的的包装。主要目的是保护产品从结束制造生产到进入消费之前，在运输配送、储存保管和装卸搬运过程中免受自然因素和人为因素的影响。运输包装不像销售包装那样注重美观性，更强调的是包装的实用性和费用的低廉性。因此，运输包装必须在包装费用和物流时的损失之间寻找最佳的效果。

运输包装强调物流，是作为把运输、装卸、保管等相关的物流过程有机、顺利地联系起来的一种手段，具有保护货物、便于运输和处置等作用。

2. 按包装材料分类

(1) 纸包装。以纸为原料制成的包装，称为纸包装，主要有纸袋、纸箱、纸盒、纸筒、纸罐等。日用工业品多采用这种包装。

(2) 塑料包装。以塑料为原料制成的包装，称为塑料包装，主要有塑料袋、塑料盒、塑料瓶、塑料桶、塑料箱等。食品、医药、纺织、服装等商品多采用这种包装。

(3) 金属包装。以黑铁皮、镀锌铁皮、马口铁、铝皮等为原料制成的包装，称为金属包装，主要有钢桶、铁盒、铁罐、金属软管等。化工、罐头以及一些液体、粉状或高级贵重的商品多采用这种包装。

(4) 玻璃陶瓷包装。以玻璃与陶瓷制成的包装，称为玻璃陶瓷包装，主要有玻璃瓶、玻璃罐、陶瓷瓶、陶瓷坛、陶瓷壶等。

(5) 木制包装。以木材、木材制品和人造木板板材制成的包装，称为木制包装，主要有木箱、木桶、木盒等。较为笨重的五金、纸张和怕压怕摔的仪器、仪表等商品多采用这种包装。

(6) 纤维织品包装。以天然纤维和人造纤维织品制成的包装，称为纤维织品包装，主要有麻袋、布袋、布包等。

(7) 复合材料包装。用两种以上的材料复合制成的包装，称为复合材料包装，主要有纸与塑料、纸与铝箔和塑料等复合。

(8) 其他材料包装。主要指竹类、藤类、草类等编织物包装，如筐、篓、包、袋等。

3. 按包装的适用范围分类

(1) 专业包装。针对被包装物品的特点专门设计、专门制造，只适用于某一专门物品的包装。

(2) 通用包装。根据包装标准系列尺寸制造的包装容器，用于无特殊要求的或符合标准尺寸的物品。

4. 按在包装件中所处的空间位置分类

(1) 内包装，又称小包装、销售包装，是直接与内装产品接触、与消费者见面的包装,它是产品的主要保护层。内包装包括金属罐、玻璃和塑料容器、包装袋和纸盒等。这类包装的装潢要求很高。

(2) 中包装是将一定数量的单个小包装进行集装,如铅笔 12 支装一打,香烟 10 包装一条。它主要便于运输、计量、陈列及销售。

(3) 外包装是容纳一定数量中包装或小包装的大包装,主要是便于计量和运输。因此,外观要求不高,但必须标明内容物、性质、体积、重量及出品单位等。

这 3 类包装是根据商品的性质、形态、种类和销售方法的不同而确定的。

7.1.4 包装合理化

1. 不合理包装

不合理包装是在现有条件下可以达到的包装水平没有达到,从而造成了包装不足、包装过剩、包装污染等问题。目前,不合理的包装主要有以下形式。

(1) 包装不足。主要包括:①包装强度不足,导致包装防护性不足,造成商品的损失;②包装材料水平不足,由于包装材料选择不当,材料不能很好地承担运输防护及促进销售的作用;③包装容器的层次及容积不足,缺少必要层次与所需体积不足造成损失。

(2) 包装过剩。主要包括:①包装强度设计过高,如包装方式大大超过强度要求等,使包装防护性过高;②包装材料选择不当,选择过高,如可以选择纸质包装却采用金属包装等;③包装技术过高,如包装层次过多、包装体积过大。

(3) 包装污染。主要包括:①包装材料中大量使用的纸箱、木箱、塑料容器等,要消耗大量的自然资源;②商品包装的一次性、豪华性,甚至采用不可降解的包装材料,严重污染环境。

2. 合理包装

包装合理化是指在包装过程中使用适当的材料和适当的技术,制成与物品相适应的容器,节约包装费用,降低包装成本,既满足包装保护商品、方便储运、有利销售的要求,又要提高包装的经济效益的包装综合管理活动。要实现包装合理化,需要从以下几方面加强管理。

(1) 广泛采用先进包装技术。包装技术的改进是实现包装合理化的关键。要推广如缓冲包装、防锈包装、防湿包装等包装方法,使用不同的包装技法,以适应不同商品的包装、装卸、储存、运输的要求。

(2) 采用绿色包装方式。选择包装方式时,应遵循绿色化原则,通过减少包装材料、重复使用、循环使用、回收使用材料等包装措施,以及回收利用和生物降解、分解来推行绿色包装,节省资源。

(3) 采用组合单元装载技术,即采用托盘、集装箱进行组合运输。托盘、集装箱是包装—输送—储存三位一体的物流设备,是实现物流现代化的基础。包装的大型化和组合化有利于机械的使用,提高物流活动效率。

(4) 采用无包装的物流形态。对需要大量输送的商品(如水泥、煤炭、粮食等)来说,包装所消耗的人力、物力、资金、材料是非常大的,若采用专门的散装设备,则可获得较高的技术经济效果。散装并不是不要包装,它是一种变革了的包装,即由单件小包装向集合大包装的转变。

阅读案例 7-1

服装行业的专用周转箱

在服装的物流体系中物流周转容器这一载体基本贯穿于物流体系的始终，但目前应用最广的仍是纸箱。这种传统的作业和包装模式存在诸多弊端。例如，在入库核对时，必须一箱一箱搬下作业，劳动强度大；在堆垛时，下层纸箱易压变形、破损，并且防潮性差；在发货包装时，需要加多条封箱带，长距离运输需要用编织袋或打包绳等，费时费力。在日发货量增大时，发货速度往往达不到要求，且差错率提高。

许多客户都渴望寻找到优化或替代的方案，在对服装企业作业现场进行实地调查后，苏州良才科技开发了几种可循环容器，适用于从工厂或代工厂送货至物流中心、物流中心内部拣选，以及配送等环节能够满足服装物流的需求。

工厂或代工厂送货至配送中心，送货为多点对一点，有一定的送货量，环节相对单一，空箱回收容易控制。使用周转箱有以下优点。

（1）封箱快捷。盖子对扣、加封签即完成封箱，相比传统的加封箱带模式，速度大大提高。同时，因为箱体牢固，无需再加编织袋。

（2）方便核对和分拣货品。由于周转箱侧面可以打开，货品送至配送中心后，方便取出货品；机动性也大为增强，箱子组合后就能进行分拣作业，足以应对换季时货架不足的问题；此外，周转箱也可以直接放上货架进行作业，减少了将货品倒入货位这一流程，提高作业效率。

（3）降低包装成本。塑料专用容器较为牢固，正常使用寿命在3年以上，单次使用成本低。回收时可套叠或折叠，体积小，占用空间小。回收管理等费用与纸箱包装相比，周转箱的使用成本大大降低。

（4）防潮、防盗性能好。

（5）兼容性强。能与输送线、升降设备、托盘等设备匹配，能够有效提高物流中心拣选环节的作业效率。

基于目前国内物流发展水平及相关作业人员的认识，并考虑到回收管理，周转箱还适合用于区域内配送，其优势也十分明显。

一家欧洲品牌服装企业配送专用箱如图7.1所示。应用该周转箱，减轻了人员的作业强度，增强了配送过程中的防盗效果。同时，以周转箱替代一次性纸箱，节省逆向物流的空间，降低了供应链中的物流成本。

◀ 两只箱折叠前，高800mm。

◀ 两只箱折叠后，高160mm。

图 7.1　一家欧洲品牌服装企业配送专用箱

资料来源：单扩军. 服装行业志用周转箱[J]. 物流技术与应用，2010.2：108-109.

7.1.5　绿色包装

1. 绿色包装的含义

绿色包装策略又称生态包装策略，指包装材料能够再循环利用、再生利用或自然降解，并在产品的全生命周期中对人体和环境不会造成危害的适度包装。它的理念有两个方面的含义，一个是保护环境，另一个就是节约资源。这两者相辅相成，不可分割。其中，保护环境是核心，节约资源与保护环境又密切相关，因为节约资源可减少废弃物，其实也就是从源头上对环境的保护。从技术角度讲，绿色包装是指以天然植物和有关矿物质为原料研制成对生态环境和人类健康无害，有利于回收利用，易于降解、可持续发展的一种环保型包装，也就是说，其包装产品从原料选择、产品的制造到使用和废弃的整个生命周期，均应符合生态环境保护的要求。

2. 发展绿色包装的意义

随着社会经济的高速发展，在人类物质文明大大提高的同时，地球上的资源也在日益减少，人类赖以生存的环境，以及地球原本和谐的生态环境也正面临威胁。生态环境问题已经非常严重并已经引起政府和全社会的关注和重视，企业和个人作为环境污染的主要制造者，必须在环保方面承担起社会责任。可持续发展战略的实施，就是要求物流企业在生产经营活动中承担社会责任，将物流活动同自然环境、社会环境的发展协调起来，使自身的物流活动有利于环境的良性循环发展。绿色物流是可持续发展的一个重要环节，它与绿色制造、绿色消费共同构成了一个节约资源、保护环境的绿色经济循环系统。绿色物流中包含绿色包装的内容，绿色包装是绿色物流的重要组成部分。绿色包装不但为绿色物流服务，而且还具有其他人文意义。绿色包装的积极意义主要体现在以下几个方面。

(1) 包装绿色化可以减轻环境污染，保持生态平衡。自然环境是人类赖以生存的必要条件，随着科学技术的不断发展，人类对自然界的影响力日益增强。一方面人们开发、利用自然资源的能力不断提高，同时，人类活动对自然界，以及人类本身可能带来的负面影响也不断增加。这些负面影响中，有的甚至是根本不能或者短期内无法消除的。因此，要求人们要更加重视环境保护、安全卫生和注意节约资源。包装若大量采用不能降解的塑料，将会形成永久性的垃圾，塑料垃圾燃烧会产生大量有害气体，包括产生容易致癌的芳香烃类物质；包装若大量采用木材，则会破坏生态平衡。因此人们要通过采取绿色包装来保护环境和维持生态平衡。

(2) 绿色包装顺应了国际环保发展趋势的需要。在绿色消费浪潮的推动下，越来越多的消费者倾向于选购对环境无害的绿色产品。采用绿色包装并有绿色标志的产品，在对外贸易中也更容易被外商接受。

(3) 绿色包装是参与国际市场竞争，打破贸易壁垒的需要。国际标准化组织(International Organization for Standardization，ISO)考虑环境因素制定并颁布了具有可操作性的ISO 14000系列标准，提供对整个企业的管理、产品开发、决策评价、现场管理等方面内容。它成为国际贸易中重要的非关税壁垒。另外，早在1993年5月欧洲共同体正式推出的"欧洲环境标志"，欧洲共同体的进口商品要取得绿色标志就必须向其各盟国申请，没有绿色标志的产品要进入上述国家会受到极大地限制。在WTO一揽子协议中的《贸易与环境协定》，也促使各国企业必须生产出符合环境要求的产品及包装。

(4) 绿色包装是促进包装工业可持续发展的唯一途径。可持续发展要求经济的发展必须走"少投入、多产出"的集约型模式，绿色包装能促进资源利用和环境的协调发展。

(5) 发展绿色包装是保证安全卫生、保障人身体健康的需要。食品、药品类商品大量使用各种包装，许多食品、药品还与包装材料直接接触，如果包装不符合卫生规范的要求，即使食品、药品在配方、生产工艺等方面进行了严格地控制，这些商品也会因包装的污染而对人体产生危害。因此，必须高度重视包装材料的安全卫生性。

3. 绿色包装的原则

世界发达国家对绿色包装提出 4R1D 原则，即 Reduce(减量)、Reuse(重复使用)、Recycle(再回收)、Recover(复原)和 Degradable(可降解)。4R1D 原则是现今 21 世纪世界公认的发展绿色包装的产品基本准则。

(1) Reduce：减少包装材料，反对过分包装，即在保证盛装、保护、运输、储藏和销售的前提下，考虑减少原材料的使用量。欧美等国将减少包装材料列为发展无害包装的首选措施。

(2) Reuse：可重复使用，不轻易废弃的可以再次用于产品的包装，通过多次使用，减少包装产品的生产，也属于绿色包装范围。

(3) Recycle：可循环、可回收利用、可再生，把废弃的包装制品回收处理，重新利用，加工成新的包装制品。通过回收废弃物，生产再生制品等措施，达到再利用的目的。既不污染环境，又可充分利用资源。

(4) Recover：复原，可以获得新的价值，可以利用焚烧来获取能源和燃料。

(5) Degradable：可降解，为了不形成永久的垃圾，不可回收利用的包装废弃物要能分解腐化，进而达到改善土壤的目的。世界各工业国家均重视发展利用生物或光降解的包装材料。

4. 绿色包装的途径

1) 采用绿色的包装材料

绿色材料(Green Material)是指那些具有良好使用性能，且对资源和能源消耗少，对生态环境污染小，有利于人类健康，再生利用率高或可降解循环利用，在制造、使用、废弃直到再生循环利用的整个过程都与环境协调的一大类材料。

2) 减少包装材料消耗

减少包装材料消耗，可以通过以下两条途径。

(1) 可重用的物流包装。在对其设计时，要考虑到便于回收、储存和运输，要经久耐用。例如，设计时可将这些重用的物流包装物设计成具有可套放、可折叠、易清洗等功能。另外，可以按照标准模数尺寸制造瓦楞纸、纸板及木制、塑料制通用外包装箱，这种包装箱不专门安排回收使用，由于其通用性强，无论在何地都可转用于其他包装。

(2) 集合包装方式。将一定数量的包装件或产品，装入具有一定规格、强度和能长期周转使用的更大包装容器内，形成一个合适的搬运单元的包装技术。集合包装的方式较多，如集装箱、集装袋、托盘集装、框架集装等。集合包装不仅有利于产品装卸作业和运输作业的机械化，从而提高物流效率和物流过程的安全性，更重要的是集合包装容器可以反复周转使用，可以降低原产品内包装的用料标准，简化包装操作。因此，集合包装容器能节约包装材料，降低包装成本。

3) 对包装废弃物进行回收利用

一些发达国家在这方面做得很好。例如，美国 36 个州联合立法，实行环境标志制度，在塑料制品、包装容器上使用"绿色标志"或"再生标志"，说明它可以重复使用、再生使用，并通过法规加以保障。每年包装纸盒的回收量高达 4 000 万吨，这些纸盒经化学处理后，完全可以回收使用。2002 年美国共生产了 1 925 亿个饮料瓶罐，含铝、塑料和玻璃，回收率约为 41%，这相当于为美国节省了相当于 3 200 万桶原油的能量。再如，德国 1991 年颁布《包装废弃物处理》法令，并采取措施推动工业界将盛装饮料用的"PVC"瓶改为"PET"瓶，还要求将 80% 的"PET"回收利用。德国政府对使用难降解塑料包装的企业另外征收环境税。80%的商品不再采用展示包装,一次性包装大大减少,包装材料中的玻璃、金属板、铝罐回收十分成功。

4)制定绿色包装的宏观策略

绿色包装虽然是顺应环保要求而产生的,但绿色包装在任何国家都无法依靠市场来自发实现。而且包装越来越成为绿色壁垒,对国界贸易产生越来越重的影响。因此,实施绿色包装必须从绿色包装的法律调控、标准化制度及科技创新等宏观方面寻求对策。

阅读案例 7-2

发达国家的"绿色包装"

早在20世纪60年代,美国就已关注包装与环境保护问题,一些州政府采用法律措施强制回收包装废弃物,掀起"保护美国的美丽"的生态保护运动。20世纪80年代末,美国联邦政府制定了包装与环境保护总政策:包装材料的减量、回收、再利用和焚烧。20世纪90年代美国包装工业的发展方案有两种:按15%减少原材料和包装制品中至少25%可回收利用。这两种方案都得到包装行业的认可。不少专家认为,减少原料用量是发展的主流。美国尚未立法,但至今已有37个州分别立法并各自确定包装废弃物的回收定额。佛罗里达州政府正积极推行《废弃物处理预收费法》(ADF),为了鼓励包装容器生产商支持该法的实施,ADF规定只要达到一定的回收再利用水平即可申请免除包装废弃物的税收。根据美国环保局每年各种材料的回收情况,凡回收达50%以上的容器可免除预收费,以鼓励所有生产者保证其产品至少有一半可回收利用。目前,美国每年度纸盒回收量高达4 000万吨,回收的包装旧纸盒经化学处理后,可重复使用。

日本政府1992年起草了《能源保护和促进回收法》,1993年6月正式生效。在此之前,日本72%的包装废弃物作为能源焚烧。该法强调须生产可回收的包装产品和有选择地收集可回收的包装废弃物。该法实施效果较好,97%的玻璃酒瓶和81%的米酒瓶被回收利用,兴建了5个年加工再生1 000吨回收塑料的工厂。为提高包装废弃物的回收率,日本政府效仿欧州于1995年4月以"污染者付款"原则为基础提出:消费者负责将包装废弃物分类,市政府负责收集已分类的包装废弃物,私有企业获政府批准后对包装废弃物再处理。

资料来源:梁燕君. 发达国家的"绿色包装"[J]. 铁路采购与物流, 2007(2):44.

7.2 包装标准化与包装标识

7.2.1 包装标准化

1. 包装标准化的含义

包装标准化是指对商品包装的类型、规格、容量,使用的包装材料,包装容器的结构造型、印刷标志及商品的盛放、衬垫、封装方式、名词术语、检验要求等加以统一规定,并贯彻实施的政策和技术措施。

包装标准化主要内容是使商品包装适用、牢固、美观,达到定型化、规格化和系列化。对同类或同种商品包装,需执行"七个统一",即统一材料、统一规格、统一容量、统一标记、统一结构、统一封装方法和统一捆扎方法等。

2. 包装标准化的作用

包装标准化是现代化产品生产和流通的必要条件，是提高产品包装质量，减少消耗和降低成本的重要手段，其主要作用表现在以下几个方面。

(1) 包装标准化有利于包装工业的发展。包装标准化是保证国民经济各部门生产活动高度统一、协调发展的有利措施。商品质量与包装设计、包装材料或容量、包装工艺、包装机械等有着密切关系。由于商品种类繁多，形状各一，为了保证商品质量，减少事故的发生，根据各方面的需要，制定出行业标准及互相衔接标准，逐步形成包装标准化体系，有利于商品运输、装卸和储存；有利于各部门、各生产单位有机地联系起来，协调相互关系，促进包装工业的发展。

(2) 包装标准化有利于提高生产效率，保证商品安全可靠。根据不同商品的特点，制定出相应的标准，使商品包装在尺寸、重量、结构、用材等方面都有统一的标准，使商品在运转过程中免受损失。同时也为商品储存养护提供了良好条件，使商品质量得到保证。特别是运输危险品和有危险的商品时，由于包装比较适宜、妥当，减少了发热、撞击。因此，运输安全也得到了保证。

(3) 包装标准化有利于合理利用资源、减少材料损耗、降低商品包装成本。包装标准化可使包装设计科学合理，包装型号规格统一，可以节约原材料，降低包装成本。过去纸箱规格参差不齐，质量不好，实行包装标准化以来，纸箱统一简化为27种规格，降低半成品损耗5‰。实行统一箱型后，可节约包装用纸5%～20%，如沪、津两市，仅针织内衣包装实行标准化，一年就可降低包装费上百万元。另外，由于包装容器统一，有利于包装物的合理排列，可大大提高仓容量和运载量，减少流通费用。

(4) 包装标准化有利于包装的回收复用，减少包装、运输、储存费用。商品包装标准的统一，使各厂各地的包装容器，可以互通互用，便于就地组织包装回收复用，节省了回收空包装容器在地区间的往返运费，降低了包装储存费用。

(5) 包装标准化便于识别和计量。标准化包装简化了包装容器的规格，统一了包装的容量，明确规定了标志与标志书写的部位，便于从事商品流通的工作人员识别和分类。同时，整齐划一的包装，每箱中或者每个容器中的重量一样，数量相同，对于商品使用计量非常方便。

阅读案例 7-3

呼唤农产品包装标准化

近年来，随着农业标准化技术的推广与普及，种养业档次与效益都得到了提高。但市场上却出现了这样一副景象：产品质量高了，但包装却有点乱了。

例如，本来是普通小米，却要装上名牌包装；本是山西苹果，却买来"烟台苹果"的纸箱；更多的则是采用一些没有任何标识的不合格包装。乱包装的结果就是好产品卖不出好价钱。

从国外情况来看，美国、日本、欧洲等发达国家，农产品在上市时都有着非常严格而先进的包装标准，并且通过标准化包装，可以使农产品提高50%～100%的附加值，效益非常可观。因此，应该把农产品包装标准化列入农业标准化的推广项目之中，进行综合性的全面推广，使农产品的包装上台阶，也使农民经济效益更可观。

资料来源：www.interpack.com.cn

3. 包装标准化的内容

（1）包装材料标准化。商品包装材料应尽量选择标准材料，少用或不用非标准材料，以保证材料质量和材料来源的稳定。要经常了解新材料的发展情况，结合企业生产的需要，有选择地采用。

包装材料主要有纸张、塑料、金属、木材、玻璃、纤维织物等。对这几大类包装材料的强度、伸长平方米重量、耐破程度、水分等技术指标应作标准规定，以保证包装材料制成包装容器后能够承受流通过程中各损害商品的外力和其他条件。

（2）包装容器的标准化。包装容器的外形尺寸与运输车辆的内部尺寸和包装商品所占的有效仓库容积有关。因此，应对包装外形尺寸做严格规定。运输包装的内尺寸和商品中包装的外尺寸也有类似的关系。因此，对运输包装的内尺寸和商品中包装的外尺寸，也应作严格规定。为了节约包装材料和便于搬运、堆码，一般情况下，包装容器的长与宽之比为 3∶2，高与长相等。

（3）包装工艺标准化。凡是包装箱、桶等，必须规定内装商品数量、排列顺序、合适的衬垫材料，并防止包装箱、桶内空隙太大、商品游动，如木箱包装箱，必须规定箱板的木质、箱板的厚度、装箱钉子的规格、相邻钉子距离、包角的技术要求及钉子不得钉在夹缝里等。纸箱必须规定如何封口、腰箍的材料、腰箍的松紧及牢固度等。布包则要规定针距及捆绳的松紧度等。回收复用的木箱、纸箱及其他包装箱也都必须制定标准。

（4）装卸作业标准化。在车站、港口、码头、仓库等处装卸物时，都要制定装卸作业标准。机械化装卸要根据商品包装特点选用合适的机具，如集装袋、托盘等。工业、商业、交通运输部门交接货物时，要实行验收责任制，以做到责任分明。

（5）集合包装标准化。集合包装既适合机械化装卸，又能保护商品安全。我国集合包装近几年有较快的发展，并制定了部分国家标准，其中，20 吨以上的集装箱采用国际标准。托盘的标准应和集装箱的标准规定的尺寸相配套。

7.2.2 包装标识

包装标识是指在包装件外部用文字、图形、数字制作的特定记号和说明事项。包装标识主要有运输标志、储运标志和警示性标志。

（1）运输标志。运输标志是按运输规定，由托运人在货件上制作的表示货件与运单主要内容相一致的标记。其作用主要是便于识别货物，便于收货人收货，有利于运输、仓储、检验等。运输标志的内容主要有商品分类图示标志、供货号、货号、品名规格、数量、毛重、净重、生产日期、生产工厂、体积、有效期限、收货地点和单位、发货单位、运输号码、发运件数等。运输包装标志具体如表 7-1 所示。

表 7-1 运输包装标志

序号	代号	项目		含义
		中文	英文	
1	FL	商品分类图示标志	CLASSIFICATION MARKS	表明商品类别的特定符号
2	GH	供货号	CONTRACT NO.	供应该批货物的供货清单号码（出口商品用合同号码）

续表

序号	项目			含义
	代号	中文	英文	
3	HH	货号	ART NO.	商品顺序编号，以便出入库，收发货登记和核定商品价格
4	PG	品名规格	SPECIFICATIONS	商品名称或代号，标明单一商品的规格、型号、尺寸、花色等
5	SL	数量	QUANTITY	包装容器内含商品的数量
6	ZL	重量(毛重)(净重)	GBOSS WT NET WT	包装件的重量，包括毛重和净重
7	CQ	生产日期	DATE OF PRODUCTION	产品生产的年、月、日
8	CC	生产工厂	MANUFACTURER	生产该产品的工厂名称
9	TJ	体积	VOLUME	包装件的外件尺寸长×宽×高＝体积
10	XQ	有效期限	TERM OF VAIIDITY	商品有效期至×年×月
11	SH	收货地点和单位	PLACE OF DESTINATION AND CONSIGNEE	货物到达站、港和某单位(人)收
12	FH	发货单位	CONSIGNOR	发货单位(人)
13	YH	运输号码	SHIPPING NO.	运输单号码
14	JS	发运件数	SHIPPING PIECES	发运的件数
说明	① 分类标志一定要有，其他各项合理选用 ② 外贸出口商品根据国外客户要求，以中文、外文对照，印制相应的标志和附加标志 ③ 国内销售的商品包装上不填英文项目			

(2) 储运标志。包装储运标志又称指示标志或注意标志。它是根据商品的性能、特点，用简单醒目的图案和文字对一些容易破碎、残损、变质的商品，在包装的一定位置上做出指示性标志，以便在装卸搬运操作和储存保管时适当注意，如"此端向上"、"怕湿"、"怕热"、"小心轻放"、"由此吊起"、"禁止翻滚"、"重心点"、"禁用手钩"、"远离发射源及热源"、"堆码重量极限"、"堆码层数极限"等。2000年，国家标准局参照采用国际标准 ISO 780—1997《包装—搬运图示标志》，制定了我国《包装储运图示标志》(GB 191—2000)。该标准规定了包装储运图示标志的名称、图形、尺寸、颜色及使用方法，适用于各种货物的运输包装，包装储运图示标志如图 7.2 所示。

(3) 警示性标志。警示性标志又称危险品标志，是指在易燃品、爆炸品、有毒品、腐蚀性物品、放射性物品的运输包装上表明其危险性质的文字或图形说明。警示性标志主要有爆炸品、易燃气体、不燃压缩气体、有毒气体、易燃液体、易燃固体、自燃物品、氧化剂、有机过氧化物、有毒品、剧毒品、有害品、感染性物品、放射性物品(分一、二、三级)、腐蚀性物品等。联合国危险货物运输标志如图 7.3 所示。

（白纸印黑色）　（白纸印黑色）　（白纸印黑色）　（白纸印黑色）　（白纸印黑色）　（白纸印黑色）
小心轻放　　　向上标志　　　由此吊起　　　重心　　　　怕雨　　　　　怕晒

（白纸印黑色）　（白纸印黑色）　（白纸印黑色）　（白纸印黑色）　（白纸印黑色）　（白纸印黑色）
堆码重复极限　　温度极限　　　禁用翻滚　　　禁用手钩　　　易手翻倒　　　怕冷

图 7.2　包装储运图示标志

图 7.3　联合国危险货物运输标志

（4）国际海运标志。联合国政府海事协商组织对国际海运货物规定了国际海运指示标志，如图 7.4 所示，以及国际海运危险品标志，如图 7.5 所示。我国出口商品包装可同时使用两套标志。

图 7.4　国际海运指示标志

图 7.5　国际海运危险品标志

7.3　流通加工概述

7.3.1　流通加工的概念

1. 流通加工的概念

我国国家标准 GB/T 18354—2006 中规定，流通加工就是根据顾客的需要，在流通过程中对产品实施的简单加工作业活动（如包装、分割、计量、分拣、刷标志、拴标签、组装等）作业的总称。流通加工是商品在流通中的一种特殊加工形式，是为了提高物流速度和物品的利用率，在物品进入流通领域后，按客户的要求进行的加工活动。换言之，流通加工是物品从生产者向消费者流动的过程中，为了促进销售，维护产品质量和提高物流效率，对商品所进行的加工，使商品发生物理、化学或形状的变化，以满足消费者的多样化需求和提高商品的附加值。流通与加工的概念本属于不同的范畴，如图7.6所示。

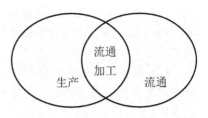

图7.6 流通与加工的概念

加工是通过改变物品的形态或性质来创造价值，属于生产活动；流通则是改变物品的空间状态和时间状态，并不改变物品的形态或性质。而流通加工处于不易区分生产还是流通的中间领域，不改变商品的基本形态和功能，只是完善商品的使用功能，提高商品的附加价值，同时提高物流系统的效率。可以说，流通加工是生产加工在流通领域的延伸，也可以看成流通领域为了提供更好的服务，在职能方面的扩大，如图7.7所示。

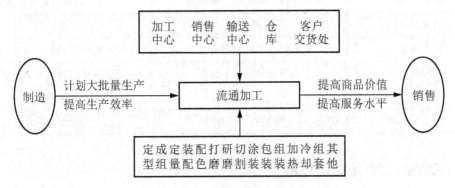

图7.7 流通加工示意图

流通加工是为了提高物流速度和物品的利用率，在物品进入流通领域后，按客户的要求进行的加工活动，即在物品从生产者向消费者流动的过程中，为了促进销售、维护商品质量和提高物流效率，对物品进行一定程度地加工。流通加工通过改变或完善流通对象的形态来实现"桥梁和纽带"的作用。因此，流通加工是流通中的一种特殊形式。随着经济增长，国民收入增多，消费者的需求出现多样化，促使在流通领域开展流通加工。目前，在世界许多国家和地区的物流中心或仓库经营中都大量存在流通加工业务，在日本、美国等物流发达国家则更为普遍。

2．流通加工与生产加工的区别

流通加工是在流通领域从事的简单生产活动，具有生产制造活动的性质。流通加工与一般性的生产加工在加工方法、加工组织、生产管理等方面并无显著区别，但在加工对象、加工程度方面差别较大。流通加工与生产加工的区别主要表现在以下几个方面。

（1）从加工对象看，流通加工的对象是进入流通过程的商品，具有商品的属性。流通加工的对象是商品，而生产加工的对象不是最终产品，而是原材料、零配件或半成品。

（2）从所处环节看，流通加工处于流通过程，生产加工处于生产过程。

（3）从加工程度看，流通加工大多是简单加工，而不是复杂加工。一般来讲，如果必须进行复杂加工才能形成人们所需的商品，那么，这种复杂加工应该专设生产加工过程。生产过程理应完成大部分加工活动，流通加工则是对生产加工的一种辅助及补充。特别需要指出的是，流通加工绝不是对生产加工的取消或代替。

（4）从加工附加价值看，生产加工是创造价值及使用价值，而流通加工则是完善其使用价值，并在不做大的改变的情况下提高价值。

(5) 从加工单位看，流通加工的组织者是从事流通工作的人员，能密切结合流通的需要进行加工活动，一般是由商业或物资流通企业完成，而生产加工则由生产企业完成。

(6) 从加工目的看，生产加工是以交换、消费为目的的商品生产，而流通加工是除了以消费为目的所进行的加工，有时候也以自身流通为目的所进行的加工，纯粹是为流通创造条件。

流通加工与生产加工的区别如表7-2所示。

表7-2 流通加工与生产加工的区别

区 别	生 产 加 工	流 通 加 工
加工对象	原材料、零配件、半成品	进入流通过程的商品
所处环节	生产过程	流通过程
加工程度	复杂的、完成大部分加工	简单的、辅助性、补充加工
加工附加价值	创造价值和使用价值	完善其使用价值并提高价值
加工单位	生产企业	流通企业
加工目的	为交换、消费	为消费、流通

7.3.2 流通加工的地位与作用

1. 流通加工的地位

1) 流通加工有效地完善了流通

流通加工在实现时间效用和场所效用这两个重要功能方面，确实不能与运输和保管相比。因此，流通加工不是物流的主要功能要素。另外，流通加工的普遍性也不能与运输、保管相比，流通加工不是对所有物流活动都是必需的。但这绝不是说流通加工不重要，实际上它也是不可或缺的功能要素，具有补充、完善、提高与增强的作用，能起到运输、保管等其他功能要素无法起到的作用。例如，由于现代社会生产的相对集中（少品种、大批量、专业化）和消费的相对分散（多品种、小批量、个性化），生产和消费需要往往不能密切衔接，而通过流通加工就可以较为有效地解决这个供需矛盾。所以，流通加工的地位可以描述为提高物流水平，促进流通向现代化发展。

2) 流通加工是物流的重要利润来源

流通加工是一种低投入、高产出的加工方式，往往通过简单的加工作业就可获得丰厚的利润。例如，有的流通加工通过改变商品包装，使商品档次升级而充分实现其价值；有的流通加工可将产品利用率大幅提高30%，甚至更多。这些都是采取一般方法以期提高生产率所难以做到的。实践证明，在物流领域中，流通加工通过满足用户的需要，提高服务功能而成为高附加值的活动。其提供的利润并不亚于从运输和保管中挖掘的利润。因此，可以说流通加工是物流业的重要利润来源。

3) 流通加工在国民经济中也是重要的加工形式

随着经济增长，国民收入增多，消费者的需求出现多样化，从而促使在流通领域也开展流通加工。在整个国民经济体系中，流通加工作为一种加工形式也是必不可少的。它对于国民经济的健康发展、产业结构的优化升级，以及社会分工的合理细化都具有十分重要的意义。目前，在世界许多国家和地区的物流中心或仓库经营中都大量存在流通加工业务，有的规模也很大，在美国、日本等发达国家则更为普遍。

2. 流通加工的作用

1）提高原材料利用率

通过流通加工进行集中加工代替各使用部门的分散加工，可以大幅度提高物资的利用率，具有明显的经济效益。例如，将钢板进行剪板、切裁，木材加工成各种长度及大小的板、方等。集中下料可以优材优用、小材大用、合理套裁，可以有效减少原材料的消耗数量，提高加工质量。同时，对于加工后的余料还可使其得到更合理的利用，有很好的技术经济效果。

2）方便用户

用量小或满足临时需要的用户，不具备进行高效率初级加工的能力，通过流通加工可以使用户省去进行初级加工的投资、设备、人力，方便了用户。目前，发展较快的初级加工有将水泥加工成混凝土，将原木或板、方材加工成门窗，钢板预处理、整形等加工。

3）提高加工效率及设备利用率

在分散加工的情况下，加工设备由于生产周期和生产节奏的限制，设备利用时松时紧，使得加工过程不均衡，设备加工能力不能得到充分发挥。而流通加工面向全社会，加工数量大，加工范围广，加工任务多，这样可以通过建立集中加工点，采用一些效率高、技术先进、加工量大的专门机具和设备，一方面提高了加工效率和加工质量，另一方面还提高了设备利用率。

4）弥补了生产加工的不足

流通加工实际上是生产加工的延续和深化，它对于弥补生产加工的不足具有十分重要的意义。由于现实的生产系统中存在很多限制性因素，生产环节的各种加工活动往往不能完全满足消费者的要求，如生产资料产品的品种成千上万，规格型号极其复杂，要完全做到产品统一标准化极其困难。而流通企业往往对生产领域的物品供应情况和消费领域的商品需求最为了解，这为其从事流通加工创造了条件。因此，要弥补生产环节加工活动的不足，流通加工是一种理想的方式。

5）为流通企业增加了利润

大多数生产企业的初级加工规模有限，也不愿投入更为专业化的技术装备，所以，往往加工效率低下。流通加工企业可以通过集中加工的方法，以一家流通加工企业代替若干生产企业的初级加工工序，以解决单个企业初级加工效率不高的问题。流通加工通过专业化设备提高劳动生产率、原材料利用率和加工设备利用率，可以获得丰厚的直接经济效益。同时它还可以通过规模化加工有效地提高加工效益，缩短生产时间，减少全社会的加工费用，产生直接的经济效益。

6）能充分发挥各种运输手段的最高效率

流通加工环节一般设置在消费地，流通过程中衔接生产地的大批量、高效率、长距离的输送和衔接消费地的多品种、少批量、多用户、短距离的输送之间，存在着很大的供需矛盾。而通过流通加工就可以较为有效地解决这个矛盾。以流通加工为分界点，从生产地到流通加工点可以利用火车、船舶形成大量的、高效率的定点输送。而从流通加工点到消费者则可以利用汽车和其他小型车辆形成多品种、多用户的灵活输送，这样可以充分发挥各种输送手段的最高效率，加快输送速度，节省运力运费，使物流更加合理。

7.3.3 流通加工的形式

1. 为适应多样化需要的流通加工

从需求角度看，需求存在多样化和变化两个特点，为满足这种要求，经常是用户自己设置加工环节，如生产消费型用户的再生产往往从原材料初级处理开始。

从生产角度看，生产部门为了实现高效率、大批量的生产，其产品往往不能完全满足用户的要求。这样，为了满足用户对产品多样化的需要，同时又要保证高效率的大生产，可将生产出来的单一化、标准化的产品进行多样化的改制加工。例如，对钢材卷板的舒展、剪切加工，平板玻璃按需要规格的开片加工，木材改制成枕木、板材、方材等加工。

对一般消费者而言，则可省去繁琐的预处置工作，而集中精力从事较高级能直接满足需求的劳动。

2. 为方便消费的流通加工

这种流通加工形式在加工的深度上更接近于消费，使消费者感到更加方便。其主要是根据下游生产的需要将商品加工成生产直接可用的状态。例如，根据需要将钢材定尺、定型，按要求下料，将木材制成可直接投入使用的各种型材，将水泥制成混凝土拌合料，使用时只需稍加搅拌即可使用等。

3. 为保护产品所进行的流通加工

在物流过程中，在用户投入使用前都存在对产品的保护问题。为保护产品所进行的流通加工，是指为了使商品的使用价值得到妥善保存，延长商品在生产和使用期间的寿命，防止商品在运输、储存、装卸搬运、包装等过程中遭受损失所进行的相关加工活动。例如，水产品、肉类、蛋类的保鲜、保质的冷冻加工、防腐加工等，丝、麻、棉织品的防虫、防霉加工等。还有，如为防止金属材料的锈蚀而进行的喷漆、涂防锈油等措施，运用手工、机械或化学方法除锈，木材的防腐朽、防干裂加工，煤炭的防高温自燃加工，水泥的防潮、防湿加工等。

4. 为弥补生产领域加工不足的流通加工

由于受到各种因素的限制，许多产品在生产领域的加工只能到一定程度，而不能完全实现最终的加工。例如，木材如果在产地完成成材加工或制成木制品的话，就会给运输带来极大的困难，所以，在生产领域只能加工到圆木、板、方材这个程度，进一步的下料、切裁、处理等加工则由流通加工完成；钢铁厂大规模的生产只能按规格生产，以使产品有较强的通用性，从而使生产能有较高的效率，取得较好的效益。

这种流通加工实际是生产的延续，是生产加工的深化，对弥补生产领域加工不足有重要意义。

5. 为促进销售的流通加工

流通加工也可以起到促进销售的作用。例如，将过大包装或散装物分装成适合一次销售的小包装的分装加工；将以保护商品为主的运输包装改换成以促进销售为主的销售包装，以起到吸引消费者、促进销售的作用；将蔬菜、肉类洗净切块，以满足消费者要求；将零配件组装成用具、车辆，以便于直接销售，等等。

6. 为提高加工效率的流通加工

许多生产企业的初级加工由于数量有限，加工效率不高，难以投入先进的科学技术。而流通加工以集中加工的形式，解决了单个企业加工效率不高的问题。它以一家流通加工企业的集中加工代替了若干家生产企业的初级加工，促使生产水平有一定的提高。

7. 为提高物流效率、降低物流损失的流通加工

有些商品本身的形态使之难以进行物流操作，而且商品在运输、装卸搬运过程中极易受损。因此，需要进行适当的流通加工加以弥补，从而使物流各环节易于操作，提高物流效率，降低物流损失。例如，造纸用的木材磨成木屑的流通加工，可以极大地提高运输工具的装载效率；自行车在消费地区的装配加工可以提高运输效率，降低损失；石油气的液化加工，使很难输送的气态物转变为容易输送的液态物，也可以提高物流效率。这种加工往往改变产品的物理状态，但并不改变其化学特性，并最终仍能恢复原来的物理状态。

8. 为衔接不同运输方式、使物流更加合理的流通加工

在干线运输和支线运输的节点设置流通加工环节，可以有效解决大批量、低成本、长距离的干线运输与多品种、少批量、多批次的末端运输和集货运输之间的衔接问题。在流通加工点与大生产企业间形成大批量、定点运输的渠道，以流通加工中心为核心，组织对多个用户的配送，也可以在流通加工点将运输包装转换为销售包装，从而有效衔接不同目的的运输方式。例如，散装水泥中转仓库把散装水泥装袋、将大规模散装水泥转化为小规模散装水泥的流通加工，就衔接了水泥厂大批量运输和工地小批量装运的需要。

9. 生产—流通一体化的流通加工

依靠生产企业和流通企业的联合，或者生产企业涉足流通，或者流通企业涉足生产，形成对生产与流通加工进行合理分工、合理规划、合理组织，统筹进行生产与流通加工的安排，这就是生产—流通一体化的流通加工形式。这种形式可以促成产品结构及产业结构的调整，充分发挥企业集团的经济技术优势，是目前流通加工领域的新形式。这种流通加工形式是配送中心为了实现配送活动，满足客户的需要而对物资进行的加工。例如，混凝土搅拌车可以根据客户的要求，把沙子、水泥、石子、水等各种不同材料按比例要求装入可旋转的罐中。在配送路途中，汽车边行驶边搅拌，到达施工现场后，混凝土已经均匀搅拌好，可以直接投入使用。

7.4 流通加工合理化

流通加工合理化的含义是实现流通加工的最优配置，也就是对是否设置流通加工环节、流通加工设置地点、流通加工的类型、技术装备的类型等问题做出正确抉择。这样做不仅要避免各种不合理的流通加工形式，而且要做到最优。

7.4.1 不合理流通加工

流通加工是在流通领域中对生产的辅助性加工，从某种意义上讲，它不仅是生产过程的延续，而且是生产本身或生产工艺在流通领域的延续。而流通加工业务是现代物流企业提供的增值服务，即会提高流通商品的附加价值，从而实现物流企业的经济效益，也给供需双方带来方便与效率。然而各种不合理的流通加工也会产生抵消效益的负效应。不合理

的流通加工主要有以下形式。

（1）流通加工地点设置的不合理。流通加工地点设置即布局状况是决定整个流通加工是否有效的重要因素。通常情况下，为衔接单品种大批量生产与多样化需求的流通加工，加工地点设置在需求地区，才能实现大批量的干线运输与多品种末端配送的物流优势。如果将流通加工地设置在生产地区，一方面，为了满足用户多样化的需求，会出现多品种、小批量的产品由产地向需求地的长距离的运输；另一方面，在生产地增加了一个加工环节，同时也会增加近距离运输、保管、装卸等一系列物流活动。所以，在这种情况下，应选择由原生产单位完成这种加工而无需设置专门的流通加工环节。

另外，一般来说，为方便物流的流通加工环节应该设置在产出地，设置在进入社会物流之前。如果将其设置在物流之后，即设置在消费地，则不但不能解决物流问题，又在流通中增加了中转环节，因而也是不合理的。

即使是产地或需求地设置流通加工的选择是正确的，也并不代表流通加工地点的选择就一定合理，还有流通加工在小地域范围内的正确选址问题。如果决策失误，仍然会出现不合理，如交通不便，流通加工与生产企业或用户之间距离较远，加工点周围的社会及自然环境条件不好等。

（2）流通加工方式选择不当。流通加工方式涉及流通加工对象、流通加工工艺、流通加工技术、流通加工程度等内容。流通加工方式确定时需要考虑的最主要问题是将流通加工与生产加工进行合理分工。如果分工不合理，把本来应由生产加工完成的作业错误地交给流通加工来完成，或者把本来应由流通加工完成的作业错误地交给生产过程去完成，都会造成不合理。

流通加工不是对生产加工的代替，而是一种补充和完善。所以，一般来说，如果工艺复杂，技术装备要求较高，或加工可以由生产过程延续或轻易解决的，都不宜再设置流通加工，应由生产加工完成。需要特别强调的是，流通加工尤其不应与生产环节争夺技术要求高、经济效益好的加工内容，更不宜利用特定时期内的市场压力使生产者只从事初级加工或前期加工，而由流通企业完成深加工或最终装配任务。如果流通加工方式选择不当，就可能会出现与生产加工争夺市场、争夺利益的恶果。

（3）流通加工作用不大，形成多余环节。有的流通加工过于简单，或者对生产和消费的作用都不大，甚至有时由于流通加工的盲目性，同样未能解决品种、规格、包装等问题，相反却增加了作业环节，这也是流通加工不合理的重要表现形式。

（4）流通加工成本过高，效益不好。流通加工的一个重要优势就是它有较大的投入产出比，因而能有效地起到补充、完善的作用。如果流通加工成本过高，则不能实现以较低投入实现更高使用价值的目的，势必会影响它的经济效益。因此，除了一些必需的、从政策要求进行的流通加工即便亏损也须坚持外，其他投入产出效果差的流通加工环节，都应看成是不合理的流通加工。

7.4.2 实现流通加工合理化的途径

要实现流通加工的合理化，主要应从以下几个方面加以考虑。

（1）加工和配送结合。二者结合就是将流通加工设置在配送点中。一方面按配送的需要进行加工，另一方面加工又是配送作业流程中分货、拣货、配货的重要一环，加工后的产品直接投入到配货作业，这就无需单独设置一个加工的中间环节，而使流通加工有别于生产加工，将加工与中转流通巧妙地结合在一起。同时，由于配送之前有必要的加工，可以使配送服务水平大大提高，这是当前对流通加工做合理选择的重要形式，在煤炭、水泥等产品的流通中已经表现出较大的优势。

（2）加工和配套结合。"配套"是指对使用上有联系的用品集合成套地供应给用户使用。例如，方便食品的配套。当然，配套的主体来自各个生产企业，如方便食品中的方便面，就是由其生产企业配套生产的。但是，有的配套不能由某个生产企业全部完成，如方便食品中的盘菜、汤料等。这样在物流企业进行适当的流通加工，可以有效地促成配套，大大提高流通作为供需桥梁与纽带的能力。

（3）加工和合理运输结合。流通加工能有效衔接干线运输和支线运输，促进两种运输形式的合理化。利用流通加工，在支线运输转干线运输或干线运输转支线运输等这些必须停顿的环节，不进行一般的支转干或干转支，而是按干线或支线运输合理的要求进行适当加工，加工完成后再进行中转作业，从而大大提高运输及运输转载水平。

（4）加工和合理商流结合。流通加工也能起到促进销售的作用，提高商流的合理化程度，这也是流通加工合理化的方向之一。加工和配送相结合，通过流通加工，提高了配送水平，促进了销售，使加工与商流合理结合。此外，通过简单地加工改变包装形成方便的购买量，通过组装加工解除用户使用前进行组装、调试的难处，都是有效促进商流的很好例证。

（5）加工和节约结合。节约能源、节约设备、节约人力、减少耗费是流通加工合理化重要的考虑因素。对于流通加工合理化的最终判断，是看其是否能实现社会效益和企业本身经济效益的双重满意，而且是否取得了最优效益。与一般生产性企业不同的是，流通企业更应该树立社会效益第一的观念，以实现产品生产的最终利益为原则，只有在生产流通过程中不断补充、完善为己任的前提下才有生存的价值。如果为了追求企业的局部效益而从事不合理的流通加工业务，甚至与生产企业争利，这就有违于流通加工的初衷，或者其本身已不属于流通加工的范畴了。

阅读案例 7-4

时装 RSD 服务

> RSD 是时装的接收、分类和配送服务。RSD 是 TNT 澳大利亚公司下属的一家分公司开展的物流服务业务。它可以为顾客提供从任何地方来，到任何地方去的时装流通加工、运输、分送的需要。
>
> 时装 RSD 运输服务是建立在时装仓库的基础上的。时装仓库最大的特点是，具有悬挂时装的多层仓库导航系统。一般有 2~3 层导航悬挂的时装，可以直接传输到运送时装的集装箱中，形成时装取货、分类、库存、分送的仓储、流通加工、配送等的集成系统。在这个基础上，无论是平装还是悬挂的时装，都可以以最优越的时装运输的条件，进行门到门的运输服务。在先进的时装运输服务基础上，公司开展 RSD 服务项目，其实质是一种流通加工业务。RSD 服务满足了时装制造厂家、进口商、代理商或零售商的需要，依据顾客及市场的情况对时装的取货、分类、分送（供销）全部负责。
>
> 时装 RSD 服务可以完成制衣过程的质量检验等工作，并在时装仓库中完成进入市场前的一切准备工作。
>
> （1）取货：直接到制衣厂上门取时装。
> （2）分类：根据时装颜色、式样进行分类。
> （3）检查：时装颜色、脱线等质量问题。
> （4）装袋：贴标签后装袋、装箱。

> (5) 配送：按销售计划，直接送达经销商或用户。
> (6) 信息服务与管理：提供相应的时装信息服务和计算机化管理。
> 许多属于生产过程的工作程序和作业，可以在仓储过程中完成，这是运输业务的前向延伸，是社会化分工与协作的又一具体体现。这样服装生产厂家，可以用最小的空间（生产场地）、最少的时间、最低的成本来实现自己的销售计划，物流企业也有了相对稳定的业务量。
>
> 资料来源：彭彦平，王晓敏. 物流与包装技术[M]. 北京：中国轻工业出版社，2007.

7.5 流通加工管理

7.5.1 流通加工的投资管理

1. 设置流通加工环节的必要性分析

流通加工是对生产加工的补充和完善。是否需要这种补充，主要取决于以下两个方面。

(1) 生产厂家的产品能否直接满足用户的需要。如果可以，则不需设置；如果不能，则需要根据消费者的需求对产品进行合理化的流通加工。

(2) 用户对某种产品有无能力在流通领域作进一步加工。若用户可以以较低的成本和便利的方式完成产品的进一步加工，则在流通领域中无需设置流通加工；否则，则需要相关的流通加工企业根据用户的需求进行流通加工。

当然，有时从社会效益和经济效益考虑，为了节约原材料、节约能源、组织合理运输，设置流通加工环节也是必要的。

2. 设置流通加工环节的可行性分析

流通加工虽然有很大作用，但由于需要一定的投资及技术要求，在开展流通加工业务时必须进行可行性分析。在进行可行性分析时要考虑以下因素。

(1) 加工技术的进步，用户是否可自行方便地进行加工。
(2) 运输、包装技术的发展。
(3) 生产技术的进步是否能更有利于产品质量的提高。
(4) 投资数量的大小及投资回收期的长短。

7.5.2 流通加工的生产管理

流通加工的生产管理是指对流通加工生产全过程的计划、组织、指挥、协调与控制。流通加工生产管理的具体内容包括生产计划的制订，生产任务的下达，人力、物力的组织与协调，生产进度的控制等。在流通加工生产管理上特别要加强生产的计划管理，提高流通加工生产的均衡性和连续性，充分发挥流通加工的生产能力，提高流通加工效率。要制定科学的流通加工工艺流程和操作规程，实现加工过程的程序化和规范化。

流通加工的生产管理与运输、存储等环节的组织管理有较大区别，而与生产企业的组织和管理有许多相似。流通加工的组织和安排的特殊性，在于其内容及项目很多，而不同的加工项目有不同的加工工艺。一般而言，都有如劳动力、设备、动力、财务、物资等方面的管理。对于套裁型流通加工其最具特殊性的生产管理是出材率的管理。这种主要流通加工形式的优势在于利用率高、出材率高，从而获取效益。为提高出材率，需要加强消耗定额的审定及管理，并应采取科学方法，进行套裁地规划及计算。流通加工生产管理的内容和过程如图7.8所示。

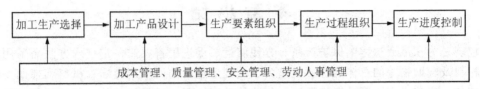

图 7.8　流通加工生产管理的内容和过程

7.5.3　流通加工的质量管理

流通加工的质量管理是对加工产品的质量控制。加工后的产品，其外观质量和内在质量都应符合有关标准。如果没有国家和部颁标准，其质量的掌握，主要是满足用户的要求。但是，由于各用户的要求不一，质量宽严程度也就不同，所以，要求流通加工必须能进行灵活的柔性生产，以满足不同的用户对质量的不同要求。

流通加工除应满足用户对加工质量的要求以外，还应满足用户对品种、规格、数量、包装、交货期、运输等方面的服务要求。此外，全面质量管理中采取的工序控制、产品质量监测、各种质量控制图表等，也是流通加工质量管理的有效方法。

7.5.4　流通加工的技术经济指标

衡量流通加工可行性，对流通加工环节进行有效管理，主要包括以下两类指标。

1. 流通加工建设可行性指标

流通加工不仅是一种补充性加工，规模、投资都必然低于生产性企业，其投资特点是，投资额较低，投资时间短，建设周期短，投资回收速度快且投资效益较大。因此，投资可行性分析可采用静态分析法。其常用的指标有两项。

投资回收期＝投资额/年均加工盈利额；

投资利润率＝利润额/投资额。

2. 流通加工日常管理指标

由于流通加工的特殊性，不能全部搬用考核一般企业的指标。例如，在技术经济指标中，对流通加工较为重要的是劳动生产率、成本利润率指标。此外，还有反映流通加工特殊性的指标。

（1）增值指标：反映经流通加工后，单位产品的增值程度，以百分率计。

增值率＝(加工后价值－加工前价值)/加工前价值

（2）品种规格增加额及增加率：反映某些流通加工方式在满足用户、衔接产需方面的成就，增加额以加工后品种、规格数量与加工前之差决定。

品种规格增加率＝品种规格增加额/加工前品种规格额。

（3）资源增加量指标：反映某些类型流通加工在增加材料利用率、出材率方面的效果指标。这个指标不但可提供证实流通加工的重要性数据，而且可具体用于计算微观及宏观经济效益。其具体指标分新增出材率和新增利用率两项。

新增出材率＝加工后出材率－加工前出材率；

新增利用率＝加工后利用率－加工前利用率。

本章小结

包装是为在流通过程中保护产品、方便储运、促进销售，按一定技术方法而采用的容器、材料及辅助物等的总体名称。也指为了达到上述目的而采用容器、材料和辅助物的过程中施加一定技术方法等的操作活动。包装的功能主要包括保护功能、便利功能、促销功能和定量功能。包装可按在商品流通中的作用、包装材料、包装的适用范围等来分类。

包装合理化是指在包装过程中使用适当的材料和适当的技术，制成与物品相适应的容器，节约包装费用，降低包装成本，既满足包装保护商品、方便储运、有利销售的要求，又要提高包装的经济效益的包装综合管理活动。可考虑从采用先进的包装技术、绿色包装形式、组合单元装卸技术、无包装的物流形态等方面入手，实现包装合理化。

包装标准化是现代化产品生产和流通的必要条件，是提高产品包装质量，减少消耗和降低成本的重要手段。包装标识主要有运输标志、储运标志和警示性标志。

流通加工是商品在流通中的一种特殊加工形式，是为了提高物流速度和物品的利用率，在物品进入流通领域后，按客户的要求进行的加工活动。流通加工在物流中具有重要的地位和作用。根据不同的目的，流通加工可分为为适应多样化需要的、为方便消费的、为保护产品所进行的、为弥补生产领域加工不足的、为促进销售的、为提高加工效率的、为提高物流效率降低物流损失的、为衔接不同运输方式使物流更加合理的、生产—流通一体化的流通加工等。

要实现流通加工的合理化，应考虑加工和配送、配套、合理运输、合理商流、节约相结合。对流通加工的管理主要包括投资管理、生产管理、质量管理等。

关键术语

包装　　包装合理化　　包装标准化　　包装标识　　流通加工　　流通加工合理化

复习思考题

一、选择题

1. 下列不符合绿色包装材料的有（　　）。

   A. 可食性包装材料　　　　　　　　B. 再生的包装材料

   C. 不可降解的塑料袋　　　　　　　D. 可降解材料

2. 流通加工的地点和消费地距离过大，形成多品种的末端配送服务困难，这样的不合理流通加工形式是（　　）造成的。

   A. 流通加工方式选择不当　　　　　B. 流通加工地点设置不合理

   C. 流通加工成本过高，效益不好　　D. 流通加工作用不大，形成多余环节

3. 按包装在商品流通中的作用分类可分为（　　）。

   A. 工业包装　　　B. 内包装　　　C. 商业包装　　　D. 外包装

4. 下列符合包装合理化的是（   ）。
   A. 必须易于入库，易于开包　　　　B. 包装样式要与搬运相适应
   C. 每箱装货量标准化　　　　　　　D. 包装要与产品的价值相符合
5. 流通加工大多数可能是（   ）加工。
   A. 附加性　　　B. 象征性　　　C. 简单性　　　D. 增值性
6. 为使流通加工合理化，在作业时应尽量做到（   ）的结合。
   A. 加工与配送　　　　　　　　　　B. 加工与装卸
   C. 加工与合理运输　　　　　　　　D. 加工与合理商流
   E. 加工与节约

二、简答题

1. 什么是包装？包装的功能是什么？
2. 商品包装合理化的要点有哪些？如何实现包装合理化？
3. 什么是流通加工？与生产加工相比，流通加工有何特点？
4. 流通加工的地位和作用体现在哪些方面？
5. 不合理的流通加工形式有哪些？

三、分析应用题

1. 结合实际分析包装在现代物流活动中的地位如何。
2. 试述如何判断流通加工的合理性并结合实例分析。

四、案例分析题

美军军用包装的发展与现状

1. 美军的包装管理体制

第二次世界大战时期，针对物资供应中不断出现的包装问题，在当时的陆军部运输局局长 Gross 将军的倡议下，成立了专门的包装机构来处理出现的包装问题。于是，在 1943 年 2 月 15 日 "供应勤务采购与分发处"成立了包装科。该机构主要通过发展包装规范来处理包装问题。后勤部队（ASF）有另外的部门从仓库组织的角度来处理包装问题。而该机构的成立也代表着美军军用包装的正式诞生。陆军和海军都充分利用这一大好机会来发展军用包装。

随着对包装标志重要性认识的逐渐提高，美国陆军部于 1942 年夏天成立了编码标志政策委员会。该委员会的成立对结束当时混乱的包装标志状态，提高运输效率起到了重要作用。到第二次世界大战结束时，陆军和海军都成立了自己的包装管理机构来处理包装中的问题，并且成立了陆海军联合包装局来处理两个部门之间带有共性的包装问题。

第二次世界大战以后，成立了包装联合协调小组（JTCG/PKG）。经过半个世纪的发展，美军已经形成了自己一套独特的、日趋完善的包装管理体制。现在美军已经形成了四级包装管理体制。

最高一级是负责军事设施和后勤的副助理国防部长指定专人负责包装工作，决定有关包装的政策和指令。

第二级是陆军器材司令部，负责执行副助理国防部长的指示，具体承办包装组织计划工作。

第三级是该司令部所属的"包装、储存与集装箱化中心"（PSCC），它是美军物资包装的中心机构。作为具体实施包装管理的单位，它的主要职能是：

① 在包装、储存、运输、装卸和集装箱化等方面制定政策、程序与标准，并向陆军器材部领导机关提出合理化的建议；

② 在物资包装与储存方面，拟制国防部指示与条例、三军通用条例与联合后勤司令部条例，并提出相关建议；

③ 确保所提出的包装要求适合用户需要、适用于陆军物资采购业务；

④ 进行陆军实用的新包装、新材料与新包装工艺的评定试验；

⑤ 进行材料、储存方法和物资搬运方法与装备的评定试验；

⑥ 完成价值工程研究，确保陆军器材部所属各二级部所提出的包装方法达到节约成本的最佳效益。

第四级是分布在各地的有关机构，即以军事仓库为主的负责包装工作的管理部。

2. 军用包装标准化

美军是发展军用包装标准较早的国家之一，从美军军用包装诞生的那一天起，美军军用包装标准也就同时诞生了。1945年陆海军联合包装局成立，该局成立后制定了一系列通用包装规范。其中包括著名的 JAN—P—108。到第二次世界大战结束时，该局已经制定了大约36个包装通用规范。

从40年代末到50年代初，美军在各个领域制定了一系列包装规范和标准。1952年，海军航空器材供应处制定了军用标准 MIL—P—116，该标准将储存方法分为3大类共21个子类。此时各军兵种积极发展武器系统，这就要求制定相应的包装要求。由于美军对包装标准或规范的制订没有统一的计划和协调，各军兵种都独立发展自己的包装规范，从而造成了大量规范和标准的重复制定，使标准体系比较混乱。针对这种情况，美军通过运用这一整套标准体系来组织指挥产品的生产和研制，并有效地控制了招标与投标的竞争过程。整个标准体系贯穿了军用装备包装的研制、审查、订购、装卸、储存使用和管理等各个环节，使整个包装工作做到了有法可依，增强了包装的可操作性和通用性，方便了军方、订购方和承制方。

3. 军用包装的人才培训

美军早在第二次世界大战时就提出"要有一批完全合格的人才来从事包装工作"。美军除了利用军用包装学校来培训人员之外，还充分利用地方包装院校包装教育和人才资源，为部队提供人员培训和联合进行包装科研活动。由于美国地方的包装教育比较正规，在大学中设有包装系，开设有关包装原料、包装设计、包装机械、包装试验等十多门课程，另外，还为军队系统开办先进包装系统、高级包装材料等课程和讲座。通过与地方包装院校的联合，美军从中弥补了军用包装培训的不完整性，使自己的包装人员始终具有较高的素质，掌握较先进的包装技术。

4. 建立、健全军用包装科研和检测机构

由于军用装备的包装不同于一般的商业包装，军用装备的运输和储存环境通常是最为恶劣和不可确定的，军用包装的设计和检测同普通商用包装的设计和检测有很大的差异。建立军用包装科研和检测机构是军用包装工作的重要组成部分。

5. 在军用包装工作中实行质量保证

要保证产品的包装不但能够满足内装物的要求，还要尽量降低成本，不造成过度包装，就必须从产品的订购环节开始对产品的包装设计和包装质量进行监督和检测。美军把产品包装的质量保证和合同管理紧密联系在一起，从而在一定程度上解决了这一问题。

美军现行的质量保证体制规定：①承包商应对其所提供的产品质量和服务负责，政府有权终止或者返还不合格的产品；②国防部所属部门应保证所设计、研制、生产、购买、储存的物资符合规定的要求。为了实现上述目标，美军由专门的质量保证代表对物资进行检查和测试，以确定其是否符合要求。

资料来源：刘斌．物流管理［M］．北京：高等教育出版社，2007：81.

根据所给资料，试作以下分析：

1. 如何解决包装标准化中的与国际接轨和有中国特色？

2. 阅读本案例后，你是如何对包装进行再认识的？

3. 你认为应当如何解决民用包装中普遍存在的超豪华包装，以及时有出现的包装不足这样两个极端问题。

第8章 配送管理

【本章知识架构】

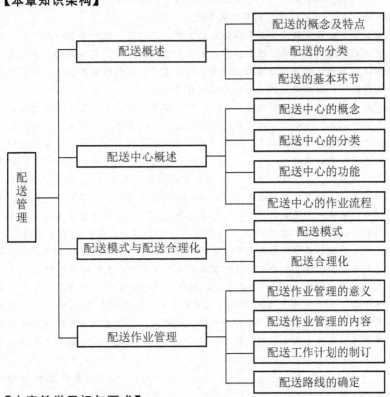

【本章教学目标与要求】
(1) 掌握配送的概念、特点、配送与物流的关系。
(2) 了解配送的分类；掌握配送的基本环节。

(3) 掌握配送中心的概念、功能。
(4) 了解配送中心的分类、作业流程。
(5) 掌握配送作业管理的意义、目标、内容。
(6) 了解配送工作计划的制订。
(7) 掌握配送路线确定的原则、方法。

沃尔玛成功的利器——物流配送

沃尔玛公司作为一家属于传统产业的零售企业，如何能在销售收入上超过"制造之王"的汽车工业，超过世界所有的银行、保险公司等金融机构，超过引领"新经济"的信息企业，已成为各方关注的焦点，这样的成功是与它强大的物流配送系统分不开的。

沃尔玛前任总裁大卫·格拉斯这样总结："配送设施是沃尔玛成功的关键之一，如果说我们有什么比别人干得好的话，那就是配送中心。"物流配送是实行连锁经营不可缺少的重要组成部分。不发展物流配送，就谈不上真正的连锁经营。灵活高效的物流配送系统是沃尔玛达到最大销售量和低成本的存货周转的核心，也是沃尔玛公司快速发展的决定性因素。

沃尔玛公司1962年建立第一个连锁店铺。随着连锁店铺数量的增加和销售额的增长，物流配送逐渐成为企业发展的瓶颈。于是，1970年沃尔玛在公司总部所在地建立起第一间配送中心，集中处理公司所销商品的40%。随着公司的不断发展壮大，配送中心的数量也不断增加。到现在该公司已建立62个配送中心，为全球4 000多个连锁店提供配送服务。整个公司销售商品的85%由这些配送中心供应，而其竞争对手只有约50%~65%的商品集中配送。

其配送中心的基本流程是供应商将商品送到配送中心后，经过核对采购计划、进行商品检验等程序，分别送到货架的不同位置存放。提出要货计划后，电脑系统将所需商品的存放位置查出，并打印有商店代号的标签。整包装的商品直接由货架上送往传送带，零散的商品由工作台人员取出后也送到传送带上。一般情况下，商店要货的当天就可以将商品送出。

沃尔玛公司共有6种形式的配送中心：①"干货"配送中心，主要用于生鲜食品以外的日用商品进货、分装、储存和配送，该公司目前这种形式的配送中心数量很多；②食品中心，包括不易变质的饮料等食品，以及易变质的生鲜食品等，需要有专门的冷藏仓储和运输设施直接送货到店；③山姆会员店配送中心，这种业态批零结合，有1/3的会员是小零售商，配送商品的内容和方式同其他业态不同，使用独立的配送中心。由于这种商店1983年才开始建立，数量不多，有些商店使用第三方配送中心的服务。考虑到第三方配送中心的服务费用较高，沃尔玛公司已决定在合同期满后，用自行建立的山姆会员店配送中心取代；④服装配送中心，不直接送货到店，而是分送到其他配送中心；⑤进口商品配送中心，为整个公司服务，主要作用是大量进口以降低进价，再根据要货情况送往其他配送中心；⑥退货配送中心，接收店铺因各种原因退回的商品，其中一部分退给供应商，一部分送往折扣商店，一部分就地处理，其收益主要来自出售包装箱的收入和供应商支付的手续费。

如今，沃尔玛在美国拥有100%的物流系统，配送中心已是其中一小部分，沃尔玛完整的物流系统不仅包括配送中心，还有更为复杂的资料输入采购系统、自动补货系统等。沃尔玛正是通过对物流、信息流的有效控制，使公司从采购原料开始到制成产品，最后由销售网络将产品送到消费者手中的过程变得高效有序，实现了商业活动的标准化、专业化、单纯化，从而获得了规模效益，使其在零售业界所向披靡。

资料来源：www.3rd56.com。

讨论及思考：
1. 物流配送在沃尔玛成功中的作用如何？
2. 分析沃尔玛物流配送的特点，对我国的零售企业有何启示？

8.1 配送概述

8.1.1 配送的概念及特点

1. 配送的概念

我国国家标准 GB/T 18354—2006 中对配送下的定义为：在经济合理区域范围内，根据客户要求，对物品进行拣选、加工、包装、分割、组配等作业，并按时送达指定地点的物流活动。

一般来说，配送是在整个物流过程中的一种既包含集货、储存、拣货、配货、装货等一系列狭义的物流活动，也包括输送、送达、验货等以送货上门为目的的商业活动，它是商流与物流紧密结合的一种综合的、特殊的综合性供应链环节，也是物流过程的关键环节。由于配送直接面对消费者，最直观地反映了供应链的服务水平，所以，配送"在恰当的时间、地点，将恰当的商品提供给恰当的消费者"的同时，也应将优质的服务传递给客户，配送作为供应链的末端环节和市场营销的辅助手段日益受到重视。可以从两个方面认识配送的概念。

(1) 从经济学资源配置角度看，配送是以现代送货形式实现资源的最终配置的经济活动。这个概念的内涵概括了以下内容。

① 配送是资源配置的一部分，因而是经济体制的一种形式。

② 配送的资源配置作用是"最终配置"，因而是接近客户的配置。它一头连接着物流系统的业务环节，一头连接着消费者，直接面对服务对象的各种不同的服务要求。配送功能完成的质量及其达到的服务水准最直观而又具体地反映了物流系统对需求的满足程度。

③ 配送的主要经济活动是现代送货。配送以现代化作业方法和手段为支撑，是特别依赖于现代化信息系统和信息作业的高水平的送货服务，离开现代化技术设施就很难从水平、速度、服务质量上达到一个新的高度，更难以展开社会性流通配送。

④ 配送在社会再生产过程中的位置是处于接近客户的那一段流通领域的，因而有其局限性。配送是一种重要的方式，有其战略价值，但是它并不能解决流通领域的所有问题。

(2) 从配送的实施形态角度看，配送是按用户订货要求，在配送中心或其他物流节点进行货物配备，并以最合理方式送交用户。这个概念的内涵概括了以下内容。

① 整个概念描述了接近用户资源配置的全过程。

② 配送的实质是送货。配送是一种送货，但区别于一般送货，是一种"中转"形式。一般送货通常具有偶然性的特点，而配送则具有经常性和固定性，是一种有确定组织、确定渠道，有一套装备和管理力量，有一套制度的体制形式。所以，配送是高水平的送货形式。

③ 配送是一种"中转"形式。配送是从物流节点至用户的一种特殊送货形式。从送货功能看，其特殊性表现为从事送货的是专职流通企业，而不是生产企业；配送是"中转"型送货，而一般送货尤其从工厂至用户的送货往往是直达型；一般送货是生产什么、有什么送什么，配送则是企业需要什么送什么。所以，要做到需要什么送什么就必须在一定中转环节筹集这种需要。

④ 配送是"配"和"送"有机结合的形式。配送与一般送货的重要区别在于,配送利用有效的分拣、配货等理货工作,使送货达到一定的规模,以利用规模优势取得较低的送货成本。如果不进行分拣、配货,有一件送一件,这样会大大增加动力的消耗。所以,追求整个配送的优势,分拣、配货等项工作是必不可少的。

⑤ 配送以用户要求为出发点。在定义中强调"按用户的订货要求",明确了用户的主导地位。配送是从用户利益出发、按用户要求进行的一种活动。因此,在观念上必须明确用户处于主导地位,配送企业处于服务地位。在实际经营中,经营者应从用户利益出发,在满足用户利益基础上取得本企业的利益,不能利用配送损害或控制用户,更不能利用配送作为部门分割、行业分割、市场分割的手段。当然,配送企业在满足用户需求的同时也应考虑自身经济效益,以最合理方式配送,避免过分强调"按用户要求",否则,会降低配送活动的效率和配送企业的效益,影响配送企业的可持续发展。

⑥ 强调配送方式的合理性。概念中"以最合理方式"主要是考虑过分强调"按用户要求"是不妥的,用户要求受用户本身的局限,有时实际会损失自我或双方的利益。对于配送者来讲,必须以"要求"为据,但是不能盲目,应该追求合理性,进而指导用户,实现共同受益的商业原则。

2. 配送的特点

从以上配送的概念分析中可以看出,配送活动具有以下特点。

(1) 任务的多重性。配送业务中,除送货外,在活动内容中还有拣选、分货、包装、分割、组配、配货等项工作,这些工作难度很大,必须具有发达的商品经济和现代的经营水平才能做好。在商品经济不发达的国家及历史阶段,很难按用户要求实现配货,要实现广泛的高效率的配货就更加困难。因此,一般意义的送货和配货存在着时代的差别。

(2) 各种业务的有机结合。配送是送货、分货、配货等许多业务活动有机结合的整体,同时还与订货系统紧密联系。要实现这一点,就必须依赖现代情报信息,建立和完善整个大系统,使其成为一种现代化的作业系统。这也是以往的送货形式无法比拟的。

(3) 技术手段现代化。配送的全过程要有现代化技术手段做基础。现代化技术和装备的采用使配送在规模、水平、效率、速度、质量等方面远远超过以往的送货形式。在活动中,由于大量采用各种传输设备及识码、拣选等机电装备,使得整个配送作业像工业生产中广泛应用的流水线,实现了流通工作的一部分工厂化。因此,可以说配送也是科学技术进步的一个产物。

(4) 分工专业。配送是一种专业化的分工方式。配送为客户提供定制化的服务,根据客户的订货要求准确及时地为其提供物资供应保证,在提高服务质量的同时可以通过专业化的规模经营获得单独送货无法得到的低成本。

3. 配送与物流的关系

配送是物流系统中由运输环节派生出的功能,是短距离的运输。它是物流中一种特殊的、综合的活动形式,是将商流与物流紧密结合,包含了商流活动,也包含了物流中若干功能要素的一种形式。

1) 从物流的角度来看

从物流来讲,配送的距离较短,位于物流系统的最末端,处于支线运输、二次运输和末端运输的位置,但是在配送过程中也包含着其他的物流功能(如装卸、储存、包装等),是多种功能的组合,可以说配送是物流的一个缩影或在某小范围中物流全部活动的体现,也可以说是一个小范围的物流系统。

但是，配送的主体活动与一般物流却有不同，一般物流是运输及保管，而配送则是运输及分拣配货。分拣配货是配送的独特要求，也是配送中有特点的活动，以送货为目的的运输则是最后实现配送的主要手段。从这一主要手段出发，常常将配送简化地看成运输的一种。

2）从商流的角度来看

从商流来讲，配送和物流不同之处在于，物流是商物分离的产物，而配送则是商物合一的产物，配送本身就是一种商业形式。虽然配送具体实施时也有以商物分离形式实现的，但从配送的发展趋势看，商流与物流越来越紧密地结合是配送成功的重要保障。

8.1.2 配送的分类

配送在长期的实践中以不同的运作特点和形式满足不同的顾客需求，形成不同的配送形式。配送可以按照不同的分类方法进行分类。

1. 按配送机构的不同分类

1）配送中心配送

这是通过"配送中心"这一专门的配送组织机构来完成配送业务的。配送中心是一种以物流配送活动为核心的经营组织，通常有较大规模的存储、分拣及输送系统和设施，而且要建立较大的商品储备，风险和投资都比较大，其设施及工艺流程一般是根据配送活动的特点和需要而专门设计和建设的。因此，其专业性较强，配送覆盖面较宽，但其投资大，并且一旦建成便很难改变，灵活机动性较差。

2）仓库配送

仓库配送是以一般仓库为据点进行的配送形式。它可以是将仓库完全改造成配送中心，也可以是在保持仓库原功能的前提下，以仓库原功能为主，再增加一部分配送职能。仓库配送可以利用原仓库的储存设施及能力、收发货场地、交通运输线路等，较为容易利用现有条件，不需大量投资。但由于其并不是按配送中心的要求而专门设计和建立的，所以，一般来讲仓库配送的规模较小，配送的专业化比较差。但是，由于可以利用原仓库的储存设施及能力、收发货场地、交通运输线路等，所以，既是开展中等规模的配送可以选择的形式，同时也是较为容易利用现有条件而不需大量投资的形式。

3）商店配送

这种配送方式的组织者是商业或物资的门市网点。这些网点往往承担商品的零售，一般来讲规模不大，但经营品种却比较齐全。这些网点可以在经营的同时，根据用户的要求，将本店经营的商品种类配齐，甚至为用户代为订购其他店的商品，连同该店的商品一起送到用户的手中。商店配送灵活机动，适用于小批量、零星商品的配送。这是由于商业和物资企业的经营网点较多，可以灵活机动地对非生产企业非生产性物资的产品配送，满足企业或消费者的需求。但是商业或物资的门市网点通常规模和实力有限，所以，商店配送一般无法承担大批量的商品配送。

按照商店的性质和其进行配送的程度，该配送分为专营配送形式和兼营配送形式。专营配送形式是指商店不进行销售，而是专门进行配送。一般情况是商店位置条件不好，不适于门市销售而又有某方面的经营优势及渠道优势可采取这种方式。兼营配送形式是商店在进行一般销售的同时还进行商品的配送。商店的备货可用于日常销售及配送。因此，兼营配送有较强的机动性,可以将日常销售与配送相结合,互为补充。这种配送形式在店面条件一定的情况下往往可以取得更多的销售额。

4) 生产企业配送

这种配送形式的组织者是生产企业,尤其是进行多种产品生产的企业。这种配送方式越过了配送中心,直接由生产企业进行配送。由于具有直接、避免中转的特点,所以,在节省成本方面具有一定的优势,但是,由于生产企业往往实行大批量低成本生产,品种较为单一,所以,无法像配送中心那样依靠产品凑整运输取得优势。这种配送方式多适用于大批量、单一产品的配送,不适用于多种产品"划零为整"的配送方式,所以,具有一定的局限性。生产企业配送在地方性较强的产品生产企业中应用较多,如就地生产、就地消费的食品、饮料、百货等,在生产资料方面,某些不适于中转的化工产品及地方建材也可采取这种方式。

2. 按配送商品种类及数量不同分类

1) 少品种、大批量配送

少品种、大批量配送是指按照用户的要求,将其所需要的单种商品配送给客户的方式。一般来讲,对于工业企业需要量较大的商品,由于单独一个品种或几个品种就可达到较大输送量,可以实行整车运输,这种情况下就可以由专业性很强的配送中心实行配送,不需要再与其他商品进行搭配。由于配送时商品品种少,所以,配送机构内部组织、策划等管理工作较为简单,而且配送数量大,易于配载,车辆使用效率高,配送成本较低。但是,如果可以从生产企业将这种水平直接运抵用户,同时又不至于使用户库存效益下降,采用直送方式则往往效果更好一些。

2) 多品种、小批量配送

现代企业生产中,除了需要少数几种主要物资外,大部分属于次要的物资,品种数较多,但是,由于每一品种的需要量不大,如果采取直接运送或大批量的配送方式,由于一次进货批量大,必然造成用户库存增大等问题。同样的情况在向零售店补充一般生活消费品的配送中也存在,所以,这些情况下适合采用多品种、小批量的配送方式。

多品种、小批量配送是指按照用户的要求,将其所需要的多种商品通过集货、分拣、配货、流通加工等环节分期分批地配送给客户的方式。这种配送方式相对来说作业难度较大,技术要求高,配送中心设备,特别是分拣设备复杂,配货送货计划难度大,为实现预期的服务目标必须制定严格的作业标准和管理制度。而且在实际中,多品种、少批量配送往往伴随多用户、多批次的特点,配送频度往往较高。

多品种、少批量配送主要是品种多而需求量不大。例如,库存管理中 ABC 分类的 B、C 类商品,将货物备齐,凑整装车,这种配送要求高水平的组织管理,技术装备较为复杂,它是符合"消费多样化"、"需求多样化"的新观念的一种配送形式。

3) 配套成套配送

配套成套配送是指按照企业的生产需要,将其所需要的多种商品配备齐全后直接运送到生产企业和其他所需用户的手中。一般适用于需要配套或成套使用的产品。例如,按照装配型企业的生产需要,将生产每一台产品所需要的全部零部件配齐,按照生产节奏定时送达生产企业,生产企业随即可将此成套零部件送入生产线以装配产品。这种配送方式中,配送企业承担了生产企业大部分的供应工作,使生产企业可以专注于生产,它与多品种、少批量的配送效果相同。

3. 按配送的时间和数量分类

1) 定时配送

定时配送是指按规定的时间间隔进行配送。配送的货物种类及数量按计划执行或按顾客的订单要求进行配送。这种方式由于时间固定，双方均易于安排作业计划。但也可能由于配送品种和数量的临时性变化增加管理和作业难度。定时配送有以下 4 种形式。

(1) 小时配：接到配送订货要求后，在 1 小时内将货物送达，适用于一般消费者突发的个性化需求所产生的配送要求，也经常作为配送系统中应急的配送方式。B2C 型电子商务，在一个城市范围内，经常采用小时配的配送服务形式。

(2) 日配：日配即当日配送的意思，是广泛施行的一种配送方式。日配方式广泛而稳定开展，可使用户基本上不保持库存。日配方式适合下述情况：①新鲜食品的配送，如水果、蔬菜、点心、肉类、蛋类、鱼、面包、豆腐等；②小型商店，如便利店，商品周转快，需求数量少，商店无库存或暂存的地方；③受条件限制不可能保持较长时间的库存，如"黄金"地带的商店，缺少冷藏设施的用户；④临时出现的需求。

(3) 准时配送：准时配送是按照双方协议时间，准时将货物配送到用户的一种方式，是实现配送供应与生产企业的生产保持同步的一种方式，这种方式精细准确，保证生产的稳定性和连续性。它追求的是供货时间恰是用户需求之时。这种配送方式适合于装配型重复大量生产的用户，这种用户所需配送的物资是重复、大量而且没有大变化的，因而往往是一对一的配送。即使时间要求可以不那么精确，但是也难以集中多个用户的需求实行共同配送。

(4) 快递方式：一种快速配送服务的配送方式。一般而言，服务地域广泛，服务承诺期限按不同地域会有所不同，面向整个社会企业型和个人型用户，如日本的宅急便、美国的联邦快递、我国邮政系统中的 EMS 快递。

2) 定量配送

定量配送是指按规定的批量，在一个指定的时间范围内进行配送。这种方式数量固定，备货工作较为简单，可以依据托盘、集装箱及车辆的装载能力规定配送的定量，能够有效利用托盘、集装箱等集装方式，可以做到整车配送，配送效率高。由于时间不严格限定，可以将多个用户的货物凑整车后配送，有效利用运力。对于用户来讲，每次接货都处理同等数量的货物，有利于人力、物力的准备工作。

3) 定时定量配送

定时定量配送是指按照规定的配送时间和配送数量进行配送，这种方式兼有定时和定量两种方式的优点，但特殊性强，计划难度大，适合采用的用户不多。一般适合用于大量而稳定生产的汽车、家用电器、机电产品的供应物流，按协议或采用"看板方式"来决定配送的时间和数量。

4) 定时定路线配送

定时定路线配送是指在规定的运行路线上制定运行时间表，按照运行时间表进行配送，用户可以按规定的路线站及规定的时间接货，以及提出配送要求。

这种方式有利于安排车辆和人员。在配送用户多的地区可以免去过分复杂的配送要求所造成的配送组织工作及车辆安排的困难。对于用户来讲，既可以在一定路线、一定时间进行选择，又可以有计划地安排接货力量。一般适用于零售店、连锁商业企业的配送。

5) 即时配送

即时配送是指完全按用户要求提出的配送时间和数量进行配送的方式，基本做到用户随时提出供货要求，随时满足供应的高服务质量的配送，实施难度大，物流企业成本高，主要应对由于事故、灾害、生产计划的突然变化等因素产生的突发性需求。

4. 按配送企业专业化程度分类

1）综合配送

综合配送是指配送商品种类较多，不同专业领域的产品在一个配送网点中组织对客户的配送。综合配送可减少客户为组织所需全部物资进货的负担，只需和少数配送企业联系便可解决多种需求。但是，由于产品性能、形状差别很大，在组织时技术难度较大。因此，一般只有在性状相同或相近的不同类产品方面实行综合配送，差别过大的产品难以综合化。

2）专业配送

专业配送是指按产品性状不同适当划分专业领域的配送方式。其可按专业的共同要求优化配送设施，优选配送机械及配送车辆，制定适用性强的工艺流程，从而大大提高配送各环节工作的效率，如金属材料、水泥、木材、平板玻璃、生鲜食品的配送。

5. 按加工程度不同分类

1）加工配送

加工配送是指和流通加工相结合的配送，即在配送据点设置流通加工环节，或是流通中心与配送中心建立在一起。当社会上现成的产品不能满足客户需要，客户根据本身工艺需要使用经过某种初加工的产品时，可以在加工后通过分拣、配货再送货到户。流通加工与配送相结合，使流通加工更有针对性，减少了盲目性，配送企业不但可以依靠送货服务、销售经营取得收益，还可通过加工增值取得收益。

2）集疏配送

集疏配送是指只改变产品数量组成形态而不改变产品本身物理、化学性态的与干线运输相配合的配送方式，如大批量进货后多批次发货，零星集货后以一定批量送货等。

8.1.3 配送的基本环节

从总体上看，配送由备货（集货）、理货、送货和流通加工等4个基本环节组成，每个环节又包含若干项具体的活动。

1. 备货

备货是指准备和筹集货物等操作性活动，它是配送的基础环节。备货应该包括两项基本活动：筹集货物和储存货物。

（1）筹集货物。在不同的配送方式下，筹集货物的工作是由不同的行为主体去完成的。若生产企业直接进行配送，那么，筹集货物的工作是由生产企业自己进行的。如果是专业化的流通企业进行配送，筹集货物的工作会出现两种情况：①由提供配送服务的配送企业直接承担，一般是通过向生产企业订货完成组织货源的工作；②选择商流、物流分开的模式进行配送，筹集货物的工作通常是由货主自己去做，配送组织只负责进货和集货等工作，货物所有权属于接受配送服务的需求者。

（2）储存货物。储存货物是购物、进货活动的延续。在配送活动中，货物储存有两种表现形态，一种是暂存形态，另一种是储备形态。暂存形态的储存按照分拣、配货工序要求，在理货场地储存少量货物。这种形态的货物储存是为了适应"日配"、"即时配货"需要而设置的，其数量多少对下一个环节的工作方便与否会产生很大的影响，但不会影响储存活动的总体效益。储存形态的储存是按照一定时期配送活动要求和根据货源的到货情况有计划地确定的，它是使配送持续运作的资源保证。如上所述，用于支持配送的货物储备有两种具体形态：周转储备和保险储备。然而，不管是哪一种形态的储备，相对来说数量都比较多。因此，货物储备合理与否会直接影响配送的整体效益。

备货是决定配送成功与否、规模大小的最基础的环节。同时，它也是决定配送效益高低的关键环节。如果备货不及时或不合理，成本较高，就会大大降低配送的整体效益。

2. 理货

理货即按照客户需要，对货物进行分拣、配货、包装等一系列操作性活动。理货是配送业务中操作性最强的环节，是配送区别于一般送货的重要标志。理货包括货物分拣、配货和包装等经济活动。货物分拣是采用适当的方式和手段，从储存的货物中分出用户所需要的货物。分拣货物一般采取摘取式和播种式两种方式操作。

摘取式分拣方式类似于人们进入果园，在一棵树上摘下已成熟的果子后，再转到另一棵树上去摘果子，所以称之为摘取式，又称之为按单分拣，是指分拣人员或分拣工具巡回于各个储存点，按订单所要求的物品完成货物的配货。

播种式分拣作业方式类似于农民在土地上播种，一次取出几亩地所需的种子，在地上巡回播撒，所以称之为播种式，又称之为批量分拣，是指由分货人员或分货工具从储存点集中取出各个客户共同需要的某种货物，然后巡回于各客户的货位之间，按每个客户的需要量分放后，再集中取出共同需要的第二种货物。如此反复进行，直至客户需要的所有货物都分放完毕，即完成各个客户的配货工作。

3. 送货

送货是配送业务的核心，也是备货和理货工序的延伸。在物流运动中的送货实际上就是货物的运输。所以，常常以运输代表送货。但是，组成配送活动的运输与通常所讲的"干线运输"是有很大区别的，前者是由物流体系中的运输派生出来的，多表现为"末端运输"和短距离运输，并且运输的次数比较多；后者多为长距离运输。由于配送中心的送货需要面对众多的客户，并且要多方向运输，所以，在送货过程中，常常进行运输方式、运输路线和运输工具的选择。按照配送合理化的要求，必须在全面计划的基础上制定科学的、距离较短的配送路线，选择经济、迅速、安全的运输方式和适宜的运输工具。通常，配送中的送货都将汽车作为主要的运输工具。

由于配送的货物的不是单一品种，所以，不同货物外形、相对密度、体积包装形式均各异。在送货装车时，需要视具体货物的情况进行配载，一般按下列要求进行。

(1) 外观相近、容易混淆的货物分开装载，从而减少差错。

(2) 轻重不同的货物，重在下轻在上；体积大小不同的货物，大在下小在上；强度不同的货物，强度好、不怕压的在下面，强度差、怕压的在上面。

(3) 按确定的送货线路先送后装。

(4) 货与货之间，货与车厢之间应留有空隙并适当衬垫，防止货损。

(5) 互串味的货物不混装。

(6) 尽量不将散发粉尘的货物与清洁货物混装。

(7) 切勿将渗水货物与易受潮货物一同存放。

(8) 包装不同的货物应分开装载，如板条箱货物不要与纸箱、袋装货物堆放在一起。

（9）具有尖角或其他突出物的货物应和其他货物分开装载或用木板隔离，以免损伤其他货物。

（10）装载易滚动的卷状、桶状货物要垂直摆放。

（11）装货完毕，应在门端处采取适当的稳固措施，以防开门卸货时货物倾倒造成货损或人身伤亡。

4. 流通加工

在配送过程中，根据用户要求或配送对象的特点，有时需要在未配送之前先对货物进行加工，如钢材剪裁、木材截锯等，以求提高配送质量，更好地满足用户需要。融合在配送中的货物加工是流通加工的一种特殊形式，其主要目的是使配送的货物完全适合用户的需要和提高资源的利用率。

8.2 配送中心概述

8.2.1 配送中心的概念

目前，国内外学者对配送中心的界定不完全相同。配送活动是在物流发展的客观过程中产生并不断发展的，这一活动过程随着物流活动的深入和物流服务社会化程度的提高，在实践中不断演绎和完善其组织机构。一般将组织配送执行销售或专门执行实物配送活动的机构称为配送中心。

配送中心是物流节点的一种重要形式，是专门用于配送业务的物流节点，是以组织配送性销售或供应，执行实物配送为主要职能的流通型节点。配送中心与传统的仓库和批发、储运企业相比，具有质的不同。仓库仅仅是储存商品，而配送中心不是被动地储存商品，具有集、配、送等多样化功能和作用。和传统的批发、储运企业相比，配送中心在服务内容上由商流、物流分离发展到商流、物流和信息流的有机结合，在流通环节上由多个流通环节发展到由一个中心完成流通全过程。

日本出版的《市场用语词典》对配送中心的解释是，配送中心是一种物流节点，它不以储藏仓库的这种单一的形式出现，而是发挥配送职能的流通仓库，也称基地、据点或流通中心。配送中心的目的是降低运输成本、减少销售机会的损失，为此建立设施、设备并开展经营、管理工作。《物流手册》对配送中心的定义："配送中心是从供应者手中接收多种大量的货物，进行倒装、分类、保管、流通加工和信息处理等作业，然后按照众多需要者的订货要求备齐货物，以令人满意的服务水平进行配送的设施。"

我国国家标准 GB/T 18354—2006 中对配送中心的定义是，从事配送业务且具有完善信息网络的场所或组织，应基本符合下列要求：主要为特定客户或末端客户提供服务；配送功能健全；辐射范围小；提供高频率、小批量、多批次配送服务。

8.2.2 配送中心的分类

1. 按配送中心的建立者分类

1) 生产企业配送中心

大型生产企业为了促进销售，加强客户服务，一般都构筑自己的销售网络和配送网络。中小型企业，因财力有限，自行投资构筑配送网络不经济，更不符合社会分工细化的趋势，所以，大都委托第三方物流公司或专业物流企业进行配送。大型生产企业，特别是超大型生产企业的做法是，在生产厂集中的地区建一个物流基地，在消费者集中的地区建若干个配送中心。各工厂生产的商品大批量、少批次、低频度地先运给物流基地，然后再根据各个消费地区的用量将商品从物流基地运至配送中心，在配送中心再一次分类、分拣、组装、加工、配齐后，用小型卡车，多品种、小批量、高频度地送达最终用户。这类配送中心由于是本企业、本系统内配送，配送中心一般由立体自动化仓库、货架仓库、分类流水线、分拣系统、包装和流通加工作业区等部分构成。这类配送中心能反映企业的销售状况和市场需求状况，所以，企业能够通过对配送过程中各种数据的分析制订生产计划，采购原材料，安排生产，以避免盲目生产造成的浪费。生产企业自己建设配送中心有一定的投资风险，季节性波动和销售波动问题难以自行解决。

2) 流通企业配送中心

流通企业建设配送中心一般是大型第三方物流企业、仓储企业、批发商和经销商。流通企业为社会各行各业提供服务，项目多、范围广。但由于客户不固定、变动性大，所以，配送中心的规模不易过大，不易过于专用化。我国仓储企业的配送中心不少是由原来的保管型仓库演变而成的，建设成本小，地理位置优越，但需要加强设施、设备改造和提高服务意识。流通企业的配送中心应该进一步向生产领域延伸，与生产企业融合，提高全方位的服务。同时，必须树立良好的企业形象，重合同、守信誉。

2. 按配送中心的职能分类

1) 供应型配送中心

供应型配送中心是专门以向某些用户供应商品，提供后勤保障为主要特点的配送中心。在物流实践中，有许多配送中心与生产企业或大型商业组织建立起相对稳定的供需关系，为其供应原材料、零配件和其他商品，这类配送中心即属于供应型配送中心。供应型配送中心一般专门为固定用户，如连锁商店、便利店提供配送服务，定期、定时向连锁商店和便利店配送原材料、食品或零配件。供应型配送中心相对来讲供货批量比较固定，配送次数不是很频繁，路线稳定，配送对象单一，所以，这类配送中心比较经济，也便于管理。例如，我国上海地区6家造船厂共同组建的钢板配送中心、美国Suzuki Motor洛杉矶配件中心，以及德国Suzuki Motor配件中心等物流组织就是这种配送中心的典型代表。

供应型配送中心担负着向多家用户供应商品的重任，起供应商的作用。因此，这类配送中心占地面积比较大，一般建有大型的现代化仓库并储存一定数量的商品。

2) 销售型配送中心

销售型配送中心以促进销售为目的，物流服务商流，借助配送这一服务手段来开展经营活动的配送中心。在激烈的竞争市场环境下，商品生产者和经营者为促进商品的销售，通过为客户代办理货、加工和送货等服务手段来降低成本，提高服务质量。与此同时，改造和完善了物流设施，运用现代化配送理念组建了专门从事加工、分拣配货、送货等活动的配送中心。

由于配送对象零散、变动性大，数量有多有少，因而配送服务计划性差，临时配送作业多，难度也大。这类配送中心一般由立体自动化仓库、货架仓库、分类机械、分拣设备、传送轨道、识别装置、无线数据传输、无人搬运小车、托盘堆码机，以及计算机控制操作系统构成。这类配送中心主要有3种类型。

(1) 生产企业为本身产品直接销售给用户的配送中心。在国内外，这种类型的配送中心很多。

(2) 流通企业建立的配送中心。作为本身经营的一种方式，流通企业建立配送中心以扩大销售。国内已建或拟建的生产资料配送中心多属于这种类型。

(3) 流通企业和生产企业联合建立的销售型配送中心。此类配送中心是一种发展趋势。

美国沃尔玛商品公司的配送中心是典型的销售型配送中心。该配送中心是沃尔玛公司独资建立的，专为本公司的连锁店按时提供商品，确保各店稳定经营。该中心的建筑面积为12万平方米，总投资7 000万美元，有职工1 200多人；配送设备包括200辆车头、400节车厢、13条配送传送带，配送场内设有170个接货口。中心24小时运转，每天为分布在纽约州、宾夕法尼亚州等6个州的沃尔玛公司的100家连锁店配送商品。该中心设在100家连锁店的中央位置，商圈为320千米，服务对象的平均规模1.2万平方米。中心经营商品达4万种，主要是食品和日用品，通常库存为4 000万美元，旺季为7 000万美元，年周转库存24次。在库存商品中，畅销商品和滞销商品各占50%，库存商品期限超过180天为滞销商品。各连锁店的库存量为销售量的10%左右。在沃尔玛各连锁店销售的商品，根据各地区收入和消费水平的不同，其价格也有所不同。总公司对价格差价规定了上下限，原则上不能高于所在地区同行业同类商品的价格。

3) 储存型配送中心

储存型配送中心是充分强化商品的储存功能，在充分发挥储存作用的基础上开展配送活动。从商品销售的角度来看，在买方市场条件下，企业商品的销售需要有较大的库存支持；在卖方市场条件下，生产企业需要储存一定数量的生产资料，以此保证生产连续运转，其配送中心需要有较强的储存功能。大范围配送的配送中心需要有较大的库存支持，也是储存型配送中心。这类配送中心通常具有较大规模的仓库和储存场所。

4) 加工型配送中心

加工型配送中心主要功能是对商品进行流通加工，在配送中心对商品进行清洗、组装、分解、集装等加工活动。例如，美国福来明公司的食品配送中心的建筑面积为7万平方米，其中包括4万平方米的冷库、3万平方米的杂货仓库，经营商品达8万多种；瑞士CIBA-CEICY公司的配送中心拥有世界上规模居于前列的储存库，可储存4万个托盘。

3．按配送中心的归属分类

1) 自有型配送中心

自有型配送中心是指隶属于某一个企业或企业集团，通常只为本企业提供配送服务，不对本企业或企业集团之外开展配送业务的配送中心。连锁经营的企业常常建有这类配送中心，如美国沃尔玛公司所属的配送中心就是公司独资建立并专门为本公司所属的连锁企业提供商品配送服务的自有型配送中心。

2) 公共型配送中心

共用型配送中心是以赢利为目的，面向社会开展后勤服务的配送组织。其特点是服务范围不限于某一个企业或企业集团内部。在配送中心总量中，这种配送组织占有相当大的比例，并随着经济的发展其比例还会提高。

3) 合作型配送中心

合作型配送中心由几家企业合作兴建、共同管理，多为区域性配送中心。合作型配送中心可以是企业之间联合发展，如中小型零售企业联合投资兴建，实行共同配送；也可以是行业或地区规划建设，作为本行业或本地区内企业的共同配送中心；或是多个企业、系统、地区联合共建，形成辐射全社会的配送网络。

4. 按配送中心服务范围分类

1) 城市配送中心

城市配送中心是为城市范围内的用户提供配送服务的物流组织。其特点是多品种、小批量、配送距离短，要求反应能力强，提供门到门的配送服务，根据城市道路的特点，其运载工具常为小型汽车。另外，城市配送的对象多为连锁零售企业的门店和最终消费者，如我国很多城市的食品配送中心、菜篮子配送中心等都属于城市配送中心。

2) 区域配送中心

区域配送中心库存商品充分，辐射能力强，配送范围广，可以跨省、市开展配送业务。这种配送中心规模较大，客户较多，配送批量也较大。其服务对象经常是下一级的配送中心、零售商或生产企业用户，如前所述的美国沃尔玛公司的配送中心，建筑面积12万平方米，每天可为6个州100家连锁店配送商品。

5. 按配送中心的属性分类

有些专业性较强的商品配送需要建符合专业要求的配送中心。按配送商品的属性划分的配送中心有医药品配送中心、化妆品配送中心、食品配送中心、家电配送中心、烟草配送中心、日用品配送中心、电子产品配送中心、书籍配送中心、服装鞋帽配送中心、汽车零配件配送中心、鲜花配送中心、水果蔬菜配送中心、海产品配送中心等。这些种类的配送中心因配送的商品类别不同，各种商品之间又有排他性或不可混淆性的要求，故配送中心的设施、结构、设备、机械以及管理方式均有一定差异。

8.2.3 配送中心的功能

配送中心是专门从事商品配送活动的经济组织，是将集货中心、分货中心和加工中心合为一体的现代化物流基地。在配送中心中，为了能做好送货的编组准备，需要采取零星集货、批量进货等作业和对商品的分整、配备等工作，为了满足用户需要，配送中心还需具有较强的流通加工能力以开展各种形式的流通加工。从这个意义上来讲，配送中心实际上是将集货中心、分货中心和流通加工中心合为一体的现代化物流基地，也是能够发挥多种功能作用的物流组织。因此，配送中心除具有传统的储存、集散、衔接等功能外，还具有分拣、加工、信息处理等功能。

1. 储存功能

配送中心的服务对象是生产企业和商业网点，如连锁店和超市，其主要职能就是按照用户的要求，在规定的时间和地点将商品送到客户手中，以满足生产和消费的需要。为了顺利有序地完成向用户配送商品的任务，更好地发挥保障生产和消费需要的作用，通常配送中心都建有现代化的仓储设施，储存一定数量的商品以保证配送服务所需要的货源。无论何种类型的配送中心，储存功能都是重要的功能之一，如中海北方物流有限公司在大连拥有10万平方米、配备了国内一流仓储设备的现代化物流配送仓库。

2. 集散功能

配送中心凭借其特殊的地位和拥有的先进的物流设施设备、完善的物流管理系统，将分散在各个生产企业的商品集中起来,经过分拣、配装、送达给多家客户。同时,配送中心也可以将各个用户所需要的多种货物有效地组合或配装在一起,形成经济、合理的批量来实现高效率、低成本的商品流通。集散功能是配送中心的一项基本功能,通过集散商品来调节生产与消费,实现资源的合理配置,并由此降低物流成本。

另外,配送中心在建设选址时也充分考虑了其集散功能,一般选择商品流通发达、交通较为便利的中心城市或地区,以便充分发挥配送中心作为货物或商品集散地的功能,如中海北方物流有限公司按照统一标准在东北各主要城市设立了6个二级配送中心,形成了以大连为基地,辐射东北三省的梯次仓储配送格局。

3. 衔接功能

配送中心是重要的流通节点,衔接着生产和消费,通过配送服务,将各种商品运送到用户手中。同时,通过集货和储存商品,配送中心又有调节市场需求、平衡供求关系的作用。现代化的配送中心如同一个"蓄水池",不断地进货、送货,快速地周转,有效解决了产销不平衡,缓解供需矛盾,在产、销之间建立起一个缓冲平台,这是配送中心衔接供、需两个市场的另一个表现。可以说,现代化的配送中心通过发挥储存和发散货物功能,体现出了其衔接生产与消费、供应与需求的功能,使供需双方实现了无缝衔接。

4. 分拣功能

作为物流节点的配送中心,其服务对象众多,这些众多的客户之间存在很大的差别,这些客户不仅经营性质、产业性质不同,而且经营规模和经营管理水平也不一样,对配送服务的时间要求、数量要求及品种要求上差异很大。面对这样复杂的用户,配送中心必须采取适当的方式对组织来的货物进行分拣,为配送运输做好准备,然后按照配送计划组织配货和分装,以满足用户的不同需要。强大的分拣能力是配送中心实现按客户要求组织送货的基础,也是配送中心发挥其分拣中心作用的保证。分拣功能是配送中心与普通仓库的主要区别。

5. 加工功能

配送中心为扩大经营范围和提高配送服务水平,按用户的要求,根据合理配送的原则对商品进行分装、组装、贴标签等初加工活动,使配送中心拥有一定的加工能力。配送加工虽不是普遍的,但往往是有着重要作用的功能要素,它是配送中心提高经济效益和提高服务水平的重要手段,必须引起足够的重视。国内外许多配送中心都很重视提升自己的配送加工能力,通过按照客户的要求开展配送加工可以使配送的效率和满意程度提高。配送加工有别于一般的流通加工,它一般取决于客户的要求,销售型配送中心有时也根据市场需求来进行简单的配送加工。

6. 信息处理功能

配送中心连接着物流干线和配送,直接面对产品的供需双方。因此,不仅能实现物的流通,而且也通过信息处理来协调各个环节的作业,协调生产与消费。信息化、网络化、自动化是配送中心的发展趋势,信息系统越来越成为配送中心的重要组成部分。

8.2.4 配送中心的作业流程

配送中心的作业流程是以配送服务所需要的基本环节和工艺流程为基础的。配送中心的功能不同和商品特性的不同使其作业过程和作业环节会有所区别，但都是在基本流程基础上对相应的作业环节进行调整的。

配送中心的特性或规模不同，其营运涵盖的作业项目和作业流程也不完全相同，但其作业流程大致可归纳为如图8.1所示的流程。由供应货车到达码头开始，经进货作业确认后，便依次将货品储存入库。为确保在库货品受到良好的保护管理，需进行定期或不定期的盘点检查。当接到客户订单后，先将订单依其性质做订单处理，之后即可按处理后的订单信息将客户订购的货品从仓库取出作分拣作业。分拣完成，一旦发觉分拣区所剩余的存量过低，则必须由储区来补货。当然，若整个储区的存量低于标准，便应向上游供货商采购进货。而从仓库拣出的货品经整理后即可准备出货，等到一切出货作业完成后，便可将出货品装上配送车，将其"配送"到各个客户点交货。

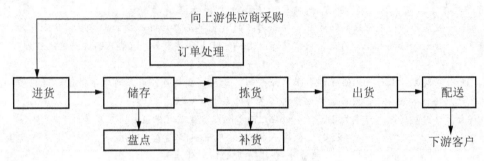

图8.1　配送中心基本流程

整个作业过程包括以下几个方面。

（1）进货。进货作业包括将货品做实体上的接收，从货车上将其货物卸下，并核对该货品的数量及状态（数量检查、品质检查、开箱等），然后记录必要信息或录入计算机。

（2）搬运。搬运是将不同形态的散装、包装或整体的原料、半成品或成品在平面或垂直方向加以提起、放下或移动，可能是要运送，也可能是要重新摆置物料，而使货品能适时、适量移至适当的位置或场所存放。在配送中心的每个作业环节都包含着搬运作业。

（3）储存。储存作业的主要任务是将要使用或者要出货的物料进行保存，且经常要做库存品的核查控制，储存时要注意充分利用空间，还要注意存货的管理。

（4）盘点。货品因不断地进出库，在长期的累积下库存资料容易与实际数量产生不符，或者有些产品因存放过久、不恰当而致使产品品质功能受影响，难以满足客户的需求。为了有效地控制货品数量，需要对各储存场所进行盘点作业。

（5）订单处理。由接到客户订货开始至准备着手拣货之间的作业阶段称为订单处理，包括有关客户、订单的资料确认，存货查询，单据处理，以及准备出货等。

（6）拣货。每张客户的订单中都至少包含一项以上的商品，如何将这些不同种类数量的商品由配送中心取出集中在一起，这就是拣货作业。拣货作业的目的也就在于正确且迅速地集合顾客所订购的商品。

（7）补货。补货作业是将货物从保管区域搬运到拣货区的工作，并作相应的信息处理。

（8）出货。将拣取分类完成的货品做好出货检查，装入合适的容器，做好标识，根据车辆趟次别或厂商别等指示将物品运至出货准备区，最后装车配送。

阅读案例 8-2

日本某连锁超市配送中心配送作业流程

> 日本某连锁超市配送中心在研究物流配送作业流程时，对经营的商品进行排队分析，分成3大类商品。
>
> （1）使用频率高的畅销商品。在流通过程中，整批进货和储存，然后，按客户的订货单配货，送到零售店。由于这类商品进货批量大，所以，采购价格较低，再以零售价出售给消费者，既减少了流通环节，又为企业加倍获利。这类商品的储存本身是创利的。商品的配送流程为
>
> 收货 → 储存 → 拣选 → 配送 → 零售店
>
> （2）一般商品。一般商品是配送中心按照客户的订货单汇总后统一向工厂订货，收到货后，不需储存，直接进行分拣作业，再配送到零售店，这样可节省储存费用。这类商品的配送流程为
>
> 收货 → 分拣 → 配送 → 零售店
>
> （3）保鲜商品。需要一定的保鲜要求，如牛奶、面包、豆腐等，商品通常不经过配送中心，直接从生产厂送往零售店，但商品进销过程的信息由配送中心处理。
>
> 综合上述分析，加上信息处理系统，该配送中心的物流配送作业流程如下所示。
>
> 收货 → 储存 → 拣选 → 配送 → 零售店　　　　　　　（线路1）
> 收货 → 分拣 → 配送 → 零售店　　　　　　　　　　（线路2）
> （收货 → 零售店）　　　　　　　　　　　　　　　　（线路3）
>
> 其中：线路1——使用频度高的整批进货储存的商品（储存型配送）。
> 　　　线路2——通过连机系统和商品信息订购的商品，整箱进货，分拣零送（中转型配送）。
> 　　　线路3——从产地或国外进口后，不经配送中心直接送到商店（直送型配送）。
>
> 经过十多年的实际运转，给配送中心的配送工艺流程设计是十分成功的，已获得了极好的经济效益。
>
> 资料来源：宾厚，贺嵘. 配送实务 [M]. 长沙：湖南人民出版社，2007：93.

8.3 配送模式与配送合理化

8.3.1 配送模式

配送模式是企业对配送所采取的基本战略和方法。企业选择何种配送模式主要取决于以下几个方面的因素：配送对企业的重要程度、企业的配送能力、市场规模与地理范围、保证服务及配送成本等。根据国内外的发展经验及我国配送理论与实践，目前，主要形成了商流物流一体化、商流物流分离、共同配送等几种配送模式。

1. 商流物流一体化的物流配送模式

商流物流一体化的物流配送模式即自营配送模式，是指企业物流配送的各个环节由企业自身筹建并组织管理，实现对企业内部及外部货物配送的模式。

这种模式有利于企业供应、生产和销售的一体化作业，系统化程度相对较高，既可满足企业内部原材料、半成品及成品的配送需要，又可满足企业对外进行市场拓展的需求。

其不足之处表现在，企业为建立的配送体系的投资规模将会大大增加，在企业配送规模较小时，配送的成本和费用也相对较高。

采取自营性配送模式的企业大都是规模较大的集团公司。有代表性的是连锁企业的配送，其基本上都是通过组建自己的配送系统来完成企业的配送业务，如沃尔玛。

2. 商流物流分离模式

商流物流分离模式即第三方配送模式，其配送组织者是具有一定物流设施设备及专业经验技能的企业，利用职权自身优势为其他企业提供配送服务。

随着物流产业的不断发展，以及第三方配送体系的不断完善，第三方配送模式已成为工商企业和电子商务网站进行货物配送的一个首选模式和方向。第三方配送模式的运作方式也有多种，其中主要有以下几种。

1）企业销售第三方配送运作模式

这一形式是工商企业将销售物流外包给独立核算的第三方物流企业或配送中心动作，其配送运作模式如图 8.2 所示。

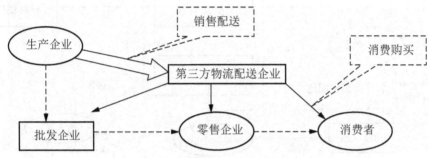

图 8.2　企业销售第三方配送运作模式

2）企业供应配送第三方物流化配送运作模式

这种配送组织管理方式是由社会物流服务商对某一企业或者若干企业的供应需求实行统一订货、集中库存、准时配送或采用代存代供等其他配送服务的方式。这种供应配送按客户送达要求的不同可以分为以下几种形式。企业供应配送第三方物流化配送运作模式如图 8.3 所示。

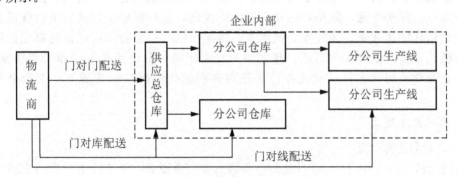

图 8.3　企业供应配送第三方物流化配送

（1）"门对门"配送供应。由配送企业将客户供应需求配送到客户"门口"，以后的事情由客户自己去做。有可能在客户企业内部进一步延伸成企业内的配送。

（2）"门对库"配送供应。由配送企业将客户供应需求直接配送到企业内部各个环节的仓库。

(3)"门对线"配送供应。由配送企业将客户的供应需求直接配送到生产线。显然,这种配送可以实现企业的"零库存",对配送的准时性和可靠性要求较高。

3)供应—销售物流一体化第三方物流配送运作模式

随着物流社会化趋势日益明显,企业供应链管理战略的实施,除企业的销售配送业务社会化以外,企业供应配送也将社会化,即由第三方物流公司来完成。特别是工商企业和专职的第三方物流配送企业形成战略同盟关系后,供应—销售物流一体化所体现的物流集约化优势更为明显,即第三方物流在完成服务企业销售配送的同时,又承担客户物资商品内部供应的职能,也就是说,第三方物流既是客户企业产品销售的物流提供者,又是客户企业的物资商品供应代理人。以生产企业为例,企业供应—销售物流一体化第三方物流配送运作模式如图 8.4 所示。

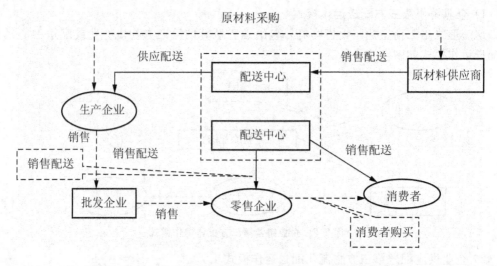

图 8.4 企业供应—销售物流一体化第三方物流配送运作模式

这种供应—销售物流一体化的第三方物流配送运作模式是配送经营中的一种重要形式,它不仅有利于形成稳定的物流供需关系,而且更有利于工商企业专注于生产销售等核心业务的发展。同时,正因为长期稳定的物流供需关系还有利于实现物流配送业务的配送中心化、配送作业计划化和配送手段的现代化,从而保持了物流渠道的畅通稳定和物流配送运作的高效率、高效益、低成本。因此,供应—销售物流一体化第三方物流配送运作模式备受人们关注。当然,超大型企业集团也可自己运作供应和销售物流配送,但中小企业物流配送走社会化之路,是绝对有利于企业降低供应成本、提升企业竞争力的。

3. 共同配送模式

1)共同配送的含义

共同配送(Common Delivery)也称共享第三方物流服务,指多个客户联合起来共同由一个第三方物流服务公司来提供配送服务。它是在配送中心的统一计划、统一调度下展开的。共同配送是由多个企业联合组织实施的配送活动。简单来讲,共同配送是两个或两个以上的有配送业务的企业相互合作对多个客户共同开展配送活动的一种物流模式。

共同配送的本质是通过作业活动的规模化降低作业成本,提高物流资源的利用效率。共同配送即企业采取多种方式进行横向联合、集约协调、求同存异及效益共享。

一般采取由生产、批发或零售、连锁企业共建一家配送中心来承担其配送业务或共同参与由一家物流企业组建的配送中心来承担其配送业务的运作方式，以获取物流集约化规模效益，从而解决个别配送的效率低下问题。其配送业务范围可以是生产企业生产所用的物料、商业企业所经销的商品的供应，也可以是生产企业生产的产品和经销企业的商品销售，具体根据商家参与共同配送的目的而定。

共同配送的优势在于其有利于实现配送资源的有效配置，弥补配送企业功能的不足，促使企业配送能力的提高和配送规模的扩大，以更好地满足客户需求，提高配送效率，降低配送成本。

但共同配送也易出现一些管理问题，如参与人员多而复杂，企业机密有可能泄露；货物种类繁多，产权多主体，服务要求不一致，难于进行商品管理，当货物破损或出现污染等现象时，易出现责任不清引发的纠纷，最终导致服务水准下降；运作主体多元化，主管人员在经营协调管理方面存在困难，可能会出现管理效率低下的情况；由于是合伙关系，管理难控制，易造成物流设施费用及其管理成本增加，并且收益的分配易出现问题。从国际情况来看，共同配送是配送发展的主要方向。

2）共同配送产生的原因

共同配送产生的原因主要有以下4个方面。

（1）自设配送中心规模难以确定。各行各业为保证生产供应或销售效率和效益，各自都想设立自己的配送中心以确保物流系统高效运作，但由于市场变幻莫测，难以准确把握生产、供应或销售的物流量。如规模建大了，则配送业务不足；如规模建小了，配送业务无法独立完成，达不到应有的目标。既然自己设立配送中心规模难以确定，那么如利用社会化的物流配送中心或与其他企业合建开展共同配送则更为有效。

（2）自设配送中心都会面临配送设施严重浪费的问题。在市场经济时代，每个企业都要开辟自己的市场和供销渠道。因此，不可避免地要分别建立自己的供销网络体系和自己的物流设施，这样一来便容易出现在客户较多的地区设施不足，在客户稀少的地区设施过剩，造成物流设施的浪费，或不同配送企业重复建设配送设施的状况。何况配送中心的建设需要大量的资金投入，对众多的中小企业来说，其经营成本也是难以消化的，并且还存在着投资风险。因此，从资源优化配置角度考虑，共同配送自然成为最佳的选择。

（3）大量的配送车辆集中在城市商业区，导致严重的交通问题。近些年出现的"消费个性化"趋势和强调"客户是上帝"要求采取准时送达的配送方式，送货或客户车辆的提运货额度很高，这就引发了交通拥挤、环境噪声及车辆废气污染等一系列社会问题。采取共同配送方式可以以共同配送使用的一辆车代替原来的几辆或几十辆车，自然有利于缓解交通拥挤状况、减少污染。

（4）企业追求利润最大化。企业配送的目的就是追求企业利润最大化。共同配送通过严密的计划安排提高车辆使用效率、设施使用效率以减少成本支出，增加利润，是企业追求利润最大化的有效途径。因此，企业逐渐意识到了共同合作配送的重要性，于是大力开展社会化横向共同配送。共同配送是企业在以上的社会经济背景下，为了适应企业生存发展需要而形成的一种重要配送模式。

3）共同配送的具体方式

共同配送的目的主要是利用物流资源。因此，根据物流资源利用程度，共同配送大体上可分为以下几种具体形式。

（1）系统优化型的共同配送。由一个专业物流配送企业综合各家客户的要求，对各个客户统筹安排,在配送时间、数量、次数、路线等各方面做出系统最优的安排,在客户可以接受的前提下全面规划、合理计划地进行配送。这种方式不但可满足不同客户的基本要求,又能有效地进行分货、配货、配载、选择运输方式、选择运输路线、合理安排送达数量和送达时间。这种对多家客户的配送可充分发挥科学计划、周密计划的优势,实行起来较为复杂,但却是共同配送中水平较高的形式。

(2) 车辆利用型共同配送。车辆利用型共同配送又分为车辆混载运送型共同配送、利用客户车辆型共同配送、返程车辆利用型共同配送3种形式。

① 车辆混载运送型共同配送。车辆混载运送型共同配送是一种较为简单易行的共同配送方式,仅在送货时尽可能安排一个配送车辆上实行多货主货物的混载。这种共同配送方式的优势在于,以一辆较大型的且可满载的车辆代替以往多货主分别送货或客户分别各自提运货物的多辆车,并且克服了多货主、多辆车且都难以满载的弊病。

② 利用客户车辆型共同配送。利用客户采购零部件或采办原材料的车进行产品的配送。

③ 返程车辆利用型共同配送。为了不跑空车,让物流配送部门与其他行业合作,装载回程货或与其他公司合作进行往返运输。

(3) 接货场地共享型共同配送。接货场地共享型共同配送是多个客户联合起来,以接货场地共享为目的的共同配送的形式。一般用于客户相对集中,并且客户所在地区交通、道路、场地较为拥挤,各个客户单独准备接货场地或货物处置场地有困难的情况。因此,多个客户联合起来设立配送的接收点或货物处置场所,这样不仅解决了场地的问题,也大大提高了接货水平,加快了配送车辆运转速度,而且接货地点集中,可以集中处置废弃包装材料、减少接货人员数量。

(4) 配送中心、配送机械等设施共同利用型的共同配送。在一个城市或一个地区中有数个不同的配送企业时,为节省配送中心的投资费用,提高配送运输的效率,多家企业共同出资合股建立配送中心进行共同配送或多家企业共同利用已有的配送中心、配送机械等设施,对不同配送企业客户共同实行配送。

8.3.2 配送合理化

物流配送难度大,在实际操作中会出现很多不合理的配送形式,如进货不合理、库存决策不合理、价格不合理、配送与直达的决策不合理、送货中运输不合理、经营观念不合理等。配送合理化是配送系统要解决的问题,也是配送管理的重要原则之一。配送合理化是指以尽可能低的配送成本获得可以接受的配送服务,或以可以接受的配送成本达到尽可能高的服务水平。

1. 不合理配送的表现形式

配送合理与否不能简单判定,也难有一个绝对标准。例如,经济效益是配送的重要衡量标志,但是,在决策时常常综合考虑各个因素,有时甚至会亏损,所以,配送的决策是全面、综合的决策。在决策时要避免由于不合理配送造成损失,但配送是个系统的概念,有时为了追求总体或某些环节的合理,就可能导致某些环节的不合理,所以,对不合理配送要具体分析,这里只单独论述不合理配送的表现形式,但要防止绝对化。

1) 资源筹措不合理

配送集合多个客户的需求,形成较大批量来筹措资源。通过筹措资源的规模经济来降低资源筹措成本，使配送资源筹措成本低于用户自己筹措资源成本，从而取得优势。假如不是集中多个用户需要进行批量筹措资源，而仅仅是为某一两户代购代筹，对用户来讲就不仅不能降低资源筹措费，相反却要多支付一笔配送企业的代购代筹费，因而是不合理的。

资源筹措不合理还有其他表现形式，如配送量计划不准，资源筹措过多或过少，在资源筹措时不考虑建立与资源供给者之间长期稳定的供需关系等。

2）库存决策不合理

实现了高水平的配送后，配送中心的集中库存代替了客户的分散库存。实行集中库存后，其库存总量应该远低于不实行集中库存时各企业分散库存的总量。如果集中库存总量等于或者高于各用户分散库存总量，则不能实现集中库存节约社会财富、降低用户实际平均分摊库存负担的功能。因此，配送企业必须依靠科学管理来实现一个低总量的库存，否则，就会单是库存转移，起不到配送应有的作用。

库存量过多是库存决策不合理的表现形式之一，同样储存量不足也是一种库存决策不合理。因为库存量不足就不能满足一些客户出现的临时或随机需求，影响客户服务水平和客户满意度。

3）价格不合理

配送的价格应低于不实行配送时用户自己购买、提货、运输、进货所形成的费用，这样才会使用户有利可图。有时候，由于配送有较高服务水平，价格稍高，用户也是可以接受的，但这不能是普遍的原则。假如配送价格普遍高于用户自己进货价格，损伤了用户利益，就是一种不合理表现。

价格制定得过低，使配送企业处于无利或亏损状态下运行，会损伤销售者，也是不合理的。

4）配送与直达的决策不合理

配送与直达相比，虽然增加了环节，但是这个环节的增加可降低用户平均库存水平，产生的效益要大于增加的费用。但是，假如用户使用批量大，可以直接通过社会物流系统均衡批量进货，较之通过配送中转送货则可能更节约费用，所以，在这种情况下，不直接进货而通过配送就属于不合理范畴。

5）送货中不合理运输

配送与用户自提比较，尤其对于多个小用户来讲，可以集中配装一车送几家，这比一家一户自提可大大节省运力和运费。假如不能利用这一优势，仍然是一户一送，而车辆达不到满载（即时配送过多过频时会出现这种情况），则就属于不合理运输。

此外，不合理运输若干表现形式在配送中都可能出现，会使配送变得不合理。

6）经营观念的不合理

在配送实施中，有许多是经营观念不合理。例如，配送企业利用配送手段向用户转嫁资金、库存困难，即当库存大时，强迫用户接受货物以缓解自己的库存压力；当资金紧张时，长期占用用户资金；在资源短缺时，将用户委托资源挪作他用或用于牟利等，使配送优势无从发挥，也损坏了配送的形象，这是在开展配送时尤其需要注重避免的不合理现象。

2. 配送合理化的判断标志

对于配送合理化与否的判断是配送决策系统的重要内容，目前国内外尚无一定的技术经济指标体系和判断方法,按一般认识,以下若干标志是应当纳入的。

1) 库存标志

库存是判断配送合理与否的重要标志。其具体指标有以下两个方面。

(1) 库存总量。库存总量在一个配送系统中从分散于各个用户转移给配送中心,配送中心库存数量加上各用户在实行配送后库存量之和应低于实行配送前各用户库存量之和。

此外,从各个用户角度判断,各用户在实行配送前后的库存量比较也是判断合理与否的标准,某个用户上升而总量下降也属于一种不合理。

库存总量是一个动态的量,上述比较应当是在一定经营量的前提下。在用户生产有发展之后,库存总量的上升则反映了经营的发展,必须扣除这一因素才能对总量是否下降做出正确判断。

(2) 库存周转。由于配送企业的调剂作用,以低库存保持高的供应能力,库存周转一般总是快于原来各企业的库存周转。此外,从各个用户角度进行判断,各用户在实行配送前后的库存周转比较也是判断合理与否的标志。

为取得共同比较基准,以上库存标志都以库存储备资金计算,而不以实际物资数量计算。

2) 资金标志

总地来讲,实行配送应有利于资金占用降低及资金运用的科学化。其具体判断标志如下。

(1) 资金总量。用于资源筹措所占用流动资金总量,随储备总量的下降及供应方式的改变必然有一个较大的降低。

(2) 资金周转。从资金运用来讲,由于整个节奏加快,资金充分发挥作用,同样数量资金,过去需要较长时期才能满足一定供应要求,配送之后,在较短时期内就能达此目的,所以,资金周转是否加快是衡量配送合理与否的标志。

(3) 资金投向的改变。资金分散投入还是集中投入是资金调控能力的重要反映。实行配送后,资金必然应当从分散投入改为集中投入,以增加调控作用。

3) 成本和效益标志

总效益、宏观效益、微观效益、资源筹措成本都是判断配送合理化的重要标志。对于不同的配送方式,可以有不同的判断侧重点。例如,配送企业、用户都是各自独立的以利润为中心的企业,则不但要看配送的总效益,而且还要看对社会的宏观效益及两个企业的微观效益,不顾及任何一方都必然出现不合理。又如,如果配送是由用户集团自己组织的,配送主要强调保证能力和服务性,那么效益主要从总效益、宏观效益和用户集团企业的微观效益来判断,不必过多顾及配送企业的微观效益。

由于总效益及宏观效益难以计量,在实际判断时,常按国家政策进行经营,以是否完成国家税收及配送企业和用户的微观效益来判断。

对于配送企业而言(投入确定的情况下),则企业利润反映配送合理化程度。对于用户企业而言,在保证供应水平或提高供应水平(产出一定)前提下,供应成本的降低,反映了配送的合理化程度。

成本及效益对合理化的衡量还可以具体到储存、运输等具体配送环节。

4) 供应保证标志

实行配送,各用户的最大担心是供应保证程度降低,这是个心态问题,也是承担风险的实际问题。配送重要的一点是必须提高而不是降低对用户的供应保证能力，只有这样才算实现了合理。供应保证能力可以从以下几个方面判断：

（1）缺货次数。实行配送后，对各用户来讲，该到货而未到货以致影响用户生产及经营的次数必须下降才算合理。

（2）配送企业集中库存量。对每一个用户来讲，其数量所形成的供应保证能力高于配送前单个企业保证程度，从供应保证来看才算合理。

（3）即时配送的能力及速度。即时配送是用户出现特殊情况的特殊供应保障方式，这一能力必须高于未实行配送前用户紧急进货能力及速度才算合理。

特别需要强调一点，配送企业的供应保证能力是一个科学合理的概念，而不是无限的概念。具体来讲，如果供应保证能力过高，超过了实际的需要，属于不合理。所以，追求供应保障能力的合理化也是有限度的。

5）社会运力节约标志

末端运输是目前运能、运力使用不合理，浪费较大的领域，因而人们寄希望于配送来解决这个问题。这也成了配送合理化的重要标志。运力使用的合理化是依靠送货运力的规划和整个配送系统的合理流程及与社会运输系统合理衔接实现的。送货运力的规划是任何配送中心都需要花力气解决的问题，而其他问题有赖于配送及物流系统的合理化，判断起来比较复杂。可以简化判断如下：①社会车辆总数减少，而承运量增加为合理；②社会车辆空驶减少为合理；③一家一户自提自运减少，社会化运输增加为合理。

6）用户企业仓库、供应、进货人力物力节约标志

配送的重要观念是以配送代劳用户。因此，实行配送后，各用户库存量、仓库面积、仓库管理人员减少为合理；用于订货、接货、供应的人应减少才为合理。真正解除了用户的后顾之忧，配送的合理化程度就可以说达到了一个高水平。

7）物流合理化标志

配送必须有利于物流合理。这可以从以下几方面判断：①是否降低了物流费用；②是否减少了物流损失；③是否加快了物流速度；④是否发挥了各种物流方式的最优效果；⑤是否有效衔接了干线运输和末端运输；⑥是否不增加实际的物流中转次数；⑦是否采用了先进的技术手段。

物流合理化的问题是配送要解决的大问题，也是衡量配送本身的重要标志。

3．配送合理化可采取的做法

国内外推行配送合理化有以下可供借鉴的办法。

（1）推行一定综合程度的专业化配送。通过采用专业设备、设施及操作程序取得较好的配送效果并降低配送过分综合化的复杂程度及难度，从而追求配送合理化。

（2）推行加工配送。通过加工和配送结合，充分利用本来应有的这次中转而不增加新的中转求得配送合理化。同时，加工借助于配送，使加工目的更明确，与用户联系更紧密，更避免了盲目性。这两者有机结合，投入不增加太多却可追求两个优势、两个效益，是配送合理化的重要经验。

（3）推行共同配送。通过共同配送可以以最近的路程、最低的配送成本完成配送，从而追求合理化。

（4）实行送取结合。配送企业与用户建立稳定、密切的协作关系。配送企业不仅成了用户的供给代理人，而且成为用户储存据点，甚至成为产品代销人。在配送时，将用户所

需的物资送到，再将该用户生产的产品用同一车运回，这种产品也成了配送中心的配送产品之一，或者作为代存代储，免去了生产企业库存包袱。这种送取结合方式使运力充分利用，也使配送企业功能有更大的发挥，从而追求合理化。

（5）推行准时配送系统。准时配送是配送合理化的重要内容。配送做到了准时，用户才有资源把握，可以放心地实施低库存或零库存，可以有效地安排接货的人力、物力，以追求最高效率的工作。另外，保证供给能力也取决于准时供给。从国外的经验看，准时供给配送系统是现在许多配送企业追求配送合理化的重要手段。

（6）推行即时配送。即时配送是最终解决用户企业担心断供之忧，大幅度提高供给保证能力的重要手段。即时配送是配送企业快速反应能力的具体化，是配送企业能力的体现。

即时配送成本较高，但它是整个配送合理化的重要保证手段；此外，用户实行零库存也是重要手段保证。

8.4 配送作业管理

8.4.1 配送作业管理的意义

1. 对于配送企业的意义和作用

对于从事配送工作的企业而言，配送作业管理的意义和作用主要有以下几点。

（1）通过科学合理的配送管理可以大幅度地提高企业的配送效率。配送企业通过对配送活动的合理组织可以提高信息的传递效率，提高配送决策的效率和准确性，提高各作业环节的效率，能有效地对配送活动进行实时监控，促进配送作业环节的合理衔接，减少失误，更好地完成配送的职能。

（2）通过科学合理的配送管理可以大幅度地提高货物供应的保证程度，降低因缺货而产生的风险，提高配送企业的客户满意度。

（3）通过科学合理的配送管理可以大幅度地提高配送企业的经济效益。一方面，货物供应保证程度和客户满意度的提高将会提高配送企业的信誉和形象，吸引更多的客户；另一方面，将会使企业更科学合理地选择配送的方式及配送路线，保持较低的库存水平，降低成本。

2. 对于客户的意义和作用

对于接受配送服务的客户而言，科学合理的配送管理可以实现如下功能。

（1）对于需求方客户来说，可以通过配送管理降低库存水平，甚至可以实现零库存，减少库存资金，改善财务状况，实现客户经营成本的降低。

（2）对于供应方客户来说，如果供应方实施自营配送模式，可以通过科学合理的配送管理提高其配送效率，降低配送成本。如果供应方采取委托配送模式，可节约在配送系统方面的投资和人力资源的配置，提高资金的使用效率，降低成本开支。

3. 对于配送系统的意义和作用

对于配送系统而言，配送作业管理的意义与作用主要有以下几点。

（1）完善配送系统。配送系统是构成整个物流系统的重要系统，配送活动处于物流活动的末端，它的完善和发展将会使整个物流系统得以完善和发展。通过科学合理的配送管理可以帮助完善整个配送系统，从而达到完善物流系统的目的。

（2）强化配送系统的功能。通过配送作业管理将更强地体现出配送运作乃至整体物流运作的系统性，使运作之中的各个环节紧密衔接、互相配合，从而达到系统最优的目的。

（3）提高配送系统的效率。对于配送工作而言，与其他任何工作一样，需要进行全过程的管理，以不断提高系统运作效率，更好地实现经济效益与社会效益。

8.4.2 配送作业管理的内容

1. 配送作业管理的目标

配送作业的总体目标可以简单地概括为 7 个恰当（right），即在恰当的时间、地点和恰当的条件下，将恰当的产品以恰当的成本和方式提供给恰当的消费者。为达到 7R，必须提高配送的服务质量和客户的满意度，降低配送成本。在实际的配送作业过程中还要建立具体目标：快捷响应、最低库存、整合运输。

2. 配送作业管理内涵

虽然不同产品的配送业务之间可能存在部分差异，但大多数配送活动都要经过进货、储存、分拣、配装与送货等作业活动，如图 8.5 所示。

配送作业管理就是对图 8.5 所示流程之中的各项活动进行计划和组织。配送的对象、品种、数量等较为复杂。因此，为了做到有条不紊地组织配送活动，管理者必须遵照一定的工作程序对配送作业进行安排与管理。

图 8.5 配送的一般流程

3. 配送的工作步骤

（1）制订配送计划。配送是一种物流业务组织形式，而商流是其拟定配送计划的主要依据。可以说商流提出了何时何地向何处送货的要求，而配送则据此在恰当安排运力、路线、运量的基础上完成此项任务。配送计划的制订是既经济又有效地完成任务的主要工作。配送计划的制订应有以下几项依据。

① 订货合同副本，由此确定用户的送达地、接货人、接货方式，用户订货的品种、规格、数量、送货时间及送接货的其他要求。

② 所需配送的各种货物的性能、运输要求，以决定车辆种类及搬运方式。

③ 分时、分日的运力配置情况。

④ 交通条件、道路水平。

⑤ 各配送点所存货物品种、规格、数量情况等。

在充分掌握了上述必需的信息资料之后，可以利用计算机，按固定的程序输入上述数据。计算机利用配送计划的专用软件自动处理数据后输出配送计划表，或由计算机直接向具体执行部门下达指令。

当然，在不具备上述手段的情况下，也可以利用人力按下述步骤编制配送计划：

① 按日汇总各用户需要物资的品种、规格、数量，并详细弄清各用户的地址，地图标明，也可在表格中列出；

② 计算各用户运货所需时间，以确定起运的提前期，如果运距不长，则可不必考虑提前期；

③ 确定每日应从每个配送点发运物资的品种、规格、数量，此项工作可采用图上或表上作业法完成，也可通过计算，以吨公里数最低或总运距最小为目标函数求解最优配送计划；

④ 按计划的要求选择和确定配送手段；

⑤ 最后，以表格形式拟出详细配送计划，审批进行。

(2) 下达配送计划。配送计划确定后，将到货时间、到货品种、规格、数量通知用户和配送点，以使用户按计划准备接货，使配送点按计划发货。

(3) 按配送计划确定物资需要量。各配送点按配送计划审定库存物资的配送保证能力，对数量、种类不足的物资组织进货。

(4) 配送点下达配送任务。配送点向各运输部门、仓储部门、分货包装及财务部门下达配送任务，各部门做配送准备。

(5) 配送发运。配货部门按要求将各用户所需的各种货物进行分货及配货，然后再进行适当的包装并详细标明用户名称、地址、配达时间、货物明细。按计划将各用户货物组合、装车，并将发货明细交给司机或随车送货人员。

(6) 配达。车辆按指定的路线将货物运达用户，并由用户在回执上签字。配送工作完成后，通知财务部门结算。

8.4.3 配送工作计划的制订

由上可知，一项较完全整的计划应包括配送地点及数量，所需配送的车辆数量，运输路线，各环节的操作要求，时间范围的确定，与客户作业层面的衔接达到最佳化目标。高效的配送工作计划是在分析外部需求和内部条件的基础上按一定程序制订出来的。配送计划的制订包括以下步骤。

1. 确定配送的目的

配送目的是一定时期配送工作所要达到的结果。在这里主要注意处理好配送业务是服务于长期固定客户还是服务于临时性特定顾客，是为了满足长期稳定性需求还是为了满足短期实效性要求。配送目的不同，具体的计划安排就有所不同。

2. 进行调查，收集资料

要制订出一定时期的配送计划，对未来一定时期的需求进行正确的预测与评估，就必须依据大量的数据。不了解客户的需求就无法满足客户需求。因此，这阶段是计划工作的基础。需要调查收集的资料包括：①配送活动的主要标的物情况，如原材料、零部件、半成品、产成品等；②了解当年销售计划、生产计划，流通渠道的规模及变化情况，配送中心的数量、规模，运输费用、仓储费用、管理费用等数据；③了解竞争对手的情况。

3. 内部条件分析

配送往往受到自身的能力和资源的限制。因此，要对配送中心配送人员（司机或者配送业务员）、配送中心的车辆及其他配送设施进行分析，确定配送能力。

4. 整合配送要素

这些配送要素是指货物、客户、车辆、人员、路线、地点、时间等，这些也称为配送的功能要素。在制订计划时要对这些要素综合分析，进行整合。

5. 制订初步配送计划

在完成上述步骤之后，结合自身能力及客户需求便可以初步确定配送计划。这个计划精确到到达每一个配送地点的具体时间、具体路线的选择，以及货运量发生突然变化时的应急办法等方面。

6. 进一步与客户协调沟通

在制订了初步的配送计划之后，再进一步与客户进行沟通，请客户充分参与，提出修改意见，共同完善配送计划。这一环节对于提高配送计划质量是非常重要的。

7. 确定正式配送计划

与客户几次协调沟通之后，初步配送计划经过反复修改最终确定，成为正式配送计划。如果是一对一的配送，此计划也是配送合同的组成部分。

8.4.4 配送路线的确定

1. 配送路线确定原则

配送路线合理与否对配送速度、成本、效益影响颇大。因此，采用科学合理的方法确定配送路线是配送活动中非常重要的一项工作。确定配送路线可以采用各种数学方法，但无论采用何种方法，首先应建立试图达到的目标，再考虑实现此目标的各种限制，在有约束的条件下寻找最优方案。

一般确定的目标可以是效益最高，成本最低，路程最短，准时性最高，运力利用最合理，劳动消耗最低。

因效益是综合反映，配送线路中难反映，一般不用；成本对效益起决定作用，不常用；路程最短可以大大简化计算，但道路收费等有时不一定是最低成本；吨千米最小适合整车长途；准时性最高是配送的服务目标要求，但要有限度；运力利用最合理通过劳动消耗最低、油耗最低、司机工作时间短等目标实现。

相应的约束条件可以包括：①满足所有收货人对货物品种、规格、数量的要求；②满足收货人对货物发到时间范围的要求；③在交通管制允许通行的时间中进行配送；④各配送路线货物量不得超过车辆容积及载重量的限制；⑤在配送中心现有运力允许的范围之中。计划制订要求在有约束条件下实现最优。

2. 配送路线确定方法

（1）数学计算法。可以利用经济数学模型进行数量分析。例如，应用线性规划的数学模型求解最佳运输路线方案。

（2）节约里程法。在实际工作中有时只要求近似解，不一定求得最优解，在这种情况下可采用节约里程法。它将运输距离长短作为确定配送路线的主要依据，它的基本思路是根据配送中心的运输能力及其到客户之间的距离，以及各用户间的相对距离来制定使总的配送车辆吨千米数达到接近最小的配送方案。它的基本原理是三角形两边之和大于第三边。往返发货与巡回发货车辆行走的距离如图 8.6 所示。

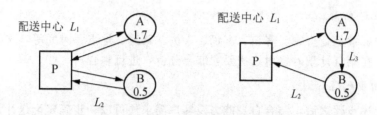

图 8.6 往返发货与巡回发货车辆行走的距离

由配送中心 P 向两个用户 A、B 送货，P 到 A、B 的最短距离分别为 L_1、L_2，A、B 之间的最短距离为 L_3。用户 A、B 对货物的需求量分别为 q_1 和 q_2（假设 q_1+q_2 小于汽车载重量）。

若用两辆汽车分别为 A、B，两个用户往返送货，汽车直行的总里程数为：$L=2(L_1+L_2)$。

若改为由一辆车向 A、B 两个用户送货，汽车行走的历程 $L=L_1+L_2+L_3$，后一种节约里程：$\Delta L=L_1+L_2-L_3$。

如果在配送中心 P 的供货范围内还存在着 $3,4,5,\cdots,n$ 个用户，在汽车载重允许的情况下可将其按节约量的大小依次连成巡回路线，直至汽车满载为止。余下的用户按同样的方法确定巡回路线，另外派车。

【例 8.1】如图 8.7 所示，由配送中心 P 向 A~I 9 个用户配送货物。图中连线上的数字表示公路里程(单位为 km)。图中各用户括号内的数字表示各用户对货物的需求量(单位为 t)。配送中心备有 2t 和 4t 载重量的汽车，且汽车巡回一次走行里程不能超过 35km，设送到时间均符合用户要求，求该配送中心的最优送货方案。

现利用渐进解题法求解，其步骤如下。

① 首先计算配送中心到各客户，以及各客户之间的最短距离，如表 8-1 所示。

② 由表 8-1，利用节约法计算节约的里程，如表 8-2 所示。

③ 根据节约里程表中节约里程的多少由大到小排序，编制节约里程顺序表，如表 8-3 所示，有的是负值不列入表中。

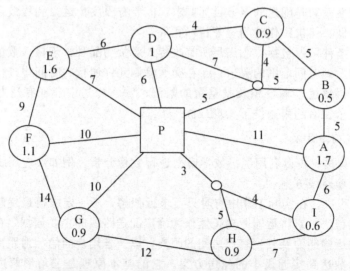

图 8.7 某配送中心配送网络示意

表8-1 最短距离表

单位：km

	P	A	B	C	D	E	F	G	H	I
P	0	11	10	9	6	7	10	10	8	7
A		0	5	10	14	18	21	21	13	6
B				5	9	15	20	20	18	11
C					4	10	19	19	17	16
D						6	15	16	14	13
E							9	17	15	17
F								14	18	17
G									12	17
H										7
I										

表8-2 节约里程表

单位：km

	A	B	C	D	E	F	G	H	I
A		16	10	3	0	0	0	6	12
B			14	7	2	0	0	0	0
C				11	6	0	0	0	0
D					7	1	0	0	0
E						8	0	0	0
F							6	0	0
G								6	0
H									8
I									

表8-3 节约里程顺序表

单位：km

序号	路途	节约里程	序号	路途	节约里程	序号	路途	节约里程
1	A—B	16	6	E—F	8	11	A—H	6
2	B—C	14	7	H—I	8	12	B—E	6
3	A—I	12	8	D—E	7	13	C—E	6
4	C—D	11	9	B—D	7	14	F—G	6
5	A—C	10	10	G—H	6	15	A—C	3

④ 根据节约里程表和配车载重限制、行车里程的限制等约束条件，渐近绘出配送路线。过程省略。最终配送路线方案如图 8.8 所示。

在图 8.8 中，路线 1：4t 车，行走 32km，载重 3.7t；
路线 2：4t 车，行走 31km，载重 3.9t；
路线 3：2t 车，行走 30km，载重 1.8t。

3 种路线行走的总里程为 93km。若简单地为每个用户派一辆车送货需要 2t 车 9 辆，行走 156km。

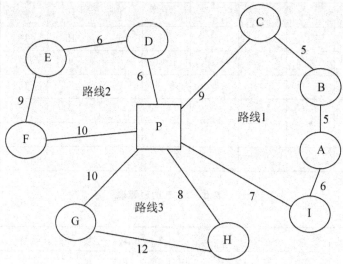

图 8.8　最终配送路线方案

(3) 配送方案的综合评价法。对一些影响因素较多，难以用某种确定的数学关系表达时，或难以以某种单项依据评价时，可以采取对配送路线方案评价进行综合评定的方法达到某一方案。综合评价方案确定最优方案包括以下步骤。

① 拟定配送路线方案。以某一项较为突出的要求或约束条件为依据，如某几个点配送准时性或因道路交通原因制定的路线等拟定出几个不同的方案，每个方案列出路线出发、经过地点及车型等具体参数。

② 对各方案引发的数据进行计算，如对配送距离、配送成本、配送时间等数据进行计算，作为评价依据。

③ 确定评价项。决定从哪几方面对方案进行评价，如动用车辆数、油耗、准时性、行驶难易、总成本等方面，都可能作为评价依据。

④ 对方案进行综合评价，从中确定一个相对最优方案。

3. 配送效益的评价

方案实施后是否实现配送目标可采用配送效益指标和服务质量指标进行衡量。

(1) 配送效益指标。配送效益指标是用价值和数量来衡量判断配送单位的配送效益的指标，主要包括下列几个指标：

物流吨费用指标＝物流费用/物流总量；

满载率＝车辆实际装载量/车辆装载能力；

运力利用率＝实际吨公里数/运力往返总能力（吨公里）。

(2) 服务质量指标。服务质量指标主要从客户的角度考核配送企业的绩效。主要有下列几个指标：

缺货率＝缺货次数/用户需求次数；
满足程度指标＝满足用户要求数量/用户要求数量；
交货水平指标＝按期交货次数/总交货次数；
交货期质量指标＝规定交货期－实际交货期；
商品完好率指标＝交货时完好商品量/物流总量；
正点运输率指标＝正点运输次数/运输总次数。

本 章 小 结

配送作为一种现代流通组织形式，是集商流、物流、信息流于一身的，具有独特的运作模式的物流活动。可按配送的机构、配送商品的种类和数量、配送的时间和数量、配送企业的专业化程度、加工程度的不同进行分类。配送是由备货、理货、送货和流通加工等4个基本环节组成的，其中每个环节又包含着若干项具体的、枝节性的活动。

配送中心常按建立者、职能、归属、辐射服务范围，以及属性等不同标准进行分类。配送中心的功能主要包括储存功能、集散功能、衔接功能、分拣功能、加工功能和信息处理功能等。配送中心的一般作业流程包括进货、搬运、储存、盘点、订单处理、拣货、补货、出货。特殊的作业流程主要包括转运、加工、分货型作业。

配送模式是企业对配送所采取的基本战略和方法。企业选择何种配送模式主要取决于以下几个方面的因素：配送对企业的重要程度、企业的配送能力、市场规模与地理范围、保证服务及配送成本等。目前，主要形成了商流物流一体化、商流物流分离、共同配送等几种配送模式。

不合理配送有多种表现形式，可运用库存、资金、成本和效益、供应保证、社会运力节约、物流合理化等标志来判断配送活动是否合理。同时，可通过推行一定综合程度的专业化配送、加工配送、送取结合、准时配送、即时配送等方法来实现配送合理化。

配送作业管理的意义在于可以通过对配送活动的合理计划、组织、协调与控制帮助实现以最合理的成本达到最合适的顾客服务水平的总目标。配送路线合理与否对配送速度、成本、效益影响颇大。因此，采用科学合理的方法确定配送路线是配送活动中非常重要的一项工作。确定配送路线可以采用各种方法，如数学计算法、节约里程法、方案综合评价法。

关键术语

配送　　即时配送　　配送中心　　配送模式　　配送合理化　　共同配送

复习思考题

一、选择题

1. 从库存角度来看，多品种、少批量配送适合(　　)产品的配送。
   A. A类　　　　B. B类　　　　C. C类　　　　D. B类和C类
2. 配送的特点主要有(　　)。
   A. 配送是以终端用户为出发点　　B. 配送是末端运输
   C. 以满足用户需求为出发点　　　D. 配送追求综合的合理效用

3. 判断配送合理化的库存标志是（　　）。
   A. 库存总量　　B. 成本　　C. 仓库面积　　D. 价格　　E. 库存周转
4. 配送作业难度大，技术要求高，使用设备复杂的配送类型为（　　）。
   A. 小批量配送　　B. 大批量配送　　C. 企业内部配送　　D. 企业对企业配送
5. 从总体上看，配送是由（　　）等基本环节组成的。
   A. 备货　　B. 理货　　C. 送货　　D. 流通加工

二、简答题

1. 简述配送的概念及其理解。
2. 配送与物流的关系如何？
3. 什么是配送中心？简述配送中心的功能主要有哪些。
4. 配送管理包括哪些内容？
5. 简要说明配送合理化的判断标志及其实现途径。

三、分析应用题

1. 结合我国的物流企业现状，试述应从哪些方面提高我国物流配送的水平。
2. 结合企业实例，分析配送工作计划的制订及实施。

四、案例分析题

7—11便利店的配送系统

每一个成功的零售企业背后都有一个完善的配送系统支撑，在美国电影新片《火拼时速Ⅱ》（Rush Hour Ⅱ）中，唠叨鬼詹姆斯·卡特有一个绰号叫7—11，意思是他能从早上7点钟起床开始一刻不停地唠叨到晚上11点钟睡觉。其实7—11这个名字来自于遍布全球的便利名店7—11，名字的来源是这家便利店在建立初期的营业时间是从早上7点到晚上11点，后来这家便利店改成了一星期7天全天候营业，但原来的店名却沿用了下来。

这家80多年前发源于美国的商店是全球最大的便利连锁店，在全球20多个国家拥有2.1万家左右的连锁店。到2003年1月底，仅在中国台湾就有2 690家7—11店，美国5 756家，泰国1 521家，日本是最多的，有8 478家。

一家成功的便利店背后一定有一个高效的物流配送系统，7—11从一开始采用的就是在特定区域高密度集中开店的策略，在物流管理上也采用集中的物流配送方案，这一方案每年大概能为7—11节约相当于商品原价10%的费用。

一间普通的7—11连锁店一般只有100～200m² 大小，却要提供2 000～3 000种食品，不同的食品有可能来自不同的供应商，运送和保存的要求也各有不同，每一种食品又不能短缺或过剩，而且还要根据顾客的不同需要能随时能调整货物的品种，种种要求给连锁店的物流配送提出了很高的要求。一家便利店的成功，很大程度上取决于配送系统的成功。

7—11的物流管理模式先后经历了3个阶段3种方式的变革。起初，7—11并没有自己的配送中心，它的货物配送依靠的是批发商来完成。以日本的7—11为例，早期日本7—11的供应商都有自己特定的批发商，而且每个批发商一般都只代理一家生产商，这个批发商就是联系7—11和其供应商间的纽带，也是7—11和供应商间传递货物、信息和资金的通道。供应商将自己的产品交给批发商以后，对产品的销售就不再过问，所有的配送和销售都会由批发商来完成。对于7—11而言，批发商就相当于自己的配送中心，它所要做的就是将供应商生产的产品迅速有效地运送到7—11手中。为了自身的发展，批发商需要最大限度地扩大自己的经营，尽力向更多的便利店送货，并且要对整个配送和订货系统做出规划，以满足7—11的需要。

渐渐地，这种分散化的由各个批发商分别送货的方式无法再满足规模日渐扩大的7—11便利店的需要，7—11开始和批发商及合作生产商构建统一的集约化的配送和进货系统。在这种系统之下，7—11改变了以往由多家批发商分别向各个便利点送货的方式,改由一家在一定区域内的特定批发商统一管理该区域内的同类供应商,然后向7—11统一配货,这种方式称为集约化配送。集约化配送有效地降低了批发商的数量,减少了配送环节,为7—11节省了物流费用。

特定批发商(又称为窗口批发商)提醒了7—11,何不自己建一个配送中心?与其让别人掌控自己的经脉,不如自己把自己的经脉。7—11的物流共同配送系统就这样浮出水面,共同配送中心代替了特定批发商,分别在不同的区域统一集货、统一配送。配送中心有一个电脑网络配送系统,分别与供应商及7—11店铺相连。为了保证不断货,配送中心一般会根据以往的经验保留4天左右的库存,同时,中心的电脑系统每天都会定期收到各个店铺发来的库存报告和要货报告,配送中心将这些报告集中分析,最后形成一张张向不同供应商发出的订单,由电脑网络传给供应商,而供应商则会在预定时间之内向中心派送货物。7—11配送中心在收到所有货物后,对各个店铺所需要的货物分别打包,等待发送。第二天一早,派送车就会从配送中心鱼贯而出,择路向自己区域内的店铺送货。整个配送过程就这样每天循环往复,为7—11连锁店的顺利运行修石铺路。

配送中心的优点还在于7—11从批发商手上夺回了配送的主动权,7—11能随时掌握在途商品、库存货物等数据,对财务信息和供应商的其他信息也能握于股掌之中,对于一个零售企业来说,这些数据都是至关重要的。

有了自己的配送中心,7—11就能和供应商谈价格了。7—11和供应商之间定期会有一次定价谈判,以确定未来一定时间内大部分商品的价格,其中包括供应商的运费和其他费用。一旦确定价格,7—11就省下了每次和供应商讨价还价这一环节,少了口舌之争,多了平稳运行,7—11为自己节省了时间也节省了费用。

随着店铺的扩大和商品的增多,7—11的物流配送越来越复杂,配送时间和配送种类的细分势在必行。以中国台湾的7—11为例,全省的物流配送就细分为出版物、常温食品、低温食品和鲜食食品4个类别的配送,各区域的配送中心需要根据不同商品的特征和需求量每天做出不同频率的配送,以确保食品的新鲜度,以此来吸引更多的顾客。新鲜、即时、便利和不缺货是7—11的配送管理的最大特点,也是各家7—11店铺的最大卖点。

和中国台湾的配送方式一样,日本7—11也是根据食品的保存温度来建立配送体系的。日本7—11对食品的分类是:冷冻型(零下20℃),如冰激凌等;微冷型(5℃),如牛奶、生菜等;恒温型,如罐头、饮料等;暖温型(20℃),如面包、饭食等。不同类型的食品会用不同的方法和设备配送,如各种保温车和冷藏车。由于冷藏车在上下货时经常开关门,容易引起车厢温度的变化和冷藏食品的变质,7—11还专门用一种两仓式货运车来解决这个问题,一个仓中温度的变化不会影响到另一个仓,需冷藏的食品就始终能在需要的低温下配送了。

除了配送设备,不同食品对配送时间和频率也会有不同要求。对于有特殊要求的食品如冰激凌,7—11会绕过配送中心,由配送车早中晚3次直接从生产商门口拉到各个店铺。对于一般的商品,7—11实行的是一日三次的配送制度,早上3点到7点配送前一天晚上生产的一般食品,早上8点到11点配送前一天晚上生产的特殊食品,如牛奶,新鲜蔬菜也属于其中,下午3点到6点配送当天上午生产的食品,这样一日三次的配送频率在保证了商店不缺货的同时,也保证了食品的新鲜度。为了确保各店铺供货的万无一失,配送中心还有一个特别配送制度来和一日三次的配送相搭配。每个店铺都会随时碰到一些特殊情况造成缺货,这时只能向配送中心打电话告急,配送中心则会用安全库存对店铺紧急配送,如果安全库存也已用完,中心就转而向供应商紧急要货,并且在第一时间送到缺货的店铺手中。

资料来源:ww.yn56.com。

就所给材料,试作以下分析。

1.7—11 3个阶段的物流配送体系。

2.7—11成功的关键,对我国零售企业有何启示?

3.7—11过细的分类配送在其他商业连锁企业中也不多见,同样这也会造成配送成本的提高。对此,你是如何看待的?

第 9 章　物流信息管理

【本章知识架构】

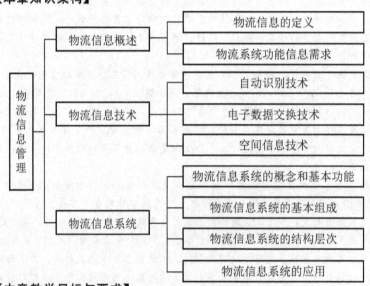

【本章教学目标与要求】

（1）掌握物流信息的含义，熟悉物流系统功能的信息需求。

（2）掌握条形码技术、射频技术、电子数据交换技术、GPS及GIS技术的原理，熟悉其应用。

（3）了解物流信息系统的基本组成，熟悉物流信息系统的基本功能及结构层次，理解物流信息系统的含义，掌握物流信息系统的应用。

中国宝供储运公司的物流信息系统

广东宝供储运公司从1994年底成立至今,在短短几年的时间里,其客户从最初宝洁一家发展到现在的50多家,其中多数是实力不菲的跨国公司,并改名为宝供物流企业集团有限公司,隐藏在这个非凡业绩背后的是宝供贯穿始终的信息化建设。

宝供从广州的一个铁路货运站开始,最初的业务是仓储和运输。凭借灵活的经营方式和优质的服务,1994年它迎来了一个对自己未来事业产生深远影响的客户——宝洁公司。由于双方的合作很成功,很快宝洁就要求宝供在全国为其做物流服务。宝洁对其提出了更高的标准,它要求宝供在各个地方的分支机构都必须提供统一的服务质量,宝洁可以随时知道自己的分销和库存的情况,以及每一张订单的状态,通过这些数据,宝洁可以做下一步的销售预测和调拨。宝供发现现有的信息水平无法对整个公司的业务运作和质量进行监控。于是,1997年宝供决定做物流信息系统。当时宝供对系统的要求就只需完成两个工作。

(1) 把宝供所有的分支机构连接起来,使当地的每一张订单、每一个委托作业数据都能很快地汇集到总部,总部每天可以了解全国范围内的业务运作状况。

(2) 把信息搜集起来,然后反馈给各地的用户,使客户了解其库存动态和订单状态。建立在Internet的物流信息系统在1998年5月开始运行。该系统的成功应用,在很大程度上促进了宝供的发展,两年时间内宝供的客户从几个发展到几十个,分支机构也发展到了全国主要的城市。

现在,宝供已建成了一套完整的基于Intranet/Extranet的物流信息系统和物流ERP管理系统,该系统集浏览器、服务器、数据库服务器为一体,对公司所有业务进行全程动态实时跟踪。客户可随时掌握每一单存储、承运的业务运作的状态,并能方便地进行查询、自动生成报表、准确进行数据分析。现在,宝供的主要业务操作几乎全由分公司完成,总公司只负责监控,客户与公司通过网络实现资源共享。宝供的业务范围因而从最初的仓储运输发展到提供物流全过程的"门对门"一体化服务,再到现在成立物流运作研究中心,为客户提供最优化物流运作模式设计即供应链物流第三方服务。

资料来源:蔡淑琴.物流信息系统[M].3版.北京:中国物资出版社,2010:20-21.

讨论及思考:

结合案例谈谈宝供物流信息系统的作用有哪些?

商流、物流、信息流和资金流是从流通内部结构描述流通过程所提出的概念,称为流通过程中的"四流"。四流之间关系极为密切,既是互为存在的前提条件,又是互为存在的基础。其中,物流是信息流的起因和归宿,同时,准确、迅速、有效的信息流可使物流系统高效、安全地运转。另外,随着信息技术的发展、科学的进步,物流管理现代化的一个重要特征就是其信息化。因此,本章重点介绍物流信息、物流信息系统的基本理论及常用的物流信息技术。

9.1 物流信息概述

物流是一个集中产生大量信息的领域,即物流信息伴随着物流活动而产生。物流信息在物流系统中如同其他物流职能一样,是物流系统中的一个要素,但又不同于其他物流职能,它总是伴随着其他物流职能的运行而产生,又不断对其他物流职能及整个物流起着支持保障作用。

9.1.1 物流信息的定义

物流信息是反映物流各种活动内容的知识、资料、图像、数据、文件的总称（GB/T 18354—2006）。它是物流活动中各个环节生成的信息，一般是随着从生产到消费的物流活动的产生而产生，与物流过程中的运输、保管、装卸、包装、配送各种职能有机结合在一起，是整个物流活动顺利进行所不可缺少的重要部分。

由于物流信息是指与物流活动（如运输、保管、包装、装卸、流通加工等）有关的信息，在物流活动的管理与决策中，如运输工具的选择、运输线路的确定、在途货物的追踪、仓库的有效利用、订单管理等，都需要详细和准确的物流信息。因此，物流信息对于运输管理、库存管理、订单管理等物流活动具有支持保障的功能。

9.1.2 物流系统功能信息需求

对物流活动的每个环节进行规划、管理，都需要详细、准确、直接的信息。通过对物流不同业务间的各种信息分析，有助于了解不同物流业务过程中相关的物流信息及其不同的信息需求、功能需求和决策需求。由于业务不同，其包含的信息也不同。物流的主要功能包括运输、存储、物流加工、物流配送等。

1. 运输功能信息需求

运输是物流最重要的功能要素之一，它影响着物流的许多构成因素，而运输费用不仅与企业的工厂、仓库、供货商和用户之间地理分布有关，而且也与运输方式的选择、方案的制定有关。不同的运输方式（公路、铁路、水运、航空、管道等）有着不同的特点，对各种运输方式的综合利用是十分重要的。

运输业务中主要基础信息是各种单据，主要包括订货通知单、提单、运费清单和货运清单等。例如，提单是用户购买运输服务所使用的基本凭证，起收据和证明文件的作用，它包含的信息有发货人、收货人、货物类别、包装、数量等信息；运费清单是承运人收取其所能提供的运输服务费用的一种方法，它包含的信息有运费款项及其费用金额等；货运清单是当单独一辆运输工具上装运多票货物时，用于明确装载各货物的具体内容的文件，主要包含有每一个停靠站点或收货人的提单、重量及每票货物的数量等信息。现代物流系统能通过物流信息系统同时生成所有的运输凭证，即生成提单的同时就生成其他单证，并通过电子方式传输订货通知单、提单、运费清单和货运清单等。

除此之外，还需要掌握运输供给信息，如市场运力状况、可供选择的运输方式和运输工具、运输线路等，这样才能制订出合理的运输计划，有效地组织物流运输。

物流系统应充分考虑运输距离、运输环节、运输工具、运输时间和运输费用等要素，制定出经济合理的实施方案，以发挥物流的最大功效。要消除车辆空驶、对流运输、迂回运输、重复运输、倒流运输、运输工具选择不当等不合理情况，就需要掌握相关的运输需求和运输工具信息，同时运输组织需考虑货物需求、运输工具的运用效率，以及各种运输方式的协作等。

2. 存储功能信息需求

随着现代物流向多品种、少批量和多批次的转变，传统的存储仓库也逐渐演变成现代的流通仓库。

仓库形式有多种，不同的仓库信息的侧重点也不同。存储业务的基本信息分为描述仓库和描述库存物品的基本信息。仓库的基本信息包括仓库的地点、形式、建筑形态、仓库面积、经营性质、保管方式、货架编码及仓库设施设置等；库存物品的基本信息则有品种存放地点、物品名称、重量、形状、包装类别、数量、入库时间、适用装卸方式等；其他信息还包括物品需求信息、为配合储存业务管理需要的货物出库规则等。

为合理利用仓库资源，需要根据仓库的类型完成具体信息的分析，如库存物品周转速度、仓储服务水平、物品需求预测、库存分析（包括安全库存、存货周期、订货批量）、占用资金等方面的分析，以促进存储进一步的合理化。

3. 流通加工功能信息需求

流通加工是物品从生产领域向消费领域流动的过程中，为促进销售、维护产品质量、提高物流效率而对物品进行的初级加工。实现流通加工合理化主要考虑配送、合理运输、合理商流、节约成本等几个方面的需求。由于加工需要加工设备、加工人员等资源，所以，流通加工需要的主要信息是物品的加工要求、加工时间、加工量、加工流程、加工成本等。相关的辅助决策信息主要是加工方式、加工周期、加工价格等。

4. 物流配送功能信息需求

配送是物流中一种特殊的、综合的活动形式，广义配送几乎包括所有物流功能要素，一般的配送集装卸、包装、保管、运输于一身，特殊的配送还要以加工活动为支撑。配送的作业环节主要包括备货、理货及送货，利用有效的分拣、配货、加工、包装等理货工作，使送货达到一定的规模，通过规模优势取得较低的送货成本并因此获得利润。

对于备货而言，需要的基本信息如货源供应信息、订货与购货、集货、进货信息及有关的质量检查、结算、交接的信息，需要进行的信息分析主要有备货成本、备货规模、供应商信息等。决策的问题主要包括备货规模、物资来源、配送方式、配送线路等。

配送加工、分拣及配货要考虑用户的要求，其需要的基本信息包括品种、数量、包装、运送方式等。若多批货物共用一辆车时，则应充分考虑如何进行最有利的配合装载，以充分利用运能、运力，提高送货水平，并降低送货成本。配送运输过程中需要辅助的决策问题主要包括选择有利的运输方式、最佳的运输线路、配装和线路有效搭配等，这些都需要有关运输方面的信息支持。

送达服务是配送业务的最终环节，应能保证圆满实现配送物品的移交（包括卸货地点、卸货方式），并有效、方便地处理相关手续和完成结算，还包括交接、结算信息。

另外，物流的辅助功能要素——包装及装卸搬运，也需要相应的物流信息的支持才能高效、顺利地完成。例如，选择和确定包装材料、包装强度及方式，需要收集包装材料的性能及成本、货物的物理化学性能、物流过程运输仓储条件等信息。配置装卸机械、确定装卸工艺路线及装卸组织管理时需知货物的品种、吞吐量、装卸场所的环境与情况、装卸距离的远近等信息。

9.2 物流信息技术

信息技术（Information Technology，IT）泛指凡是能拓展人的信息处理能力的技术。从目前来看，信息技术主要包括传感技术、计算机技术、通信技术、控制技术等，它替代或辅助人们完成了对信息的检测、识别、变换、存储、传递、计算、提取、控制和利用。

根据物流的功能及特点,物流信息技术主要包括条形码及射频技术、计算机网络技术、多媒体技术、地理信息技术、全球卫星定位技术、自动化仓库管理技术、智能标签技术、信息交换技术、电子数据交换技术、数据仓库技术、数据挖掘技术、Web技术等。在这些信息技术的支撑下,形成了以移动通信、资源管理、监控调度管理、自动化仓储管理、业务管理、客户服务管理、财务处理等多种业务集成的一体化现代化物流信息系统。本节重点介绍构建物流信息系统需经常使用且特有的自动识别技术、电子数据交换技术及空间信息技术。

9.2.1 自动识别技术

自动识别技术在物流过程中,具有信息获取和信息录入功能,是指通过自动(非人工手段)获取项目标识信息并且不使用键盘即可将数据实时输入计算机、程序逻辑控制器或其他微处理器控制设备的技术。

一般来说,自动识别系统由标签、标签生成设备、识读器及计算机等设备组成。其中,标签是信息的载体,识读器可获取标签装载的信息,并自动转换为与计算机兼容的数据模式传入计算机,实现信息的自动识别,以及信息系统的自动数据采集。

物流过程中,标签装载着物流信息,并附着于物流单元上,保证标识信息与实物同步,识读器则成为物流单元与信息系统的纽带。自动识别技术在物流中的作用显而易见。以配送中心的进出货交接过程为例,货物进入配送中心的入口端时,工作人员需要一面卸货,一面根据订货单要求对货物进行调配,并确定货物的出货模式及目的地,最终从配送中心的出货端将货物运出。如果不使用自动识别技术,"物"与信息完全分离,货物卸货后,工作人员只能坐等货物信息和货物处理指示信息,因为没有这些信息,人们无法得知哪个箱子与哪个订货单对应,各箱子是要通过常规渠道运输,还是要进行其他处理,运输的目的地是哪里。如果使用自动识别技术,工作人员收到货物的同时,利用识读器可获取随货物同时到达的物流信息,并传入信息系统,从而获得货物处理指示,按照要求卸货,货物顺利"流"向下一环节。这既减少了仓库存储空间的占用,也减少了出货调配用的单据数量,消除了人工处理的低效率和人为错误问题,还能动态了解物品运行全过程的情况。

自动识别技术家族有一批基于不同原理的自动识别技术,包括条形码技术、射频识别技术、磁识别技术、声音识别技术、图形识别技术、光字符识别技术和生物识别技术等。各种自动识别技术间没有优劣之分,只能根据具体应用确定最适合的自动识别技术。目前,在物流中常用的是条形码技术和无线射频识别技术。

1. 条形码技术

条形码简称条码,是由一组规则排列的条、空及字符组成的标记,用以表示一定的信息(GB/T 18354—2006)。条码隐含着数字信息、字母信息、标志信息、符号信息,主要用以表示商品的名称、产地、价格、种类等,是全世界通用的商品代码的表示方法。

条码是由黑白相间的条纹构成,这种条纹由若干个黑色的"条"和白色的"空"的单元所组成。黑色条对光的反射率低而白色的空对光的反射率高,再加上条与空的宽度不同,就能使扫描光线产生不同的反射接收效果,在光电转换设备上转换成不同的电脉冲,形成了可以传输的电子信息。

条形码具有简单、灵活实用、信息采集速度快、成本低、可靠性高等特点,是迄今为止最经济、实用的一种自动识别技术，也是现代物流系统中非常重要的大量、快速信息采集技术，能适应物流大量化和高速化的要求，大幅度提高物流效率，是实现快速、准确而可靠地采集数据的有效手段。条形码技术的应用解决了数据录入和数据采集的"瓶颈"问题，为物流管理提供了有利的技术支持。

条形码种类很多，包括一维条形码和二维条形码。

1）一维条形码

一维条形码是由一个接一个的"条"和"空"排列组成的，条形码信息靠条和空的不同宽度和位置来传递，信息量的大小是由条形码的宽度和印刷的精度来决定的。这种条形码技术只能在一个方向上通过"条"与"空"的排列组合来存储信息，称之为"一维条形码"。

迄今为止，常见的一维条形码的码制大概有 20 多种，其中较广泛使用的包括 EAN 码、UPC 码、Code39 码、ITF25 码等。不同的码制具有不同的特点，适用于特定的应用领域。

2）二维条形码

20 世纪 70 年代，在计算机自动识别领域出现了二维条形码技术，这是在传统条形码基础上发展起来的一种编码技术。它将条形码的信息空间从线性的一维扩展到平面的二维，与一维条形码只能从一个方向读取数据不同，二维条形码可以从水平、垂直两个方向来获取信息，其包含的信息量远远大于一维条形码，并且还具备自纠错功能。二维条形码具有存储量大、抗损性强、安全性高、可传真和影印、印刷多样性、抗干扰能力强等特点。二维条形码可以直接印刷在被扫描的物品上或者打印在标签上，标签可以由供应商专门打印或者现场打印。与一维条形码一样，二维条形码也有许多不同的编码方法。根据这些编码原理，可以将二维条形码分为堆叠式二维码和矩阵式二维码。二维条形码技术在世界上已开始得到广泛的应用，经过多年的努力，现已应用在国防、公共安全、交通运输、医疗保健、工业、商业、金融、海关及政府管理等领域。

阅读案例 9-1

北京华联综合超市条码应用

条码技术的出现使数据尤其是连锁业的数据采集难题迎刃而解，成为迄今为止最经济实用的一种自动识别和数据采集技术，具有操作简单、信息采集速度快、采集信息量大、可靠性高等优点。2000 年，北京华联综合超市开始在商品零售、出入库管理、库存盘点等环节应用条码信息管理系统。条码的使用情况如下。

1. 商品流通的管理

随着华联的快速发展和遍布各地的连锁超市的开业，各店之间的数据联络、整体运作的规划对每个单店的销售和库存信息提出了极高的挑战。超市中的商品流通包括收货、入库、点仓、出库、查价、销售、盘点等，具体操作如下。

（1）收货。收货部员工利用无线数据采集终端收货，通过无线网与主机连接的无线数据采集终端上已有此次要收的货品名称、数量、货号等资料，通过扫描货物自带的条码，确认货号，再输入此货物的数量，无线手提终端上便可马上显示此货物是否符合订单的要求。如果符合，便把货物送到入库步骤。

(2) 入库和出库。入库和出库其实是仓库部门重复以上的步骤，增加这一步只是为了方便管理，落实各部门的责任，也可防止有些货物收货后需直接进入商场而不入库所产生的混乱。

(3) 点仓。点仓是仓库部门最重要，也是最必要的一道工序。仓库管理人员手持无线数据终端（通过无线网与主机连接的无线手提终端上已经有各货品的货号、摆放位置、具体数量等资料）扫描货品的条码，确认货号，确认数量。所有的数据都会通过无线网实时性地传送到主机。

(4) 查价。查价是超市的一项繁琐的任务。因为货品经常会有特价或调整的时候，混乱也容易发生，所以，售货员携带无线数据终端及便携式条码打印机，按照无线数据终端上的主机数据检查货品的变动情况，对应变而还没变的货品马上通过无线数据终端连接便携式条码打印机打印更改后的条码标签，贴于货架或货品上。

(5) 销售。销售一向是超市的命脉，主要是通过 POS 系统对产品条码的识别，而体现等价交换。为提高效率及加快顾客结账速度，华联超市在各连锁超市选用 NCR 固定式扫描器代替原来的手持式条码扫描器，加快了各通道的结算速度。

(6) 盘点。盘点是超市收集数据的重要手段，也是超市必不可少的工作。以前的盘点，必须暂停营业来进行手工清点，盘点周期长，效率低，期间对生意的影响及对公司形象的影响之大无可估量。作为世界性大型超市的代表，其盘点方式已进行必要的完善，主要分抽盘和整盘两部分。抽盘是指每天的抽样盘点。每天分几次，计算机主机将随意指令售货员到几号货架、清点什么货品。售货员只需手拿无线数据终端，按照通过无线网传输过来的主机指令，到几号货架，扫描指定商品的条码，确认商品后对其进行清点，然后把资料通过无线手提终端传输至主机，主机再进行数据分析。整盘顾名思义就是整店盘点，是一种定期的盘点。超市分成若干区域，分别由不同的售货员负责，它也是通过无线数据终端得到主机上的指令，按指定的路线、指定的顺序清点货品，然后，不断把清点资料传输回主机，盘点期间根本不影响超市的正常运作。因为平时做的抽盘和定期的整盘加上其他所有的工作都是实时性地和主机进行数据交换，所以，主机上资料的准确性十分高，整个超市的运作也一目了然。

2. 供应商管理

华联超市使用条码对供应商进行管理，主要是要求供应商的货物必须有条码，以便进行货物的追踪服务。供应商必须把条码的内容含义清晰地反映给超市，超市将逐渐通过货品的条码进行订货。

资料来源：孙丽芳，欧阳文霞.物流信息技术与信息系统.北京：电子工业出版社，2004：109-110.

2. 无线射频识别技术

无线射频识别（Radio Frequency Identification，RFID）技术改变了条形码技术依靠"有形"的一维或二维几何图案来提供信息的方式，通过芯片来提供存储在其中的数量更大的"无形"信息。它最早出现在 20 世纪 80 年代，最初应用在一些无法使用条形码跟踪技术的特殊工业场合。例如在一些行业和公司中，这种技术被用于目标定位、身份确认及跟踪库存产品等。

RFID 通过射频信号识别目标对象并获取相关数据信息的一种非接触式的自动识别技术（GB/T 18354—2006）。射频技术的基本原理是电磁理论，利用无线电波对记录媒体进行读写。最简单的 RFID 系统由标签、读写器和天线 3 部分组成，在实际应用中还需要其他硬件和软件的支持。其中，装载识别信息的载体是射频标签（在部分识别系统中也称为应答器、射频卡等），获取信息的装置称为射频读写器（在部分系统中也称为问询器、收发器等）。射频标签与射频读写器之间利用感应、无线电波或微波能量进行非接触双向通信，实现数据交换，从而达到识别的目的。

与条形码识别系统相比，RFID 技术具有很多优势：①通过射频信号自动识别目标对象，无需可见光源；②具有穿透性，可以透过外部材料直接读取数据，保护外部包装，节省开箱时间；③射频产品可以在恶劣环境下工作，对环境要求低；④读取距离远，无需与目标接触就可以得到数据；⑤支持写入数据，无需重新制作新的标签；⑥使用防冲突技术，能够同时处理多个射频标签，适用于批量识别场合；⑦可以对 RFID 标签所附着的物体进行追踪定位，提供位置信息。

阅读案例 9-2

铁路矿车（货车）车厢自动抄号、称重管理系统

某矿区铁路矿车上的每个车厢必须经过轨道衡自动称重、登记车厢号的生产经营管理。要求称重准确并和车厢号一一对应，不许混淆。在采用车厢自动抄号系统之前，多年来用手工抄号不但工人操作环境恶劣（不管酷暑、寒冬、雨雪、大风天气都要在铁路边露天抄号，尤其是装红热焦炭的矿车根本无法靠近），而且有的车厢号码也因泥土覆盖或油漆脱落，模糊不清，所以，抄号很难准确，并且人工抄的车厢号不能保证和轨道衡电脑自动称出的重量数，准确一一对应，造成管理混乱。为了加强管理，矿区曾选择了几种技术进行自动抄号实验都未能解决问题。现采用远距离射频识别技术设备实现车厢自动抄号，将自动抄号系统与轨道衡电脑自动称重系统兼容，实现了每个车厢的称重、抄号、记录一次自动完成，使管理上了一个新台阶。

设备安装：

(1) 每个轨道衡磅站安装一套 CTST 2000 型远距离射频自动识别技术设备。

(2) 每个车厢安装一个 CT 标示卡。

工作流程：

(1) 一列矿车经过轨道衡磅站，每一节车厢在进入轨道衡程中的同时也进入 CTST 2000 型远距离射频自动识别系统的工作区，此时该车厢的 CT 标示卡被激活，发射出自身的信息码。

(2) CT 标示卡发射出的信息码被系统接收，经系统的阅读器解调解码后将该车厢号码送给计算机与轨道衡称重的重量一同计入数据库，完成车厢的自动称重与自动抄号全过程，保证两个参数一一对应，如图 9.1 所示。

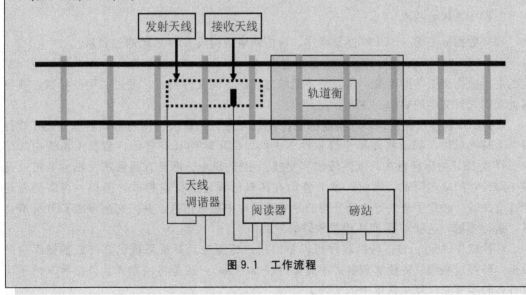

图 9.1 工作流程

RFID 技术的优点使得 RFID 技术在国外发展得很快，它已被广泛应用于工业自动化、商业自动化、交通运输控制管理等众多领域。例如，汽车或火车等的交通监控系统、高速公路自动收费系统、物品管理、流水线生产自动化、门禁系统、金融交易、仓储管理、畜牧管理、车辆防盗等。

9.2.2 电子数据交换技术

1. 电子数据交换的含义

电子数据交换（Electronic Data Interchange，EDI）是指商业贸易伙伴之间，将按标准、协议规范化和格式化的经济信息通过电子数据网络，在单位的计算机系统之间进行自动交换和处理，它是电子商业贸易的一种工具，将商业文件按统一的标准编制成计算机能识别和处理的数据格式，在计算机之间进行传输。

国际标准化组织于 1994 年确认了 EDI 的技术定义："根据商定的交易或电文数据的结构标准实施商业或行政交易从计算机到计算机的电子传输。"这表明 EDI 应用有它自己特定的含义和条件。

（1）使用 EDI 的是交易的两方，是企业之间的文件传递，而非同一组织内的不同部门。

（2）交易双方传递的文件是特定的格式，采用的是报文标准，即联合国的 UN/EDI-FACT。

（3）双方各有自己的计算机系统。

（4）双方的计算机（计算机系统）发送、接收并处理符合约定标准的交易电文的数据信息。

（5）双方计算机之间有网络通信系统，信息传输是通过该网络通信系统自动实现的。信息处理是由计算机自动进行的，无需人工干预，人为的介入。

所传输的数据是指交易双方互相传递的具备法律效力的文件资料，可以是各种商业单证，如订单、回执、发货通知、运单、装箱单、收据发票、保险单、进出口申报单、报税单、缴款单等，也可以是各种凭证，如进出口许可证、信用证、配额证、检疫证、商检证、等等。

2. EDI 系统的构成

EDI 数据标准化、EDI 软件及硬件、通信网络是构成 EDI 系统的三要素。

（1）EDI 数据标准化。EDI 标准是由各企业、各地区代表甚至国际组织共同讨论、制定的电子数据交换共同标准，可以使各组织之间的不同文件格式，通过共同的标准，获得彼此之间文件交换的目的。

（2）EDI 软件及硬件。EDI 所需的硬件设备大致有计算机、调制解调器等。EDI 软件可分为转换软件、翻译软件和通信软件 3 大类，EDI 软件具有将用户数据库系统中的信息，译成 EDI 的标准格式，以供传输和交换。由于 EDI 标准具有足够的灵活性，可以适应不同行业的众多需求，然而，每个公司有其自己规定的信息格式，所以，当需要发送 EDI 电文时，必须用某些方法从公司的专有数据库中提取信息，并把它翻译成 EDI 标准格式，进行传输，这就需要 EDI 相关软件的帮助。

转换软件（Mapper）：转换软件可以帮助用户将原有计算机系统的文件或数据库中的数据，转换成翻译软件能够理解的平面文件（Flat File），或是将从翻译软件接收来的平面文件，转换成原计算机系统中的文件。

翻译软件(Translator)：将平面文件翻译成 EDI 标准格式，或将接收到 EDI 标准格式翻译成平面文件。

通信软件：将 EDI 标准格式的文件外层加上通信信封(Envelope)，再送到 EDI 系统交换中心的邮箱(Mailbox)，或由 EDI 系统交换中心将接收到的文件取回。

(3) 通信网络。通信线路一般最常用的是电话线路，如果传输时效及资料传输量上有较高要求，可以考虑租用专线(Leased Line)。通信网络是实现 EDI 的手段。EDI 通信方式有多种，如图 9.2 所示。

在图 9.2 中，方式一只有在贸易伙伴数量较少的情况下使用，但随着贸易伙伴数目的增多，当多家企业直接进行电脑通信时，会出现由于计算机厂家不同、通信协议相异，以及工作时间不易配合等问题，造成相当大的困难。为了克服这些问题，许多应用 EDI 公司逐渐采用第三方网络与贸易伙伴进行通信，即增值网络(Value Added Network，VAN)方式。它类似于邮局，为发送者与接收者维护邮箱，并提供存储转送、记忆保管、通信协议转换、格式转换、安全管制等功能。因此，通过增值网络传送 EDI 文件，可以大幅度降低相互传送资料的复杂度和困难度，大大提高 EDI 的效率。

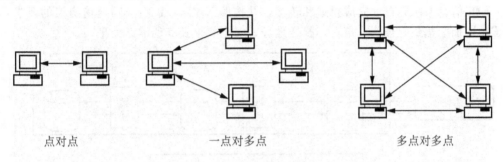

点对点　　　　　一点对多点　　　　　多点对多点

方式一：原始连接方式

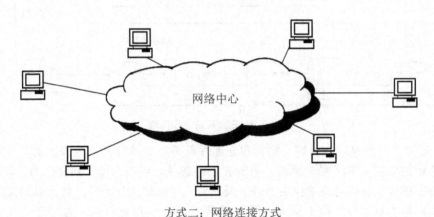

方式二：网络连接方式

图 9.2　EDI 通信方式

3. EDI 的工作过程

当今世界通用的 EDI 通信网络，是建立在 MHS 数据通信平台上的信箱系统，其通信机制是信箱间信息的存储和转发。具体实现方法是在数据通信网上加挂大容量信息处理计算机，在计算机上建立信箱系统，通信双方需申请各自的信箱，其通信过程就是把文件传到对方的信箱中。文件交换由计算机自动完成，在发送文件时，用户只需进入自己的信箱系统。EDI 系统工作流程如图 9.3 所示。流程中各功能模块说明如下。

(1) 映射(Mapping)——生成 EDI 平面文件。EDI 平面文件是通过应用系统将用户的应用文件(如单证、票据)或数据库中的数据,映射成的一种标准的中间文件。这一过程称为映射。

平面文件是用户通过应用系统直接编辑、修改和操作的单证和票据文件,它可直接阅读、显示和打印输出。

(2) 转换(Translation)——生成 EDI 标准格式文件。其功能是将平面文件通过转换软件(Translation Software)生成 EDI 标准格式文件。

EDI 标准格式文件就是所谓的 EDI 电子单证,或称电子票据。它是 EDI 用户之间进行贸易和业务往来的依据。EDI 标准格式文件是一种只有计算机才能阅读的 ASCⅡ 文件。它是按照 EDI 数据交换标准的要求,将单证文件(平面文件)中的目录项,加上特定的分割符、控制符和其他信息,生成的一种包括控制符、代码和单证信息在内的 ASCⅡ 码文件。

(3) 通信(Communication)。这一步由计算机通信软件完成。用户通过通信网络,接入 EDI 信箱系统,将 EDI 电子单证投递到对方的信箱中。

EDI 信箱系统则自动完成投递和转接,并按照 X.400(或 X.435)通信协议的要求,为电子单证加上信封、信头、信尾、投送地址、安全要求及其他辅助信息。

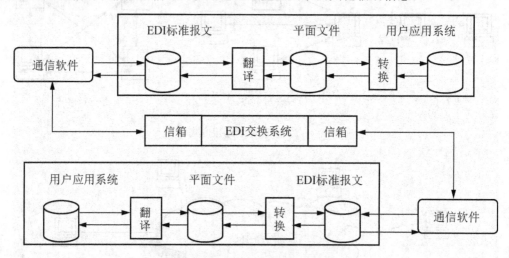

图 9.3 EDI 系统工作流程

(4) EDI 文件的接收和处理。接收和处理过程是发送过程的逆过程。首先需要接收用户通过通信网络接入 EDI 信箱系统,打开自己的信箱,将来函接收到自己的计算机中,经格式校验、翻译、映射还原成应用文件,最后对应用文件进行编辑、处理和回复。

在实际操作过程中,EDI 系统为用户提供的 EDI 应用软件包,包括了应用系统、映射、翻译、格式校验和通信连接等全部功能。其处理过程,用户可看成是一个"黑匣子",完全不必关心里面具体的过程。

4. 物流 EDI

物流 EDI(Logistics EDI)是指货主,承运业主以及其他相关的单位之间,通过 EDI 系统进行物流数据交换,并以此为基础实施物流作业活动的方法。

近年来,EDI 在物流中被广泛应用。物流 EDI 的参与对象有货物业主(如生产厂家、贸易商、批发商、零售商等)、承运业主(如独立的物流承运企业等)、实际运送货物的交通运输企业(如铁路企业、水路企业、航空企业、公路运输企业等)、协助单位(政府有关部门、金融企业等)和其他的物流相关单位(如仓库业者、配送中心等)。物流 EDI 的框架结构如图 9.4 所示。

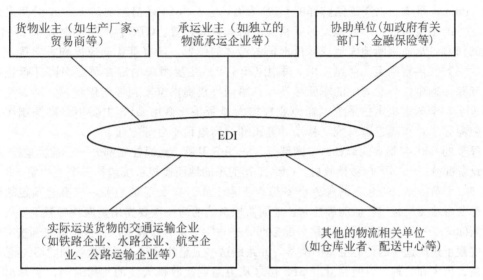

图 9.4 物流 EDI 的框架结构

下面看一个应用物流 EDI 系统的实例,这是一个由发送货物业主、物流运输业主和接收货物业主组成的物流模型。这个物流模型的动作包括以下几个步骤。

(1) 发送货物业主(如生产厂家)在接到订货后制订货物运送计划,并把运送货物的清单及运送时间安排等信息通过 EDI 发送给物流运输业主和接收货物业主(如零售商),以便物流运输业主预先制订车辆调配计划和接收货物业主制订货物接收计划。

(2) 发送货物业主依据顾客订货的要求和货物运送计划下达发货指令,分拣配货,打印出有物流条形码的货物标签(Shipping Carton Marking,SCM)并贴在货物包装箱上,同时把运送货物品种、数量、包装等信息通过 EDI 发送给物流运输业主,以便物流运输业主依据请示下达车辆调配指令。

(3) 物流运输业主在向发货业主取运货物时,利用车载扫描读数仪读取货物标签的物流条形码,并与先前收到的货物运输数据进行核对,确认运送货物。

(4) 物流运输业主在物流中心对货物进行整理、集装、做成送货清单并通过 EDI 向收货业主发送发货信息。在货物运送的同时进行货物跟踪管理,并在货物交纳给收货业主之后,通过 EDI 向发货业主发送完成运送业务信息和运费请示信息。

(5) 接收货物业主在货物到达时,利用扫描读数仪读取货物标签的物流条形码,并与先前收到的货物运输数据进行核对确认,开出收货发票,货物入库。同时,通过 EDI 向物流运输业主和发送货物业主发送收货确认信息。

9.2.3 空间信息技术

1. GPS 技术及应用

1) GPS 技术概述

全球卫星定位系统(Global Positioning System,GPS)是利用卫星星座(通信卫星)、地面控制部分和信号接收机对对象进行动态定位的系统。GPS是由一系列卫星组成的，这些卫星24小时提供高精度的世界范围的定位和导航信息。

目前主要的GPS包括美国国防部的GPS、俄罗斯的Glonass系统和国际海事卫星组织的Inmarsa系统。以美国国防部的GPS为例，它是由24颗沿距地球12 000公里高度的轨道运行的卫星组成，不停地发送回精确的时间及其位置。GPS接收器同时收听3～12颗卫星的信号，从而判断地面上或接近地面的物体的位置，还有其移动速度和方向等。它最初是为军方提供精确定位而建立的，军用GPS产品主要用来确定并跟踪在野外行进中的士兵和装备的坐标，给海中的军舰导航，为军用飞机提供位置和导航信息等。随着技术的不断进步，全球卫星定位系统也在商业领域大显身手，商用GPS主要用在勘测制图，航空、航海导航，车辆追踪系统，移动计算机和蜂窝电话平台等方面。

完整的GPS包括3大部分：空间部分——GPS卫星，地面控制部分——地面监控系统，用户设备部分——GPS信号接收机。GPS工作卫星的地面监控系统包括1个主控站、3个注入站和5个监测站。卫星上的各种设备是否正常工作，以及卫星是否一直沿着预定轨道运行，都要由地面设备进行监测和控制。地面监控系统的另一重要作用是保持各颗卫星处于同一时间标准——GPS时间系统。用户设备部分——GPS信号接收机的任务是捕获到按一定卫星高度截止角所选择的待测卫星的信号，并跟踪这些卫星的运行，对所接收到的GPS信号进行变换、放大和处理，以便测量出GPS信号从卫星到接收机天线的传播时间，解译出GPS卫星所发送的导航电文，实时地计算出目标的三维位置，甚至速度和时间。

2）GPS技术的应用

正如人们所说"GPS的应用，仅受人们的想象力制约"，GPS问世以来，已充分显示了其在导航、定位领域的霸主地位。许多领域也由于GPS的出现而产生革命性变化。目前，几乎全世界所有需要导航、定位的用户，都被GPS的高精度、全天候、全球覆盖、方便灵活和优质价廉所吸引。基于GPS应用的配送系统功能有以下几种。

（1）车辆跟踪——利用GPS和电子地图可实时显示出车辆的实际位置，对配送车辆和货物进行有效的跟踪。

（2）路线的规划和导航——分自动和手动两种。自动路线规划是由驾驶员确定起点和终点，由计算机软件按照要求自动设计最佳行驶路线，包括最快的路线、最简单的路线、通过高速公路路段次数最少的路线等等。手工路线规划是驾驶员根据自己的目的地设计起点、终点和途经点等，自己建立路线库，路线规划完毕后，系统能够在电子地图上设计路线，同时显示车辆运行途径和方向。

（3）指挥调度——指挥中心可监测区域内车辆的运行状况，对被测车辆进行合理调度。指挥中心还可随时与被跟踪目标通话，实行远程管理。

（4）信息查询——在电子地图上根据需要进行查询，被查询目标在电子地图上显示其位置，指挥中心可利用监测控制台对区域内任何目标的所在位置进行查询，车辆信息以数字形式在控制中心的电子地图上显示。

（5）紧急救援——通过GPS定位和监控管理系统对遇有险情或发生事故的配送车辆进行紧急援助，监控台的电子地图可显示求助信息和报警目标，规划出最优援助方案，通过声、光警示，值班员实施紧急处理。

2. GIS技术及应用

1）GIS技术概述

地理信息系统（Geographic Information System，GIS）是一种能把图形管理系统和数据管理系统有机地结合起来,对各种空间信息进行收集、存储、分析和可视化表达的信息处理与管理系统。GIS 提供的信息产品不仅仅是简单的文字和数据,而且还有一幅幅空间图形或图像。小到村镇、街道乃至地面上的一个点位,大到地球、国家、省市,GIS 都能以直观、方便、互动的可视化方式,实现数据信息的快速查询、计算、分析和辅助决策。它是 20 世纪 60 年代开始迅速发展起来的地理学研究新技术,是多种学科交叉的产物,它以地理空间数据为基础,采用地理模型分析方法,实时提供多种空间的和动态的地理信息,是一种为地理研究和地理决策服务的计算机技术系统。

地理信息系统的基本功能是将表格型数据(无论它来自数据库、电子表格文件或直接在程序中输入)转换为地理图形显示,然后对显示结果浏览、操纵和分析。其显示范围从洲际地图到非常详细的街区地图,显示对象包括人口、输入、销售情况、运输线路,以及其他内容。在许多情况下,这些地图能比一般表格或图形更为有效地帮助人们进行趋势和策略方面的研究,而且更易于将这类信息转化为其他形式的信息。

GIS 软件具有如下功能:①存储和分析客观实体(具有特定位置和形状的地理要素,如点、线、面等)间的空间关系,或使其相互连接并进行拓扑计算的功能;②存储和分析各实体所附大量属性数据的功能;③比简单的数据管理和查询更为强大的多层分析功能,使以图层形式组成的地图多层可视并进行多样化统计和逻辑操作;④整理来源不同或范围不等的数据,以多种方式使之可视化的功能;⑤强大的地理图形和图像处理功能。

总之,使现实世界中具有地理属性的信息实现数据地图化、数据可视化和思维可视化,从而为决策、分析提供支持,是 GIS 的根本目标。GIS 应用于仓储与配送管理分析,主要就是指利用 GIS 这种特有的强大的地理数据处理功能来完善仓储与配送管理。

2) GIS 在物流领域中的应用

GIS 在物流中的应用主要指利用 GIS 强大的地理数据功能来完善物流分析技术。完整的 GIS 物流分析软件包中除了为交通运输分析所提供的扩展数据结构、分析建模工具和二次开发工具外,还集成了若干物流分析模型,包括车辆路线模型、网络物流模型、分配集合模型、设施定位模型等。

(1) 车辆路线模型。车辆路线模型用于解决在一个起点、多个终点的货物运输问题中,如何降低操作费用并保证服务质量,包括决定使用多少车辆,每个车辆经过什么路线的问题。物流分析中,在一对多收发货点之间存在着多种可供选择的运输路线的情况下,应该以物资运输的安全性、及时性和低费用为目标,综合考虑,权衡利弊,选择合理的运输方式并确定费用最低的运输路线。例如,一个公司只有一个仓库,而零售店却有 30 个,并分布在各个不同的位置上,每天用卡车把货物从仓库运到零售商店,每辆卡车的载重量或者货物尺寸是固定的,同时每个商店所需的货物重量或体积也是固定的。因此,需要多少车辆以及所有车辆所经过的路线就是一个最简单的车辆路线模型。

(2) 网络物流模型。用于解决寻求最有效的分配货物路径问题,也就是物流网点布局问题。如将货物从 N 个仓库运往到 M 个商店,每个商店都有固定的需求量。因此,需确定由哪个仓库提货送给哪个商店,总的运输代价最小。

(3) 分配集合模型。分配集合模型可以根据各个要素的相似点把同一层上的所有或部分要素分成几组,可以用于解决确定服务范围、销售市场范围等问题。在很多物流问题中都涉及分配集合模型。例如:①某公司要设立 12 个分销点,要求这些分销点覆盖整个地区,且每个分销点的顾客数目大致相等;②某既定经济区域(可大至一个国家,小至某一地区、城市)内,考虑各个仓储网点的规模及地理位置等因素,合理划分配送中心的服务范围，确定其供应半径，实现宏观供需平衡。

（4）设施定位模型。设施定位模型可以用于确定一个或多个设施的位置。在物流系统中，仓库和运输线共同组成了物流网络，仓库处在网络的"节点"上，运输线就是连接各个"节点"的"线路"，从这个意义上看，"节点"决定着"线路"。具体地说，在一个具有若干资源点及若干需求点的经济区域内，物资资源要通过某一个仓库的汇集、中转和分发才能供应各个需求点。因此，根据供求的实际需要并结合经济效益等原则，在既定区域内设立多少仓库，每个仓库的地理位置在什么地方，每个仓库应有多大规模（包括吞吐能力和存储能力），这些仓库间的物流关系如何等问题，就显得十分重要。而这些问题运用设施定位模型均能很容易地得到解决。

9.3 物流信息系统

随着现代物流系统的发展，物流信息量会变得越来越大，物流信息更新的速度也越来越快，如果仍对信息采取传统的手工处理方式，则会造成一系列信息滞后、信息失真、信息不能共享等信息处理瓶颈，从而影响整个物流系统的效率。因此，建立基于计算机和通信技术的物流信息系统是提高物流系统的整体效率的有力保证。

9.3.1 物流信息系统的概念和基本功能

1. 物流信息系统的概念

物流信息系统（Logistics Information System）是指用系统的观点、思想、方法建立起来的，以电子计算机为基本信息处理手段，以现代通信设备为基本的传输工具，并且能够为管理决策提供信息服务的人机系统。也可以说，物流信息系统是一个由人和计算机共同组成的，能进行物流信息收集、传递、存储、加工、维护使用的系统，具有预测、控制和辅助决策等项功能。通过各种方式选择、收集、输入物流计划的、业务的、统计的各种有关数据，经过有针对性有目的的计算机处理，即根据管理工作的要求，采用特定的计算机技术，对原始数据处理后输出对管理工作有用信息的系统。

从本质上讲，物流信息系统是利用信息技术，通过信息流，将各种物流活动与某个一体化过程连接在一起的通道。物流系统的相互衔接是通过信息予以沟通的，基本资源的调度也是通过信息共享来实现的。因此，组织物流活动必须以信息为基础。为了有效地对物流系统进行管理和控制，使物流活动正常而有规律地进行，必须建立完善的信息系统，保证物流信息畅通。例如，某一工厂通过建立物流信息系统，能合理制订生产计划，控制生产物流节奏，压缩库存，降低生产成本，合理调度运输和搬运设施，使厂内物流畅通。

阅读案例 9-3

美国沃尔玛公司的物流信息系统

沃尔玛公司的总部设在阿肯色州的一个小城市，创始人山姆·沃尔顿（Sam Walton）在1962年开设了第一家沃尔玛商场，而配送中心一直到1970年才成立，现在沃尔玛的配送中心已经有了超过30年的历史。

> 沃尔玛 2000 年在物流方面的投资是 1 600 亿美元,现在的业务要求还需继续增长到 1 900 亿美元。因此,沃尔玛又投资了 250 亿美元,非常集中地用于物流配送中心建设。美国沃尔玛商品公司的配送中心是典型的零售型配送中心,是由沃尔玛公司独资建立的,专为本公司的连锁店按时提供商品,确保各店稳定经营。该中心的建筑面积为 12 万平方米,总投资 7 000 万美元,有职工 1 200 多人;配送设备包括 200 辆车头、400 节车厢、13 条配送传送带,配送场内设有 170 个接货口。中心 24 小时运转,每天为分布在纽约州、宾夕法尼亚州等 6 个州的沃尔玛公司的 100 家连锁店配送商品。
>
> 沃尔玛之所以能够取得成功,其主要原因之一是因为沃尔玛物流信息系统中先进的补货系统,该系统已成为其竞争战略中的核心部分。每一个商店都安装了这样的系统,它使得沃尔玛在任何一个时间点都可以知道,现在这个商店当中有多少货品,卖出多少,有多少货品正在运输过程当中,有多少是在配送中心等。沃尔玛之所以能够了解这么细,就是因为沃尔玛商场当中所有的产品都要有一个统一的产品代码叫 UPC 代码,可以对它直接扫描进入沃尔玛电脑网络。沃尔玛这个自动补货系统,可以自动向商场经理来订货,这样就可以非常及时地对商场进行帮助。经理在商场当中走一走,然后看一看这些商品,选到其中一种商品,扫描一下,就知道现在商场当中有多少这种货品,有多少订货,而且知道有多少这种产品正在运输到商店的过程当中,会在什么时间到,所有关于这种商品的信息都可以通过扫描这种产品代码得到,不需要其他的人再进行任何复杂的汇报。
>
> 沃尔玛另一个成功之处在于它可以让供货商直接进入到沃尔玛物流信息系统中的零售链接系统。任何一个供货商可以进入这个系统当中来了解其产品卖得怎么样,昨天、今天、上一周、上月和去年卖得怎么样。供货商可以知道这种商品卖了多少,而且可以在 24 小时之内就进行更新。供货商可以在沃尔玛公司每一个店当中,及时了解到有关情况。在美国沃尔玛有数以千计的商店,通过零售链接,供货商就可以了解卖的情况,来决定生产的状况,根据沃尔玛每天卖的情况,可以对将来卖货进行预测,以决定其生产情况,这样产品的成本也可以降低,从而使整个过程变为一个无缝的过程。
>
> 资料来源:蔡淑琴.物流信息系统 [M].北京:中国物资出版社,2002:19.

2. 物流信息系统的基本功能

物流信息系统可以归纳为以下 6 基本功能。

(1) 信息处理功能。物流信息系统能对各种形式的信息进行收集、加工整理、存储和传输,以便向管理者及时、准确、全面地提供各种信息服务。物流信息系统的信息处理功能如图 9.5 所示。

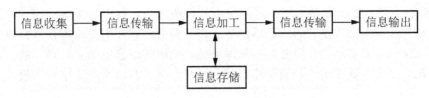

图 9.5 物流信息系统的信息处理功能

① 信息收集。信息收集是用某种方式记录下物流系统内外的有关数据,集中起来并转化为物流信息系统能够接收的形式,并输入到系统中。

② 信息传输。信息传输是指从信息源出发,经过一定的媒介和信息通道传输给接收者的过程。

③ 信息加工。信息加工是指对已经收集到的物流信息进行某些处理,使物流信息更加符合物流信息系统的目标,或者说更加适于各级管理人员使用。

④ 信息存储。信息存储是保证已得到的物流信息能够不丢失、不走样、不外泄，整理得当，随时可用。

⑤ 信息输出。物流信息系统的服务对象是物流管理者。因此，它必须具备向物流管理者提供信息的手段或机制，否则，它就不能实现其自身的价值。经过解释的物流信息，根据不同的需要，以不同形式的格式进行输出，有的直接提供给人使用，有的提供给计算机进一步处理。

(2) 事务处理功能。物流信息系统能够从事部分日常性事务管理工作，如账务处理、统计报表处理等。同时，它能将部分员工和领导从烦琐、单调的事务中解脱出来，既节省了人力资源，又提高了管理效率。

(3) 预测功能。物流信息系统不仅能实测物流状况，而且能利用历史数据、运用适当的数学方法和科学的预测模型来预测物流的发展。

(4) 计划功能。物流信息系统针对不同的管理层提出不同的要求，能为各部门提供不同的信息并对其工作进行合理地计划与安排，如库存补充计划、运输计划、配送计划等，从而有利于保证管理工作的效果。

(5) 控制功能。物流信息系统能对物流系统各个环节的运行情况进行监测、检查，比较物流过程实际执行情况与其计划的差异，从而及时地发现问题。然后再根据偏差分析其原因，采用适当的方法加以纠正，保证系统预期目标的实现。

(6) 辅助决策和决策优化功能。物流信息系统不但能为管理者提供相关的决策信息，达到辅助决策的目的，而且可以利用各种决策模型及相关技术进行决策优化，为各级管理层提供决策依据，以便提高管理决策的科学性，合理利用企业的各项资源，提高企业的经济效益。

9.3.2 物流信息系统的基本组成

物流信息系统是一个由人和计算机共同组成的，能进行物流信息的收集、传递、存储、加工、维护和使用的系统。物流信息系统的基本组成要素有硬件、软件、数据库和数据仓库、人员等。

(1) 硬件。硬件主要包括计算机、网络通信设备等。例如，计算机、服务器、通信设备，它是物流信息系统的物理设备、硬件资源，是实现物流信息系统的基础，它构成系统运行的硬件平台。

(2) 软件。软件主要包括系统软件和应用软件两大类，其中，系统软件主要用于系统的管理、维护、控制及程序的装入和编译等工作；而应用软件则是指挥计算机进行信息处理的程序或文件，它包括功能完备的数据库系统、实时的信息收集和处理系统、实时的信息检索系统、报告生成系统、经营预测和规划系统、经营监测系统、审计系统及资源调配系统等。

(3) 数据库与数据仓库。数据库技术将多个用户、多种应用所涉及的数据，按一定数据模型进行组织、存储、使用、控制和维护管理，数据的独立性高、冗余度小、共享性好，能进行数据完整性、安全性、一致性的控制。数据库系统面向一般的管理层的事务性处理。数据仓库是面向主题的、集成的、稳定的、不同时间的数据集合，用以支持经营管理中的决策制定过程。基于主题而组织的数据便于面向主题分析决策，它所具有的集成性、稳定性及时间特征使其成为分析型数据，为决策层提供决策支持。数据仓库系统也是一个管理系统，它由3部分组成：数据仓库、数据仓库管理系统和数据仓库工具。

(4)人员。人员主要包括系统分析人员、系统设计人员、系统实施和操作人员、系统维护人员、系统管理人员、数据准备人员,以及各层次管理机构的决策者等。

9.3.3 物流信息系统的结构层次

处在物流系统中不同管理层次上的物流部门或人员,需要不同类型的物流信息。因此,一个完善的物流信息系统,通常应具有5个层次,如图9.6所示的金字塔结构。

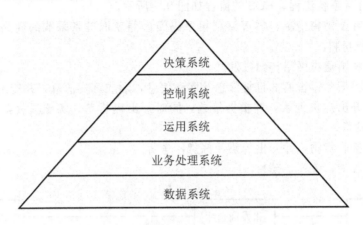

图9.6 物流信息系统的结构层次

(1)数据库。数据库是整个物流信息系统的基础,它将收集、加工的物流信息以数据库形式加以存储。

(2)业务处理系统。业务处理系统对数据库中的各种数据如合同、票据、报表等进行日常处理。

(3)运用系统。运用系统对经过业务处理过的信息进行实际地运用,如进行运输路径选择、制订仓库作业计划、实施库存管理等。

(4)控制系统。控制系统制定评价标准,建立控制与评价模型,根据运行信息监测物流系统的状况。

(5)决策系统。决策系统建立各种物流系统分析模型,辅助高层管理人员制订物流战略计划。

9.3.4 物流信息系统的应用

1. 电子自动订货系统

电子自动订货系统(Electronic Ordering System,EOS)是指企业利用通信网络(VAN或Internet)和终端设备在线联机(Online)方式进行订货作业和订货信息交换的系统。EOS按应用范围可分企业内的EOS(如连锁店经营中,各个连锁分店与总部之间建立的EOS)、零售商与批发商之间的EOS,以及零售商、批发商与生产商之间的EOS。

(1)EOS的作用。EOS的作用主要体现以下几个方面。

① 相对于传统的订货方式,如上门订货、邮寄订货、电话订货、传真订货等,EOS能够缩短从接到订单到发出订货的时间,缩短订货商品的交货期,减少商品订单的出错率,节省人工费用。

② 有利于减少企业的库存水平，提高企业的库存管理效率，同时可防止商品特别是畅销商品缺货现象的出现。

③ 对于生产厂家和批发商来说，通过分析零售商的商品订货信息，能准确判断畅销商品和滞销商品，有利于企业调整商品生产和销售计划。

④ 有利于提高企业物流信息系统的效率，使各个业务信息子系统之间的数据交换更加便利和迅速，丰富企业的经营信息。

(2) 自动订货系统流程。EOS 的流程如图 9.7 所示。

① 根据库存及销售情况，零售商利用条码阅读器获取准备采购的商品条码，并在终端机上输入订货材料。

② 将订货材料通过网络传给批发商。

③ 批发商根据各零售商的订货信息及库存信息，形成订货信息，并传给供货商。

④ 供货商开出提货传票，并根据传票，同时开出提货单，实施提货，然后根据送货传票进行商品发货。

⑤ 批发商接收货物，并开出传票，拣货，送货。

⑥ 零售商收货，陈列，销售。

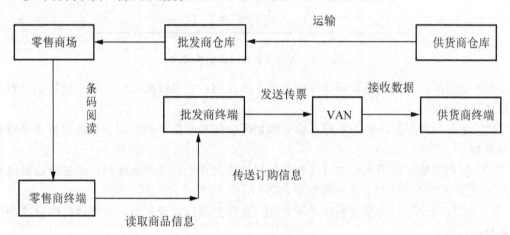

图 9.7　EOS 的流程

2. 销售时点信息系统

销售时点信息(Point Of Sale，POS)系统是指通过自动读取设备(如收银机)在销售商品时直接读取商品销售信息(如商品名、单价、销售数量、销售时间、销售店铺、购买顾客等)，并通过通信网络和计算机系统传送至有关部门进行分析加工以提高经营效率的系统。

POS 系统是利用计算机软硬件技术对商场的商品、客户、销售时点交易等信息进行综合管理的信息系统。它具有直接、及时入账的实时处理的能力，是一种全新的商业销售管理系统。现代 POS 系统将计算机网络、EDI 技术、监控技术、电子收款技术、电子信息处理、远程通信、电子广告技术、自动售货备货技术等一系列科技手段融为一体，形成一个高效的管理信息系统。它的设计要考虑商场的管理模式，按照对商品流通各种规定进行设计和运行。

1) POS 系统组成

POS 系统由前台 POS 与后台 MIS 两大基本部分组成，前台 POS 应用于销售现场，后台 MIS 应用于商场管理中心，两者通过网络连接，实现数据传输和共享，提高工作效率。

（1）前台 POS。前台 POS 应用于销售现场，通过自动读取设备（如收银机上的扫描器），在商品出售时读取销售信息（如商品代码、名称、销售价格、数量、销售时间），实现前台销售的自动化，对商品交易进行实时服务和管理，进而将读取的信息传送至后台 MIS。

（2）后台 MIS。后台 MIS 接收前台 POS 传来的销售数据，分析库存，控制进货数量，合理周转资金，还可以分析统计各种销售报表，快速准确地计算成本与毛利。根据销售数据，对销售员、收款员进行业绩考核，形成员工分配工资、奖金的客观依据。后台 MIS 还负责整个商场进、销、调、存系统的管理，以及财务管理、库存管理、考勤管理等。

2）POS 系统结构

POS 的系统结构主要依赖于计算机处理信息的体系结构。结合商业企业特点，POS 基本结构可分为单个收款机、收款机与微机相连成的 POS、收款机与计算机网络构成的 POS。目前大多采用第 3 种类型 POS 结构。

（1）POS 系统的硬件结构。POS 的硬件主要有扫描器、显示器、打印机、网络、PC 机与服务器等。POS 系统的硬件结构如图 9.8 所示。

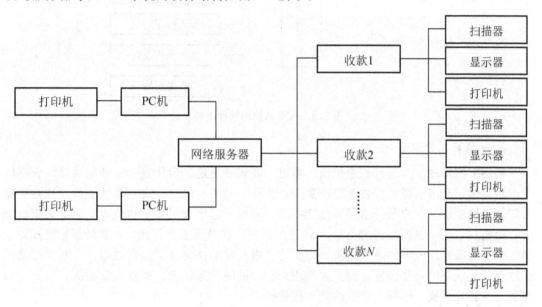

图 9.8　POS 系统的硬件结构

① 前台收款机（即 POS 机）。可采用具有顾客显示屏、票据打印机和条码扫描仪的 XPOS，PROPOS，PCBASE 机型。共享网上商品库存信息，保证对商品库存及时处理，便于后台随时查询销售情况，进行商品销售分析和管理。条码扫描仪可根据商品特点选用手持式或者台式以提高数据录入的速度和可靠性。

② 网络。目前，我国大多数商场一般内部信息的交换量很大，而对外的信息交换很少。因此，计算机网络系统应该以高速局域网为主，考虑到系统的开放性及标准化的要求，选择 TCP/IP 协议较合适。操作系统选用标准操作系统。

③ 硬件结构。大型商业企业的商品进、存、调、销的管理复杂，账目数据量大，频繁地进行管理和检索，选择较先进的客户机/服务器（或浏览器/服务器）结构，可大大提高工作效率，保证数据安全性、实时性及准确性。

（2）POS 系统的软件结构。POS 系统的软件结构如图 9.9 所示。

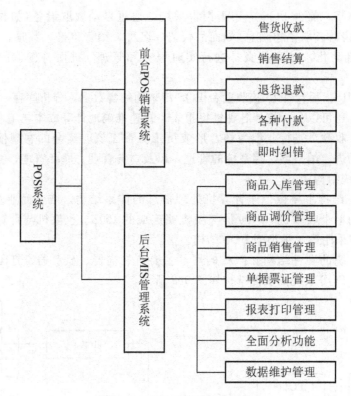

图 9.9 POS 系统的软件结构

3. 运输信息管理系统

利用大型运输工具进行长途批量运输时，其线路固定、运货量大、计划性强，管理的重点是运输工具的选择，货物量是否集中，机场、铁路、港口、道路等社会性设施是否完备等。运输活动与客户服务水平有密切关系，同时，运输费用又是物流成本的最大组成部分，运输成本在一般产品的价格中占 10%～20%，甚至更多。因此，高效的运输管理对于服务水平的提高及成本的降低至关重要。为了提高整个供应链的经营效率，一些大型物流运输企业从战略的高度出发，建立并使用自己的战略信息系统、货物跟踪系统，以及运输车辆运营管理系统，以确立企业的竞争优势。

1) 货物跟踪子系统

货物跟踪子系统是指物流运输企业运用物流条形码和 EDI 技术及时获取有关货物运输状态的信息，包括货物品种、数量、发货地点、货主、在途情况、到达地点、交货时间、送货车辆及责任人员等，提高物流运输服务质量的方法。具体说就是物流运输人员在向货主取货时、在物流中心重新集装运输时、在向客户配送交货时，均利用扫描仪自动读取货物包装或发票上的物流条形码等货物信息，通过公共通信线路、专用通信线路或卫星通信线路将货物信息传送到总部的计算中心进行汇总。这样所有被运送的货物信息均在总部的计算机中进行存储，便于企业了解货物的运输状况。货物跟踪子系统使物流运输企业的服务水平大幅度地提高。

2) 车辆运行管理子系统

由于在从事运输业务的过程中，运输工具通常处于移动、分散的状态，这使得作业管理方面存在着不小的困难。在企业可以接受的利润率及客户服务水平等条件限制下，合理管理车辆、开发车辆路线的工作至关重要。随着近年来移动通信技术的迅速发展，在物流运输业出现了多种车辆运行管理子系统。例如，适用于城市范围内的应用 MCA（Multi Channel Access）无线技术的车辆运行管理系统，以及适用于全国、全球范围内的应用通信卫星、GPS 技术和 GIS 技术的车辆运行管理系统，都是这方面的典型代表。

（1）应用 MCA 无线技术的车辆运行管理系统。MCA 无线系统由无线信号发射接收控制部门、运输企业的计划调度室和运输车辆组成。通过无线信号发射接收控制部门，运输企业的计划调度室和运输车辆能进行双向通话。由于 MCA 系统无线发射功率的限制，它只适用于小范围的通信联络，如城市内的车辆计划调度管理，在我国北京、上海等城市的大型出租运输企业都采用了 MCA 系统。

物流运输企业在利用 MCA 无线系统的基础上，结合顾客数据库和自动配车系统进行车辆运行管理。具体来说，在接到顾客运送货物的请求后，将货物品种、数量、装运时间、地点、顾客联络电话等信息输入计算机，同时，根据运行车辆移动通讯装置发回的有关车辆位置和状态的信息，通过 MCA 系统由计算机自动地向最靠近顾客的车辆发出装货指令，由车辆上装备的接收装置接收指令并打印出来。

（2）应用通信卫星、GPS 技术和 GIS 技术的车辆运行管理系统。在全国范围甚至跨国范围进行车辆运行管理就需采用通信卫星、GPS 技术和 GIS 技术的车辆运行管理系统。采用通信卫星、GPS 技术和 GIS 技术的车辆运行管理系统中，物流运输企业的计划调度中心和运行车辆通过通信卫星进行双向联络。

具体来说，物流运输企业计划调度中心发出的装货运送指令，通过公共通信线路或专用通信线路传送到卫星控制中心，由卫星控制中心把信号传送给通信卫星，再经通信卫星把信号传送给运行车辆，而运行车辆通过 GIS 确定车辆所在的准确位置，找出到达目的地的最佳路线，同时，通过车载的通信卫星接收天线、GPS 天线、通信联络控制装置和输出入装置把车辆所在位置和状况等信息通过通信卫星传回企业计划调度中心。这样物流运输企业通过应用通信卫星、GPS 技术和 GIS 技术不仅可以对车辆运行状况进行控制，而且可以实现企业车辆的最佳配置，提高物流运送业务效率和顾客服务满意度。

3）中小型物流运输企业的信息交流网络

当今物流运输企业中的绝大多数是中小型运输企业。这些企业基本上属于地方企业，以当地业务为主。如何把这些中小型企业组织起来，以提高整体运营效率，减少社会资源的浪费？一个可行的办法是建立中小型物流运输企业的信息交流网络。

具体地说，建立一个运输业的信息交流网络，使得中小企业和个人电脑能够以较低的成本与之连接。企业或个人可以输入求车或求货信息，通过网络进行传输；同时也可以通过网络检索他人登记的信息，寻求适合的合作伙伴。

本 章 小 结

物流信息是反映物流各种活动内容的知识、资料、图像、数据、文件的总称。物流信息伴随着物流活动的发生而产生的，贯穿于物流活动的整个过程中，在物流活动中起着中枢神经系统的作用，它不仅具有对物流活动的支持保证作用，而且具有连接整合物流系统的作用。

信息技术泛指凡是能拓展人的信息处理能力的技术。构建物流信息系统需经常使用且特有的信息技术是自动识别技术、EDI 技术及空间信息技术。自动识别技术包括条形码技术及RFID技术。EDI是指商业贸易伙伴之间，将按标准、协议规范化和格式化的经济信息通过电子数据网络，在单位的计算机系统之间进行自动交换和处理，它是电子商业贸易的一种工具，将商业文件按统一的标准编制成计算机能识别和处理的数据格式，在计算机之间进行传输。空间信息技术主要包括GPS技术和GIS技术。

物流信息系统是指用系统的观点、思想、方法建立起来的，以电子计算机为基本信息处理手段，以现代通信设备为基本的传输工具，并且能够为管理决策提供信息服务的人机系统。物流信息系统的基本功能主要包括信息处理功能、事务处理功能、预测功能、计划功能、控制功能、辅助决策和决策优化功能。物流信息系统的基本组成要素有硬件、软件、数据库和数据仓库、人员等。物流信息系统的结构层次包括数据库、业务处理系统、运用系统、控制系统、决策系统。常用的物流信息系统主要指EOS、POS系统、运输信息管理系统。

关键术语

物流信息　　物流信息系统　　条形码　　EDI　　GPS　　GIS　　EOS　　POS

复习思考题

一、选择题

1.（　　）是指企业利用通信网络(VAN或Internet)和终端设备在线联机(Online)方式进行订货作业和订货信息交换的系统。
A. EOS　　　　B. POS　　　　C. EDI　　　　D. GPS

2. 一般来说，自动识别系统由标签、标签生成设备、（　　）及计算机等设备组成。
A. 条形码　　　B. 射频标签　　C. 识读器　　　D. 数据库

3.（　　）用于解决寻求最有效的分配货物路径问题，也就是物流网点布局问题。
A. 网络物流模型　　　　　　　B. 车辆路线模型
C. 设施定位模型　　　　　　　D. 配集合模型

4.（　　）是指通过自动读取设备（如收银机）在销售商品时直接读取商品销售信息（如商品名、单价、销售数量、销售时间、销售店铺、购买顾客等），并通过通讯网络和计算机系统传送至有关部门进行分析加工以提高经营效率的系统。
A. EOS　　　　B. POS系统　　C. GIS　　　　D. 货物跟踪系统

5. 构成EDI系统的三要素是EDI数据标准化、EDI软件及硬件和（　　）。
A. 人员　　　　B. 通信软件　　C. 翻译软件　　D. 通信网络

二、简答题

1. 物流信息系统的基本功能有哪些？举例说明。
2. 请简要说明物流信息系统的结构。
3. 请从物流作业方面介绍物流信息的活动。
4. 物流信息具有哪些特点？
5. POS系统的构成是什么？

三、分析应用题

调查某一公司（超市）的信息系统，简要说明其正在应用的物流信息技术有哪些。分析其信息系统的功能构成及优缺点。

四、案例分析题

中海：完善的物流信息化系统

中海集团与中远集团、中外运被称为中国航运市场的三巨头，在集装箱运量取得突飞猛进的2002年，中海物流应运而生。按照中海集团的发展规划，物流业是发展重点和支柱性产业，并形成了以航运为核心，船代、货代、仓储堆场、集卡、驳船、空运、海铁联运等业务并举的大物流发展框架。中海物流能在与中远物流、中外运、招商局、宝供物流等公司的激烈角逐中脱颖而出，很大程度上是缘于先人一步建立了比较完善的信息化系统。

1. 转型：实现三级管理

中海物流采用三级管理的业务模式，总部管片区、片区管口岸。总部代表集团领导、管理、计划、协调中海的物流业务，加强对整个物流业务的总成本的控制，建立物流供应链；片区公司在总部的领导和管理下，经营各所属片区的配送业务、仓储业务、车队业务、揽货业务等，建立所属各地区的销售网点，并对该地区的成本控制；口岸公司在片区公司的管理下，进行揽货、配送的具体业务操作，并负责业务数据采集。而要实现这一点，没有强大的信息系统支撑是不可能的。中海物流公司成立初期就提出，要做一流的物流企业首先要有一流的IT。为实施集团制定的"大物流"战略，中海物流最终选择了招商迪辰为软件供应商。

2. 模式："一个心脏跳动"

虽说招商迪辰是首家在国内将GIS、GPS、无线通信（Wireless）与互联网技术（Web）集成一体，应用于物流、交通和供应链管理领域的软件供应商。但为中海物流这样规模的企业建立全国性的物流信息化系统，在国内并无先例可循。招商迪辰上海公司总经理曾辉军说："现在不是一个点上看单个物流系统，而是要在整个物流网络的高度，从供应链衔接的角度设计整套系统。"经过反复论证，双方一致认定，要在全国范围内应用一套企业级集成的系统，能实现信息的共享与交换，并保持数据的一致。

该信息系统的核心就是以市场需求为驱动，以计划调度为核心，使物流各环节协同运作。它需要集成管理企业的计划、指标、报表、结算等，可层层细化与监控，并有统一的企业单证、报表、台账格式，而且有良好的扩展性和开放结构。而更为关键的是，系统建成后应当是一套面向订单流的信息系统，从接受客户委托订单开始，到订单管理，围绕订单制定物流方案、落实相关运力或仓储等物流资源、调度直至物流作业、质量监控等环节，都要有一个平滑共享的信息流。

软件项目最大的困难在于业务变更。中海物流的业务繁杂、需求众多且不断变化，信息系统也必须随之改进。项目开始时做调研主要是为了海运业务，关注的主要是货物从这个港拖到那个港，真正涉及的项目物流非常少，在经过去年的战略转型后，中海物流已经将海运、货代业务剥离出去，专做第三方物流。

"一个心脏跳动"即"中海物流集团总部是一个利润中心，底下八大片区视为成本中心，资源统一调配，全国一盘棋。现在拿到第三方物流单子，多少货发到什么城市、什么仓库，完全由中海物流自己来决策。仓储资源、运输资源、人力资源统一调配。当前中海物流完全按这种模式运作，第三方物流强调一个心脏跳动，集中式管理、集中式调度，统一核算，客户进来不是面对你单个分公司，而是面对你整个物流体系，整个体系通过一套信息系统协同作业。"

3. 海信：初战告捷

从某种意义上来说，中海之所以要做战略调整，就是因为签了海信这样的项目物流大单。2002年年底，海信电器进行首次第三方物流的招标，中海集团物流在经过为期一个月的投标、调研、实施方案制定后，凭借着"中海"的强势品牌和完善的物流方案，一举击败国内数家知名物流企业，中标海信电器股份电视机产品的全国配送物流服务项目。

中海之所以能拿下海信将近45%份额，超过中远、中外运，关键就是IT系统。目前这套系统全部无纸化操作，海信所有的客户需求，发送到当地销售公司，再到总部的销售中心，再转到总部的物流部，接着到中海的物流中心，继而到中海的操作点，整个过程可以说是全部无纸化，实现无缝连接。从海信的系统到中海系统,整个过程是非常完美的。中海给海信的承诺是2小时,但实际上最快只需几分钟,而过去从客户指令发出到中海单子打出来,都是传真操作,几个来回半天时间就过去了。

与此同时,招商迪辰作为中海物流的战略伙伴,也不时出现在中海的客户那里,为其打单完成IT部分的"亲密接触"。而招商迪辰,又不失时机地将中海物流请到一些物流信息化的研讨会上"现身说法"。于是,一个有趣的现象出现了,就是很多客户选择中海物流做第三方物流供应商,又选择招商迪辰做物流系统供应商,如健力宝、椰树集团。

4. 扩张:以柔克刚

海信项目的运作成功增强了中海人的信心,目前中海物流正尝试以一流的网络服务和先进的电子商务为手段,积极发展国内、国外物流合作,整合社会资源,构筑供应链一体化经营模式。

随着信息系统应用的不断深入,中海将逐步向客户提供通过Internet订单操作、货物追踪,以及其他个性化的增值服务,并能根据VIP客户的需要,建立和客户自身管理系统的EDI系统,确保信息交换的及时性和准确性。

业务扩张带来的是对系统柔性要求越来越强,由物流层面提升到对供应链层面,成为客户业务模式的一部分。曾辉军说:"这当然需要优化,其中包括物流运输的优化、仓储的优化、人力的优化。系统最高层面的信息库,更要上升到决策分析层面,通过数据比较我做什么类型的货物配送最赚钱,做什么样的货物是合理的,单车利润率、仓储周转率等等数据,都要成为决策层参考的重要依据。"

中海目前应用的系统具备了较好的柔性,整套系统通用性比较强,饮料类企业能使用,家电类企业也能使用,系统的平台能力很强,只不过要和客户系统搭一座桥接起来。应当说,中海物流的系统到现在来说还并不是一个非常完整的系统,从去年开发至今,已经有仓储管理系统、运输系统、集卡管理系统、GPS跟踪系统等陆续投入使用。目前,中海物流的IT项目已经投入2 000多万元,接下来还会源源不断地投入,近期要开发的有集团总部管理模块、集装箱运作模块、财务商务增强性模块、自动配载系统等等。就在前不久,中海物流新开发的GPS系统已经在全国投入运营。

5. CIO之痛

物流企业信息系统的开发不是一朝一夕的,要立足长远,就中海而言,整个过程是相当痛苦的,人们的需求在改变,开发商也要跟着改变。大的物流企业必须开发自己的信息系统,而规模稍小的公司,可以采用租赁的形式。例如,租用GPS或者可以跟大物流公司合作。物流企业实施信息化应该根据自己的资金实力、开发商的能力等具体情况,一步步地走。选择物流开发商的过程尤为重要,千万不要选择资金实力小、人员流动频繁的公司。

资料来源:http://bbs.02156.cn/thread-12275-1-1.htm。

根据以上案例所提供的资料,试作以下分析:

1. 中海物流信息系统的特点及作用是什么?
2. 中海建设物流信息系统的经验有哪些?

第 10 章　企业物流管理

【本章知识架构】

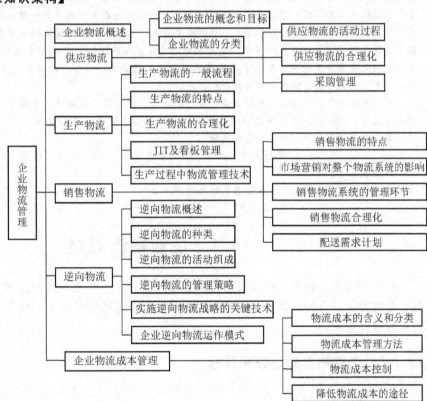

【本章教学目标与要求】

(1) 了解企业物流的分类，理解企业物流的含义。

(2) 了解供应物流的含义，熟悉供应物流的过程和活动，掌握供应物流合理化及采购管理。

(3) 了解生产物流的特点，熟悉生产过程中物流管理技术，掌握物流合理化及 JIT 的原理。

(4) 了解销售物流的特点，熟悉销售物流系统的管理环节和配送需求计划，掌握销售物流合理化及市场营销对整个物流系统的影响。

(5) 了解逆向物流的种类与活动组成，理解逆向物流的内涵及其与正向物流的联系，掌握逆向物流管理策略与关键技术及企业逆向物流运作模式。

(6) 了解企业物流成本的分类，理解企业物流成本及物流成本管理的含义，熟悉降低物流成本的途径，掌握物流成本管理与控制的方法。

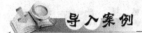

宝马汽车的物流运作

汽车制造工业对物流供应要求相当高，其中最难的地方在于有效提供生产所需的千万种零部件器材。居世界汽车领导地位的德国 BMW（宝马）公司，针对顾客个别需求生产多样车型，其 3 个在德国境内负责 3、5、7 系列车型的工厂，每天装配所需的零件多达 4 万个运输容器，供货商上千家。面对如此庞大的供应链，其物流运作显得极为重要。因此，BMW 公司选择自己的合作伙伴时非常谨慎，并把其供应链中的合作伙伴纳入成本节约的考量。在此基础上，BMW 公司建立了成本方程式，采取尽可能让运输工具满载、每周固定时间送货等方法降低物流成本。如果同一货运公司替多个 BMW 工厂送货，则必须安排送货先后次序，以达到成本最优。此外，运送货量最好一星期内平均分配，让运输工具及仓储空间达到最高使用率。除了采购送货外，生产流程的其他部分也具有节约潜能。例如，供货商的处理程序及成本，甚至于供货商的制造及库存状况。这样可以降低整个价值链中的库存成本，也是提高整个供应链竞争力的最佳利器。

由上面的例子可以看出，对于企业而言，物流可以影响到其主业的运营效率，并且支撑着其整个的企业运转。而这个物流过程是非常复杂的，牵涉到供应链中的其他企业。企业物流运作的方式很多，最基本的就是对于外包和自营的选择。

资料来源：田源. 物流管理概论[M]. 北京：机械工业出版社，2006：84.

讨论及思考：
物流运作在 BMW 公司生产经营中的作用是什么？

10.1 企业物流概述

企业物流是企业生产经营活动的重要组成部分，与其他形式物流相比，企业物流具有其自身的特征。全面认识企业物流的内涵对发挥企业物流的优势、提高企业的市场竞争能力具有重要意义。

10.1.1 企业物流的概念和目标

1. 企业物流的概念

现代企业是经济社会系统的基本单元，企业的生产经营过程是围绕着物质资料使用价值形态功能更替和价值的实现来完成的，是物质资料实体从一种形态功能转换为另一个形态功能的运动过程。在这一过程中发生的一切物流活动，就构成了企业物流。因此，企业物流是指在企业生产经营过程中，物品从原材料供应，经过生产加工，到产成品销售，以及伴随生产消费过程中所产生的废弃物的回收及再利用的完整循环活动。

从系统论角度分析，企业物流是一个承受外界环境作用的具有输入—转换—输出功能的自适应体系。企业系统活动的基本结构是投入—转换—产出，对于生产类型的企业来讲，是原材料、燃料、人力、资本等的投入，经过制造或加工使之转换为产品或服务；对于服务型企业来讲则是设备、人力、管理和运营，转换为对用户的服务。物流活动便是伴随着企业的投入—转换—产出而发生的。相对于投入的是企业外供应物流或企业外输入物流，相对于转换的是企业内生产物流或企业内转换物流，相对于产出的是企业外销售物流或企业外服务物流。

企业物流是生产和流通企业在经营活动中所发生的物流活动（GB/T 18354—2006），以企业经营为核心的物流活动，是具体的、微观物流活动的典型领域。企业物流与社会物流、区域物流、国际物流有着很大的差别。

2. 企业物流的目标

实践表明，只有目标明确的企业才能得到迅速的发展。同理，也只有目标明确的企业物流作业才能高效运转起来。企业物流作业的目标包括以下几个方面，分别为快速响应、最低库存、集中运输、最小变异、物流质量等。

（1）快速响应。这是企业物流作业目标中最基本的要求。快速响应关系到一个企业能否及时满足客户的服务需求。例如，一个远在昆明的客户服务器出现问题，而作为提供服务器备件支援的厂商位于北京，若客户需要在6小时内恢复服务器正常运行，那么快速响应就至关重要。

快速响应的能力使企业将物流作业传统上强调的根据预测和存货情况做出计划转向了以小批量运输的方式对客户需求做出反应上来。快速响应要求企业具有流畅的信息沟通渠道和广泛的合作伙伴支持。

（2）最低库存。这是企业物流作业目标中最核心的要求。最低库存的目标同资产占用和相关的周转速度有关。最低库存越小，资产占用就越少，周转速度越快，资产占用也越少。因此，物流系统中存货的财务价值占用企业资产也就越低。在一定的时间内，存货周转率与存货使用率相关。存货周转率高，意味着投放到存货上的资产得到了有效利用。

企业物流作业的目标就是要以最低的存货满足客户需求，从而实现物流总成本最低。随着物流经理将注意力更多地放在最低库存的控制上，类似"零库存"（JIT）之类的概念已经从戴尔这样的国际大公司向众多公司中转移并得到实际应用。当存货在制造和采购中达到规模经济时，它能提高投资回报率。

为实现最低存货的目标，物流系统设计必须是对整个企业的资金占用和周转速度进行控制，而不是对每一个单独的业务领域进行控制。

（3）集中运输。集中运输是企业物流作业中实施运输成本控制的重要手段之一。运输成本与运输产品的种类、运输规模和运输距离直接相关。许多具有一流服务特征的物流系统都采用的是高速度、小批量运输，这种运输通常成本较高。为降低成本，可以将运输整合。一般而言，运输量越大、距离越长，单位运输成本就越低。因此，将小批量运输集中起来以形成大规模的经济运输不失为一种降低成本的途径。不过，集中运输往往降低了企业物流的响应时间。因此，企业物流作业必须在集中运输与响应时间方面综合权衡。

(4) 最小变异。在企业物流领域，变异是指破坏系统作业表现的任何未预期到的事件，它可以产生于物流作业的任何地方。例如，空运作业因为天气原因受到影响，铁路运输作业因为地震等灾害受到影响。减少变异的传统解决办法是建立安全存货，或是使用高成本的运输方式。不过，上述两种方式都将增加物流成本，为了有效地控制物流成本，目前多采用信息技术以实现主动的物流控制，这样变异在某种程度上就可以被减少到最低。

(5) 物流质量。物流作业本身就是在不断地寻求客户服务质量的改善与提高。目前，全面质量管理(Total Quality Managemet, TQM)已引起各类企业的高度关注，自然，物流领域也不例外。从某种角度说，TQM还是物流得以发展的主要推动力之一。因为事实上一旦货物质量出现问题，物流的运作环节就要全部重新再来，如运输出现差错或运输途中货物损坏，企业不得不对客户的订货重新操作，这样一来不仅会导致成本的大幅增加，而且还会影响到客户对企业服务质量的评价。因此，企业物流作业对质量的控制不能有半点马虎。

10.1.2 企业物流的分类

1. 按功能分类

按照不同的功能，企业物流可以分为供应物流、销售物流、生产物流、逆向物流。

(1) 供应物流。供应物流是提供原材料、零部件或其他物料时所发生的物流活动。在流通领域中，供应物流指从买方角度出发的交易行为中所产生的物流活动。

(2) 销售物流。销售物流是企业在出售商品过程中所发生的物流活动，也就是物资的生产者或持有者到用户或消费者之间的物流。对于工厂是指出售产品，对于流通领域是指从卖方角度出发的物流活动。

(3) 生产物流。生产物流是企业生产过程发生的涉及原材料、在制品、半成品、产成品等所进行的物流活动。生产物流是制造产品的工厂企业所特有的，原材料、半成品等按照工艺流程在各个加工点之间不停顿地移动、流转，与生产流程同步。如果生产物流中断，生产过程也将随之停顿。生产物流的合理化对工厂的生产秩序、生产成本有很大的影响，还可以缩短生产周期。

(4) 逆向物流。为了资源回收、创造价值和正确处理废弃物，在高效及适当成本下，对原材料、在制品、成品及相关信息，从消费地到产出地的流动所进行的计划、实施和控制过程(美国物流管理协会，2001)。逆向物流主要包括回收物流和废弃物物流，其物流方向是由消费地流向起源地，与正向物流方向相反。回收物流主要是指不合格物品的返修、退货，以及周转使用的包装容器从需方返回到供方所形成的物品实体流动。废弃物物流是指将经济活动中失去原有使用价值的物品，根据实际需要进行收集、分类、加工、包装、搬运、储存等，并分送到专门处理场所过程中形成的物品实体流动。

有效的逆向物流管理，通过资源回收，可以减少原材料耗费，提高资源利用率，降低企业的经营成本；通过产品召回制度，有利于企业提高顾客价值，增加竞争优势；正确地处理废弃物，承担产品废弃的社会责任，可以改善企业环境行为，塑造良好的企业形象。

2. 按企业性质不同分

按企业性质不同，企业物流有生产企业物流、流通企业物流之分。

(1) 生产企业物流。生产企业物流是对应生产经营活动的物流，这种物流有四个子系统，即供应物流子系统、生产物流子系统、销售物流子系统及逆向物流子系统。

生产企业种类非常多，物流活动也有差异，按主体物流活动区别，可大体分为4种。

① 供应物流突出的类型：这种物流系统供应物流突出而其他物流较为简单，供应物流组织和操作难度较大。例如，采取外协方式生产的机械、汽车制造等企业均属于这种物流系统，其供应物流范围广，难度大，成本高。

② 生产物流突出的类型：这种物流系统生产物流突出而供应、销售物流较为简单。典型的例子是生产冶金产品的企业，供应的是大宗矿石，销售的是大宗冶金产品，而从原料转化为产品的生产过程过程很复杂。

③ 销售物流突出的类型：如很多小商品、小五金等，大宗原材料进货，加工也不复杂，但销售却要遍及全国或很大的地域范围，是属于销售物流突出的企业物流类型。此外，如水泥、玻璃、化工危险品等，虽然生产物流也较为复杂，但其销售时物流难度更大，问题更严重，有时会出现大事故，因而也包含在销售物流突出的类型中。

④ 逆向物流突出的类型：如制糖、选煤、造纸、印染等企业，逆向物流组织得好坏几乎决定企业能否生存。

(2) 流通企业物流。流通企业物流是指从事商品流通的企业和专门从事实物流通的企业的物流。

① 批发企业的物流是指以批发据点为核心，由批发经营活动所派生的物流活动。这一物流活动对于批发企业的投入是组织大量物流活动的运行，产出是组织总量相同的物流对象的运出。在批发据点中的转换是包装形态及包装批量。

② 零售企业的物流是以零售商店据点为核心，以实现零售销售为主体的物流活动。零售企业的类型有一般多品种零售企业、连锁性零售企业、直销企业等。一般多品种零售企业销售物流，大件商品多采用送货和售后服务，大部分小件商品则由用户自己完成。连锁性零售企业物流的特点是集中进行供货的物流。直销企业物流重点集中于销售物流，因直销企业经营品种较少，故企业内部的物流较简单。

③ 仓储企业物流是以储存业务为赢利手段的企业。仓储企业的物流是以接运、入库、保管保养、发运或运输为流动过程的物流活动，其中，储存保管是其主要的物流功能。

④ 配送中心的物流是集储存、流通加工、分货、拣选、运输等为一体的综合性物流过程。

⑤ 第三方物流企业的物流。第三方物流企业本身不拥有商品，而是通过签订合作协定或结成合作联盟，在特定的时间段内按照特定的价格向客户提供个性化的物流代理服务。具体的物流内容包括商品运输、储存、配送，以及附加的增值服务等。

10.2 供应物流

企业为保证生产经营的正常进行，需不断组织原材料、零部件、燃料、辅助材料等的供应物流活动，同时注重此过程中成本的优化，提高企业的效益。采购管理是供应物流管理的重点内容之一，它沟通生产需求与物资供应。因此，供应物流有时也称为采购物流。

10.2.1 供应物流的活动过程

供应物流(Supply Logistics)是提供原材料、零部件或其他物料时所发生的物流活动(GB/T 18354—2006)。供应物流是指企业生产所需的一切物料(原料、燃料、备品备件、辅助材料等)的采购、订单管理、进货运输、仓储、库存管理、用料管理和供应管理。它是企业物流系统中独立性相对较强的一个子系统，并且和生产系统、搬运系统、财务系统等企业内各部门,以及企业外部的资源市场、运输条件等密切相关。供应物流具有保证企业正常生产、降低生产成本的作用。

1. 供应物流的工作内容

(1) 采购。采购工作是企业与社会的衔接点,是依据企业的供应—采购计划来进行物资外购的作业,另外,还负责收集市场资源、供货厂家、市场变化、物资质量等信息,可以说,采购是企业生产的开始。

采购之所以重要是因为它的工作质量已经关系到企业的产品质量和成本,随着社会分工的进一步细化,企业经营方式向专业化、协作化发展,企业会外购生产经营所需的产品与服务,采购的地位也越来越重要。

(2) 生产物资供应。供应工作是供应物流与生产物流的衔接点,是依据生产—供应计划和物资消耗定额进行生产资料供给的作业,并负责管理物资消耗。供应方式有两种基本形式:一种是用料部门到供应部门领料;另一种是供应部门按时按量进行物资配送。

(3) 仓储与库存管理。仓储管理工作是供应物流的转换点,负责生产物资的接货和发货以及物资储存管理。库存管理工作是供应物流的重要组成部分,主要依据企业生产计划制订供应和采购计划,并负责制定库存控制策略及计划的执行与反馈。

(4) 装卸与搬运。装卸、搬运工作是物资接货、发货和堆码时进行的操作。虽然装卸搬运是随着运输和保管而产生的作业,但却是衔接供应物流中其他活动的重要组成部分,是实现物流机械化、自动化和智能化的重点之一。

2. 供应物流活动流程

不同的企业、不同的生产工艺、不同的生产组织模式、不同的供应环节和不同的物流供应链,使得企业供应物流过程有所区别,使得企业供应物流出现了许多不同的模式。尽管不同的模式在某些环节上有着各自不同的特点,但是供应物流基本流程是相同的,一般有以下几个环节。

(1) 取得资源。取得资源是完成所有供应活动的前提条件。取得什么样的资源是由核心生产过程提出来的,同时也要按照供应物流可以承受的技术条件和成本条件来进行决策。物资的质量、价格、距离、信誉、供应及时性等都是重要的考虑因素。

(2) 组织到厂物流。取得的资源必须经过物流才能到达企业。这个物流过程是企业外部的物流过程,在物流过程中,往往要反复运用装卸、搬运、储存、运输等物流活动才能使取得的资源到达生产企业。这个物流过程可以由企业自己的物流部门、供应商的物流部门或第三方物流企业来完成。

(3) 组织厂内物流。企业所取得的资源到达企业后,经过企业物资供应人员的确认,在厂区继续运动,最后到达车间、分厂或生产线的物流过程称为供应物流的企业内物流。厂内物流一般由企业自己承担,现在有些企业也把这部分物流外包给第三方物流企业。企业的物资仓库经常作为内外物流的转换节点。

10.2.2 供应物流的合理化

1. 准确预测需求

供应物流的目的是保证企业生产的正常进行。因此,要实现供应物流合理化,必须依据企业生产计划,确定出物资供应需求量。生产计划是依据市场对该产品的需求量决定的,而供应计划则是依据生产计划下达的产品品种、结构、数量、质量的要求,各种材料的消耗定额和生产工艺等来制订的。供应计划要做到对各种原材料、购入件的需要量(包括品种、数量)和供货日期的准确预测,才能保证生产正常进行,降低成本,加速资金周转,提高企业经济效益。

2. 合理控制库存

供应物流中断将使企业生产陷于停顿。因此,为保证生产的正常进行,需维持一定数量的库存,一方面必须保证正常生产所需(正常库存),还必须能够应付紧急情况(安全库存);另一方面,合理控制库存,进行库存动态调整,减少资金占用,降低成本。

3. 科学地进行采购决策

采购决策的主要内容包括市场资源调查、市场变化信息的采集与反馈、供货厂家选择和确定订货批量、订货间隔期等。其中,综合评价质量与价格因素,是一项十分复杂的工作。

4. 供应保障

供应保障包括运输、仓储管理、服务等方面。要采用合理的运输方案,就要选择运输线路短、环节少、时间快、费用省,以及合理的运输方式。同时进行先进的仓储管理,如利用计算机进行物资进、存、耗动态管理,机械化、自动化仓储作业等。服务方面主要是方便生产和节省费用,如供应模式、供应手段的选择。

5. 健全管理组织机构

供应物流涉及企业生产经营的方方面面。因此,必须健全管理组织机构。一般应包括物资供应计划管理、物资消耗定额管理、物资采购管理、物资运输管理、物资仓储管理、物资供应管理、物资回收与利用管理,以及监督检查管理等部门。

阅读案例 10-1

戴尔带来的思考

> 个人计算机行业价格竞争十分激烈,毛利率只有2%。因此,获得利润增长的唯一途径就是降低成本提高生产效率。
> 戴尔计算机公司在建立供应链管理的过程中,采取了一系列措施,从变革订单流程入手。过去,戴尔的团体客户订货是手工操作的。按照这种流程,员工从填计算机请购单到计算机生产完工发货到用户,需要36~40天的时间。现在,戴尔为客户设计了新的采购解决方案,从请购单生成到戴尔开始生产,整个流程只需要60秒。如果采购请求在24小时之内得到批准,从填单到收货只要3~4天,而不是36~40天。
> 现在,戴尔的采购供应操作是每小时下载一次客户订单,每两个小时根据在线作业、优先级别的零件库存变化情况生成一份新的制造计划。戴尔要求供应商必须同它的系统紧密地连接,在15分钟内确认戴尔给它下的订单,并且订单确定之后,在75分钟内把货送到戴尔的工厂。因此,供应商需要在戴尔工厂附近设立仓库,仓库中保持两周的库存。戴尔的采购供应系统对供应商的产能了如指掌。因此,能够合理地调度供应商的产能,以满足突发性的需要。
> 戴尔不断地对送货情况进行监测,对进展情况给予正反两个方面的反馈。它每月给供应商发出详尽的绩效报告,使其准确地知道自己做了什么,与过去相比、与其他供应商相比,其绩效处在什么位置。这样的结果使供应商可以把针对戴尔的产品零件库存从两个月降低到两周,从而大大降低库存成本。戴尔优化订单流程,加强采购供应管理,使得戴尔在3年内省下1亿多美金。
> 资料来源:储雪俭. 物流管理基础[M]. 北京:高等教育出版社,2006:33.

10.2.3 采购管理

采购就是企业根据需求提出购买计划、审核计划、选择供应商、经过商务谈判确定价格、交货及相关条件，最终签订合同并按要求收货付款的过程。采购管理是指企业对上述采购过程及采购业务单元的管理，包括支持、审核、优化、批准、实施等步骤。

供应物流是保证企业生产经营正常进行的必要前提，供应物流中的采购是保障企业供应、维持正常生产和降低缺货的基础，采购供应物资的质量好坏直接决定着企业产品质量的优劣，因此，采购是保证产品质量的重要环节。另外，采购的成本构成了生产成本的主体部分，其中包括采购费用、购买费用、进货费用、仓储费用、流动资金占用费用，以及管理费用等。因此，加强采购和供应的组织与管理，对于节约占用资金、压缩存储成本和加快营运资本周转起着重要的作用。

1. 制订采购计划

采购计划是采购管理进行运作的第一步，其目的就是要根据市场的需求、企业的生产能力等，制定采购清单和采购日程表，做到充分的综合平衡，保证物料的正常供应。同时，要降低库存及其成本，避免急单的发生，降低风险采购率。

影响采购计划的准确性的因素主要有年度销售计划、年度生产计划、用料清单、库存存量、物料标准成本、生产效率等。由于影响采购计划的因素众多，采购计划拟订之后，必须与产销部门保持经常的联系，并针对实际情况做出必要的调整与修订，才能实现维持正常产销活动的目标，并协助财务部门妥善规划资金来源。

阅读案例 10-2

改善采购管理对于企业而言意义重大

> 某企业每年销售额为 10 000 万元。采购额（假设采购额占销售额的 50%）为 5 000 万元，利润（假设税前利润率为 5%）500 万元。现在，企业通过更好地履行采购职能，将采购成本减少了 10%，这会使税前利润增加 500 万元。而为了增加这 500 万元的税前利润，如果通过增加销售额来实现，那将需要增加 10 000 万元的销售额，也就是销售额需要增加一倍。
>
> 资料来源：茅宁．现代物流管理概论 [M]．南京：南京大学出版社，2004：65.

2. 确定采购流程

采购流程会因采购的来源、采购的方式，以及采购的对象等不同而在作业细节上有若干差异。但对于基本的流程，每个企业都是大同小异。

美国采购学者威斯汀主张的采购作业的基本步骤如下。

(1) 确认需求。在采购之前，应先确定购买哪些物料、购买量、购买时间及由谁决定等。

(2) 需求说明。确认需求之后，对需求的细节如品质、包装、售后服务、运输及检验方式等，均加以明确说明，以便使来源选择及价格谈判等作业能顺利进行。

(3) 选择可能的供应来源。根据需求说明在原有供应商中选择成绩良好的厂商，通知其报价，或以登报公告等方式公开征求。

(4) 适宜价格的决定。确定可能的供应商后，进行价格谈判。

(5) 订单安排。价格谈妥后，应办理订货签约手续。订单和合约均属于有法律效力的书面文件，对买卖双方的要求、权利及义务，必须予以说明。

(6) 订单追踪与稽核。签约订货之后，为使销售厂商如期、如质、如量交货，应依据合约规定，督促厂商按规定交运，并予以严格检验入库。

(7) 核对发票。厂商交货验收合格后，随即开具发票。要求付清货款时，对于发票的内容是否正确，应先经采购部门核对，财务部门才能办理付款。

(8) 不符与退货处理。凡厂商所交货品与合约规定不符或验收不合格者，应依据合约规定退货。并立即办理重购，予以结案。

(9) 结案。凡验收合格付款，或验收不合格退货，均须办理结案手续，清查各项书面资料有无缺失，绩效好坏等，签报高级管理层或权责部门核阅批示。

(10) 记录与档案维护。凡经结案批示后的采购案件，应列入档案登记编号分类，予以保管，以备参阅或事后发生问题的查考。档案应具有一定保管期限的规定。

3. 采购成本和价格管理

采购的成本构成了企业生产成本的主体，经验显示，通过加强采购成本管理，企业可以节省开支、提高质量并大幅度增加利润。企业的采购成本管理，首先检查目前的产品、服务、合同、流程等，以确定是否有降低成本空间。其次通过合适的方法，如集中采购法、作业导向成本法、目标成本法降低采购成本。例如，集中采购法是指集中各部门的需求，形成较大的采购批量，一方面可以获取更多的折扣，另一方面可以降低订货次数，降低成本。最后对采购物资实施 ABC 分类管理，有效地利用资金、人力、物力等企业资源，降低成本。

确定最优的采购价格是采购管理的一项重要工作，因为采购价格直接关系到企业最终产品或服务的价格。采购价格的高低受各种因素的影响，包括供应商成本的高低、采购物品的规格与品质、采购物品的供需关系、生产季节与采购时机、采购数量、交货条件、付款条件等。企业一般通过报价采购、招标采购或谈判的方式确定恰当的价格。

4. 采购评估和控制

企业在制定了采购方针、战略、目标及实现目标的行动计划后，还需要有相应的绩效指标，对采购过程进行检查控制，并在一定的阶段对工作进行总结，在此基础上再提出下一阶段的行动目标与计划，如此循环往复、不断改进。

(1) 采购绩效评估。美国采购专家威尔兹对采购绩效评估的问题，曾提出以下几点要求。

① 采购主管必须具备对采购人员工作绩效进行评估的能力。

② 采购绩效评估必须遵循以下基本原则：绩效评估必须持续进行，定期审视目标达成程度；必须从企业整体目标的角度进行绩效评估。

③ 在评估时，可以使用过去的绩效为尺度，也可以将目标作为评估的基础，还可以采用比较其他企业采购绩效的方式进行评估。

(2) 采购控制。采购是实体转移和价值转移的统一过程，容易产生作弊问题。因此，采购控制的意义重大。

采购控制要实现的目标通常有保证采购业务合法有效、保证采购材料物美价廉、保证采购成本核算准确、保证采购记录真实完整。

采购控制采取的措施一般有建立以申请采购制度、经济合同、结算凭证和入库单据为载体的控制系统,并在该系统中设置下列7个控制点和关键控制点,即审批、签约、登记、承付、验收、审核、记账。其中,承付、验收和审核为关键控制点,如表10-1所示。

表10-1 采购控制系统说明

控制点	控制目标	控制措施
审批	保证业务在授权下进行	供应部门提出采购计划,主管计划的负责人批准采购计划并签章
签约	保证供货在约定的条件下执行	负责人员根据授权按计划签订合同,大额、大宗材料采购的重要合同要经内部审计部门审核
登记	保证及时正确地处理托收承付事项	财务部门收到供应商从银行转来的托收凭证,立即进行登记,并及时转送采购部门,以备承付时核实
承付	保证货款支付正确、恰当	供应部门检查托收凭证及有关合同是否承付
验收	保证材料的品种、数量、质量等符合约定的要求	仓储部门检验收到材料的品种、数量,填写入库单;质检部门检查材料质量,并在入库单上签署意见
审核	保证材料采购的有效性、合理性和完整性	财务部门审核托收凭证,承付意见书及入库单等凭证,如果无误即可作为结算、记账的依据
记账	保证会计核算资料真实完整	会计人员根据原始凭证,编制记账凭证,及时登记有关账目

10.3 生产物流

企业生产工艺过程和生产物流过程几乎是密不可分的,如果生产物流中断,生产过程也将随之停顿。生产物流的合理化对工厂的生产秩序、生产成本及生产周期均有很大的影响。

10.3.1 生产物流的一般流程

生产物流(Production Logistics)是企业生产过程发生的涉及原材料、在制品、半成品、产成品等所进行的物流活动(GB/T 18354—2006)。在生产过程中,生产所用原材料、燃料、外购件投入生产后,经过下料、发料,运送到各个加工点和存储点,以在制品的形态,从一个生产工位流向另一个生产工位,按照规定的工艺过程进行加工、储存,借助一定的输送装置,在工位内、工位间流转,始终体现着物料实物形态的流转过程,这样就构成了企业内部物流活动的全过程。所以,生产物流的边界起源于原材料、外购件的投入,截止于产成品仓库,贯穿整个生产过程。物料随着时间进程不断改变自己的实物形态和工位,物料不是处于加工、装配状态,就是处于储存、搬运和等待状态。由此可见,企业生产物流不畅将会影响生产的顺利进行。

生产物流是指从企业的原材料、外购件购进入库起，直到企业成品库的成品发送为止，这一全过程的物流活动。生产物流的一般流程如图 10.1 所示。

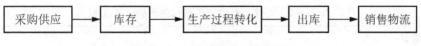

图 10.1　生产物流的一般流程

在实际工作中生产物流往往没有能够得到普遍重视和认同，主要原因是它和生产活动穿插交织、互为一体，始终没有能够成为一个单独的物流系统。在企业内部生产领域，能够独立运作的物流活动，主要是仓储活动，在大型生产企业的分厂和分厂之间、车间与车间之间也可以看到独立的运输活动存在，但是其他物流活动，如加工过程中物料的反复搬运，就很难区分开哪些是工艺过程的加工活动，哪些是纯粹的物流活动。尤其是化工、建材、钢铁等许多生产过程是在运动中实现的，就更难做这种区分。

生产物流管理就是对生产过程的物料流和信息流进行科学地规划、管理与控制。对生产物流进行管理的目的就是要保持企业物流协调、畅通、快速、准确、安全、高效地运行，从而降低企业生产成本。通过缩短生产物流作业时间，保证产品交货期；通过提高物流作业质量，保证产品质量；通过优化物流作业空间，提高生产物流设施利用效率；通过减少物料库存及在制品数量，减少流动资金占用，降低产品制造成本；通过降低蕴含在整个生产过程的物流成本，提高整个生产的水平和素质，减少消耗和占用，降低生产的总成本。

10.3.2　生产物流的特点

从物流的角度看，企业的生产过程实际上是物料输入—转化—输出的物料流程系统。因此，生产类型有差异，其物流就表现出不同的特征。通常，根据物流连续性的特征从低到高，产品需求特征从品种多、产量少到品种少、产量多而把生产划分成项目型、单件小批量型、多品种小批量型、大批量型和多品种大批量型 5 种类型，不同的生产类型呈现不同的物流特征。总的来讲，生产物流呈现以下共性特征。

(1) 生产物流是生产工艺的一个组成部分。物流过程和生产工艺过程几乎是密不可分的，二者之间的关系有许多种，有的是在物流过程中实现生产工艺所要求的加工和制造；有的是在加工制造过程中同时完成物流；有的是通过物流对不同的加工制造环节进行链接。二者之间有非常强的一体化的特点，几乎不可能出现象"商物分离"，物流活动完全独立分离和运行的状况。

(2) 生产物流有非常强的"成本中心"的作用。在生产中，物流对资源的占用和消耗，是生产成本的一个重要组成部分。由于在生产中，物流活动频繁，所以，对成本的影响很大。

(3) 生产物流是专业化很强的"定制"物流。生产物流必须完全适应生产专业化的要求，它面对的是特定的物流需求，而不是面对社会上的、普遍的物流需求。因此，生产物流具有专门的适应性而不是普遍实用性，可以通过"定制"取得较高的效率。

(4) 生产物流是小规模的精益物流。由于只面对特定对象，生产物流规模取决于生产企业的规模，这和面对社会上千百家企业所形成的物流规模比较起来，相差甚远。由于规模有限，并且在一定时间内规模固定不变，这就可以实行准确、精密的策划，可以运用资源管理系统等有效的手段，使生产过程中的物流"无缝衔接"，实现物流的精益化。

现代生产物流在市场、产品、生产等多方面已经有了很大的变化，与传统生产物流有一定的区别。传统生产物流和现代生产物流的区别如表 10-2 所示。

表 10-2 传统生产物流和现代生产物流的区别

对比项目 \ 类别	传统生产物流	现代生产物流
市场	卖方市场，市场竞争少	买方市场，竞争激烈
产品	产品类别少，生命周期长，低技术含量	产品类别多，生命周期短，技术含量高
生产	满负荷大批量生产，柔性小，提前期长，自制件为主	满负荷小批量生产，柔性大，提前期短，外购件较多
服务水平	高服务水平，高库存，运输慢，物流流程缓慢	高服务水平，少库存，运输快，物流流程快捷
信息技术	人工数据处理，有纸张消耗	电子数据处理，无纸化工厂
企业战略	面向生产	面向市场

10.3.3 生产物流的合理化

生产物流是企业生产的动脉，不同的生产过程有着不同的生产物流构成，为了提高物流效率，应该分析研究生产物流，使生产物流运作合理、高效顺畅。

1. 合理组织生产物流

生产物流与企业的生产紧密地联系在一起，直接服务于生产过程，只有合理组织生产物流，才能使企业始终处于最佳的生产状态，充分利用企业的生产资源，提高企业的经济效益。生产物流合理化具体包括以下要求。

（1）连续性。生产物流连续性是指物料处于不停的运动之中，且流程尽可能短，包括时间和空间的连续性。时间的连续性是指物料在生产过程的各个环节自始至终处于连续的运动状态，没有或很少有不必要的停顿与等待。空间的连续性要求生产过程各个环节在空间布置上合理紧凑，使物料的流程尽可能短，没有迂回往返现象。

生产是按制定的工艺过程进行的，每道工序所需的物料必须按要求顺畅地到达指定的各个工位，任何工序的非正常停工都会造成生产物流的阻塞而影响生产。保持生产物流的连续性，可以缩短产品的生产周期，降低在制品库存，加快资金的流转，提高资金利用率。

（2）节奏性。生产物流的运行应具有节奏性，以保证产品在生产过程的各个阶段，从投料到最后完成入库都能保证按计划有节奏或均衡地进行，要求在相同的时间间隔内生产大致相同的数量，均衡地完成生产任务。时紧时慢必然导致设备或人员的浪费，又不能保证产品质量，还易引起设备、人身事故。

（3）平行性。一个企业通常生产多种产品，每一种产品又包含着多种零部件，在组织生产时，经常将不同的零件分配在不同车间的各个工序上生产。因此，要求各个支流平行流动，任何一个支流发生问题，整个物流都会受到影响。

(4) 比例性。任何一种产品对不同物料的需求是不同的，每个产品的零部件组成是固定的，需考虑各个工序内质量合格率，以及装卸搬运过程可能造成的损失，零部件数量在各个工序间保持一定的比例关系，形成物流过程的比例性，以使供料协调、生产顺利进行。

(5) 经济性。生产物流过程中运送大量物料，需要消耗大量的能源，应该合理设计物流路线，避免迂回运送，使物流距离最短，减少能源、人力和物力的浪费。

(6) 柔性。企业产品应该随着市场需求的变化而改型换代，生产物流应该具有应变适应能力，在尽可能短的时间内，由生产一种产品迅速转变为生产另一种产品，保证企业生产出满足顾客需求的产品，对顾客需求做出快速反应。

2. 生产物流的影响因素

(1) 生产工艺。不同的生产工艺，加工设备不同，对生产物流有不同的要求和限制，是影响生产物流构成的最基本因素。

(2) 生产类型。不同的生产类型，产品品种、结构的复杂程度、精度等级，以及原料准备等不尽相同。这些特点影响生产物流的构成及物料的协调比例关系。

(3) 生产规模。生产规模主要是指单位时间内的产品产量，通常以年产量来表示。企业生产规模越大，生产过程的构成越齐全，物流量越大，相应的物流设施、设备不同，组织管理也不同。例如，大型铸造企业生产中有铸铁、铸钢、有色金属铸造等，而生产规模小的企业，生产过程的构成就没有条件划分得很细，物流量也较小。

(4) 专业化与协作水平。随着社会经济的发展与社会分工的深入与细化，企业的专业化与协作化水平不断提高，与此相适应，企业内部的生产趋于简化、专业化。企业一些半成品(如毛坯、零件、部件等)可由其他专业工厂提供，而不需自制，这样企业内部生产过程可以趋于简化、专业化，物流流程可以缩短。

10.3.4 JIT 及看板管理

1. 准时制生产的概念

准时制(Just In Time，JIT)是在精确测定生产各工艺环节效率的前提下按订单准确地计划，消除一切无效作业与浪费为目标的一种管理模式。JIT 生产也就是在需要的时候，按需要的量生产所需的产品。它是起源于日本丰田汽车公司的一种生产管理方式。此生产管理方式的核心是追求一种零库存零缺陷的生产系统或使库存达到最小的生产系统。

JIT 的基本原理是以需定供，即供方根据需方的要求(或看板)，按照需方需求的品种、规格、质量、数量、时间、地点等要求，将物品配送到指定地点。在生产系统中任何两个相邻工序之间都是供需关系，如何处理这种关系，就是生产物流所要研究的问题。按照传统的生产计划组织生产(包括 MRP)，物料根据预定的计划时间，由供方向需方逐个工序流动，需求方根据上一工序送来物料的数量和到达时间进一步加工。需求方接受物料完全是被动的，如果出现不可预料的因素，物料可能提前或延迟到达。延迟到达将使生产中断，必须在生产计划中留有余地，以避免这种现象的发生。这样一来，必然存在或多或少提前到达的现象，从而导致系统中库存量的上升，产生种种库存多余的弊病。

JIT 的生产方式改变了传统的思路，由需方起主导作用，需方决定供应物料的品种、数量、到达时间和地点。供方只能按需方的指令供应物料，送到的物料必须保证质量，无残次品。这种思想就是以需定供，可以大大提高工作效率与经济效益。

JIT 生产的中心思想是消除一切无效作业与浪费，实现 JIT 生产对提高企业生产物流效率和降低生产成本具有重要意义。

(1) 降低库存，追求零库存。JIT 认为任何库存都是浪费，必须予以消除。生产线上需要多少就供应多少，生产活动结束时现场应该没有任何多余的库存。

(2) 减少废品，追求零缺陷。传统的生产管理认为一定数量的不合格品是不可避免的，在一定范围内是可以接受的。而 JIT 的目标是消除各种引起不合格品的因素，在加工过程中，每一道工序都力求达到最高水平。要最大限度地限制废品流动造成的损失，每一个工序(需方)都拒绝接收废品，让废品只能停留在供应方，不让其继续流动而损害以下的工序。

(3) 重视节约，追求低成本。JIT 认为，多余生产的物品不但不是财富，反而是一种浪费，因为要消耗材料和劳务，还要花费装卸搬运和仓储等物流费用。JIT 生产的生产指令是由生产线终端开始，根据订单依次向前一道工序发出的。

JIT 生产原理虽然简单，但由于对物流管理的要求很高，实施时具有一定的难度。它要求进行全面质量管理，不能只靠检验被动发现问题，必须建立质量保证体系，从根本上保证产品质量。在生产准备方面，由于没有库存，要求大大加快生产速度，否则，很难满足不断变化的市场需求。此外，还要求职工具有主人公意识，每一道工序的人员都是管理者，同时也是被管理者，积极主动处理好自己工作范围内的问题。

2. 看板管理

1) 看板

JIT 生产的实施可以采用看板方式进行，上一道工序根据下一道工序提供的看板内容要求提供物料，以保证物料供应及时且没有过量堆积。在看板上记录着零件号、零件名称、零件的存储地(取货地、送货地)、生产或取货数量、所用工位器具的型号、该零件看板的周转张数等，以此作为取货、运输、生产的凭证和信息。所以，看板实际上是一种信息传递的工具，是一种卡片，用它来传递信息，协调所有的生产过程及各生产过程中的每个环节，使生产过程同步。看板系统可以在一条生产线内实现，也可以在一个公司范围内或者在协作企业之间实现。看板系统是库存管理上的一场革命，也是对传统的 MRP 的一场革命。

2) 看板的种类

看板的种类主要有：①拿取看板，用于向前一道工序取货，应标明拿取产品的种类和数量；②生产订货看板，是作为生产加工的指令，应标明前一道工序应生产的产品的种类和数量；③外协看板，用于向供应厂商取货用的看板。此外，还有信号看板和其他特种看板等。

3) 实施看板管理必须遵守一定的原则

实施看板管理必须遵守以下原则：①下道工序必须准时到前道工序领取适量的零件；②前道工序必须及时适量地生产后道工序所需的产品；③绝不允许将废次品送给下一道工序；④看板的数量必须减少并控制到最少；⑤看板应具有微调作用。

10.3.5 生产过程中物流管理技术

现场IE(Industrial Engineering)技术，是工业工程技术用于生产作业现场系统分析的简称。它是运用系统论的思想、工程分析的方法和现场管理手段，将精益物流、JIT、零库存等管理思想融入生产实际中，通过对现场的人(管理者、操纵者)、机器(设备、工装与计量器具)、物料(原材料、在制品、半成品)、法(工艺规程、规章制度)、信(原始记录、指令等各种信息)和环(工作环境)等生产要素进行合理配制和优化组合，以及通过计划、组织、协调与控制，使整个生产物流过程达到良好的运行状态，从而实现赢利、效率、效益、适宜性、责任、质量、产品与服务的连续改善。

对企业生产系统来说，现场IE用于生产物流再造主要包括以下途径。

(1) 物流作业内容、时间、动作、方法标准化，提高物流作业效率。在生产加工及装卸、搬运、堆码等现场物流作业过程中，利用现场IE技术结合现有机械设备、人力及管理现状，对物流作业的内容进行分析，对物流作业时间进行观测，对整个作业过程，作业人员的眼、手及身体的动作进行分解研究，消除那些浪费或无用的内容、时间、动作，从而找到改善的亮点，最终确立一个经济、快捷高效的动作顺序组合，实现可能达到的最高水准的作业方法，使作业人员在正确、标准的作业方法动作下进行物流作业，从而达到物流作业效率最高、作业时间最省。

(2) 优化物流通道与储存场所布局，实现物流线路最短，储存最优。在我国传统制造业企业中，许多企业存在重生产工艺、轻物流管理的思想。企业生产布局设计合理，但由于未有效地考虑合理化的物流过程，往往迂回流转、交叉运输，在制品、物料及产品造成生产阻塞等物流浪费，物流不畅现象时有发生，难以适应需求拉动生产计划的敏捷制造模式。利用现场IE技术分析诊断加工工艺过程与物料搬运流程，及时调整优化企业内部生产布局特别是车间与库房布局，确定合理的物料流转线，不仅促进货畅其流，节省空间，消除生产物流中的瓶颈现象，而且可以为需求拉动生产、完善内部准时化管理，以及内部物流与外部物流实现一体化运作，建立良好的铺垫。

(3) 物流器具标准化、现代化，提升物流作业装备水平。物流器具负担着运输、储存、装卸物料的任务，如果器具落后，且标准化程度低，生产物流就会直接制约生产的高速发展。特别在科技高度发展、市场竞争日益激烈、产品制造周期日益缩短、经济全球一体化的今天，生产制造系统规模不断扩大，生产的柔性化水平和自动化水平日益提高，发展高效生产物流设备，更是当务之急。在我国制造业企业中，尽管许多企业进行了生产设备现代化改造，但物流设备仍然是以手工、半机械化为主，效率低，工人劳动强度大，同时物流器具标准也不一致。落后的生产物流系统难以与现代生产系统相适应。现场IE技术则通过对生产现场物流作业的观测与分析，找到物流设施、装备、器具上存在的不足，从而提出相应的改进方案，对生产物流设施、装备、器具进行标准化、现代化改造，以提升物流作业装备水平，建立与生产制造系统相匹配的高效的生产物流系统。

(4) 物流信息传递方式、手段现代化，确保物流作业快捷、及时、准确。现代生产物流管理的基础和依据是大量的物流信息(如数据、图表和各种指令)，反映物流过程中输入、输出物流的结构、流向、流量、库存量、物流费用等。在我国，传统制造业企业物流信息管理十分落后。具体表现在：物流信息分散、不准确，传递速度慢，信息处理不及时，信息处理手段也比较原始，大多停留在半机械半人工状态，不能及时、准确地了解和掌握物流的状态和进程，难以给生产经营决策、协调各业务环节提供科学的依据。现场 IE 技术利用系统工程技术对生产现场的物流信息系统进行系统地研究、比较、分析、判断、设计，优化出新的数据流程，建立最佳的系统逻辑模型，尽可能利用计算机网络技术与智能化计算机辅助的管理，建立物流决策支持系统，从而实现物流信息采集在线化、信息存储大型化、集成化、信息传输网络化、信息处理智能化、敏捷化，以及信息输出图形化，最终以物流战略确保企业市场营销战略的实现。

(5) 优化原材料、在制品、半成品、成品库存，降低库存资金占用水平。原材料、在制品、半成品、成品库存往往占用了大量的企业流动资金，现场 IE 技术利用 ABC 分类、定量控制、定期控制、定额管理、用料管理等技术对物料采购及对原材料、在制品、半成品、成品库存的数量、金额、时间进行诊断分析，合理确定库存规模、库存结构和库存时间，不仅减轻了企业的巨额物流成本压力，而且大大缓解了因资金短缺使企业无法运作的困难。

(6) "5S"管理，即整理(Seiri)、整顿(Seiton)、清扫(Seiso)、清洁(Seiketsu)和素养(Shitsuke)活动，进行定置化管理，为企业内部物流提供基础性保证。这是优化 IE 现场管理的主要方法之一，其目的是不断地改善生产现场，使现场环境和人们的心情处于最佳状态。特别是物流环境的改善，对物流效率的提高有着积极的推动作用。"5S"活动对现场物流环境的改善主要体现在以下几个方面：①整理，把工作场所内不必要的东西坚决清理掉，保持物流通道流畅，腾出或活用储存空间，防止货物误送、误用，营造清爽的工作场所；②整顿，把留在工作场所的必要物品依规定位置摆放整齐，加以标示，进行定置化管理，营造一个整齐的工作环境；③清扫，将生产和工作现场的灰尘、油污、垃圾清扫干净，并做好设备和物品的维护与保养工作；④清洁，维持整理、整顿、清扫的结果，并保持下去，树立、加强信心；⑤素养，让每一个员工养成良好的习惯，并遵守规则做事，培养积极主动的精神，这是"5S"活动得以持续不断地开展下去的保证，也是企业保持高效畅通的物流的基础。总的来说，就是要保持一个整洁的工作环境。整洁并不是一件小事，整洁意味着品质，如果人们在制造世界一流的产品，整洁有序的工作环境会提醒人们正在做一件很出色的事。

(7) 对物流作业人员进行职务分析，使企业内部物流运作规范有序，做到有法可依。职务分析又称工作分析，是全面了解一项职务的管理活动，它对该职务的工作内容和职务规范(任职资格)进行描述和研究，从而制定出该职务岗位职责与行为规范。职务分析是机构、人员分配调整、岗位调整、岗位培训和绩效考核的基础，在现场 IE 技术推广中起着十分重要的作用。物流作业人员的职务分析就是全面收集物流作业人员及管理人员职务的有关信息，从工作内容、责任权利、岗位关系、工作时间、如何操作，以及为何这样做 6 个方面开展全面调查研究，并将各职务的任务要求落实到书面，描述成文，作为物流人员的从业指南与行为规范，以确保企业内部物流运作规范有序、有条不紊。

10.4 销售物流

销售物流是企业物流系统的一个重要环节，是企业物流与社会物流的最后一个衔接点，是企业物流与社会物流的转换点，它与企业销售系统配合，共同完成产品的销售任务。企业通过销售物流实现产品价值，获得利润。

10.4.1 销售物流的特点

销售物流是企业在出售商品过程中所发生的物流活动(GB/T 18354—2006)。销售物流是创造市场需求，改善营销绩效的极富潜力的工具。企业通过合理改善销售物流管理，可以提高服务质量，降低价格，吸引新的顾客，从而提高企业竞争力和市场营销水平。相反，如果企业销售物流管理不完善，无法及时将产品送达顾客手中，就必然会失去顾客，丧失市场份额，例如，美国柯达公司的快速照相机的推广。美国柯达公司开发出快速照相机后便在美国大做广告，但遍布美国的零售商店却得不到足够的快速照相机的供应，许多顾客希望购买柯达的快速相机，但由于商店里没有货，只能选择其他牌子的照相机。美国柯达公司产品及广告效果虽好，但却因物流管理跟不上而丧失了很大的市场份额。

现代销售物流管理具有以下新特点。

(1) 决策系统化——追求企业物流活动的整体优化。销售物流是一个系统，具有一体化的特征，包括订货处理、产成品库存、发货运输、销售配送等活动，销售物流管理绝不等同于企业的运输管理、储存管理、搬运管理等单项职能管理，也不是其简单的相加。从市场营销战略的意义上讲，销售物流管理就是把分散的产品实体活动转变为系统的物流活动，协调生产、财务、销售及机构的决策，使适销对路的产品以适当的批量、在需要的时间到达用户指定的地点。因此，在企业内部必须贯彻标准化作业和目标管理的原则，更新改造物流设施的同时，对各物流要素重新组合，使之适应于市场营销战略。在这种观念指导下，当今许多企业纷纷成立专业化的物流公司或物流中心，如甘肃春天酒业公司。

(2) 符合市场营销观念——从企业营销战略和目标市场需要出发，规划、评价企业物流系统。脱离市场营销战略，孤立地评价一个销售物流系统的效能是毫无意义的。企业物流决策必须纳入企业的营销战略进行综合管理，即围绕目标市场需要，与企业的产品开发、定价、促销特别是渠道选择等基本策略结合起来。

(3) 强调经营效益——把物流视为市场经营行为，而不是工程作业。销售物流是企业物流的一部分，占据了企业销售总成本的20%左右。因此，销售物流的好坏直接关系到企业利润的高低。销售物流是企业物流活动的一个重要环节，它以产品离开生产线进入流通领域为起点，以送达用户并经售后服务为终点。传统的物流管理实际是"作业控制"，现代销售物流管理的概念则更广泛，层次也更高，以经营为导向，考虑企业战略执行情况，包括计划、执行、控制、评价、反馈的循环。

(4) 以顾客服务为主要经营内容之一。销售物流是以满足用户的需求为出发点，从而实现销售和完成售后服务。因此，销售物流具有更强的服务性。销售物流过程的终结标志着商业销售活动的终结。它的所有活动及环节都是为了实现销售利润，而物流本身所实现的时间价值、空间价值及加工价值在销售过程中处于从属地位。

销售物流的服务性表现在要以用户为中心，树立"用户第一"的观念。销售物流的服务性要求销售物流必须快速、及时，这不仅是用户和消费者的要求，也是企业发展的要求。销售物流的时间越短、速度越快，资本所发挥的效益就越大。

(5) 销售物流管理向信息化方向发展。许多市场营销专家认为，当代销售物流管理的显著特点是走向系统化、计算机化的信息管理，整个出货流程离不开计算机系统的控制。例如，订货、储存、搬运、进出库、发货、运输、结算等各物流环节之间的信息控制，自动化机械设备的联网控制，计算机辅助设计和模拟，物流数据的生成系统，网上营销与电子商务条件下的物流管理等，所以，信息化是当代销售物流发展的趋势。

10.4.2 市场营销对整个物流系统的影响

企业营销策略对物流系统的设计和运行有着决定性的影响，市场营销的要求决定了物流系统中必要的机能——物流服务的领域，同时，市场营销又成为物流成本变动的直接动因。因此，市场营销承担了物流设计和运行成本的直接责任，充分了解市场营销对物流产生的各种影响，有利于在市场营销决策中考虑物流因素，真正实现将供、产、销一体化。

1. 顾客服务对物流的影响

市场营销中顾客服务的实现与物流活动有着密切的联系，通常情况下，市场营销为了迅速、有效地满足顾客需求，促进产品附加价值的实现，要求物流活动快速地向顾客提供服务、提供物流服务时具有较高的稳定性和可信赖性、拥有即时交易库存量。

物流系统的设计直接依存于销售活动的模式，顾客需求分布的差异性决定了多种物流方式的存在。例如，对采购规模比较大的用户实行从地区仓库进行直送，而地区流通系统的建立，对规模比较小的用户来讲，则有利于提高经济服务水准，拓展市场。此外，当一个仓库不能完全满足大用户供货需求时，就有必要将数个地区仓库统一使用，这样，对小规模用户来讲，就会因为难以利用仓库而造成服务成本上升。因此，很多厂家都实行对大客户进行工厂直送，在向用户让利的同时降低成本。此外，也必须考虑到方便小客户，维护小客户的利益。

另外，产品需求特性也影响物流系统的设计。例如，冬天是销售羽绒服的最好季节，但是却不能准确预测哪几天是销售的最高峰，因为不能确定哪几天天气最为寒冷。也就是说，可以把握一般的需求特征，但却不能正确把握某一时点的需求水准、需求发展状况、需求高峰或下降情况。这种产品需求特性在物流系统的设计方面起着相当重要的作用，即为了维持服务的可信赖性，必须设定必要的安全库存水准。此外，为了及时对应需求的变动，需要不断改善输送方式或输送组织，建立迅速可靠的通信渠道。

商品库存量与流通速度是一种正比例关系，交易保存量越大，越容易实现商品的快速流转，所以，销售部门或零售业为了及时满足出现的需求，并实现向客户的快速配送，常常拥有较大的商品储存量。此外，商品库存也能实现商品的迅速配送，这是因为仓库离市场越近，向用户迅速流转商品的服务越容易实现。因而，现在很多生产企业，为了与所提供服务的目标用户相配合，直接将仓库建在需求方附近。库存量或仓库点的建设又直接决定了物流成本的高低。库存量越大、仓库点越分散，物流成本越高，物流效率越低。由此看来，市场营销中顾客服务的要求会对物流活动的效率产生影响，顾客服务要求过高，势必会对物流效率产生负面影响。

2. 销售渠道对物流的影响

销售渠道就是实现商品从生产者向消费者的转移通路，包括时间、地点的转移。商品的销售和物流功能可以由生产企业也可以由中间商来完成。当由生产企业来进行销售时，生产成本增加，其产品的价格也必然上升。当由中间商进行销售时，生产企业的费用和价格下降了，但是中间商必须增加开支，以完成销售工作。零售商或批发商作为商品的销售渠道及物流系统的构成要素必须承担相应的物流机能，如仓储、本地区市场分析、配送、订货发货等。由谁来进行销售和完成物流的问题实际上是一个有关效率和效益的问题。

随着物流技术的变化和经济的发展，多种产品销售渠道之间发生了冲突，如厂家直销和商店销售之间。因此，销售渠道的变革直接影响物流活动的合理化。如今，很多大型零售商或零售连锁店通过物流系统的重组来确保物流活动的经济性，即将物流系统的构筑与收集消费者需求信息和提高商品购买力紧密结合在一起，从而发挥零售业直接接触消费者、直接面向市场的优势。由于零售业的积极推动，原有的物流格局开始崩溃。此外，厂商为了更好地了解顾客需求，保持物流经济性，也在积极进行对流通渠道各阶段的管理和整合，试图通过对渠道的控制，在消费者中确立厂商的品牌形象。所有这些渠道上的变革，都直接或间接影响着物流的格局和由此而产生的效率和效果。

3. 产品线对物流的影响

企业的产品线的长短对物流系统有很大的影响，如果企业产品线非常长，那么生产、订货处理、在库管理、输送等相关的物流问题就会十分复杂。因此，新产品的生产或者生产的扩大必须考虑到物流的顺畅问题。例如，产品的设计必须考虑到产品的包装方式、搬运方式等，不方便搬运的产品是不会有好的市场效果的。

不断扩大产品生产线，创造新产品已成为当今企业经营的重要手段。但是，产品线的无限扩大，会直接影响物流效率，从而对企业利润的增加起到抑制作用。通常人们认为企业总销售额的增长必然会带来物流成本的下降，但事实正好相反，产品线扩大虽然使企业总销售额增加，但同时也带来单位物流成本的上升，也就是说大多数物流成本与某个品种的平均销售量有关，而与总销售量无关。所以，在确定产品线扩大的时候，应当充分考虑新产品线的平均销售规模，以及相应的物流成本。当然，在此基础上要考虑整个产品线的组合状况，以及对整个物流成本的影响，即是否存在单个种类产品不经济，但能推动其他种类产品超过规模销售量或降低物流成本。

特定产品线中不同品种的需求特性不会是相同的，也就是说，产品品种的需求分布差异很大。一般而言，大部分品种需求量相对较少，而少数品种却占了需求量的绝大多数。产品品种的需求分布特性表明，大需求量品种的物流应与小需求量品种的物流区分开来，也就是说，相对大需求量品种更加侧重物流成本降低而言，小需求量品种或需求量比较固定的品种应更注重物流服务的维持和改善。例如，一大需求量品种为了降低输送费用，改善服务效果，可以将商品更多地转移到地方仓库，而小需求量品种在库维持的必要性较小，可以实现中央仓库保管，采用空运等快捷的输送方式。相对于大需求量品种而言，拥有广泛的地方仓库尽管能提高服务的可信赖性，但是长期增加库存会降低商品周转率，增加物流成本。作为一种解决办法，可以考虑采用快速的自动补货系统，即在货物快要出清的时候，采用机械化的形式补充货源。尽管这种系统投资很大，但在大需求量、品种较多、需求持续的状况下，要比常年大量库存的维持成本低得多。

4. 销售策略对物流的影响

企业在日常经营活动中，为了在特定时期提高销售额或扩大市场份额，常常采取各种各样的促销手段，这些销售策略在一定时期和范围内的确能提高企业收益，但应当注意的是，在计算企业的收益时不能忽视销售策略对物流成本的影响。例如，在实施特定促销或商品折扣活动时，有可能使商品销售量在一定时间内达到高峰，与这种促销活动相对应，必须合理安排、确立商品销售高峰期的制造、输送、库存管理、事务处理等各种物流要素和活动，并使设备投资和在库投资有利于缓和销售高峰期对商品输送所造成的压力。除此之外，促销期的商品往往与平时销售的商品不太一致，在包装和设计上会突出促销品特征，这就会出现与上述产品线扩大相类似的物流问题。另外，促销期的商品在生命周期上也会有所限制，与产品生命周期的变化相对应就会派生出计划、管理、需求的快速反应、过剩产品的处理等其他问题。因此，在企业实施销售策略或促销战略时，应充分考虑它对物流产生的影响。

10.4.3 销售物流系统的管理环节

销售是企业通过一系列营销手段，出售产品，满足消费者的需求，实现产品价值和使用价值。为了保证企业销售活动的成功完成，企业销售物流系统的管理应着重以下几个方面。

（1）产成品包装。产成品包装可视为生产物流系统的终点，也是销售物流系统的起点。包装具有保护产品、方便储存与运输、促进销售及方便使用等功能，是物流系统中不可缺少的一个环节。因此，在包装材料、包装形式、包装强度上，除了要考虑物品的保护和销售外，还要考虑储存、运输等环节的方便，包装标准化、轻薄化，以及包装器材的回收、利用等也是重要的问题。

（2）产成品储存。产成品储存包括仓储作业、物品养护和库存控制。产成品库存控制应以市场需求为导向，保持合理库存水平，及时满足客户需求，是产成品储存最重要的内容。产成品的可得性是衡量企业销售物流系统服务水平的一个重要参数。

（3）开拓销售渠道。一般销售渠道有：① 生产者—消费者。商品由生产者直接到消费者，销售渠道最短，可大大降低物流销售费用；② 生产者—批发商—零售商—消费者。商品由生产者到批发商（一个或多个），再由批发商到零售商，最后到消费者，销售渠道最长，流通费用最高；③ 生产者—零售商或批发商—消费者。商品由生产者先到零售商或批发商，再到消费者，销售渠道长度和流通费用介于以上两者之间。

影响销售渠道的因素是多方面的，具体有政策性、产品、市场和企业本身的因素。企业对影响销售渠道选择的因素进行研究分析，结合本身的特点和要求，综合考虑各种销售渠道的销售量、费用开支、服务质量，找出最佳销售渠道。

（4）及时发送物品。根据产成品的批量、运送距离、地理条件选择运输方式。对于第①种销售渠道，运输形式有两种，一是消费者直接取货，二是生产者直接发货给消费者。对于第②、③种销售渠道，除采用上述两种形式外，配送是一种较先进的形式，可以推广。

（5）装卸搬运。客户希望在物料搬运方面的投资最小化。例如，客户需要供应商以其使用尺寸的托盘交付，也有可能需要特殊货物集中在一起装车，这样客户就可以直接再装运，而不需要重新分类。所以，装卸搬运应考虑装卸搬运机器的器具、装卸搬运方式省力化、机械化、自动化及智能化等。

（6）信息处理。完善销售系统和物流系统的信息网络，加强两者协作的深度和广度，并建立与社会物流沟通和联系的信息渠道。建立订货处理的计算机管理系统及顾客服务体系，做到信息畅通。

10.4.4 销售物流合理化

1. 销售物流合理化的形式

销售物流合理化应该做到：①在适当的交货期，准确地向顾客发送商品；②对于顾客的订单，尽量减少商品缺货或者脱销；③合理设置仓库和配送中心，保持合理的商品库存；④使运输、装卸、保管和包装等操作省力化；⑤维持合理的物流费用；⑥使订单到发货的情报流动畅通无阻；⑦将销售额等订货信息，迅速提供给采购部门、生产部门和销售部门。

销售物流合理化，需要实施物流中心集约化。构筑厂商到零售业者的直接物流体系中一个最为明显的措施是实行厂商物流中心的集约化，即将原来分散在各支店或中小型物流中心的库存集中到大型物流中心，通过信息系统等现代化技术完成进货、保管、库存管理、发货管理等物流活动。原来的中小批发商或销售部门则可以成为品牌授权销售机构。物流中心的集约化虽然从配送的角度看造成了成本上升，但是，它削减了与物流关联的人力费、保管费、在库成本等费用，在整体上提高了物流效率、削减了物流成本。

销售物流合理化，需要考虑销售政策。销售物流活动受企业的销售政策制约，仅从物流效率的角度是不能找出评价的尺度的。例如，食品厂为了把自己新开发的商品打入市场，在向大型超级市场配送货物时，可能要改变原来经由批发部门供货的做法，可能只有一箱货物也采取从工厂直接送货这种效率极低的物流方式。因为保证商品供应不断货，是新产品打入市场的关键。这说明销售物流活动作为市场销售战略手段，有时不考虑效率和成本。所以，销售物流的合理化需要考虑企业的销售政策，这是因为在很多情况下，要合理组织销售物流活动，至少必须改变买卖交易条件。

销售物流合理化的形式有大量化，计划化，商、物分离化，差别化，标准化等多种形式，下面分别给予简单介绍。

(1) 大量化。通过延长送货时间，增加运输量，使物流合理化的一种做法，如家用电器企业规定3天之内送货等。这样做能够掌握配送货物量，大幅度提高配送的装载效率。现在，以延长备货时间来增加货运量的做法，已被所有的行业广泛采用。

(2) 计划化。通过巧妙地控制客户的订货，使发货大量化。稳定(尽量控制发货的波动)是实行计划运输和计划配送的前提。因此，必须对客户的订货按照某种规律制订发货计划，并对其实施管理。例如，按路线配送、按时间表配送、混装发货、返程配载等各种措施，被用于运输活动之中。

(3) 商、物分离化。商、物分离的具体做法之一是，订单活动与配送活动相互分离。这样，就把自备载货汽车运输与委托运输乃至共同运输联系在一起。利用委托运输可以压缩固定费用开支，提高了运输效率，从而大幅度节省了运输费用。商、物分离把批发和零售从大量的物流活动中解放出来，可以把这部分力量集中到销售活动上，企业的整个流通渠道得以更加通畅，物流效率得以提高，成本得到降低。

(4) 差别化。根据商品周转的快慢和销售对象规模的大小，把仓储地点和配送方式区别开来，这就是利用差别化方法实现物流合理化的策略，即实行周转较快的商品群分散保管，周转较慢的商品群尽量集中保管的原则，以做到压缩流通阶段的库存、有效利用保管面积、库存管理简单化、等等。此外，也可以按销售对象决定物流方法。例如，供货量大的销售对象从工厂直接送货；供货量分散的销售对象通过流通中心供货，使运输和配送方式区别开来。对于供货量大的销售对象，每天送货；对于供货量小的销售对象集中一周配送一次，等等，把配送的次数灵活掌握起来。无论哪一种形式，在采取上述方针时，都把注意力集中在解决节约物流费与提高服务水平之间的矛盾关系上。

(5) 标准化。销售批量规定订单的最低数量，如成套或者成包装数量出售，会明显提高配送效率和库存管理效率，例如，某一级烟草批发商进货就必须至少以一箱(50条)为一个进货单位。

2. 销售物流合理化的实现

传统的销售物流是以工厂为出发点，采取有效措施，将产品送到消费者手中。而从市场营销观点来看，销售物流应先从市场着手，企业首先要考虑消费者对产品及服务水平的要求，同时，企业还必须了解其竞争对手所提供的服务水平，然后设法赶上并超过竞争对手。

许多企业把销售物流的最终目标确定为以最短的时间、最少的成本把适当的商品送达用户手中，但在实际工作中很难达到上述目标，因为没有任何一种销售物流体系能够既能最大限度地满足用户的需求，又能最大限度地减少销售物流成本，同时又使用户完全满意。例如，如果用户要求即时不定量供货，那么销售企业就要准备充足的库存，就会导致库存量高，库存费用增加，同时，即时不定量的随时供货又使运输费用增加，从而使企业在销售过程中物流的成本费用增加。若使销售物流成本低，则必须选择低运费的运输方式和低库存，这就会导致送货间期长，增加缺货风险，而顾客的满意度也会降低。

1) 综合考虑销售物流的职能成本与系统成本的矛盾

为了实现销售活动，仓储、运输、包装等各职能部门所投入的成本称为职能成本。系统成本则是整个销售物流活动过程中各职能成本的总和。不少企业往往认为自己的物流系统已达到高效率水平，因为库存、仓储和运输各部门经营良好，并且都能把各自成本降至较低水平。然而，如果仅能降低个别职能部门的成本，而各部门之间不能互相协调，那么总系统成本不一定最低，这就存在着各职能部门的成本与系统总成本的矛盾。企业销售物流系统的各职能部门具有高度的相关性，企业应从整个物流系统的成本来考虑制定物流决策，而不能仅考虑降低个别职能部门的成本。

2) 制定系统方案，进行综合物流成本控制

(1) 销售方案的综合物流费用分析。把商品直接销售到用户手中，这种销售物流方案一般会耗费较高的物流成本费用，因为通常直销的货物数量不会很大而且运输频率较高。因此，运送成本较高。但是这种直销一般是针对急需的用户采用，一旦延误，很有可能失去用户。如果失去销售机会而损失的成本大于物流成本，则企业还是应采取直销方案。

(2) 运输方案的综合物流费用分析。如果企业经计算发现，将成品大批量运至销售地区仓库或中转仓库，再从那里根据订单送货给每一位用户的费用少于直接将货物送至用户，则可采用这种在销售过程中经中转再送货的方案。增建或租赁中转仓库的标准是增建或租赁仓库所节约的物流费用与因之而增加顾客惠顾的收益大于增建或租赁仓库所投入的成本。

(3) 配送方案的费用分析。配送价格是到户价格，与出厂价相比，其构成中增加了部分物流成本，因而价格略高于出厂价。与市场价相比，其构成中也增加了市场到用户这一段运输的部分成本，因而价格也略高于或等于市场价。但是，用户若将以往的核算改成到户价格的核算，就可以发现，配送价格更优越。对于生产厂家，仅以出厂交出货物，不再考虑以后到用户的各物流环节的投入，可省去大量的人力物力。配送方案可以使企业、配送中心、用户3方面分享规模化物流所节约的利益。因此，配送中心的代理送货将逐渐成为资源配置最合理的一种方案。

3) 销售物流的统一管理

在销售物流过程中，仓储、运输、包装决策应该是互相协调的。在不少企业中，将物流运营权分割成几个协调性差的部门，就会使得控制权过于分散，而且还使得各职能部门

产生冲突。例如，运输部门只求运费最低，宁愿选用运费少的运输方式大批量运输，库存部门尽可能保持低库存水平，减少库存数量，包装部门则希望使用便宜的包装材料。各部门都从自己的局部利益出发，从而使整个系统的全局利益受损。因此，企业应将销售物流活动统一管理，协调各职能部门的决策，全权负责，这对于节约企业的物流投入是非常有利的。

10.4.5 配送需求计划

配送需求计划(Distribution Requirements Planning，DRP)，是流通领域中的一种物流技术，是 MRP 在流通领域应用的直接结果。主要解决分销物资的供应计划和调度问题，达到既保证有效地满足市场需要，又使得配置费用最省的目的。应用 DRP 的潜在经济效益很大，据资料介绍，在北美地区，企业在物资流通领域的花费约占总产值的 20%，这部分物流成本的构成分析表明，其中 89% 主要集中在库存维持、仓库管理、运输费用上，这正是 DRP 能够发挥作用的领域。

DRP 一般应用在两类企业，一类是流通企业，如储运公司、配送中心、物流中心、流通中心等。这些企业的基本特征是，不一定搞销售，但一定有储存和运输业务，其目标是在满足用户需要的前提下，追求有效利用资源(如车辆等)，达到总费用最省。另一类是部分大型生产企业，这些企业有自己的销售网络和储运设施。这样企业既搞生产又搞流通，产品全部或部分自己销售。企业中有流通部门承担分销业务，具体组织储、运、销活动。这两类企业的共同之处是，以满足社会需求为自己的宗旨，依靠一定的物流能力(储、运、包装、装卸搬运等)来满足社会的需求，从制造企业或市场组织物资资源。

DRP 的原理如图 10.2 所示，输入 3 个文件，输出两个文件。现分别说明如下。
DRP 原理图中输入以下 3 个文件。

(1) 社会需求文件。包括所有用户的订货单、提货单和供货合同，以及下属子公司、企业的订货单，此外，还要进行市场预测，确定一部分需求量。所有需求要按品种和需求时间进行统计，整理成社会需求文件。

(2) 库存文件。对自有库存物资进行统计列表，以便针对社会需求量确定必要的进货量。

(3) 生产企业文件。包括可供应的物资品种和生产企业的地理位置等，地理位置将影响订货提前期。

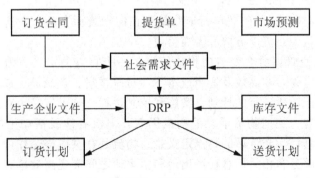

图 10.2　DRP 原理

DRP 原理图中输出以下两个文件。

（1）送货计划。为了保证按时送达货物，对用户的送货计划要考虑作业时间长短和路程远近，提前一定时间开始作业。对于大批量需求可实行直送，而对于数量众多的小批量需求可进行配送。

（2）订货计划。对于需求物资，如果仓库内无货或者库存不足，则需要向生产企业订货。当然，也要考虑一定的订货提前期。

这两个文件是 DRP 的输出结果，是组织物流的指导性文件。

10.5 逆向物流

随着社会经济的发展，大量生产引起大量流通，大量流通引起大量消费，在这每一环节都会出现大量的回流物品，即物品由最终用户回流到企业。这些回流物品只是丧失了经济价值并非丧失了使用价值，经合理处理仍可以恢复其经济价值。此外，由于资源的枯竭与生态环境恶化，循环经济理论与实践兴起，各国纷纷推出可持续发展战略。再者由于企业竞争的加强等众多原因，使隐藏在正向物流背后的逆向物流逐步地被人们关注。20 世纪 90 年代初，欧美一些发达国家开始系统化、科学化地研究逆向物流问题。

成功的逆向物流管理对企业有重要的战略价值。首先，企业通过良好的逆向物流系统可以分析产品退货的分布情况，掌握产品质量和服务质量问题，从而改进质量并提高产品竞争力；其次，企业通过对废旧物品的拆卸、修理、翻新、改制等逆向物流活动，获取原材料，降低企业的经营成本；再次，企业可将逆向物流作为一种营销手段，以此提高顾客对产品或服务的满意度，增加顾客价值，赢得顾客的信任，从而增强其竞争优势；最后，企业实施逆向物流战略，可以减少最终废弃物的排放量，从而降低处理费用，可以减少产品对环境的污染，避免资源浪费，可以改善企业的环境行为，提高企业在公众心中的形象。此外，市场的全球化，以及国际绿色壁垒的形成，也迫使企业寻求更加环境友好的经营方式，而逆向物流正是这样一种保护环境、降低资源消耗的可持续发展策略，有助于提升企业的国际竞争能力。

10.5.1 逆向物流概述

1. 逆向物流的定义

1981 年 Lambert 和 Stock 把逆向物流比喻为"在单行道上走错了方向，因为绝大多数产品都流向一个方向"。这里的"单行道"是指正向物流而言的。在这个描述中，突出了对逆向物流的两点认识：流动方向和潜在价值。

2001 年美国物流管理协会对逆向物流给出了一个官方的定义：为了资源回收、创造价值和正确处理废弃物，在高效及适当成本下，对原材料、在制品、成品及相关信息，从消费地到产出地的流动所进行的计划、实施和控制过程。这个定义，对逆向物流的描述比较全面，涉及了内容、逆向物流活动的构成因素，但没有涉及活动主体。相应地，CLM 对物流的定义做了修订，修订后的物流定义是：物流是在供应链运作中，以满足客户要求为目的，对货物、服务和相关信息在产出地和销售地之间实现高效率和低成本的正向和反向的流动和存储所进行的计划、执行和控制的过程。该定义表明了逆向物流已经被作为一个必要组成部分纳入到物流的范畴。

2. 逆向物流与正向物流的关系

一般地说，通常所说的物流实质上是指正向物流（或称为顺向物流、常规物流），也就是计划、实施和控制原料、半成品库存、制成品和相关信息，高效和成本经济地从起始点到消费点的流动过程，从而达到满足客户需求的目的（CLM 在不考虑逆向物流概念时，物流的原定义）。逆向物流在其从消费点到原始产出点的流动和储存，进行规划、执行与管制的过程中，同样离不开正向物流的那些活动，包括运输、保管、配送、包装、装卸、流通加工及物流信息处理等。正向物流中的物品由于损坏或消费过，会流入逆向物流的渠道进行处理。逆向物流中的物品经过再制造、整修、维修等加工过程，也会流入正向物流渠道进行再次配送。所以，正向物流和逆向物流不是完全独立的，而是相互结合的统一体，两者既有相同之处又有不同之处。

阅读案例 10-3

施乐公司墨盒再制造

> 墨盒是复印机的耗材。一般情况下，墨盒内墨粉用完后，客户就将墨盒作为废品丢进垃圾捅。从 1990 年起，施乐公司开始回收旧的墨盒作为原材料制作新的墨盒。回收实施 6 个月之后，回收部门开始获利，同时实现了成本的节约，也使公司能够降低产品价格，增强了市场竞争力。
>
> 当顾客打开墨盒的包装时，同时会收到一个形似飞机的并已付费的美国或加拿大的邮包，如果顾客承诺归还墨盒，就可以再次以优惠的价格买下它。施乐公司的墨盒返送率为 60%。这些回收的墨盒被送到两个专门的处理中心，在那里这些墨盒被拆卸、清洗和检查。废弃的部分将被搜集起来作为原材料，而那些好的剩余部分则将被刷新并运送到另一个地方进行再制造。所以，施乐公司的产品是新部件与再制造部件的混合，很难找出全新的产品与再制造的产品的区别。
>
> 此外，施乐公司的复印机里的所有塑料都注入了延缓燃烧的材料，塑料已获准可重复使用 5 次。而且施乐公司自己控制这项工艺，以保证产品质量和利润。
>
> 施乐公司现在每年再制造大约 100 万个零件和 15 万台办公设备，给公司带来了丰厚的回报，虽然它的售价较低，但是由于它成本低廉，公司仍然在节约的基础上找到了新的利润增长点。
>
> 资料来源：储雪俭.物流管理基础[M].北京：高等教育出版社.2006：118.

1）逆向物流与正向物流的共同点

（1）两者都属于物流范畴。不论是逆向物流还是正向物流，都属于物流范畴，两者都指物品的物理转移。在物品流动过程中，两者都涉及运输、保管、配送、包装、装卸、流通加工及物流信息处理等多项活动。

（2）两者基本目标相同。两者的基本目标都是为了节约成本，创造新的利润源及提高服务水平。正向物流通过选择恰当的运输方式和路线，以及有效的存货管理来降低生产过程和配送过程中产生的成本。同样，逆向物流通过包装物循环使用和回收产品来降低产品成本和资源损失率。

（3）两者共享配送渠道。正向物流中的配送中心可以作为逆向物流中的退货集中处理中心。在正向物流配送产品的同时，可以取回回收的产品。目前，汽车业纷纷采用取货制，即整车厂将物流全部外包给第三方物流提供商，由物流公司上门到各汽车配件供应商处取货。物流公司在上门取货的同时，送回可循环使用的包装空容器以供下次出货使用。

2）逆向物流的特点

正如弗莱施曼（Fleischmann）于 1997 年指出，逆向物流不是正向物流的对称图形。逆向物流作为企业供应链中的一个必然的组成要素，与正向物流相比，在流动对象、流动目的及活动处理方式等方面都存在着较大的差别，如表 10-3 所示。这些差异或者特点可以归纳为下面几点。

（1）流动的方向相反，即逆向物流中的退货和报废产品回收等，一般是沿着消费者—中间商—生产厂商—原材料或者零部件供应商的方向来流动的。因此，逆向物流与正向物流的商品流动的方向正好相反。逆向物流更趋向于反应性的行为，其中的实物流动和信息流动基本上都是由供应链下端的成员或者最终消费者引起的。当然，从流动对象上说，正向物流为逆向物流提供了必要的条件。

（2）逆向物流的不确定性。逆向物流的不确定性首先表现为其源头的分散和不确定。由于废旧物品的产生来源是分散的，它可能产生于生产领域、流通环节或者生活消费等各方面，涉及社会上的组织、个人、地点等比较多。其次，逆向物流的不确定表现为逆向物流发生的时间和数量的不确定。这就使准确的预测逆向物流变得非常困难。因为比较难以预测，所以制订计划时就无法考虑得具体和确定，这就会使一些逆向物流的目的地也不是很明确，废弃产品或者退货，可能被送到销售商那里，也可能被送到生产商那里。上述的这些不确定因素，又进一步导致逆向物流的运输路线的不确定。与逆向物流相反，正向物流的需求地、时间、路线和产品的数量种类等都是确定的。

表 10-3 逆向物流与正向物流的不同特征

正 向 物 流	逆 向 物 流
预测相对比较直接	预测难度大
一点到多点的运输	多点到一点的运输
产品质量一致	产品质量不一致
产品包装一致	产品包装容易受损
目的地和路线清楚	目的地和线路不清楚
标准化渠道	特殊的渠道
处置方式明确	处置方式不明确
定价策略相对一致	定价需依赖于很多因素
速度的重要性	速度通常不作为首先考虑的因素
财务系统监控正向配送的成本	较难获得逆向物流成本
存货管理的连续性	存货管理不连续性
产品生命周期的可控性	产品生命周期比较复杂
供应链各方可以直接谈判	要考虑额外因素使得谈判复杂化
熟知的营销方式	一些因素使得营销复杂化
易于追踪产品信息	不易追踪产品流动的过程

资料来源：Ronald S. Tibben-Lembke, Dale S. Rogers. *Difference between forward and reverse logistics in a retail environment* [J]. *Supply Chain Management*, 2002, 7(5).

(3) 逆向物流的复杂性。逆向物流的复杂性表现以下 3 个方面：①回流物品数量需要一个积累的过程；②处理过程的复杂；③回收物品价值恢复缓慢。一般来说，首先逆向物流的物品种类多数量少，只有当不断地汇集，才能形成较大的流动规模；其次，废弃物资的收集、整理、检验、循环再利用是一个复杂的过程；最后，废弃物资不可能一经回收就能立即满足人们的对它的价值恢复的要求，而是需要经过分类、检验、改制、加工等环节，这一系列的过程说明，回收物资的资产恢复是需要较长的时间的，其经济价值的体现不是立即就能实现的，有些最后甚至只能作为原材料回收进入生产再循环使用。

因为逆向物流的来源地分散、无序，不可能一次集中，或者源源不断地向接受点转移，由于不同种类、不同状况的回流物品都混在一起，所以，回收后的物品在进入逆向物流系统时，必须经过分类、检验，这种混杂状况才得到改变。而且由于资源再利用的方式的不同，不同处理手段对恢复资源价值的贡献也有显著差异，因而逆向物流的处理系统与方式也复杂多样。另外，制造商有时还对返回物品的处理有一些特殊的规定，如到旧货市场出售的商品必须除去公司的标示和品牌等，这些也使逆向物流处理方式众多，增加了复杂性。

(4) 逆向物流价值的增减变化比较复杂。在逆向物流处理的不同阶段，逆向物流的价值增减呈现非单调性。对于退货或者召回产品，伴随着一系列的运输、仓储和其他处理作业，作业活动越多，所花费的处理成本也越高，这些成本逐步抵消这些回收物品的价值，使其价值逐步递减。物品经过翻新、修整、改制、再生循环处理等逆向物流活动后，这些物品重新获得其价值，又使其价值逐步递增。

10.5.2 逆向物流的种类

根据目前企业经营实践中的逆向物流的情形，从整个物流系统的角度来看，以及从逆向物流的形成原因来看，逆向物流主要可以归纳为以下几类。

(1) 投诉退回。此类逆向物流的形成一般是由于产品在运输、装卸、搬运或者仓储过程中发生损坏或者生产过程中的质量问题等，在产品出售短期内发生的。例如，产品质量与承诺不符、不符合顾客的要求、在质量保证期内的换货等。出于对客户服务理念的重视，一般情况下，企业的客户服务部门会先进行受理、确认退回原因、进行检查并做出最终处理，处理方法包括退、换货等。

(2) 终端退回。终端退回是指在产品出售较长时间之后，产品完成使用价值而被消费者丢掉或淘汰，这些被丢弃的物品还具有一定的残余价值，可以被回收、再利用，从而形成终端退回的逆向物流。对这些报废之后的产品的处理包括收集、再利用、掩埋或者焚烧。终端退回主要是出自经济原因的考虑和法律规定的限制。从经济效益方面来看，回收这些具有一定残余价值的物品，可以通过适当的处理途径，最大限度地进行资产价值的恢复，如地毯的循环利用，轮胎的修复等；从法律规定的限制来看，一些环保意识强烈的国家通过立法，强制规定生产厂家对包装容器、家电产品甚至汽车零部件的回收处理负有责任和义务。

(3) 商业退回。这是指供应链中的下游成员，如批发商、零售商、最终顾客等，由于库存积压、产品过期(含季节性产品过季)，将未使用过的商品退回上一节点而产生的逆向物流，包括时装、化妆品、食品或其他生产生活资料。这些商品通过快速地回收和正确地处理，可以直接再销售、再使用或进入再生产过程，从而进行商品价值的回收利用。

这种情况通常发生在代销或者赊销方式下，供应商收货时货物完好，但没有在销售期间售出，根据代销或者赊销协议将产品退回给供应商。这种退货，一般会经过一段时间的积存，再退还给供应商。

（4）维修退回。有缺陷或者损坏的产品在销售出去后，根据售后服务承诺条款的要求，退回给制造商，如有缺陷的家电、零部件和手机。这通常发生在产品生命周期的中期，一般是由制造商进行维修处理，再通过原来的销售渠道返还给用户。

（5）生产报废与副产品回收。生产过程中出现的废品和副产品，出于经济原因和环保法规的限制，一般应该在生产企业内部进行逆向物流，通过再循环、再生产，使生产过程中出现的废次品和副产品重新进入生产制造环节，得到再利用。生产过程中的报废品和副产品在药品行业、钢铁业、汽车制造业中都普遍存在，通过组织内部的逆向物流，做到节约原料、降低生产成本、减少对自然环境的污染。

（6）包装物回收。许多国家早在20世纪80年代就制定了包装材料回收法规，规定包装物生产者和使用者对包装物的回收应尽的法律责任。包装物逆向物流的对象主要是托盘、包装袋、条板箱、器皿等，回收的主要原因既有法律规定的限制因素，也有经济方面的考虑。将可以重复使用的包装容器经过检验、清洗、修复等流程后进行再利用，可以降低包装制造费用和使用成本。

（7）产品召回。产品召回是企业主动或者由政府监督部门通知企业将自己的产品进行的回收。其原因是由于企业自身的行为，如产品设计、生产、包装、销售、储运过程中造成了产品质量缺陷的。所以，一般还伴随着该企业对消费者的补偿行为。当这类产品的数量较多，其所造成损害在一定区域内大面积产生时，企业就不得不在政府市场监督部门的监督下，对有缺陷的产品进行集中回收处理，如广州本田对部分03款雅阁车的召回。

10.5.3　逆向物流的活动组成

上述不同种类的逆向物流，其处理方式也是不同的。综合各种逆向物流处理方式，其主要可以概括为以下处理活动。

（1）产品返回。产品返回就是根据生产商自己的决定或者应顾客的要求，顾客将所持有的产品或者包装物，通过有偿或者无偿的方式返回销售商或者制造商，或者其他第三方机构。它包括各种退货、召回产品、回收包装物、企业依照法律规定而回收报废品等。

（2）检验或者处理决策。检验或者处理决策就是企业的质检人员对回收产品的功能进行测试与分析，并根据产品的结构特点及性能，确定可行的处理方案，包括直接再销售、翻新、修整后再销售、维修、分拆后零部件再利用、报废处理等。然后，对各种方案进行成本—效益分析，并制定出符合法律、经济和技术要求的处置方案。

（3）直接再销售。有些返还产品状态良好，可以进行再次销售。这些产品可能是那些没有售出的商品，或是有些顾客买了之后未经使用，就把它退回（如通过邮购目录购买后退回）。一些在逆向物流方面领先的高科技企业，正在积极地再次利用自己的售出返还产品。

美国、日本一些发达国家的用户使用租用期为两年的设备，然后再卖给像南非和中国这样的发展中国家，这给企业带来了更多的剩余价值。这些公司利用技术应用的不同步性，把同样的产品卖给不同阶段的客户，沿技术曲线满足客户群体的需要。

（4）重新整修和再制造。对产品进行重新整修和再次制造已经不是一个新的概念，但是却越来越引起人们的注意。缺乏最新功能,但仍处于可用状态并且可以实现功能恢复的设备,可以重新制造并放到仓库中以备再次使用。设备功能再生的生产制造成本低于制造新品的制造成本。企业运用有效的整修过程,可以在最大程度上降低整修成本,并且将整修后的成品返回仓库。在如航空、铁路等资产密集型的行业中,正在广泛地使用这种方法。再生制造成本远远低于重建成本。例如,前述案例中的施乐公司按照严格的性能标准,制造再生设备,公司估计,每年可由此节省两亿美元,这些利益最终将带给客户。施乐把它视为领先于对手的关键优势。

(5) 维修。如果产品无法按照设计要求工作,企业就需要对其回收并维修。返回的物品有两种类型,保修的和非保修的。非保修的是客户需要自行付费解决非保修产品维修问题,所以,对企业来说,真正的问题在于保修期物品的回收,维修的目标是减少维修成本,节约产品维修时间和延长产品使用寿命。

企业需要认真考虑和平衡维修成本和新建成本。布莱克和戴克公司(Black and Decker)是一家电动工具制造商,其保修期产品决策就是在此基础上做出的。如果某产品的制造成本低于 12.5 美元,公司就会直接收回和分解保修期内损坏的产品,否则,其他保修期产品则被送回仓库维修。

(6) 分拆后零部件或者原材料的再利用、再加工。产品分拆,就是按照产品结构上的特点和性能,将产品分拆成零部件,以供生产使用,或者为了更好地进行报废处理。为保证拆卸后零部件具有使用价值,应该做到无损坏地拆卸。因此,在产品设计阶段,就应该考虑产品报废后的拆卸方便的问题,采用面向拆卸、面向回收的设计思想和原则进行产品设计。

再利用主要针对的是产品的零部件。达到使用寿命的设备可以分解为部件和最终的零件。其中,部分零部件状态良好,无须重新制造和维修就可以再次使用。这些零件会被放置在零件仓库中供维修使用。

再加工就是对回收产品或者分拆后的零部件进行清洗、修整、改装等加工,或作为原材料重新进入生产领域进行生产加工,以恢复物品的使用价值。

(7) 报废处理。最后对于那些完全没有利用价值的回收品,通过机械处理、地下掩埋或者焚烧等方式进行最后的废弃处置,主要是出于环境保护的需要。目前,世界各国的环境保护方面的法律规定日趋严格,如美国、英国、德国等一些国家的法律规定,一些产品和某些包装物的报废处理的责任就是部分地由企业来承担。

(8) 捐赠。根据 Dale. S. Rogers & Ronald. Tibben-Lembke(2001)对美国逆向物流的研究发现,一些美国企业对于像"无缺陷产品"的退货,以及一些具有瑕疵产品,为了保持产品的品牌形象,不愿意其产品出现在跳蚤市场或者像"一元店"一样的零售商店,同时也为了树立良好的企业社会形象,而将这些产品捐赠给慈善机构。这就是逆向物流的捐赠处理方式。据调查统计,在被调查的企业中有 6.8% 的退货物流都是采用这种方式处理的。

10.5.4 逆向物流的管理策略

1. 分层次实施逆向物流目标

企业在实施逆向物流管理时追求不同层次的目标的实现,即资源缩减—重复利用—再循环—废弃处置。因此,企业实施逆向物流活动计划,应该首先强调产品生命周期的资源缩减计划，即通过环境友好的产品设计，使原料消耗和废弃物排放量最少化，使正向物流和逆向物流量最低化；其次是重复利用，应尽量使产品零部件以材料本身的形态被多次重复使用，这就要求改变传统的单向物流方式，以便处理双向的货物流动；然后是尽可能大范围的"再循环"；"废弃处置"是最后的选择。

2. 压缩逆向物流处置时间

大多数回收的产品并没有完全"老化"，需要尽快处理。因此，必须经过快速分类，确定正确的处理方式并尽快行动。对回收的零部件处理越快，给企业带来的利益就越多。在确定产品处置时，要谨慎地制定决策机制，企业更应实行有效客户反应，减少各个环节的处理时间。由于大多数企业的重心是如何管理好正向物流，所以，企业用于管理这部分的资源是相当有限的。可以通过建立逆向物流信息系统、集中式回收中心等来缩短逆向物流处置周期。

3. 从供应链的范围构建企业逆向物流系统

逆向物流并不等于废品回收，它涉及企业的原料供应、生产、销售、售后服务等各环节，不能作为一个孤立的过程来考虑，企业要实施逆向物流，还必须与供应链中的其他企业合作。另外，企业采取宽松的退货策略，将使下游客户的风险转向企业自身，由于供应链存在的"牛鞭"效应，上游企业所获信息将严重失真。为了实现风险共担、利益共享，企业必须与供应链中的企业共享信息，建立战略合作伙伴关系。通过对退货物品的跟踪，测定处理时间，评价卖方业绩，以便与上、下游企业更好地协作。也就是说，必须从供应链的范围来构建企业的逆向物流系统。

4. 利用第三方逆向物流企业

逆向物流也需要经过运输、加工、库存、配送等环节，这可能会与企业的正向物流环节相冲突。大多数企业关注的是物流的正向部分，对逆向物流的投入很有限，当两者发生冲突时，常常会放弃逆向物流。其实，若企业在分析其核心竞争力时，认识到其缺乏从事逆向物流的专业知识、技术或经验时，应该将逆向物流外包给从事逆向物流的第三方物流供应商。这些物流供应商成为管理逆向物流和开展关键增值服务的专家，如翻新、改制、整修。此外，还能提供针对退货过程的仓储服务，退货产品在这里根据客户的需要进行修整、处置或退回制造商。第三方逆向物流供应商可以为多家企业服务，通过规模经济，获得运营的成功。

10.5.5 实施逆向物流战略的关键技术

实施逆向物流战略的关键在于减少逆向物流系统所要处理的商品数，即不让那些不属于逆向物流的商品进入该系统，对进入该系统的产品则尽快处理。以下 3 方面的技术是成功实施逆向物流战略的关键。

1. 控制逆向物流渠道的起始点

企业为吸引顾客，提高市场占有率，往往实行比较宽松的退货、回收政策，而消费者有时就会滥用这一政策，将不符合退货条件的产品也退还企业。因此，企业要加强对逆向物流渠道起始点的控制和管理，从根源上减少逆向物流量。通过建立完善的系统和标准化的作业流程，首先对回流物品进行审查，辨识退货原因；其次在检验退货时，根据公司退货政策，仔细核对退货单据注明的退货原因是否与实际相符，确定退货的必要性，降低无谓损失；最后，企业应定期对检验人员进行质量知识和标准的培训，尤其是新产品的相关信息更要及时传递给逆向物流检验人员，以减少"隐性流失"。

2. 建立逆向物流的信息系统

利用信息技术及完善的信息系统，对逆向物流从入口到最后处置的全过程进行信息跟踪和管理，能显著缩短逆向物流处置周期。利用 POS、EDI 技术和 RFID 技术自动采集回流物品信息、自动归类，直接跟踪回流过程。通过对回流物品原因及最后处置情况进行编码，并统计回流品的回流率、再生利用率、库存周转率等，有利于对逆向物流过程进行实时跟踪和评估。例如，全球知名的化妆品品牌雅诗兰黛在建立了逆向物流信息系统后，对每一箱到达仓库的退货都要进行扫描，数据库会立即显示出该产品的失效期，同时，系统将计算出该产品是否还能在其他市场或雅诗兰黛员工店进行销售，或是否捐给慈善机构；退货库存将根据信息系统给出的处理方式加以保存，当仓库内退货足够多，达到成本最优时，退货才会被运走。此外，基于 EDI 的信息系统还能实现制造商与销售商之间共享退货信息，为服务商提供包括质量评价和产品生命周期的各类营销信息，减少逆向物流过程中的不确定性，使退货在最短时间内分流，为企业节约大量的库存成本和运输成本。

3. 建立集中式的回收处理中心

集中式回收处理中心作为处理回流物品的第一个节点，具有强大的分类、处理、库存调节功能。回收中心通过强大的分类功能，按照供应商和制造商的要求，将回收物品分为能再次出售的、能修理后再出售的、无法再利用的，并做出不同的处置决策。能再次出售的立即返回分销体系，能再加工后出售的进入再加工阶段，无法再利用的则拆分，提炼出有用的原材料，包装材料返回给制造企业和装配企业。通过统一有效的处理过程，能加快处理速度，实现从回流品获取利润的最大化。此外，回收中心能够有效减少零售商无法销售的库存产品，结合制造商的生产计划和市场需要，对于多余的季节性库存，进行重新调配和销售，并与厂商的生产计划结合，有效地降低整个供应链的成本。借助专业化和规模化优势，降低运输成本和储存成本，也便于应用逆向物流管理信息系统，使回流物品的处理效率更高。专业化的回收中心可以由供应链中的优势企业来运营，也可由第三方专业公司提供服务。

阅读案例 10-4

美国沃尔玛成功实施逆向物流

名列世界 500 强之首的美国沃尔玛百货有限公司可谓"家大业大"，但沃尔玛崇尚节俭、重视回收循环废旧物资所体现出来的珍惜资源的精神和其采取的细致措施，给消费者留下了深刻印象。在沃尔玛的购物袋——暗蓝色的再生塑料袋上印着几行字："循环购物袋换来新世界；请把购物袋退还沃尔玛，以支持我们保护环境的承诺。"

1. 回收循环利用成为企业文化

回收废旧物资与循环再利用，是沃尔玛企业文化的一部分。对环境保护来说，重视循环与回收，显然是具有长远意义的正确措施。因此，沃尔玛长期以来一直鼓励与分店所在地保持全面接触与沟通，这样沃尔玛与地方就可以在环境保护问题上加深理解，保持积极参与的活跃状态，并能够为社区的环境保护献一份爱心。沃尔玛公司经营、生产的各类商品的巨大数量，决定了循环回收的废旧物资也是大量的，公司经常对废旧物资回收及循环再生状况进行评估。

> 2003年，沃尔玛在全美共回收了约2.24亿吨纸箱、142亿磅的塑料购物袋（薄膜）、2 200万加仑的废油、1 800万只废旧轮胎、1 800万只废电瓶和3 600万个一次性照相机等。为处理好全美范围内数量巨大的回收物资，沃尔玛公司总部设有回收及循环部，管理全美4 000家商店、会员店、配送中心等废旧物资的回收循环工作，并由这个部门负责选择为公司运送垃圾、纸箱及塑料袋等回收物资的运输公司，这些运输公司还要负责在全美为沃尔玛运输循环后的再生材料。公司总部通过内部局域网向员工发布有关循环回收的各类信息、指导与要求。
>
> 2．建立独特高效回收循环系统
>
> 公司要求所有的沃尔玛连锁企业，包括购物广场、山姆会员店、配送中心、家用品及办公用品店等，都对纸箱纸板、塑料购物袋等进行回收，每个分店都设有必要的设施收集这些回收物资。例如，在每个沃尔玛分店的大门入口处，都设有专门回收塑料购物袋的回收箱，供顾客随时把塑料袋退还商店；由专人负责集中所有回收来的塑料袋，送往合作工厂，用于制造塑料地板等再生产品。
>
> 在建立完善高效的回收循环系统方面，沃尔玛在实践中逐步摸索出了一些经验。沃尔玛许多大规模的循环回收行动都是与独立的第三方实体合作进行的，同时，各分店也有自己的回收活动。在这些活动中，沃尔玛员工都直接与地方政府或社区团体合作。例如，沃尔玛在商店的顾客服务中心设立了废旧电池回收箱，让顾客随时把那些摄像录像机、手机及无线电话和各种电力工具上使用过的废旧电池丢在那里。各店的珠宝钟表部还负责回收手表电池。沃尔玛把所有回收来的旧电池送到合作伙伴"废电池回收再生公司"去，这是由沃尔玛赞助的非营利性公益企业。该公司利用再生的镉制造新电池，再生的镍和铁就可用来生产不锈钢产品。沃尔玛在美国一年回收的废旧电池高达1800万节。在充分重视回收利用政策的同时，保证商品质量不因此下降是顾客关注的、也是沃尔玛公司关注的焦点。沃尔玛认为，在生产与包装环节中使用再生材料，是制造商与供货商的责任，沃尔玛积极鼓励使用再生材料，但公司的商品与服务质量绝不会降低。废弃材料的回收与循环是前景可观的新领域，但目前对沃尔玛来说，钱还是用在回收的设施、人力等成本上了。
>
> 资料来源：任方旭．美国零售业逆向物流专业化管理及启示[J]．商业时代，2006(21)：14～15．

10.5.6　企业逆向物流运作模式

1．逆向物流的自营方式

逆向物流的自营方式就是指企业独立建立和运作的整个逆向物流体系。一些拥有自己直销网络的企业通常也拥有相应的逆向物流体系。企业实行逆向物流自营方式，不但可以全面掌握产品的生产、销售和售后服务的情况，而且也比较容易掌握本企业的逆向物流的情况。逆向物流的自营方式如图10.3所示。

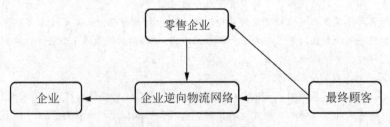

图10.3　逆向物流的自营方式

企业采用自营方式进行逆向物流的管理，有利于企业实现对正向物流和逆向物流的整合，从而充分发挥出物流体系的整体性功能。对企业充分利用企业资源，提高系统效率和效益，打造企业竞争力，完善企业对顾客的服务能力等方面，都有着重要的意义。特别是那些拥有独立的销售网络的企业，更有着这方面的优势。

例如，2002年6月，诺基亚公司开展"绿色环保回收大行动"，回收废旧手机、电池及配件，并在国内98个城市设置了160多个专门的回收箱。到2003年10月初已回收了3万多部废弃手机，这些回收的手机及配件将从上海集中运往新加坡，交由专业公司回收处理，而手机电池则运往法国，进行专门处理。这个例子就是企业逆向物流的自营方式。

2. 逆向物流的联营方式

逆向物流的联营方式是指生产相同、相似或者相关产品的企业进行合作，以合资、合作等形式建立共同的逆向物流系统（包括回收网络和处理企业），为各合作方甚至包括非合作企业提供逆向物流服务。逆向物流的联营方式如图10.4所示。

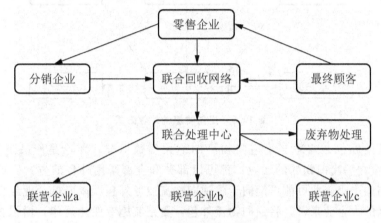

图 10.4　逆向物流的联营方式

在政府环保政策约束下，建立联合的逆向物流系统，可以减轻单个企业在建立逆向物流系统上的投资压力，容易实现规模经营。由于逆向物流规模的扩大，可以使一些新技术的创新和应用成为可能，从而在资源的再生提取、处理和环保等方面表现得更为优越。

适合这种方式的物品主要是生产或消费之后的废旧物品，如消费后的废旧家用电器、电子产品、家具，生产过程中报废的金属器具、塑料制品、橡胶制品、纸张和玻璃等，这些物品的回收利用价值较高，有些经过拆解之后可以作为零件重新使用，有些经过拆解处理之后可以作为工业原料重新进入生产领域。因此，对于生产企业来说，废旧物品可以作为重要的零件或原料来源，其中蕴藏着巨大的商机。由于这些废旧物品可能会对环境产生巨大的潜在威胁，所以，一些国家的法律规定，生产企业要对产品的整个使用寿命周期负责，承担回收处理的责任，而且有更多的国家存在着加强这方面立法的趋势。

上述废旧物品的回收与有用资源的提取加工，不仅需要先进的技术，还需要相当大的资金，这通常是单个企业难以承担的。因此，那些生产相同或相似产品的众多企业选择合资、合营的方式，建立面向各合作方甚至整个行业的逆向物流系统，特别是回收、处理废旧物品，就成为法律硬性约束下的一种比较合理的策略。一般来讲，建立联合逆向物流系统的行业集中度比较高，行业内的一些领先企业具有比较大的影响力，可以推动多家企业进行合作。在日本，电视机生产厂家索尼联合三菱电机、日立制作所、三洋电气、夏普、富士通、三井物产等15家公司成立了绿色循环（Green Cycle）工厂，共同建立了一种低成本、高效率的家电再循环系统，这可以说是企业逆向物流联营方式的一个典型。

3. 逆向物流的外包方式

逆向物流的外包方式是企业通过协议形式将其回流产品的回收及处理中的部分或者全部业务，交由专门从事逆向物流服务的企业负责实施的逆向物流运作方式。当逆向物流的收集、加工和处理业务，与企业的核心业务的相关程度不高的时候，企业通常会根据核心竞争力的战略需要，采用此种运作方式。企业将逆向物流外包，可以减少企业在逆向物流设施和人力资源方面的投资，将巨大的固定成本转变为可变成本，降低逆向物流管理的成本，同时也可以使企业集中更多的精力在自己的核心业务上。逆向物流的外包方式如图10.5所示。

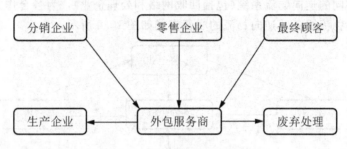

图 10.5 逆向物流的外包方式

逆向物流的外包方式适合于逆向物流的绝大多数情况，无论是产品退货、维修（召回），还是报废之后废旧物品的回收，都可以部分和全部采用外包的方式。那些技术和经济实力比较弱的中小企业可能更趋向于将逆向物流业务外包，以降低企业经营成本；而对那些实力较强的大企业来讲，将逆向物流外包，更是实施专业化运作，增强核心竞争力的重要手段。

这方面的例子比较多，如在回收物流领域，芬兰库萨科斯基公司专门为大量使用电子设备的客户提供全套产品逆向物流服务，它根据不同客户的需求，制定产品回收计划并签订回收协议，定期到这些公司、机构及政府有关部门回收废旧物品。目前，在芬兰全国每年回收利用的 20 000 多吨家电和电子产品中，大约 50% 是由芬兰库萨科斯基公司进行加工处理的。

再如，联邦快递公司推出了一项面向每天退货在 150 件以上的零售商的逆向物流服务，接受这项服务的客户可以把退货放在联邦快递全球服务中心或授权运送中心，存放成本根据货物重量和运输距离而定。同时，消费者可以把要退的商品退还给联邦快递任意一个服务中心，并可随即得到退款。退货经过整理后，由联邦快递地面运输公司运到联邦快递加工中心，在那里，来自同一个零售商的所有商品被放在一起，并运到零售商指定的地点，零售商可以随时在联邦快递的网站上跟踪退货情况。上述这些公司在逆向物流方面的运作都是外包形式的实际情形。近些年来，在企业核心竞争战略的实施和政府的环保立法的推动下，逆向物流的外包策略有越来越多的趋势。

10.6 企业物流成本管理

企业物流成本是伴随着物流活动而发生的各种费用。企业物流成本管理在物流管理中占有重要的位置，降低物流成本与提高物流服务水平构成企业物流管理最基本的课题。

"黑暗大陆学说"、"物流冰山说"及"第三利润源学说"等观点都说明了物流成本问题是物流管理初期人们关心的主要问题。物流成本管理的意义在于,通过对物流成本的有效把握,加强对物流过程中费用支出的有效控制,降低物流总成本,从而达到提高企业经济效益和社会效益的目的。

10.6.1 物流成本的含义和分类

1. 物流成本的含义

物流成本是物流活动中所消耗的物化劳动和活劳动的货币表现(GB/T 18354—2006)。具体地说,它是产品在实物运动过程,如包装、运输、存储、装卸搬运、流通加工等各个活动中所支出的人力、财力和物力的总和。

传统物流成本主要只包括了企业对外支付出去的物流费,如支付的运输费、向仓库支付的商品保管费、包装材料的购买费、装卸费等,是企业易于计算和掌握的一小部分费用。现代物流成本不仅仅包含企业对外的物流费用,而且还包含企业内部发生的物流费用,这些费用分散于制造成本和一般管理费及销售额的费用项目当中。例如,企业内与物流中心相关的人员费、设备折旧费、流通过程中的基础设施投资、商品在库维持等一系列费用,这一部分在企业内部发生而难以明确划分和单独计算,如"冰山"一般潜在水下,也是降低企业成本的重点。

物流成本的范围由物流成本的计算范围、对象范围和涵盖范围3方面因素决定,物流成本主要由以下7个部分构成。

(1) 物流过程的研究设计、重构和优化等费用。

(2) 物流过程中的物质消耗,如固定资产的磨损、包装材料、电力、燃料消耗等。

(3) 物品在保管、运输等过程中的合理损耗。

(4) 用于保证物流顺畅的资金成本,如支付银行贷款的利息等。

(5) 在组织物流的过程中发生的其他费用,如有关物流活动进行的差旅费、办公费等。

(6) 从事物流工作人员的工资、资金及各种形式的补贴等。

(7) 在生产过程中一切由物品空间运动(包括静止)引起的费用支出,如原材料、燃料、半成品、在制品、产成品等的运输、装卸搬运、储存等费用。

加强对物流费用的管理,对降低物流成本、提高物流活动的经济效益具有非常重要的意义。因此,对于企业来讲,要实施现代化的物流管理,就必须全面、正确地把握包括企业内外发生的所有物流成本,也就是说,要降低物流成本必须以企业整体成本为对象。同时,在努力降低物流成本时,还应当注意不能因为降低物流成本而影响对用户的物流服务质量。

2. 企业物流成本分类

在计算物流成本时,必须对其进行科学的分类。

1) 按物流范围划分的物流费用计算标准

按物流范围可将企业物流费用分为以下5种类型。

(1) 供应物流费。从商品采购直到批发、零售业者进货为止的物流过程中所需的费用。

(2) 企业内部物流费。从购进的商品到货或由本企业提货时开始,直到最终确定销售对象的时刻为止的物流过程所需要的费用,包括运输、包装、保管等费用。

(3) 销售物流费。从确定物流对象时开始,直到商品送交到客户为止的物流过程中所需要的费用,包括包装、商品出库、配送等方面的费用。

(4) 回收物流费。包装材料、容器等由销售对象回收到本企业的物流过程所消耗的费用。

(5) 废弃物物流费。在商品、包装材料、运输容器的废弃过程中产生的物流费用。

2) 按支付形式划分的物流费用计算标准

以财务会计中发生的费用为基础,将企业物流成本分为本企业支付的物流费和其他企业支付的物流费。本企业支付的物流费又可分为企业本身的物流费和委托物流费,其中,企业本身的物流费又分为材料费、人工费、公益费、维护费、一般经费、特别经费。

(1) 材料费。因材料的消耗而发生的费用,包括物资材料费、燃料费、消耗性工具费,以及其他物料消耗等费用。

(2) 人工费。因人力劳务的消耗而发生的费用,包括工资、奖金、福利费、医药费、劳动保护费,以及其他一切用于职工的费用。

(3) 公益费。给公益事业所提供的公益服务支付的费用,包括水费、电费、冬季取暖费、绿化费及其他费用。

(4) 维护费。土地、建筑物、机械设备、车辆、搬运工具、工具、器具、备件等固定资产的使用、运转和维护修理所产生的费用。

(5) 一般经费。差旅费、交通费、会议费、书报资料费、文具费、邮电费、城市建设税、能源建设税及其他税款,还包括物资及商品损耗费、物流事故处理及其他杂费等一般性支出。

(6) 特别经费。采用不同于财务会计的计算方法所计算出来的物流费用,包括按实际使用年限计算的折旧费和企业内利息等。

(7) 委托物流费。物流业务委托给物流业者时向企业外支付的费用,包括向企业外支付的包装费、运费、保管费、出入库手续费、装卸费等。

(8) 其他企业支付费用。在物流成本中,还应包括向其他企业支付的物流费,如商品购进采用送货制时包含在购买价格中的运费。在这种情况下,虽然实际上本企业内并未发生物流活动,但却发生了物流费用,这笔费用也应该作为物流成本而计算在内。

3) 按物流的功能划分计算物流费用

按物流的功能划分大体可分为物品流通费、信息流通费和物流管理费3大类。

(1) 物品流通费。为完成商品、物资的物理性流通而发生的费用,包括运输费、保管费、包装费、装卸费、流通加工费、配送费。

(2) 信息流通费。处理、传输有关的物流信息而产生的费用,包括与储存管理、订货处理、客户服务有关的费用。

(3) 物流管理费。进行物流的计算、调整、控制所需要的费用,既包括作业现场的管理费,也包括企业物流管理部门的管理费。

阅读案例 10-5

安利：如何降低物流成本

同样面临物流资讯奇缺、物流基建落后、第三方物流公司资质参差不齐的实际情况，国内同行物流成本居高不下，而安利（中国）的储运成本仅占全部经营成本的 4.6%。在安利的新物流中心正式启用之日，安利（中国）大中华区储运营运总监许绍明透露了安利降低物流成本的秘诀：全方位物流战略的成功运用。

1. 非核心环节通过外包完成

据许绍明介绍，安利的"店铺+推销员"的销售方式，对物流储运有非常高的要求。安利的物流储运系统的主要功能是将安利工厂生产的产品及向其他供应商采购的印刷品、辅销产品等先转运到位于广州的储运中心，然后通过不同的运输方式运抵各地的区域仓库（主要包括沈阳、北京及上海）暂时储存，再根据需求转运至设在各省市的店铺，并通过家居送货或店铺等销售渠道推向市场。与其他公司所不同的是，安利储运部同时还兼管着全国近百家店铺的营运、家居送货及电话订货等服务。所以，物流系统的完善与效率，在很大程度上影响整个市场的有效运作。

但是，由于目前国内的物流资讯极为短缺，很难获得物流企业的详细信息，如从业公司的数量、资质和信用等，而国内的第三方物流供应商在专业化方面也有所欠缺，很难达到企业的要求。在这样的状况下，安利采用了适应中国国情的"安利团队+第三方物流供应商"的全方位运作模式。核心业务如库存控制等由安利统筹管理，实施信息资源最大范围的共享，使企业价值链发挥最大的效益。而非核心环节，则通过外包形式完成，如以广州为中心的珠三角地区主要由安利的车队运输，其他绝大部分货物运输都是由第三方物流公司来承担。另外，全国几乎所有的仓库均为外租第三方物流公司的仓库，而核心业务，如库存设计、调配指令及储运中心的主体设施与运作则主要由安利本身的团队统筹管理。目前已有多家大型第三方物流公司承担安利公司大部分的配送业务。公司会派员定期监督和进行市场调查，以评估服务供货商是否提供具有竞争力的价格，并符合公司要求的服务标准。这样，既能整合第三方物流的资源优势，与其建立坚固的合作伙伴关系，同时又通过对企业供应链的核心环节——管理系统、设施和团队的掌控，保持安利的自身优势。

2. 仓库半租半建

从安利的物流运作模式来看，至少有两个方面是值得国内企业借鉴的。

首先，是投资决策的实用主义。在美国，安利仓库的自动化程度相当高，而在中国，很多现代化的物流设备并没有被采用，因为美国土地和人工成本非常高，而中国这方面的成本比较低。两相权衡，安利弃高就低。"如果安利中国的销售上去了，有了需要，我们才考虑引进自动化仓库。"许绍明说。刚刚启用的安利新的物流中心也很好地反映出安利的"实用"哲学。新物流中心占地面积达 40 000 平方米，是原来仓库的 4 倍，而建筑面积达 16 000 平方米。这样大的物流中心如果全部自建的话，仅土地和库房等基础设施方面的投资就需要数千万元。安利采取和另一企业合作的模式，合作方提供土地和库房，安利租用仓库并负责内部的设施投入。只用了 1 年时间，投入 1 500 万元，安利就拥有了一个面积充足、设备先进的新物流中心。而国内不少企业，在建自己的物流中心时将主要精力都放在了基建上，不仅占用了企业大量的周转资金，而且费时费力，效果并不见得很好。

3. 核心环节大手笔投入

其次，是在核心环节的大手笔投入。安利仅在信息管理系统上就投资了 9 000 多万元，其中主要的部分之一就是用于物流、库存管理的 AS400 系统，它使公司的物流配送运作效率得到了很大的提升，同时大大地降低了各种成本。安利先进的计算机系统将全球各个分公司的存货数据联系在一起，各分公司与美国总部直接联机，详细储存每项产品的生产日期、销售数量、库存状态、有效日期、存放位置、销售价值、成本等数据。有关数据通过数据专线与各批发中心直接联机，使总部及仓库能及时了解各地区、各地店铺的销售和存货状况，并按各店铺的实际情况及时安排补货。在仓库库存不足时，公司的库存及生产系统亦会实时安排生产，并预定补给计划，以避免个别产品出现断货情况。

资料来源：采购与供应管理论坛

10.6.2 物流成本管理方法

物流成本管理不是管理物流成本，而是通过成本去管理物流。两者的区别在于，前者只重视物流成本的计算，把计算成本本身当作目的，这样虽然掌握了成本，却不知如何利用成本。而后者则是把成本作为一种管理手段来对待，可以说物流成本管理就是以成本为手段的物流管理。

1. 物流成本横向管理法

物流成本横向管理即对物流成本进行预测和编制计划。物流成本预测是在编制物流计划之前进行的。它是在对本年度物流成本进行分析，充分挖掘降低物流成本的潜力的基础上，寻求降低物流成本的有关技术经济措施，以保证物流成本计划的先进性和可靠性。物流成本计划按时间标准进行划分，有短期计划（半年或一年）、中期计划和长期计划。

2. 物流成本纵向管理法

物流成本纵向管理即对物流过程的优化管理。物流过程是一个创造时间性和空间性价值的经济活动过程。为使其能提供最佳的价值效能，需要借助于先进的管理方法和管理手段，保证物流各个环节的合理化和物流过程的迅速、通畅。

(1) 用线性规划、非线性规划制订最优运输计划，实现物品运输最优化。
(2) 运用系统分析技术，选择货物最佳的配送线路，实现货物配送最优化。
(3) 运用存储论确定经济合理的库存量，实现物资存储最优化。
(4) 运用模拟技术对整个物流系统进行研究，实现物流系统的最优化。

3. 计算机管理系统

计算机管理系统将物流成本的横向与纵向连接起来，形成一个不断优化的物流系统的循环。通过一次次循环、计算、评价，使整个物流系统不断地优化，最终找出其总成本最低的最佳方案。

4. 比较分析

(1) 横向比较：把企业的供应物流、生产物流、销售物流、退货物流和废弃物物流（有时包括流通加工和配送）等各部分物流费，分别计算出来，然后进行横向比较，看哪部分发生的物流费用最多。如果是供应物流费用最多，则再详细查明原因，堵住漏洞，改进管理方法，以便降低物流成本。

(2) 纵向比较：把企业历年的各项物流费用与当年的物流费用加以比较，如果增加了，再分析一下增加的原因、增加的地方。假若增加的是无效物流费，则应立即改正。

(3) 计划与实际比较：把企业当年实际开支的物流费与原来的物流预算进行比较，如果超支了，分析一下超支的原因及超支的地方。这样便能掌握企业物流管理中的问题或薄弱环节。

5. 综合评价

物流费用之间存在"效益背反"，即一种物流活动费用降低，可能导致另一种物流活动费用的上升。因此，在进行物流成本管理时，应采用系统的观点，对物流活动的费用进行综合分析，追求系统成本的最优，而非局部活动成本的最优。例如，采用集装箱运输，一是可以简化包装，节约包装费；二是可以防雨、防晒，保证运输途中物品质量；三是可以起仓库作用，防盗、防火。但是，如果由于简化包装而降低了包装强度，货物在仓库保管时不能往高堆码，浪费库房空间，降低仓库保管能力；简化包装，还会影响货物的装卸搬运效率等。那么，利用集装箱运输的利弊就要用物流成本计算这一统一的尺度来综合评价。分别算出上述各环节物流活动的费用，经过全面分析后得出结论，这就是物流成本管理。通过物流成本的综合效益研究，发现问题，解决问题，从而加强物流管理。

6. 排除法

在物流成本管理中有一种方法叫活动标准管理(Activity Based Management，ABM)。其中一种做法就是把物流相关的活动划分成两类，一类是有附加价值的活动，如出入库、包装、装卸等与货主直接相关的活动；另一类是非附加价值的活动，如开会、改变工序、维修机械设备等与货主没有直接关系的活动。其实，在商品流通过程中，如果能采用直达送货，则不必设立仓库或配送中心，实现零库存，等于避免了物流中心的非附加价值活动。如果将上述没有附加价值的活动加以排除或尽量减少，就能节约物流费用，达到物流管理的目的。

7. 责任划分

在生产企业里，客观地讲，物流本身的责任在物流部门，但责任的源头却是销售部门或生产部门。以销售物流为例，一般情况下，由销售部门制订销售物流计划，包括订货后几天之内送货、接受订货的最小批量等，均由企业的销售部门提出方案，定出原则。假若该企业过于强调销售的重要性，则可能决定当天订货，次日送达。这样订货批量大时，物流部门的送货成本就少，订货批量小时，送货成本就增大，甚至过分频繁、过少数量的送货，造成的物流费用增加，大大超过了扩大销售产生的价值，这种浪费和损失，应由销售部门负责。分清类似的责任有利于控制物流总成本，防止销售部门随意改变配送计划，杜绝无意义、不产生任何附加价值的物流活动。这种通过划清物流责任的物流成本管理，在生产企业中尤为重要。

10.6.3 物流成本控制

1. 绝对物流成本控制与相对物流成本控制

物流成本控制方法包括绝对物流成本控制法和相对物流成本控制法。

绝对物流成本控制法是把成本支出控制在一个绝对金额以内的成本控制方法。绝对物流成本控制从节约各种费用支出、杜绝浪费的角度进行物流成本控制，要求把营运生产过程发生的一切费用支出划入成本控制范围。标准成本和预算成本是绝对物流成本控制的主要依据。

相对物流成本控制法是通过成本与产值、利润、质量和服务等对比分析，寻求在一定制约因素下取得最优经济效益的一种控制技术。

绝对物流成本控制与相对物流成本控制比较如表10-4所示。

表 10-4 绝对物流成本控制与相对物流成本控制比较

比 较 项 目	绝对物流成本控制	相对物流成本控制
控制对象	成本支出	成本与其他因素的关系
控制目的	降低成本	提高经济效益
控制方法	成本与成本指标之间的比较	成本与非成本指标之间的比较
控制时间	主要在成本发生时或发生后	主要在成本发生前
控制性质	属实施性成本控制	属决策性成本控制

1) 通过绝对物流成本控制降低物流成本的对策

(1) 储存费用的控制：优化仓库布局，减少固定费用；严格进行存货数量控制；采用 ABC 分类管理法；加强仓库管理以降低日常开支；提高仓库的利用效果；缩短储存时间等。

(2) 运输费用控制：减少运输次数，提高装载效率，设定最低订货量限额，实施计划运输，推进共同运输。控制方式有加强运输的经济核算、防止运输过程中的差错事故、做到安全运输等。

(3) 装卸搬运费用的控制：装卸搬运费是物品在装卸搬运过程中所支出费用的总和。控制方式有对装卸搬运设备的合理选择、防止机械设备的无效作业、合理规划装卸方式和装卸作业过程，如减少装卸次数、缩短操作距离、提高被装卸物品纯度等，物流作业机械化、集装箱化、托盘化。

(4) 包装费用控制：据统计，包装费用约占全部物流费用的 10% 左右。控制方式有选择包装材料时要进行经济分析；运用成本核算降低包装费用，如包装的回收和旧包装的再利用；实现包装尺寸的标准化、包装作业的机械化；有条件时组织散装物流等。

(5) 流通加工费用的控制：在物品进入流通领域以后，按照用户的要求进行一定的加工活动，称为流通加工，由此而支付的费用为流通加工费用。控制方式有合理确定流通加工的方式；合理确定加工能力；加强流通加工的生产管理；制定反映流通加工特征的经济指标；确立合理化物流信息系统，控制物流信息的相关费用。

2) 通过相对物流成本控制降低物流成本的对策

必须将物流成本明确化，并设置恰当的计算基准，但更重要的是明确计算物流成本的目的，找出最适合目的的计算方式。

物流成本要在销售和生产之后进行计算，有些成本是物流部门无法管理的。也就是说，物流成本之中包含着物流部门能够管理和无法管理的两种成本。如果生产、销售出了问题，一般会直接使物流预算成本和实际成本出现差异。当出现差异时，应能指明是物流的责任，还是生产或销售的责任。

应该指出的是，过去企业只是把目光局限在如何掌握物流成本上。掌握物流成本确实非常重要，但今后应当把重点转移到如何运用物流成本上来。应当利用物流成本资源促进销售，争取客户。为确保收益，必要时可以考虑加大物流成本，争取销售目标的实现。应该说现在已经进入物流活动可以产生收益的时代。

2. 物流成本控制的具体方法

1) 形态别物流成本控制

所谓形态别物流成本控制是指将物流成本按支付运费、支付保管费、商品材料费、本企业配送费、人员费、物流管理费、物流利息等支付形态来进行归类。通过这样的管理方法，企业可以很清晰地掌握物流成本在企业整体费用中处于什么位置，物流成本中哪些费用偏高等问题。这样，企业既能充分认识到物流成本合理化的重要性，又能明确控制物流成本的重点在于管理哪些费用。

这种方式的具体方法是，在企业月单位损益计算表"销售费及一般管理费"的基础上，乘以一定的指数得出物流部门的费用，如表 10-5 所示。

表 10-5　某企业形态别物流成本控制计算表

	测定科目	销售管理费/元	物流费用/元	计算指数	
(1)	车辆租借费/元	100 080	100 080	100%	金额
(2)	商品材料费/元	30 184	30 184	100%	金额
(3)	工资费用/元	631 335	178 668	28.3%	人员指数
(4)	水电费/元	12 647	5 400	52.7%	面积指数
(5)	保险费/元	10 247	5 400	52.7%	面积指数
(6)	维修费/元	19 596	10 327	52.7%	面积指数
(7)	折旧费/元	28 114	14 846	52.7%	面积指数
(8)	交纳税金/元	39 804	20 977	52.7%	面积指数
(9)	通信费/元	19 276	8 115	42.1%	物流费指数
(10)	消耗品费/元	21 316	8 974	42.1%	物流费指数
(11)	CP 软件租借费/元	9 795	4 124	42.1%	物流费指数
(12)	支付利息/元	23 861	10 045	42.1%	物流费指数
(13)	杂费/元	33 106	13 937	42.1%	物流费指数
(14)	广告宣传费/元	30 807	—	0	不包含
(15)	公关接待费/元	26 825	—	0	不包含
(16)	旅差交通费/元	24 120	—	0	不包含
	合计/元	1 061 113	412 311	38.9%	相对于销售管理费
	销售、物流费合计/元	1 473 424	412 311	28%	物流费对销售费指数

注：(1) 人员指数＝物流职员数/企业全体人数＝36 人/127 人＝0.283。
　　(2) 面积指数＝物流设施面积/全企业面积＝3 093/5 869＝0.527。
　　(3) 物流费指数＝(1)~(8)项物流费/(1)~(8)项销售管理费＝367 117/872 005＝0.421。

物流部门是分别按"人员指数"、"台数指数""面积指数"和"时间指数"等计算出物流费的。一般在此基础上，企业管理层通过比较总销售管理费和物流部门费用等指标，分析增减的原因，进而提出改善物流的方案。

2) 机能别物流成本控制

机能别物流成本控制是将物流费用按包装、配送保管、装卸、信息流通、物流管理等机能进行分类，通过这种方式把握各机能所承担的物流费用，进而着眼于物流不同机能的改善和合理化，特别是算出标准物流机能成本后，通过作业管理，能够正确设定合理化目标。其具体方法为，在计算出不同形态物流成本的基础上，再按机能算出物流成本，当然，机能划分的基准随着企业业种、业态的不同而不同。因此，按机能标准控制物流成本时，必须使划分标准与本企业的实际情况相吻合。

按不同机能控制物流成本的特点是在算出单位机能别物流成本后，企业管理层在计算出各机能别物流成本的构成比、金额等之后，将其与往年数据进行对比，从而明确物流成本的增减原因，找出改善物流成本的对策，如表 10-6 所示。

表 10-6 某企业机能别物流成本控制计算表

测定科目		物流费/元	不同机能物流费测定科目					
			包装费/元	配送费/元	保管费/元	装卸费/元	信息流通费/元	物流管理费/元
(1)	车辆租借费/元	100 080		100 080				
(2)	商品材料费/元	30 184	30 184					
(3)	工资费用/元	178 668			39 704	124 075		14 889
(4)	水电费/元	6 664			3 332	3 332		
(5)	保险费/元	5 400			2 700	2 700		
(6)	维修费/元	10 326			5 163	5 163		
(7)	折旧费/元	14 816			7 408	7 408		
(8)	交纳税金/元	20 977						20 977
(9)	通信费/元	8 115					8 115	
(10)	消耗品费/元	8 733			2 911	2 911		2 911
(11)	CP 软件租借费/元	4 124					4 124	
(12)	支付利息/元	10 045			10 045			
(13)	杂费/元	9 290			4 645	4 645		
合计	金额	317 422	30 184	100 080	75 908	150 234	12 239	38 777
	构成比	100%	7.3%	24.3%	18.4%	36.4%	2.9%	9.4%

注：(1) 工资费用按人数比例分别摊入物流管理费、保管费、装卸费。
(2) 水电费、保险费、维修费、折旧费在保管费和装卸费中平均分配。
(3) 消耗品费、杂费在保管费、装卸费和物流管理费中各占 1/3。

3) 适用范围别物流成本控制

所谓适用范围别物流成本控制是指分析物流成本适用于什么对象，以此作为控制物流成本的依据。例如，可将适用对象按商品别、地域别、顾客别、负责人别等进行划分。当今先进企业的做法是，按分公司营业点别来把握物流成本，有利于对各分公司或营业点进行物流费用与销售额、总利润的构成分析，从而正确掌握各分支机构的物流管理现状，及时加以改善，如表 10-7 所示；按顾客别控制物流成本，有利于全面分析不同顾客的需求，及时改善物流服务水准，调整物流经营战略；按商品别管理物流成本，能使企业掌握不同商品群物流成本的状况，合理调配、管理商品。

表 10-7 某企业适用范围别控制物流成本计算表

形态别科目		物流费/元	适用别物流费/元					计算指数
			总公司	第1营业所	第2营业所	第3营业所	第4营业所	
(1)	车辆租借费/元	100 080	45 036	20 016	15 012	10 008	10 008	台数
(2)	商品材料费/元	30 183	15 029	5 433	5 622	3 169	2 867	店别构成比
(3)	工资费用/元	178 668	94 297	29 778	19 852	19 852	14 889	人员
	小计/元	308 868	154 362	55 227	38 486	33 029	27 764	
(4)	水电费/元	6 663	3 312	1 212	646	720	773	面积
(5)	保险费/元	5 398	2 683	982	524	583	626	面积
(6)	维修费/元	10 309	5 132	1 880	1 002	1 115	1 180	面积
(7)	折旧费/元	14 816	7 363	2 697	1 437	1 600	1 719	面积
(8)	交纳税金/元	20 977	10 426	3 818	2 035	2 265	2 433	面积
(9)	通信费/元	7 716	4 058	1 061	974	852	771	店别构成比
(10)	消耗品费/元	8 974	4 487	1 615	1 077	942	853	店别构成比
(11)	CP软件租借费/元	4 124	2 062	742	495	433	392	店别构成比
(12)	支付利息/元	10 04	5 023	1 808	1 205	1 055	954	店别构成比
(13)	杂费/元	13 937	6 969	2 609	1 672	1 463	1 324	店别构成比
	小计/元	102 959	51 515	18 324	11 067	11 028	11 025	
	合计/元	411 890	205 940	73 551	49 553	44 057	38 789	
	店别构成比率	100%	49.9%	17.9%	12.1%	10.7%	9.4%	
	店别直接、间接费比率	3.0%	3.0%	2.9%	3.5%	3.0%	2.5%	
	店别销售比率	6.0%	6.1%	6.1%	5.3%	5.5%	7.5%	
	本期销售额/元	6 524 490	3 366 985	1 215 649	942 468	792 220	512 211	
	店铺别销售构成比率	100%	49.3%	17.8%	13.8%	11.6%	7.5%	

注：(1) 台数指数——总公司9台；第1营业所4台；第2营业所3台；第3、4营业所各2台；共计20台。
(2) 人员指数——总公司19人；第1营业所6人；第2、3营业所各4人；第4营业所3人；共计36人。
(3) 面积指数——总公司1 537；第1营业所561；第2营业所300；第3营业所335；第4营业所360；共计3 093。
(4) 店别构成比率——各店铺除(2)外从(1)到(8)除以合计物流费比，总公司49.9%；第1营业所17.9%；第2营业所12.1%；第3营业所10.7%；第4营业所9.4%。

10.6.4 降低物流成本的途径

1. 从流通全过程的视点来降低物流成本

在今天的竞争环境下，控制物流成本不单是一个企业的事，即追求本企业物流成本的效率化，而应该考虑从原材料供应到最终用户整个供应链过程的物流成本效率化。

例如，原来有些厂商是直接面对批发商经营的。因此，很多物流中心是与批发商物流中心相吻合，从事大批量的商品输送，然而，随着零售业中便民店、折扣店的迅猛发展，客观上要求厂商必须适应这种新型的业态形式,开展直接面向零售店铺的物流活动,在这种情况下,原来的投资就有可能沉淀,同时又要求建立新型的符合现代流通发展要求的物流中心或自动化设施,这些投资尽管从本企业来看,增加了物流成本,但从整个流通过程来看,却大大提高了物流绩效。

2. 通过实现供应链管理,提高对顾客的物流服务来削减成本

在供应链物流管理环境下,仅仅本企业的物流具有效率化是不够的,它需要企业协调与其他企业(如部件供应商等),以及顾客、运输业者之间的关系,实现整个供应链活动的效率化。也正因为如此,追求成本的效率化不仅仅是企业中物流部门或生产部门的事,同时也是经营部门及采购部门的事,即将降低物流成本的目标贯彻到企业所有职能部门之中。

提高对顾客的物流服务是企业确保利益的最重要手段。但是,超过必要量的物流服务有碍于企业利益的实现。例如,随着多频度、少量化经营的扩大,对配送的要求越来越高,而在这种状况下,如果企业不充分考虑用户的产业特性和运送商品的特性,一味地开展商品的翌日配送或发货的小单位化,无疑将大大增加发货方的物流成本。所以,在正常情况下,为了既保证提高对顾客的物流服务,又防止出现过剩的物流服务,企业应当在考虑用户产业特性和商品特性的基础上,与顾客方充分协调、探讨有关配送、降低成本等问题,商讨由此而产生的利益与顾客方分享,从而相互促进,在提高物流服务的前提下,寻求降低物流成本的途径。

3. 构筑现代信息系统,降低物流成本

在供应链管理的环境下,各企业内部的物流效率化仍然难以使企业在日益激烈的竞争中取得成本上的竞争优势。因此,企业必须与其他交易企业之间形成一种效率化的交易关系,即借助于现代信息系统的构筑,一方面使各种物流作业或业务处理能准确、迅速地进行;另一方面,能由此建立起物流经营战略系统。具体地讲,企业将定购的意向、数量、价格等信息在网络上进行传输,从而使生产、流通全过程的企业或部门实现信息共享,调整不同企业间的经营行为和计划,这无疑从整体上控制了物流成本发生的可能性。也就是说,现代信息系统的构筑实现了物流成本的彻底降低,而不是向其他企业或部门转嫁成本。

4. 通过效率化的配送降低物流成本

基于用户的订货要求建立短时期、正确的进货体制是企业物流发展的客观要求。但是,伴随配送产生的成本费用可能会因此增加,特别是最近多频度、小批量配送,即时配送的发展。所以,企业要实施效率化的配送,就要重视配车计划管理、车辆运行管理,提高装载率,降低物流成本。

5. 削减退货成本

退货成本也是企业物流成本中一个重要的组成部分,它往往占有相当大的比例。退货成本之所以成为某些企业主要的物流成本,是因为随着退货会产生一系列的物流费、退货商品损伤或滞销而产生的费用,以及处理退货商品所需的人员费等各种事务性费用。特别是出现退货的情况,一般是由商品提供者承担退货所发生的各种费用,而退货方因为不承担商品退货而产生的损失,容易很随意地退回商品。不仅如此,由于这类商品规模较小,也很分散,商品入库、账单处理等业务也都非常复杂。例如,销售额100万元的企业,退

货比率为3%，即30 000元的退货，由此而产生的物流费用和企业内处理费用一般占到销售物流的9%~10%。因此，伴随着退货将会产生3 000元的物流费。进一步由于退货商品物理性、经济性的损伤，可能的销售价格只为原来的50%，因此，由于退货而产生的机会成本为15 000元。综合上述费用，退货所引起的物流成本为18 000元，占销售额的1.8%。以上仅假定退货率为3%，如果为5%时，物流费用将达到30 000元，占销售额的3%。企业要降低退货成本，必须建立恰当的退货制度，明确退货的条件，而且在制度上还必须明确划分产生退货的责任。例如，是发货业务人员因为商品数量、品种与顾客要求不一致而造成的退货就应该由发货业务人员承担相应的损失；由于错误配送而造成的退货就应当由运输业者承担。

6. 利用一贯制运输和物流外包降低成本

降低物流成本从运输手段上讲，可以通过一贯制运输来实现，即将从制造商到最终消费者之间的商品中转，利用各种运输工具的有机衔接来实现，运用运输工具的标准化及运输管理的统一化，减少商品周转、转载过程中的费用和损失，并大大缩短商品在途时间。

在控制物流成本方面，还有一种行为是值得注意的，那就是物流的外包，或称使用第三方物流。企业将自己不擅长的物流活动外包给专业的第三方物流企业，依靠第三方物流提供的专业化、标准化、个性化物流服务，可以降低成本，提高顾客服务水平。

本 章 小 结

企业物流是企业内部的物品实体流动，主要包括供应物流、生产物流、销售物流及逆向物流，是企业生产经营活动的重要组成部分，是企业生产经营活动得以顺利进行的基本前提。

供应物流活动主要包括采购、生产物资供应、仓储与库存管理、装卸与搬运。供应物流过程主要包括取得资源、组织到厂物流、组织厂内物流等步骤。供应物流的合理化主要从"准确预测需求、合理控制库存、科学地进行采购决策、供应保障、健全管理组织机构"方面入手。采购管理主要包括制定采购计划和流程、采购成本和价格管理和采购评估和控制等内容。

生产物流合理化的要求是连续性、节奏性、平行性、比例性、经济性、柔性。准时制生产是"在精确测定生产各工艺环节效率的前提下按订单准确的计划，消除一切无效作业与浪费为目标的一种管理模式"。现场IE用于生产物流再造的主要途径有：物流作业内容、时间、动作、方法标准化；优化物流通道与储存场所布局；物流器具标准化、现代化；物流信息传递方式、手段现代化；优化原材料、在制品、半成品、成品库存；"5S"管理及物流作业人员的职务分析等途径。

销售物流系统的管理环节主要包括"产成品包装、产成品储存、开拓销售渠道、及时发送物品、装卸搬运、信息处理"等内容。销售物流合理化的形式主要有大量化、计划化、商、物分离化、差别化、标准化。销售物流合理化的实现主要从"分析销售物流的职能成本与系统成本的矛盾、制订系统方案，进行综合物流成本控制、销售物流的统一管理"等方面入手。

逆向物流的种类主要包括投诉退回、终端退回、商业退回、维修退回、生产报废与副产品回收、包装物回收、产品召回。逆向物流的活动主要有产品返回、检验或者处理决策、直接再销售、整修和再制造、维修、再利用与再加工、报废处理和捐赠。逆向物流管理策略主要有"分层次实施逆向物流目标、压缩逆向物流处置时间、从供应链的范围构建企业逆向物流系统、利用第三方逆向物流企业"等策略。实施逆向物流战略的关键技术主要有"控制逆向物流渠道的起始点、建立逆向物流的信息系统、建立集中式的回收处理中心"等方法。企业逆向物流运作模式主要自营方式、联营方式及外包方式。

企业物流成本管理的方法主要有"物流成本横向管理法、物流成本纵向管理法、计算机管理系统、比较分析、综合评价、排除法、责任划分"等。物流成本控制方法，包括绝对物流成本控制法和相对物流成本控制法。降低物流成本的途径主要有"从流通全过程的视点来降低物流成本、通过实现供应链管理和提高对顾客的物流服务来削减成本、借助于现代信息系统的构筑降低物流成本、通过效率化的配送降低物流成本、削减退货成本、利用一贯制运输和物流外包降低成本。

 关键术语

| 企业物流 | 供应物流 | 采购管理 | 生产物流 | JIT及看板管理 |
| 销售物流 | DRP | 逆向物流 | 企业物流成本 | |

复习思考题

一、选择题

1. （　　）不是企业物流作业的目标。
   A. 快速响应　　B. 零库存　　C. 多式联运　　D. 最小变异

2. （　　）就是企业根据需求提出购买计划、审核计划、选择供应商、经过商务谈判确定价格、交货及相关条件，最终签订合同并按要求收货付款的过程。
   A. 采购　　B. 生产　　C. 销售　　D. 营销

3. （　　）不是生产物流的影响因素。
   A. 生产工艺　　B. 生产类型　　C. 生产成本　　D. 专业化与协作水平

4. （　　）是在需要的时候，按需要的量，生产所需的产品。它是起源于日本丰田汽车公司的一种生产管理方式。
   A. JIT生产　　B. 规模生产　　C. 单件生产　　D. 订货式生产

5. （　　）为了资源回收、创造价值和正确处理废弃物，在高效及适当成本下，对原材料、在制品、成品及相关信息，从消费地到产出地的流动所进行的计划、实施和控制过程。
   A. 生产物流　　B. 采购物流　　C. 逆向物流　　D. 销售物流

二、简答题

1. 如何实现供应物流合理化？
2. 采购管理主要包括哪几个方面？
3. 生产物流合理化的要求是什么？
4. 现场IE技术用于生产物流再造的主要途径有哪些？
5. 销售物流系统的管理环节主要包括哪几方面？
6. 如何实现销售物流合理化？

7. 企业逆向物流运作模式有哪些？各自优缺点是什么？
8. 物流成本管理的含义及方法是什么？
9. 物流成本控制方法有哪些？

三、分析应用题

1. 讨论企业营销活动对整个物流系统的影响有哪些？
2. 讨论企业物流成本管理的现实意义？

四、案例分析题

空仪公司物流流程存在的问题

上海空仪工程有限公司（以下简称空仪）是专业生产复印机部件的公司。空仪公司主要生产日本美达复印机的4大类产品即分页器、自动送稿器、复印机的自动纸拒和双面复印配件设备。空仪公司根据美达总部下达的订单生产产品，美达公司要求在接到订单后的4周交货。

空仪公司经过多年来的发展，为适应对外合作生产的需要，空仪公司已形成了相当规模的本地化零部件配套生产，有40多家零部件生产分供方和供应商，这些供应商和分供方均分布在上海及其周边地区。制造产品所需的原材料有85%是从日本总部指定的日本公司进口，如板材和塑料。核心的零部件也是海外采购，零部件海外采购的金额占总采购金额的1/3。产品全部出口，由日本美达公司负责销售，空仪公司负责发送到指定的国家。空仪公司委托上海沪航公司负责进出口贸易，包括原材料、零部件的进口和成品的出口。

但是，随着我国加入WTO，空仪面对国内外同类生产企业之间的竞争日趋激烈。尤其许多国外著名生产企业在加强产品技术开发和推进全面质量管理的同时，纷纷把寻求成本优势和价格优势的目光转向生产制造过程中的物流领域。而空仪在生产物流领域方面与优秀企业的差距非常明显。

空仪通过与美达其他OEM(Original Equipment Manufacturer)厂商比较发现，虽然空仪在亚洲地区的竞争力较强（主要是低劳动力成本缘故），但是，由于内部生产管理尤其是物流管理的不善，导致这种竞争优势下降，如表10-8所示。

表10-8 空仪生产物流与优秀企业的比较

企业	项目	数据	企业	项目	数据	企业	项目	数据
空仪	生产周期	4周	空仪	库存量	100%	空仪	总物流成本	28%
优秀企业		3周	优秀企业		65%	优秀企业		10%

表10-8的数据主要体现了以下方面存在的问题。

1. 采购流程的问题

空仪采购分为国外采购和国内采购。进口的零部件的采购由采购部门委托日本美达上海事务所进行，进口原材料由YY有限责任公司外经办负责采购和保管。国外采购部分的流程较规范和明确，但订货周期的稳定性、可靠性未能得到保证。

而国内采购部分，流程目前尚未稳定下来，交货周期不可靠，所购产品质量不稳定。对供应商和分供方的管理与协调，目前围绕订单的执行而进行，对40多家供应商和分供方缺乏系统、规范、量化的管理。通过供应商管理以期获得集中采购、即时送货、降低采购处理费用、减少储存场地占用等机会未被探索。对供应商的管理的一个薄弱环节是缺乏从价格制定、供应商选择、供应商认证、供应商培训、供应商绩效评估到供应商的开发管理的过程。各种库存经常超标使流动资金被大量占用，无法迅速周转，给企业带来了巨大的财务负担。由于空仪的采购活动的特殊性，造成空仪的库存问题非常严重。同时低效率的物流活动又使运输、仓储、装卸搬运、包装等环节产生了许多不必要的浪费。在这两方面的共同作用下，产品成本自然大幅度上升。不仅如此，库存时而过多、时而短缺，制约了物流的正常流动，物流不畅又形成了进一步的库存滞留。

空仪公司的采购中，有85%的原材料和1/3的零部件从海外采购，但受海外采购的较长周期（通常为两个月）的影响，目前采用的是用多库存来保证生产的需求，难以形成拉式供应链。但是，对国内部分的15%的原材料和2/3零部件的采购却受到国外采购活动的影响，同时由于国内分供方生产周期长，质量不稳定，因而库存超储积压的现象较严重，占用公司很大部分的周转资金。

2. 库存管理流程的问题

在库存管理过程中的主要问题有以下几个方面。

（1）空仪的仓库实际上分3个部分：原材料仓库、半成品仓库、成品仓库。3个仓库的管理实际上是分属3个部门，而销售科主要功能实际上外包给分公司进行管理，销售科只是起联络、协调与分公司之间关系的作用。3个部门很难形成统一的管理。

（2）物流从原材料到产成品的过程设计不合理，中间环节过多，人员过度膨胀。例如，原材料到车间首先需要工厂计划员做出计划，然后由相应的仓库计划员核对有无库存，由工厂负责人签字领用。而半成品到总装配车间必须先通过半成品仓库周转，实际上大多数半成品可以从12条流水线直接到总装配线。仓库的成品中转部就有27人之多，而除了搬运组19人外，其他8人的功能完全可以由其他部门兼任。而实际上造成这种问题的原因是物流的流程中由于成品中转不尽合理。

（3）仓库的空间格局设计不合理，造成货品的存放比较凌乱，空间的利用率不高，在仓库内部布局、功能划分和堆放方式等方面有待优化，这样可以提高仓储设施利用效率。

3. 运输流程中存在的问题

目前为空仪提供运输服务的大约有12家运输公司，空仪自己也有运输组和运输车辆。这12家运输公司有的是国内分供方合作伙伴，有的是空仪的合作企业。虽然空仪没有在运输中投入大量的运输车辆设备，但是对运输公司的管理却占用大量的人力资源。运输组在空仪也不是独立的组织，而是受采购部门和销售部门的领导，生产部门虽然没有专门运输组，但是由于半成品入库需要运输，所以，也需要专门的运输负责人员。由于缺乏统一的管理，运输过程出现浪费现象非常普遍。例如，虽然在为空仪提供运输服务，由于是不同的运输公司，经常出现一家运输公司空车去海关处运回原材料，而另外一家公司装产成品运输车辆空车回来的情况。

4. 生产运营物流信息存在的问题

与日本美达公司总部的联系通过香港和上海的办事处两个环节，订单的下达要延迟两天才能收到。如利用互联网技术与日本总部进行订单和库存信息交换和共享，可缩短生产周期，提高市场的反应速度。

由于各部门之间信息不共享，信息的交换和部门间的衔接存在问题，经常出现生产计划的调整和生产能力的不均衡。空仪公司有严格的质量体系标准，产品质量有很好的保证。但在柔性生产和工人一技多能方面需要开展一些工作，使生产能力计划、生产流程、工人技能3个方面可适应小批量、多品种生产的要求。

资料来源：储雪俭. 物流管理基础[M]. 北京：高等教育出版社，2005：61-63.

根据以上案例所提供的资料，试作以下分析：

1. 空仪公司的物流流程中存在问题主要有哪些？
2. 针对空仪存在的问题，你认为如何改善它的物流运作？

第11章 第三方物流

【本章知识架构】

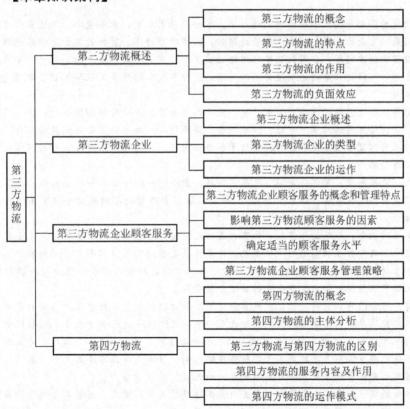

【本章教学目标与要求】

(1) 了解第三方物流产生的背景和特点,深刻理解第三方物流的内涵,熟悉第三方物流的作用和负面效应。

(2) 了解第三方物流企业的类型,熟悉第三方物流企业的含义及其运作,掌握第三方物流企业顾客服务的概念及管理策略,理解影响第三方物流企业顾客服务的因素及如何确定恰当的顾客服务水平。

(3) 理解第四方物流的内涵及其与第三方物流的区别,了解第四方物流的服务内容、作用及运作模式。

服装公司老总李铠的选择

武汉逐渐春意盎然的天气让李铠觉得心情舒畅,因为气温的回升意味着上街购物的人会增多,李铠对自己一手创办起来的"劲虎"高档成衣品牌一直很有信心。

但刚走进办公室,一个国外加盟商的电话却让李铠的眉头打了个结。"李总,你们是怎么搞的嘛,货没有送到专卖店就算了,我们自己到托运站取。接到货一看,吓了一跳,外面包装的箱子都破了,有的连里面的编织袋也磨破了。好几件衣服都没法看,脏兮兮的全是褶,叫我们怎么卖呀?我们可是交了钱的,一套好几千呢!"李铠伸手揉了揉眉心,定了定神,用尽可能平和的语调回复:"您放心,我们会对每一位加盟商负责。那些破损包装的衣服,如果您愿意收,我们会给您补偿干洗熨烫费用的。"

类似这样的问题李铠已不是第一次遇到了。当初开始创业时,业务量小,他还能尽可能照顾到物流方面的问题。可最近几年,随着业务量的增加,送货的准时率、货物的完好率越来越低。去年,他终于下决心解决物流问题。公司的销售经理给他出了个"完美"的解决方案。试行几个月后,顾客满意度明显上升,可随之而来的是物流费用的猛增,这种高成本的服务又让李铠吸了口凉气,最后不得不放弃该方案。

但李铠解决物流问题的决心并没有改变,他认真分析了目前所处的物流困境,认为问题主要出在以下几个领域:物流网络结构不合理;缺乏一套严格而行之有效的物流管理制度和操作流程;缺乏一套针对全过程的信息管理系统来实时控制订单和库存状况;公司物流人员专业素质不高,主要是由销售部门的人员兼顾。

事实上,近几年来,家电、电脑、汽车、医药、食品饮料和乳制品等行业面临的自营物流还是外包物流问题无不和李铠有着"惊人的相似"。而企业高层管理者的不同抉择会在不同的行业产生了截然不同的结果。

一个偶然的机会,李铠结识了顺达物流的总经理刘宏。顺达物流的出资方之一是全球十大第三方物流企业之一,其年营业额高达数十亿美元。世界许多著名的零售商都是该公司的客户。顺达充分分享母公司丰富的物流经验,早在1994年就进入了我国市场,将积累的全球经验与我国的实际需求相结合,成功运作了与国内知名零售企业的物流合作项目。

顺达有一个专门为制造商、批发商或零售商策划物流运作和供应链管理方案的电子方案部门,它的宗旨是绝不提供单一的系统给客户,因为没有一个特定的系统是适合于众多工业领域中的众多客户。该部门采用的A公司开发的软件系统并非一个仓储管理系统,而是一个以网络为基础的供应链管理体系。顺达已将该体系灵活地应用于各种供应链结构,以满足我国各类客户对信息系统的需求。它能与任何现有的仓储管理系统及企业应用软件(如SAP)兼容对接。

经过详细的探讨,李铠试着将出口物流业务交给顺达来做。效果之显著是李铠所没有想到的,合作第一个月,客户满意度便上升了20%,而成本却降低了10%。合作两个月后,李铠便决定将其所有的物流业务全部交给顺达物流来做。

事实上，与顺达结盟是一个多赢的合作，有关各方都将获得收益。首先，借助国际化、专业化的物流服务体系，李铠将进一步提高顾客服务水平，更好地满足消费者需求。其次，通过与第三方物流的紧密配合，整个供应链的物流成本得以下降；集中配送减轻了供应商的送货负担和成本，物流配送的专业化管理也将大幅降低物流成本乃至综合经营成本，最终体现在商品售价的降低，使消费者受益。最后，有利于客户集中精力于自己的核心业务（采购、营运和管理），提高运作水平，增强核心竞争力。

资料来源：储雪俭. 物流管理基础[M]. 北京：高等教育出版社，2005：133-134.

讨论及思考：
1. 李铠公司的物流管理出现了什么问题？
2. 结合该案例谈谈第三物流的作用。

随着经济的全球化，企业的物流活动变得越来越复杂，物流成本越来越高，企业利用外协物流活动，可以节约物流成本，提高物流服务水平。这种趋势首先在制造业出现，制造企业将其资源集中用于核心业务，从而将物流业务进行外包，促进了第三方物流的发展。另外，电子商务的出现与发展也为第三方物流提供了空前的发展机遇。

11.1 第三方物流概述

11.1.1 第三方物流的概念

"第三方物流"一词于20世纪80年代中后期开始盛行，1988年美国物流管理委员会的一项客户服务调查中首次提到"第三方服务提供者"，这种新思维被纳入到客户服务职能中。它也被用来描述"与服务提供者的战略联盟"，尤其指"物流服务提供者"。其实，外包（Outsourcing）物流职能最早来自人们对产品的储运，在美国，和邮政、电报、电话一起出现的公共仓库、铁路和商用卡车运输与工业革命的历史差不多一样长。近年来，社会化大生产使流通规模、数量越来越大，流通越来越复杂，大规模流通已经超越了生产企业本身的能力，产生了社会化的物流需求；一些国家和地区经济迅速发展，商业贸易日益发达，由于商贸本身的社会化，使物流进入了社会化领域。

第三方物流是指独立于供需双方，为客户提供专项或全面物流系统设计或系统运营的物流服务模式（GB/T 18354—2006）。也就是说，它是物流交易双方的部分或全部物流功能的外部服务提供者，是随着物流业发展而发展的物流专业化的重要形式。

第三方物流概念的理解有广义和狭义两个角度，因而在不同的领域涵盖的范围也就不同。

广义的第三方物流是相对于企业自营物流而言的，凡是社会化的专业物流企业按照货主的要求所从事的物流活动都可以包含在第三方物流范围之内，也就是说第三方物流是提供全部或部分企业物流功能的一个外部服务的提供者。至于第三方物流从事的是哪一个阶段的物流，提供物流服务的深度和水平如何，取决于货主的要求。这样看来，传统的运输公司、仓储企业、报关行等单一环节的服务提供商也可以看做是第三方物流的范畴。

狭义的第三方物流主要是指能够提供现代化、系统化物流的第三方的物流活动。其具体的标志如下：

(1) 自身不一定拥有库房、车辆等硬件设施，它往往将物流服务委托给专门经营运输、仓储等业务的承运商来执行，本质的职能是管理和运作低层的物流资源，为客户完成特定的服务。

(2) 有提供现代化、系统化物流服务的企业素质。

(3) 可以向货主提供包括供应链物流在内的全程物流服务和特定的、定制化服务的物流活动。

(4) 不是货主与物流服务商偶然的、一次性的物流服务购销活动，而是采取委托、承包形式的业务外包的长期物流活动。

(5) 不是向货主提供的一般性物流服务，而是提供增值物流服务的现代物流活动。

11.1.2 第三方物流的特点

1. 关系合同化

第三方物流提供的服务是合同导向的系列服务，有别于传统的外协或外包活动，传统的外协或外包只限于一项或一系列分散的物流服务，如运输公司提供运输服务、仓储公司提供仓储服务等。第三方物流虽然也包括单项服务，但更多的是提供多功能甚至全方位的物流服务，它注重的是客户物流体系的整体运作效率与效益。同时，第三方物流通过合同的形式来规范物流经营者和物流消费者之间的关系。物流经营者根据合同的要求提供多功能直至全方位一体化的物流服务，并以合同来管理所有提供的物流服务活动及其过程。另外，第三方发展物流联盟也是通过合同形式来明确各物流联盟参与者之间的关系的。

2. 服务个性化

第三方物流提供的服务是个性化的物流服务，其服务对象一般都较少，只有一家或数家，但服务延续的时间较长，往往长达几年。这是因为需求方的业务流程不尽相同，根据客户的业务流程提供定制化的物流服务。第三方物流企业提供物流服务是从客户的角度来考虑的，为客户提供个性化的服务。从这个角度来看，第三方物流企业与其说是一个专业物流公司，不如说是客户的专职物流部门，只是这个部门更具有专业优势和管理经验。

3. 功能专业化

第三方物流所提供的服务是专业化的服务，主要体现在物流方案设计、物流操作过程、物流管理的专业化、物流设备和设施标准化。专业化运作可降低成本，提高物流水平，从而大幅度提高经济效益。

4. 效益规模化

第三方物流最基本的特征是集多家企业的物流业务于一身，以及物流业务规模的扩大。相对于企业自营物流来讲，物流业务规模的扩大可以充分利用企业的物流设施、人力、物力、财力等资源，发挥综合效益；有的可以采用专用设备、设施，提高工作效率；有的还可以采用先进的计算机信息网络，取得范围效益。

5. 长期战略伙伴关系

第三方物流企业不是货运公司，也不是单纯的速递公司，它的业务深深地触及客户企业销售计划、库存管理、订货计划、生产计划等整个生产经营过程，远远超越了与客户之间一般意义上的买卖关系，与客户紧密地结合成一体，与客户形成的是相互依赖的市场共生关系，形成了一种战略合作伙伴关系。从长远看，第三方物流的服务领域还将进一步扩展,甚至会成为客户营销体系的一部分,它的生存与发展必将与客户企业的命运紧密地联系在一起。

6. 以现代信息技术为基础

信息技术的发展是第三方物流出现和发展的必要条件。现代信息技术实现了数据的快速、准确传递,提高了仓库管理、装卸运输、采购订货、配送发运、订单处理的自动化水平,使订货、包装、保管、运输、流通加工实现一体化,客户企业可以更方便地使用信息技术与物流企业进行交流和协作,企业间的协调和合作有可能在短时间内迅速完成。同时,电脑软件的迅速发展使得人们能够精确地计算出混杂在其他业务中的物流活动的成本,并能有效管理物流渠道中的商流,从而促使客户企业有可能将原来在内部完成的物流活动交由物流公司运作。客户通过信息系统对物流全程进行管理和控制,物流服务企业则对客户的长期物流活动负责。

阅读案例 11-1

宝供与宝洁——基于双赢的甜蜜爱情

> 在我国第三方物流的发展史上,宝供与宝洁的合作是值得大书一笔的。20世纪90年代初的宝洁为了迅速拓展我国市场,需要一家第三方物流企业配合以实现其扩张战略。而当时我国的市场上根本就没有真正的第三方物流企业,大批国有背景的类物流企业由于机制和管理落后根本就没有办法配合宝洁的市场战略,而我国物流市场对外资的限制状态决定了短期内不可能有外资物流企业进驻我国。为了尽快解决自己面临的物流难题,宝洁选择了培养一家现代意义上的第三方物流企业的做法。当时,还在从事铁路打包托运业务的刘武凭着其诚信、务实的作风走进了宝洁的视线。
>
> 在双方的合作过程中充分体现了双赢的合作原则及两者之间的战略合作伙伴关系。为了促进宝供的发展,宝洁给出相当高的服务价格,这从宝供最初的飞速扩张不难推测出来,而作为第三方物流的宝供也充分体现了其作为战略合作伙伴的精神,刘武为了做好宝洁的第一单业务,亲自乘飞机到上海跟踪货物的运输过程就是这种合作精神的生动写照。
>
> 正是这种双赢的合作才有了今天强大的宝洁和著名的宝供。
>
> 资料来源:郝聚民. 第三方物流[M]. 成都:四川人民出版社,2002:99-100.

11.1.3　第三方物流的作用

在当今竞争日益激化和社会分工日益细化的大背景下,物流外包(使用第三方物流)明显具有以下优越性。

(1) 企业可集中精力用于核心业务。任何企业的资源都是有限的,在不断加剧的市场竞争中,核心竞争力在企业的发展中处于主导地位,对于并非以物流为核心业务的企业而言,将物流业务外包给第三方物流企业有助于使企业专注于自身的核心能力的发挥,并提高核心竞争力。

(2) 降低物流成本。降低成本、提高利润率是企业追求的主要目标。第三方物流是提供物流服务的专业机构,具有专业化的物流运作管理经验,拥有强大的物流购买力和货物配送能力,不仅可以从运输公司或者从其他物流服务商那里得到比它的客户更低廉的运输报价，而且能够使用现代化的物流设施设备和先进的物流信息系统，通过自身广泛的节点网络设施共同配送，最大限度地取得整体最优效果，为企业降低成本。

（3）减少固定资产投资风险。企业如果自营物流，要面临着两种风险，固定资产投资风险和存货风险。构筑现代物流网络，建设与购置设施与设备，需要投入大量的财力、人力和物力，特别是信息系统的建设，需要大量的资金支持，这会使许多企业不堪重负。另外，过多的投入又可能因市场的变化而造成物流资源的闲置和浪费。这就意味着大量的固定资产投资得不到有效和满意的回报率，企业将面临投资失败的风险。企业限于自身的配送能力、管理水平，防止缺货或快速交货，对顾客订货做出有效反应往往需要采取增加库存的策略，在总部和各分散的订货点维持大量存货。大量的库存不仅占用大量的资金，而且随时存在存货贬值的风险。企业如果通过第三方物流企业进行专业化配送，由于配送能力的提高，存货流动速度加快，企业可以减少安全库存量，不需要进行物流领域的固定资产投资，可以减少风险。

（4）为顾客创造更多的价值。企业通过利用第三方物流企业信息网络和节点网络，能够加快对顾客订货的反应能力，加快订单处理，缩短从订货到交货的时间，进行门到门的服务，实现快速交货，提高服务质量和水平。通过第三方物流先进的通信技术可加强在途货物的监控，及时发现、处理配送过程中的意外事故，保证订货及时、安全地送达目的地，尽快实现对顾客的承诺，为顾客创造更多的价值。

另外，一些企业还将产品的售后服务、送货上门、退货处理、废品回收等都交由第三方物流企业来完成。企业还可以在不增加固定资产投资的情况下不断应用最新的物流技术和物流设备，并可以通过利用第三方物流的配送网络拓展销售渠道，打入新的市场。

11.1.4 第三方物流的负面效应

企业使用第三方物流会带来上述的很多好处，但也并非没有负面效应。第三方物流的负面效应分为两种，一种是通过正确决策可以避免的负面效应，另一种是使用第三方物流所固有的负面效应。第一种负面效应主要包括使用第三方物流可能带来服务质量降低和成本的升高，这不难理解，并不是所有的企业在任何阶段都需要使用第三方物流服务，如果不分具体情况，盲目使用第三方物流企业，实际结果可能与预期的背道而驰。但这种负面效应通过正确决策一般是可以避免的。而第二种负面效应是这种服务中所固有的，一般是没办法避免的。第二种负面效应如下。

1. 对物流的控制能力降低

在第三方物流合作关系中，第三方物流介入客户企业的采购、生产、分销、售后服务的各个环节，成为客户企业的物流管理者，客户企业对物流的控制力大大降低，在双方协调出现问题的情况下，可能出现物流失控的现象，即第三方物流企业不能完全理解并按客户企业的要求来完成物流业务，从而降低客户服务指标。

这种控制能力的降低还表现在信息沟通上，由于物流由另外一家企业承担，原来由企业内部沟通来解决的问题变成两个企业之间的沟通，在沟通不充分的情况下就容易产生相互推诿的局面，影响物流的效率。

2. 客户关系管理的风险

在第三方物流服务的合作中，最直接接触企业客户的往往是第三方物流企业，所以，第三方物流企业也往往拥有全面的客户信息，甚至是潜在的客户信息。因此，在客户关系管理中，至少存在以下两类风险。

（1）削弱了同客户的关系。由于生产企业通过第三方物流企业完成产品的递送甚至是售后服务工作，从而大大减少了同客户直接接触的机会，因而减少了直接倾听客户意见和密切客户关系的机会，这对建立稳定的客户关系无疑是非常不利的。

（2）客户资料有被泄露的风险。在激烈的市场竞争中，客户就是上帝，客户资料对企业而言是最重要的资源之一，如果客户资料被泄露，其后果是难以想象的。尽管在第三方物流服务关系中，相互对对方的信息保密是重要的合作基础，但信息越是在更多的企业间共享，其泄密的可能性越大，第三方物流企业不仅自己要掌握信息，有时候还不得不同其他物流企业共享客户信息。因此，使用第三方物流服务，客户关系管理存在很大的风险。

3. 公司战略机密有泄露的风险

物流是公司战略的重要组成部分，又承担着执行公司战略的重任。因此，第三方物流通常对客户企业的公司战略有很深的认识，从采购渠道的调整到市场策略，从经营现状到未来预期，从产品转型到客户服务策略，第三方物流企业都可能得到相关的信息，对于那些信息处理能力比较强的公司，其通过数据挖掘技术得到的信息往往连客户自身都不知道。因此，使用第三方物流服务大大增加了自己的核心战略被泄露的风险。

4. 出现连带经营风险

同第三方物流企业合作一般是基于合同的比较长期的合作关系，双方一旦合作成功，要解除合作关系往往成本很高。如果第三方物流因为自身经营不善，可能将直接影响客户企业的经营，特别是在和约解除过程中，客户企业要选择新的物流服务商，并建立稳定的合作关系，往往需要很长的磨合期，有的甚至超过半年，在磨合期内，客户企业将不得不面对新服务商因产品不熟悉、信息系统结合不好等造成的服务失败。这种连带经营风险应当引起足够的重视。

因此，企业在选择第三方物流服务商的过程中，多考虑一些第三方物流的负面效应是必须的。特别是对于那些拥有核心商业机密的企业，或客户资源独特的企业，使用第三方物流服务一定要慎重。

11.2 第三方物流企业

11.2.1 第三方物流企业概述

第三方物流企业是以信息技术为基础，在特定的时间段内按特定的价格向物流需求方提供个性化、系列化物流服务的企业。另外，第三方物流企业也可广义地定义为提供部分或全部企业物流功能服务的一个外部提供者。现在大部分第三方物流企业可以由传统的"类物流业"，如仓储业、快递业、货代等为起点发展而来。这些企业不制造产品，而是根据客户（物流需求方）的需要为客户提供多种物流服务方式。第三方物流企业自身不一定拥有库房、车辆等硬件设施，它往往将物流服务委托给专门经营运输、仓储等业务的承运商来执行，自己负责对整个物流服务执行过程进行规划、调控和监督，其运作流程如图11.1

所示。制订切实可行的物流经营计划和战略是第三方物流企业有效开展物流服务业务，突出核心竞争力的重要一环。

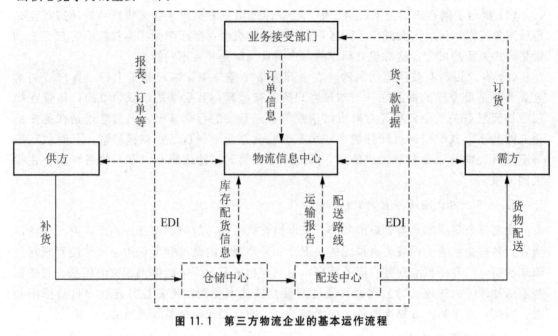

图 11.1　第三方物流企业的基本运作流程

11.2.2　第三方物流企业的类型

第三方物流企业根据其核心能力和历史因素大体可分为两大类型，即资产型和非资产型。按照完成的物流业务范围的大小和所承担的物流功能的不同，可分为单向型和综合型物流企业。

1. 资产型/非资产型物流企业

资产型物流企业以自有的资产作为为客户服务的重要手段，拥有从事专业物流活动或约定物流活动的装备、设施、运营机构、人才等生产条件，并且以此作为自身的核心竞争能力。资产型第三方物流的主要优点是可以向客户提供稳定的、可靠的物流服务；由于资产的可见性，这种物流企业的资信程度也比较高，对客户来讲是很具有吸引力的。其主要缺点是因为需要建立一套物流工程系统，投资比较大，而且维持和运营这一套系统仍需经常性地投入；虽然这一套系统可以提供高效率的确定服务，但很难按照客户的需求进行灵活的改变，往往会出现灵活性不足的问题。

（1）以提供运输服务为主的物流公司，如 TNT、UPS、联邦快递、DHL、APL 等，一般是在综合海运、陆运和空运方面突出其物流能力。这些公司需要在物流上游和下游信息环节提供运输增值服务，并且充分利用庞大的运输终端网络提供仓储和转运服务。

（2）以提供仓储服务为主的物流公司，如 Excel、Tibbet、Britten 等，主要提供公用和共享的仓储服务。这些公司通过与承运商的关系提供配送服务，并且擅长为食品、杂货的零售和消费提供增值服务。

（3）以提供终端服务为主的物流公司，一些港口、码头等企业基于终端作业的优势，并将业务延伸至运输和配送，如 PSA、CORP、CWT 等，通常为散货、工业类产品以及消费类产品提供仓储、转运、分运及配送服务。

非资产型物流企业是物流服务供应商不拥有资产或租赁资产,以人才、信息和先进的物流管理系统作为向客户提供服务的手段,并以此作为自身的核心竞争力。非资产型物流企业由于自己不拥有需要高额投资和经营费用的物流设施、装备,而是灵活运用别人的这些生产力手段,这就需要有效地管理和组织。非资产型第三方物流的主要优点是由于不拥有庞大的资产,可以通过有效地运用虚拟库存等手段获得较低的成本。但是,其资信度较资产基础型第三方物流低,从而对客户的吸引力不如后者强。20世纪90年代之后,随着信息技术的发展和全球化的推进,非资产型物流公司开始快速发展起来。非资产型物流公司大体可分为以下几类。

(1) 以提供货物代理为主的物流公司,如 BAS、MSAS、AEI、EMERY 等货代企业转型为现代第三方物流企业,在原有的信息服务和货运过程协调的基础上,通过对实物存储和运输环节的延伸,达到为客户提供综合一体化的物流服务的目的。

(2) 以提供信息和系统服务为主的物流公司,如 Accenture、GE Information Services、IBM 等,原来是主要致力于开发系统的集成商,现在开始从事管理信息系统的外包服务业务。为了给客户增加更多的价值,这些公司也提供与电子商务、物流和供应链管理相关的工作。

(3) 提供物流增值服务为主的物流公司,如 Arrow、Avent、Synner、Technde 等,1995 年以来开始逐渐进入物流增值服务领域,服务内容涉及 EDI、货物跟踪、信息系统集成、库存管理等。

(4) 第四方物流公司,其本质上是一个物流整合体,第四方物流服务是为制造商物流外包需求而设定的"联系"服务。第四方物流公司的任务是与第三方物流提供商签订合同,整合和管理目标解决方案。第四方物流公司不仅具有很强的物流和信息技术,而且拥有很强的供应链理念,并能向制造商提供高附加值的咨询顾问服务。

阅读案例 11-2

安达尔公司的一站式运输服务

美国安达尔公司是一家第三方物流公司,它承担的任务是以规定的时间将空运公司、货运代理、陆地承运人等优势物流企业集成为日本藤津公司服务的物流供应链,从日本的藤津公司位于长野的工厂开始绕过大半个地球,经历不同的文化理念地区,最终将藤津公司生产的服务器送到500强公司客户的手中,在那里将产品包装拆卸,再安装好。

藤津公司的产品从长野工厂出发,首先由安达尔公司的进出口人员将产品包装好,无须采取特殊保护性的运输包装,因为自机器离开工厂开始就一直处于安达尔公司的监控之中。在这个运送过程中,运输公司通过 GPS 和电子邮件向安达尔公司通告交货过程,通过互联网每一个小时更新一次货物进展情况。运输公司的卡车卫星定位系统,每隔100英尺就能标记新的所在位置。整个运送过程都在严格的监控之下。

资料来源:郝聚民. 第三方物流 [M]. 成都:四川人民出版社,2002:55-57.

2. 单向型/综合型物流企业

按照第三方物流企业完成的物流业务范围的大小和所承担物流功能的不同可将第三方物流企业分为单向型物流企业和综合型物流企业。

单向型物流企业也可叫功能型物流企业，即它仅仅承担和完成某一项或少数几项物流功能。这类物流企业按照其主营的业务范围又进一步分为运输企业、仓储企业、流通加工企业等。如美国的联邦快递公司、总统轮船公司、日本的佐川急便等。

而综合型物流企业是能够完成和承担多项甚至全部物流功能的企业，包括从配送中心的设计到物流的战略策划，乃至商品实物运输等多方面。综合型物流企业一般规模大、资金雄厚，并且有着良好的物流服务信誉。这类企业由于承担综合性物流服务，所要求的管理水平比较高，具有相当的竞争力。目前，综合型物流企业有许多是跨国公司，其触角伸向全世界，如日本的日通公司，它的服务网连接世界500多个城市，它通过全球服务系统为世界客户服务，它具有的遍及全国27个港口的运输中心，其中任何一个都可以进行国际运输。

阅读案例 11-3

第三方物流的信息跟踪服务

> 上海虹鑫物流有限公司在物流信息服务方面具有自己独特的做法。该公司的客户服务部门设定专门的运输信息跟踪人员，信息跟踪人员在每天上午9:00～10:00和下午4:00～5:00对公司所有的在途车辆通过电话进行跟踪，记录车辆的位置、车辆状况等信息。同时，统计司机在关键点打来电话确认信息，然后将信息分两次在网站的车辆信息跟踪栏中更新。如果车辆在途中出现了交通事故，则每30分钟到一个小时对事故处理跟踪一次，并及时将处理信息公布在网站上，便于客户随时通过网站了解情况。
>
> 资料来源：郝聚民. 第三方物流 [M]. 成都：四川人民出版社，2002：67.

11.2.3 第三方物流企业的运作

在运营过程中，第三方物流企业主要包括以下业务部门及功能。

(1) 业务接收部门。通过电话订货系统、网上订货系统等方式获取需求信息，经过初步处理之后发送给信息中心。

(2) 信息中心。其主要管理订货、仓储、运输等多个子系统的信息，负责所有业务的调度、分配。同时，信息中心还具有客户资格认证、委托协议签订、财务凭证生成等多种功能。

(3) 仓储部门。仓储部门除传统的保管功能之外，还要根据信息中心的指令执行流通加工、配货等功能。而且还需采用现代化物流技术及时更新仓储信息，并向信息中心反馈。

(4) 运输、配送部门。运输、配送部门根据信息中心设计的路线，以最低成本完成实物转移的过程，并将有关信息反馈给信息中心。

在上述第三方物流企业的主要部门中，仓储和运输、配送部门可以虚拟存在，即可采用租用或协作的方式，利用社会或货主资源，但控制和管理功能不变。第三方物流企业的运作流程如图11.1所示。需要注意的是，运作流程中的供方和需方外延广泛，运作流程既适用于从制造商到最终客户的销售物流过程,也适用于从原材料供应商到制造商的供应(采购)物流。

11.3 第三方物流企业顾客服务

第三方物流作为物流专业化、社会化的重要形式,在与需求方合作过程中,为顾客服务是第三方物流企业所有活动的本质。有效的顾客服务可以提升顾客满意度,有助于第三方物流企业获取及顺利实施物流项目,更重要的是通过顾客服务管理提高顾客满意度的同时也提高了第三方物流企业的市场形象与美誉度。第三方物流企业在与顾客之间相互交流学习的过程中持续改进人员、过程和服务,并建立能及时响应顾客不断变化的需求的组织结构,大大提高了第三方物流企业在市场中的竞争力。因此,第三方物流企业建立完善的顾客服务管理体制十分必要。

11.3.1 第三方物流企业顾客服务的概念和管理特点

1. 第三方物流企业顾客服务概念

第三方物流企业顾客服务是指第三方物流企业向顾客提供的贯穿于双方合作过程中的各种活动。其定义包含两个层面的含义:第三方物流是企业外包物流活动,是企业的战略联盟伙伴,和企业是合作双赢的关系,即代替顾客企业为客户企业完成顾客服务和提供针对顾客企业的顾客服务;同时,第三方物流企业在运作过程中一般情况下都有部分物流活动外协的情况,通过整合资源,利用社会资源及其他第三方物流企业来满足客户企业的多样化、个性化的物流服务需求,所以,第三方物流的顾客服务也包含外协方替代第三方物流企业所提供的客户服务。

顾客服务的内涵和外延十分广泛,有着不同的表述方法。具有代表性的有美国凯斯威斯大学巴娄(Ballou)教授提出的"交易全过程"观念,即顾客服务可以分为交易前、交易中和交易后3个阶段,每个阶段都有内涵不同的服务要素。日本神奈川大学的唐泽丰教授提出顾客服务可以划分为营销服务、物流服务和经营技术服务3个领域,不同领域都有一些相应的可度量的或不可度量的要素。从上面两种代表性的理论观点来看,无论其如何表述顾客服务,都表明顾客服务是一种将生产、经营、物流合为一体的综合经营行为。

2. 第三方物流企业顾客服务的管理特点

(1)满意性。第三方物流企业顾客服务是以顾客满意为导向的。顾客服务管理的基本思想就是企业的整个经营活动要以"顾客满意"为指针,要从顾客的角度、用顾客的观点来分析考虑顾客的需求,尊重和维护顾客的利益。而第三方物流企业所有经营活动的最终产物是顾客服务。因此,顾客的满意度将关系到企业的生存和发展。第三方物流企业在提供物流服务的过程中要树立以顾客为中心的思想、客户至上的经营理念,不断地提高顾客服务意识并落实到物流项目的实施过程中。通过持续改进提高物流服务质量水平,从整体上提升顾客满意度。

(2)互动性。顾客服务管理过程是一个不断变化的双向交流与互动的过程,第三方物流企业与顾客之间要加强交流沟通。通过沟通与交流,第三方物流企业可以深刻理解客户企业的期望和需求,客户企业能够掌握第三方物流提供商的服务能力和服务水平。在物流项目实施过程中,客户企业要将第三方物流企业实际服务情况与其期望值之间的偏差及时告诉第三方物流企业,共同寻找解决方案,从而实现预期的目标。再者,有效地交流和沟通双方的合作关系才能稳定,这样第三方物流企业就能持续改进提高顾客服务水平,客户企业也能控制自己的需求变更。

(3)持续性。第三方物流企业的顾客服务管理是一个持续的过程。在物流服务过程中,必须做好对顾客需求的管理,一次服务流程结束以后,应积极组织与顾客的沟通、反馈,为下一个服务流程的实施打下坚实的基础。顾客服务管理的持续性便于第三方物流企业与顾客建立起长期的合作关系,提升顾客的满意度并留住顾客,利于其与顾客的相互沟通和学习,以更有效地对服务质量、成本、进度实施控制,有利于合作的持久性。

(4)发展性。顾客服务的变化往往会产生新的顾客服务需求,所以,在顾客服务管理中应当充分重视研究顾客服务的发展方向和趋势。例如,随着互联网和电子商务等信息技术的应用,出现业务简单化、效率化的革新,这时,EDI技术的导入、账单格式统一、电子订货系统等信息服务就成为顾客服务管理的重要因素。

11.3.2 影响第三方物流顾客服务的因素

顾客服务是第三方物流的存在基础,将适当的产品在适当的时间以适当的数量和质量送达适当的顾客手中是第三方物流系统的工作原理。因此,在整个过程中,影响顾客服务的因素主要有以下几个方面。

(1)时间。时间因素主要以订单周期表示。完善的物流作业通过控制各种影响时间因素的变量来实现更有效的管理。它主要包括以下几个变量。

① 订单传递:订单传递的时间是订单从顾客传递到卖方所花的时间。第三方物流提供商可利用EDI技术与顾客进行订单信息数据交流,提高顾客服务水平。

② 订单处理:第三方物流企业用适当时间处理顾客订单,同时做好货物的发货准备。这个过程一般可以与电子数据处理同时进行。

③ 订单准备:即货物分拣时间,包括拣选和包装发送货物。物品装卸搬运系统会影响订单的准备时间。

④ 订单发送:订单发送时间是指货物装上运输工具到货物被卸下的一段时间。选择何种运输工具要根据顾客的需求而定。

以上各环节中,订单传递和订单发送是顾客最为关注的问题。

(2)可靠性。顾客服务的可靠性直接影响顾客服务质量的好坏,高的可靠性意味着顾客可以相信第三方物流服务商能够实现其承诺的服务。

可靠性主要体现在可靠的备货时间、安全交货,以及订单签发的准确无误。

物流服务供应商有无提供精确信息的能力也是衡量其客户服务能力最重要的一个方面,客户最不愿意遇上意外事件,但客户如果能够事先得到信息的话,就能够对缺货或延迟配送等意外情况做出调整。

可靠性也包含顾客得到服务的便利性。备货时间的可靠性和交货的安全性直接影响顾客存货水平和缺货成本,不正确的订单将使顾客必须重新订货。

因此,可靠性是衡量第三方物流企业顾客服务能力最重要的一个方面。对第三方物流企业而言,应尽量减少意外事故,对延迟发货和(或)缺货不能及时配送等意外情况应做出快速反应并采用补救措施做及时调整。

（3）灵活性。顾客服务的灵活性是指处理不同的顾客服务需求的能力。

灵活性体现在服务的柔性化和个性化，是第三方物流区别于传统物流最重要的特点。第三方物流企业根据顾客企业的产品、市场策略、行业、管理模式等采取多样化、个性化的服务模式，或为顾客配备专门的服务小组，或派人进入顾客企业的作业现场，或采用同顾客兼容的信息系统，或为顾客单独定制信息系统。

阅读案例 11-4

日本宅急便为顾客节约时间，服务的可靠性赢得顾客的信任

日本的大和运输株式会社成立于1919年，是日本第二古老的货车运输公司。1973年日本遭遇第一次石油危机，企业委托的货物非常少，这对完全仰赖于运送大宗货物的大和运输来说，无疑是一大打击。对此，当时大和运输的社长小仓提出了"小宗化"的经营方向，认为这是提高收益的关键。1976年2月，大和运输开办了"宅急便"业务。经过多年的发展，大和运输的宅急便在日本已是无人不知、无人不晓，在马路上到处可见宅急便在来回穿梭。

宅急便类似目前的快递业务，但其服务的内容更广，在运送货物时，讲究3个"s"，即速度（Speed）、安全（Safety）、服务（Service）。大和在这三者之中，最优先考虑的是速度。因为有了速度，才能抢先顺应时代的需求，在激烈的竞争中取胜。而在速度中，宅急便又特别重视"发货"的速度。宅急便的配送，除去夜间配送以外，基本是一天2回，也即2次循环。凡时间距离在15小时以内的货物，保证在翌日送达。1989年开始一部分的一日3次循环，可以做到时间距离在18小时以内的货物翌日送达。也就是说，可以将截止接收货物的时间延长到下午3点，从而使翌日送达的达成率可以达到95%，展现了大和运输更周到的服务。

宅急便的受理店多达20多万家（包括大和本身的近2 000家分店），是以米店、杂货店等地方上分布面广的重要的零售店设立的。1989年后，由于与7—11和罗森等大型便利店的合作，已调整为24小时全天候受理货物。大和对这些受理店，每受理一件货物，支付100日元的受理手续费。如果顾客亲自将货物送到受理店，这位顾客就可以从所应付的运费当中扣除100日元。

在受理店接收货物之后，大和运输分区派出小型货车到区内各处将货集中运往称为"集货中心"的营业所，并迅速转送到称为"基地"的地点，进行寄往全国各地的货物分拣工作。然后，将经过分拣的货物，以发往的地区和货物种类为单元，装入统一的长100cm、高185cm米的货箱内，一个货箱中大抵可以放进70~80件货物。从基地往基地移动时是使用10t级的大型车，可装载16只货箱；从集货中心往基地，或是从基地往集货中心移动时（称为平行运输），常使用可装8个货箱的4t车；而专用来收集及递送的2t车，则可零放约一个货箱容量的货物。宅急便由于采用了统一规格的小型货箱和不同吨级的货车，从而大大提高了运送效率，降低了物流成本。

利用夜间进行从出发地到目的地的运输是宅急便得以在速度上取得优势的重要措施，从而做到了当日下午进行集货，夜间进行异地运输，翌日上午即可送货上门。在15~18小时内完成整个服务过程得以保证。宅急便还采取了车辆分离的办法，采用拖车运输。牵引车将拖车押运到B点以后，将车摘下来放在B点，再挂上B点的拖车乙开向A点。这样，车辆的周转率是最高的。

此外，又采取了设立小转站的办法。这种中转方法不是货车和货物的中转，而是司机进行交换的开车方式，如从东京到大阪的长途运输，距离为600公里，需要司机2个人，再从大阪返回时还需要这么长的时间，司机也非常累，这样一来一往就需要6个人。如果在中间设置一个中转站，东京和大阪同时发车，从东京来的，在中转站开上大阪的车返回就不要2个人，只要1个人就可以了，总共只需要4个人，从而减少了2个人的费用。

资料来源：陈文若. 第三方物流. 北京：对外经济贸易大学出版社，2004：159-161.

(4) 沟通。顾客服务的沟通涵盖了货物追踪、解答顾客询问、订货和信息管理等活动。此外，沟通还意味着第三方物流公司悉心倾听顾客的要求，发现顾客的真正需要并尽力加以满足。

如果不知道顾客的首要需求，没能满足首要需求，尽管其他需求都能满足也不能达到顾客满意的目的。例如，顾客需要尽快送达货物到消费者手中，但是第三方物流却一味追求多运，虽然降低了物流成本，但是时间并没能满足顾客的要求，差错出现在沟通不够，双方没有形成一致的想法。另外，在与顾客的沟通交流中，通过与顾客访谈、调查顾客需求等方法，确定第三方物流服务水平。

(5) 诚信。第三方物流企业要信守它向顾客做出的承诺，不能不切实际地浮夸自身的顾客服务水平，应该行动多于承诺，而不是相反。

11.3.3 确定适当的顾客服务水平

第三方物流企业在顾客服务过程中，确定合适的顾客服务水平是非常重要的。如何确定顾客服务水平是第三方物流企业进行顾客服务管理的核心内容。要根据企业资源和社会条件，以及限定因素来确定顾客服务水平。

1. 根据成本与收益的平衡关系选择最佳的顾客服务水平

虽然较高的顾客服务水平可以增加顾客满意度，提高第三方物流企业的形象，扩大市场，留住顾客。但是，顾客服务水平的提高必然需要成本相应提高。因此，第三方物流企业要寻找一个合适的收益、成本平衡点，做出正确的选择。

顾客服务水平和经营成本一般是成正比关系的，顾客服务水平的提高可能会直接带来经营成本的增加，其次才是销售的增长。选择顾客服务水平要考虑平衡销售和成本之间的关系，最佳的顾客服务水平是一定成本前提下的服务价值最大效益化。

2. 改进物流服务，确定适当的顾客服务水平

第三方物流企业的服务突出表现在服务关系的契约化、服务方式的个性化、服务功能的专业化、服务管理的系统化和服务信息的网络化。物流服务的本质是满足顾客需求，第三方物流应从其技术上的先进性和经济上的节约性两个方面来改进物流服务，确定服务水平。

首先要充分了解顾客需求，以确定服务方式。调查显示，美国企业关注的物流服务主要内容是现货供应比率、交货频率、库存、运输时间、交货时间等信息服务。我国对第三方物流活动的调查分析表明，生产企业关心的依次是物流代理商的作业质量、物流满足能力、经济性；商业企业关心的因素则依次是经济性、物流满足能力、物流代理商的作业质量。所以，改进物流顾客服务水平应该首先了解顾客的需求，对顾客市场进行透彻详尽的调查了解，准确把握顾客真正所需要的服务，这是改进物流服务水平的切入点。

了解和掌握了顾客需求后，企业应结合自身的优势、资源状况及特点，考虑如何去满足顾客需求，提出物流服务改进方案。最好的顾客服务方案是以最低的服务成本为企业留住或争取到最有价值的顾客群。可以从方案是否能够真实反应顾客的需要、能否为顾客服务效果提供可操作的评估方法、能否为管理层提供调整业务活动的线索和思路等几个方面来衡量方案的优劣。

方案确定后，第三方物流企业执行方案并考核执行情况，而且根据不断变化的市场经

常对方案进行调整，以及时适应市场变化及客户服务需求。做到时刻了解顾客群体，根据顾客需要，结合企业自身的条件选择最佳的顾客服务水平。

11.3.4 第三方物流企业顾客服务管理策略

第三方物流企业通过有效的顾客信息资源管理，采用信息网络对顾客需求进行快速反应，给予顾客量体裁衣式的"定制化的个性化服务"，进而和顾客建立起长期、稳定、相互信任的合作关系，使企业能以更低的成本、更高的效率来满足顾客的需求，最终与顾客实现双赢。其顾客服务管理策略涉及以下几个方面。

1. ABC 分类管理顾客

根据顾客与企业之间的合作程度，以及对企业的效益影响程度，将顾客分为 A、B、C 3 类。

A 类顾客为关键顾客，通常与企业建立一种"伙伴关系"或"战略联盟"。A 类顾客与企业之间具有直接的利益相关性。A 类顾客的数量约占全部顾客的 20%，但其收益贡献占全部顾客的 80%，这类顾客是第三方物流企业生存发展的关键所在。

B 类顾客为合适顾客，给第三方物流企业带来一般的收益，但是部分 B 类顾客能升级成为 A 类顾客。第三方物流企业应该给予一定的重视，加强沟通，在物流服务过程中不断改进顾客服务水平，提升顾客满意度，尽量使其升级为 A 类顾客。

C 类顾客为一般顾客，与企业之间的关系为交易关系，即一般买卖关系，给第三方物流企业带来很少的收益。C 类顾客升级可能性小，并且可能将业务转向企业的竞争对手。对于 C 类顾客，第三方物流企业给予一般的照顾即可。但仍需在物流项目实施过程中通过持续改进提高顾客满意度，给顾客留下深刻的印象，尽量留住顾客。

2. 制定多种顾客服务组合

顾客服务是第三方物流企业合理配置有限经营资源的结果，也就是说，第三方物流企业应根据顾客的不同类型采取相应的顾客服务策略。一般来讲，根据顾客的经营规模、类型和对本企业的贡献度来划分，可以分为支援型、维持型和受动型的顾客服务战略。对本企业贡献度大的顾客应当采取支援型策略；对本企业贡献度小的企业要根据其规模、类型再加以区分，经营规模小但属专业型顾客的，由于存在进一步发展的潜力，可以采取维持型策略，维持现有的交易关系并为将来可能开展的战略调整打下基础；经营规模属于综合型的顾客，将来进一步发展的可能性较小，所以，在服务上可以采取受动型策略，即在顾客要求服务的条件下才开展顾客服务活动。

3. 顾客信息管理纳入供应链信息化系统中

顾客需求是推动整个供应链运作的动力，因而将顾客信息管理系统纳入整个供应链的信息化系统将会使供应链形成一个良性循环，对于大中型第三方物流企业来说才能全面、准确、快速地了解不断变化的顾客需求。顾客信息管理子系统包括顾客基本信息管理、顾客需求信息管理、顾客满意度评价、信息共享等。作为顾客企业的战略性合作伙伴，第三方物流企业不能局限于简单地执行顾客指令，而应该以顾客服务管理为核心，充分利用其自身在专业领域中的知识和经验优势，从各个层面上提供物流战略策划、资源整合、管理体系建立、流程优化、人员培训等服务，建立供应链管理的合作机制、激励机制和自我约束机制，更好、更快地满足顾客需求，达到留住老顾客、吸引新顾客的目的。

4. 建立完善的顾客满意度评价指标体系

有一句英文的谚语说:"No measure, No improvement",意思是没有衡量,就不可能提高。建立顾客满意度评价指标体系,评价第三方物流企业的服务,便于企业发现自身的优势和不足。同时,还可以预测企业发展前景。第三方物流企业的顾客满意度评价指标是用来衡量顾客对产品或服务的感受程度的指标,其指标体系不仅仅局限于顾客对物流服务的效率、完好交货率、存储质量、装卸质量、单证准确率、信息传递的正确率等方面的满意度,还要分析顾客预期目标、顾客感知质量、顾客感知价值,以及顾客合作意愿等多方面,从而建立完善满意度评价指标体系。通过定期评价测定顾客的满意度,不断地设立改进目标,提高物流服务水平,改善物流服务质量。

11.4 第四方物流

随着物流业的发展,在第三方物流运作过程中,客户需要提供的服务越来越多,除传统的运输、仓储服务外,还希望从物流服务商那里得到包括电子采购、订单处理、充分的供应链可见性、虚拟库存管理等服务。某些第三方物流企业通过与咨询公司、技术提供商联盟来提高服务水平。随着联盟与团队关系不断发展壮大,一种新的外包选择开始出现。第三方物流企业正向单一的组织外包其整个供应链流程,由这些组织评估、设计、制定及运作全面的供应链集成化方案。这种管理第三方物流服务的新模式正初显端倪,出现了第四方物流。

按照广义的第三方物流的定义,第四方物流仍然属于由供方和需方以外的第三方运作的形态,所不同的是功能范围更集中于信息技术与管理咨询,它在第三方物流将企业的物流业务外包的基础上进一步将企业的物流规划能力外包。

11.4.1 第四方物流的概念

第四方物流(Fourth Party Logistics,FPL 或 4PL)是由安德森顾问公司(Anderson Consulting)首先提出的,它认为"第四方物流是一个供应链集成商,调集和管理组织自己的,以及具有互补性的服务提供商所拥有的不同资源、能力和技术,进行整合管理,提供一整套综合的供应链解决方案"。第四方物流有代表性的定义还有两种:一种定义是"第四方物流指集成商利用分包商来控制与管理客户公司的点到点式的供应链运作";另一种定义是"第四方物流是一个集中管理自身资源、能力和技术并提供互补服务的供应链综合解决办法的供应者"。总之,第四方物流能够为客户提供综合的供应链解决方案,并为顾客带来更大的价值。它是有领导力量的物流提供商,可谓"总承包商"。

所以,第四方物流就是供应链的集成者、整合者和管理者。它主要通过对物流资源、物流设施和物流技术的整合,提出物流全过程的方案设计、实施办法和解决途径,形成一体化的供应链物流方案。根据集成方案将所有的物流运作,以及管理业务全部外包给第三方物流公司。第三方物流公司参与设计、咨询,提供集成管理方案,参与供应链采购、产品开发、制造、销售策略制定等活动,形成双方一定范围、程度的信息共享制度。

因此,第四方物流是负责处理多重供应链的流程,其范围超过传统的第三方物流的运输与仓储管理,包括生产、采购、行政、需求预测、网络管理、配销、运输、供应链信息科技、客户支持,以及存货管理等事项。

应当认识到，第四方物流概念的引进是与目前第三方物流缺乏跨越整个供应链的运作能力，以及整合供应链流程所需的信息技术专业技术和管理技能密切相关的。从整体上看，第三方物流经营类型目前仍处于较低水平状态，第三方物流独自或通过与自己有密切关系的转包商来为客户提供服务。持第四方物流观点的认为，第四方物流可以不受约束地将每一个领域的最佳物流服务商组合起来，形成最优物流方案或供应链管理方案。

11.4.2 第四方物流的主体分析

第四方物流的主体是一个供应链整合者，它调查和分析企业的需求，负责为客户规划整个物流网络，具有连接客户和服务商的功能。关键问题是选择客户、第三方物流还是其他提供第四方物流的主体。

要实现整合社会物流资源，并非所有企业都可以作为第四方物流主体。美国和欧洲的检验表明，要想进入第四方物流领域，企业必须在某一个或几个方面具备很强的核心能力，并且有能力通过战略合作伙伴关系很容易地进入其他领域。第四方物流主体需满足以下前提条件。

（1）不能是生产方和购货方，即不作为生产方和购货方，第四方物流主体应该将自己从纷繁的物流运作中脱身出来，不断增强其核心能力，在自己的领域内提高竞争力。

（2）有良好的信息共享平台，在物流参与者之间实现信息共享。物流的运作中会不断产生大量信息，作为第四方物流的主体，要整合社会物流资源，需要有各参与者都可以共享的信息平台，这样才可能高效利用各个参与者的物流资源。

（3）有足够的供应链管理能力。作为第四方物流的主体，要肩负整合所有物流资源的重任需要有足够的供应链管理能力，以整合所有物流资源。也就是要有集成化供应链技术、外包能力、多供应商管理能力、多客户管理能力，且有大批供应链管理的专业人员。

（4）要有区域化甚至全球化的地域覆盖能力和支持能力。这两方面是体现物流主体核心竞争力的重要方面，物流的竞争很大程度上体现在覆盖的网点及其支持力度上。

安德森顾问公司认为，第四方物流应具备以下几个方面的要求：①复合物流服务的能力；②信息系统知识；③大量受过训练的供应链专家；④具有全球化的协调和获取资源的能力；⑤掌握组织变化症结的能力；⑥强健的关系与团队能力；⑦世界级供应链策略与企业流程再造的能力；⑧在整合供应链技术与外包过程中的领导能力等。

阅读案例 11-5

第四方物流在发达国家的运用

在美国，Ryder Integrated Logistics（Ryder）和信息技术巨头 IBM 与第四方物流的始作俑者安德森公司结为战略联盟，使得 Ryder 拥有了技术和供应链管理方面的特长，而如果没有 IBM 和安德森的加盟，这些特长需要 Ryder 公司几十年的工夫才能够积聚起来。

在欧洲，安德森公司和菲亚特公司的子公司 New Holland 成立了一个合资企业 New Holland Logistics S. P. A，以专门经营服务零配件物流。该公司中 New Holland 拥有 80% 的股份，安德森拥有 20% 的股份。New Holland 为合资企业投入了 6 个国家的仓库，775 个雇员，资本投资和运作管理能力。安德森方面投入了管理人员、信息技术、运作管理和流程再造的专长。零配件管理运作业务涵

> 盖了计划、采购、库存、分销、运输和客户支持。7年的总投资回报有6700万美元，大约2/3来自运作成本降低，20%来自库存管理，其他15%来自运费节省。同时，New Holland Logistics实现了大于90%的订单完成准确率。
>
> 　　在英国，安德森公司和泰晤士水务有限公司的一个子公司——Connect 2020也进行了第四方物流的合作。泰晤士水务是英国最大的供水公司，营业额超过20亿美元。Connect 2020成立的目的旨在为供水行业提供物流和采购服务。Connect 2020将它所有的服务外包给ACTV，ACTV是一家由安德森管理和运作的公司，年营业额为1 500万美元，主要业务包括采购、订单管理、库存管理和分销管理。目前的运作成果是供应链总成本降低10%，库存水平降低40%，未完成订单减少70%。
>
> 　　资料来源：侯方淼. 供应链管理［M］. 北京：对外经济贸易大学出版社，2004：76.

11.4.3　第三方物流与第四方物流的区别

1. 从服务范围看

"第四方物流"与"第三方物流"相比，其服务的内容更多，覆盖的地区更广，对从事货运物流服务的公司要求更高，要求其必须开拓新的服务领域，提供更多的增值服务。"第四方物流"最大的优越性在于它能够保证产品"更快、更好、更廉"地送到需求者手中。因此，第四方物流不只是在操作层面上借助外力，而且在战略层面上也需要借助外界的力量，以提供"更快、更好、更廉"的物流服务。

第四方物流公司可以提供简单的服务，即帮助客户安排一批货物运输；也可以提供复杂服务，即为一个公司设计、实施和运作整个分销和物流系统。第四方物流可以看成是物流业进一步分工的结果，即进一步将企业的物流规划能力外包。

2. 从服务职能看

第四方物流侧重于在宏观上对企业供应链进行优化管理，第三方物流则侧重于实际的物流运作，在物流实际运作能力、信息技术应用、多客户管理方面具有优势。第四方物流在管理理念创新、供应链管理方案设计、组织变革管理指导、供应链信息系统开发、信息技术解决方案等方面具有较大的优势。

3. 从服务目标看

第四方物流面对的是整个社会物流系统的要求，通过电子商务技术将整个物流过程一体化，最大限度地整合社会资源，将一定区域内甚至全球范围内的物流资源根据客户的要求进行优化配置，选出最优方案。第三方物流面对的是客户需求的一系列信息化服务，将供应链中的每一环节的信息进行比较整合，力争达到满足客户需求的目的。

4. 从服务的技术支撑看

实际上，网络经济的发展使第四方物流成为可能。首先，通过国际互联网网络平台可以达到信息充分共享。网络平台在信息传递方面具有及时性、高效性、广泛性等特点，通过互联网很容易达成信息共享的目的。其次，通过国际互联网网络平台减少了交易成本，实现了物流资源的最大整合。网络平台信息共享的优势减少了信息不对称，使中小物流企业也能够获益。另外，网络平台是一个虚拟的空间，不受物理空间的限制，也没有企业自身的利益面，容易组成第三方物流企业和其他物流企业都认可的形式，如联盟形式，最终实现物流产业整合。

11.4.4　第四方物流的服务内容及作用

1. 第四方物流的服务内容

以全球数码仓库为例，第四方物流包括以下服务内容。

（1）物流服务，通过有效整合物流资源为生产企业和贸易企业提供货物运输、仓储、加工、配送、货代、商检、报关等服务及全程物流数字化服务，以及整体物流方案策划。

（2）金融服务，第四方物流企业为生产、贸易企业提供基于"电子银行"的企业间结算服务，与多家银行联合推出商品质押融资业务。

（3）信息服务，为生产贸易企业提供来自物流终端的统计信息，帮助企业科学决策。通过整合传统资源及网站资源，为企业发布或搜集信息，进行企业宣传或展示。

（4）系统及技术服务，为企业提供基于供应链管理的全程物流管理及网络技术支持服务。

（5）管理服务，可为企业提供管理需求界定、流程分析与规范、流程再造和建立ISO 9000质量管理体系等管理服务。

第四方物流的运作强调物流数字化的作用，通过有效的物流数字化作业为物流信息系统提供强有力的信息源保证，从而使物流信息系统强大的分析决策功能得以发挥，并为生产、贸易企业提供利润增长。

2. 第四方物流的作用

第四方物流提供了一个综合性供应链解决方法，以有效地适应需方多样化和复杂的需求，集中所有资源为客户完美地解决问题。

（1）供应链再建。将商贸战略与供应链战略连成一线，创造性地重新设计了参与者之间的供应链，使之达到一体化标准。

（2）功能转化。通过战略调整、流程再造、整体性改变管理和技术，使客户间的供应链运作一体化。

（3）业务流程再造。将客户与供应商信息和技术系统一体化，将人的因素和业务规范有机结合起来，使整个供应链规划和业务流程能够有效地贯彻实施。

（4）实施第四方物流。开展多功能、多流程的供应链业务，第四方物流可为供应链功能或流程的全部提供完整的服务。

11.4.5　第四方物流的运作模式

安德森咨询公司为第四方物流设计了3种运作模式，即协同运作模式、方案集成商模式、行业创新者模式等。

1. 协同运作模式

这种模式依赖于第四方物流和第三方物流之间的工作联系，第四方物流和第三方物流通过合作对物流系统的解决方案进行规划和整合，这样的解决方案利用了双方的能力和市场。第四方物流向第三方物流提供广泛的服务，包括供应链策略、进入市场的能力和项目管理的专家。第四方物流在第三方物流公司内部工作，其思想和策略通过第三方物流这样一个具体实施者来实现，以达到为客户服务的目的。第四方物流和第三方物流一般会采用商业合同的方式或者战略联盟的方式合作。

2. 方案集成商模式

在这种模式中，第四方物流为一个客户运作和管理综合供应链解决方案。第四方物流对本身和第三方物流的资源、能力和技术进行综合管理，借助第三方物流为客户提供全面的、集成的供应链方案。第三方物流通过第四方物流的方案为客户提供服务，第四方物流作为一个枢纽，可以集成多个服务供应商的能力。该方案实现了在客户组织的供应链各组成部分之间价值的传递。

3. 行业创新者模式

在行业创新者模式中，第四方物流为同一行业的多个客户开发和提供一套促进同步化和合作的供应链解决方案，以整合整个供应链的职能为重点，第四方物流将第三方物流加以集成，向下游的客户提供解决方案。在这里，第四方物流的责任非常重要，因为它是上游第三方物流的集群和下游客户集群的纽带。行业解决方案会给整个行业带来最大的利益，这种工作模式十分复杂，第四方物流会通过卓越的运作策略、技术和供应链运作实施来提高整个行业的效率。

第三方物流建立在企业物流业务外包的基础上，第四方物流是建立在第三方物流基础上的企业物流规划能力的外包，第四方物流的发展将使企业进一步摆脱物流的束缚，集中精力开展核心业务，促进企业运作效率的提高。

本 章 小 结

随着经济全球化，企业的物流活动变得越来越复杂，物流成本越来越高，企业利用外协物流活动可以节约物流成本，提高物流服务水平。

本章首先介绍了第三方物流的概念，第三方物流是指独立于供需双方为客户提供专项或全面物流系统设计或系统运营的物流服务模式。第三方物流作为现代物流活动具有关系合同化、服务个性化、功能专业化、效益规模化、长期战略伙伴关系、以现代信息技术为基础的特点。在当今竞争日益激化和社会分工日益细化的大背景下，企业物流外包（使用第三方物流）有利于企业集中精力用于核心业务，降低物流成本，减少固定资产投资风险，为顾客创造更多的价值等作用，但也不可避免地存在降低物流的控制能力、客户关系管理的风险、泄露公司战略机密的风险、连带经营风险等负面效应。

第三方物流企业是以信息技术为基础，在特定的时间段内按特定的价格向物流需求方提供个性化、系列化物流服务的企业。根据其核心能力和历史因素，第三方物流企业大体可分资产型和非资产型。按照第三方物流企业完成的物流业务范围的大小和所承担物流功能的不同，可将第三方物流企业分为单向型物流企业和综合型物流企业。第三方物流企业顾客服务是指第三方物流企业向顾客提供的贯穿于双方合作过程中的各种活动，第三方物流企业顾客服务管理具有满意性、互动性、持续性、发展性的特点，影响第三方物流中顾客服务的因素主要有时间、可靠性、灵活性、沟通、诚信。第三方物流企业在顾客服务过程中，确定合适的顾客服务水平是非常重要的，根据企业资源和社会条件，以及成本与收益的平衡关系选择最佳的顾客服务水平；根据其技术上的先进性和经济上的节约性两个方面来改进物流服务，确定服务水平。第三方物流企业顾客服务管理策略主要涉及对顾客采取 ABC 分类管理、制定多种顾客服务组合、顾客信息管理纳入供应链信息化系统中、建立完善的顾客满意度评价指标体系等方面。

第四方物流是一个供应链集成商，调集和管理组织自己的，以及具有互补性的服务提供商所拥有的不同资源、能力和技术，进行整合管理，提供一整套综合的供应链解决方案。其负责处理多重供应链的流程，其范围超过传统的第三方物流运输与仓储管理，包括生产、采购、行政、需求预测、网络管理、配销、运输、供应链信息科技、客户支持，以及存货管理等事项。

关键术语

第三方物流　　第四方物流　　第三方物流顾客服务

复习思考题

一、选择题

1. （　　）是指独立于供需双方为客户提供专项或全面物流系统设计或系统运营的物流服务模式。
   A. 第三方物流　　B. 第一方物流　　C. 第二方物流　　D. 第四方物流
2. （　　）不是第三方物流的特点。
   A. 关系合同化　　B. 服务大众化　　C. 功能专业化　　D. 效益规模化
3. 下列关于第四方物流的描述错误的是（　　）。
   A. 第四方物流能够为客户提供综合的供应链解决方案，并为顾客带来更大的价值
   B. 第四方物流就是供应链的集成者、整合者和管理者
   C. 第四方物流是负责处理多重供应链的流程，其范围超过传统的第三方物流的运输与仓储管理
   D. 第四方物流与第三方物流相比，第四方物流侧重于实际的物流运作，在物流实际运作能力、信息技术应用、多客户管理方面具有优势
4. 在第四方物流运作模式中，（　　）依赖于第四方物流和第三方物流之间的工作联系，第四方物流和第三方物流通过合作对物流系统的解决方案进行规划和整合，这样的解决方案利用了双方的能力和市场。
   A. 协同运作模式　　　　　　　　B. 外包模式
   C. 方案集成商模式　　　　　　　D. 行业创新者模式
5. （　　）不是第三方物流企业顾客服务的管理特点。
   A. 满意性　　B. 互动性　　C. 持续性　　D. 时间性

二、简答题

1. 企业使用第三方物流的利益与弊端有哪些？
2. 影响第三方物流服务的因素有哪些？
3. 如何确定恰当的第三方物流服务水平？
4. 第三方物流企业顾客服务策略是什么？
5. 第四方物流的内涵及其与第三方物流的区别是什么？

三、分析应用题

查阅相关资料,讨论分析我国第三方物流企业发展的现状及制约因素。

四、案例分析题

一个物流外包的案例:赖德/施乐

赖德和施乐刚开始合作时,只处理施乐产品的配送业务,赖德管理了10个施乐的配送中心,为其客户准备机器、给客户发送机器并且搬走旧机器。这种业务关系为赖德创造了1 200~1 500万美元的年收益。

随着公司实施更为复杂的供应链管理策略,赖德和施乐的关系在20世纪90年代大规模发展起来。1993年,施乐在纽约的制造厂Webster有一个复杂但效率低下的进货物流系统,Webster使用40多个卡车零担货物(Less Than Truckload,LTL)和整车运输承运人,成本居高不下,但客户的要求没有得到满足。经常有卡车在Webster企业前排长队,等候卸货。

经过内部评估后,施乐认为其供应链物流不具备核心能力,决定将Webster的进货物流外包。施乐给许多第三方物流公司发出了估价表(Request For Quotation,RFQ),其中包括赖德,以实现Webster的进货物流。经过竞争投标,赖德获得了合同,并随后为Webster设计了一个物流系统来支持准时进货物料管理。赖德在1994年实施这个网络,确保施乐在时间、成本和持续增长等方面的要求,超出一定值的所节约的成本则由赖德和施乐分享。

司机的地理位置从战略角度予以安排,车辆沿着闭合线路行驶,沿途装载施乐众多供应商所提供的零部件,为这些供应商提供服务。拖车则由赖德的牵引车拖拉到Webster的赖德物流中心——一种既迅速又有效的"接力"。远方供应商处的组件由赖德负责安排LTL公共承运人运达。类似地,赖德安排整车公共承运人及时地直接将货物运送到施乐企业内相应的接收地点。

来自太平洋周边国家的组件通过海运集装箱运到温哥华港口,然后通过铁路运输横跨加拿大。施乐通过Fritz公司处理进出口业务。在多伦多的铁路终点,集装箱转到赖德的卡车上再运至物流中心。施乐在加拿大的制造厂也通过赖德管理的卡车将组件运送到物流中心。同样地,来自欧洲的海运集装箱到达新泽西州的纽约港后,也通过赖德卡车或赖德安排的运输公司运到物流中心。

进货物流系统的"核心"是距离Webster仅仅一英里远的物流中心。在这里,赖德的专家管理这个系统,监控系统状态并做出相应的调整和改进。该中心也作为一个"分转站",将进入站的货物重新配载,准备运出,将其及时运输到施乐企业合适的接收地点。

随着赖德物流系统的实施,施乐做出了一系列改进。Webster现在收到货物的批次少了,消除了在Webster拖车堵塞的现象,施乐接收部门的工作量得到了平衡,大大提高了运输的可预测性,减少了内部波动,并且提高了对客户发送的及时性。总之,赖德系统减少了库存水平,缩短了订单周期,提高了质量,更好地整合了货物入站和制造之间供应链中的物流流动。所有这些都导致了施乐降低成本、改进服务。自第一次有效实施该系统以来,通过连续的系统再造,几年来,赖德已经证实可以帮助施乐连续提高生产率。

赖德和施乐的关系继续发展。1996年,赖德从施乐获得了另外一笔业务,为客户交付中心提供管理成品、备件和消费品的配送服务。1998年的夏天,赖德开始负责施乐遍布美国的20个高周转率的零件中心的运行。目前,赖德管理施乐38个不同项目,为赖德带来了6 000万美元的业务。赖德也参与了施乐的产品开发过程,帮助确定潜在产品的总启动成本,包括决定物流成本的大小。赖德和施乐一起继续工作,寻找新的供应链改进机会,按预期设想,赖德将继续获得施乐10亿美元左右的年物流预算。

资料来源:赵刚. 物流管理教程[M]. 上海:格致出版社,上海人民出版社,2008:341-342.

根据以上案例所提供的资料,试作以下分析:
1. 描述赖德为Webster设计的物流系统。
2. 试评价赖德和施乐之间的关系。
3. 案例对我国第三方物流企业有什么启示?

第12章 国际物流

【本章知识架构】

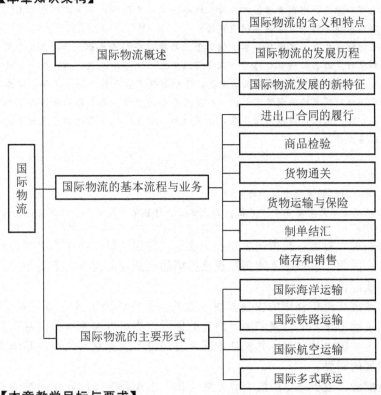

【本章教学目标与要求】

（1）掌握国际物流的含义及特点，了解国际物流发展历程，理解国际物流发展的新特征。

（2）掌握进出口合同的履行程序，并熟悉商品检验、货物通关、保险等业务的基本知识，并对制单结汇和储存销售业务有一定的了解。

（3）熟悉班轮运输的特点，掌握班轮运费的构成和计算方法，了解主要的租船运输方式。

（4）了解国际铁路联运的含义及优势，掌握其进出口货物运输程序。

（5）熟悉班机运输与包机运输两种经营方式的异同，掌握国际航空运输中集中托运、联合运输和航空快递的业务方式，了解国际多式联合运输业务。

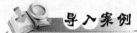

马航海航合拓国际市场

2009年10月25，马来西亚航空集团与海南航空集团在上海签署战略性合作框架协议。马航集团董事长阿兹米尔与海航集团董事局董事、海航实业执行董事长谭向东出席签字仪式。根据协议，双方先在货运航空领域，进而在客运航空方面展开深入合作。海航集团旗下的扬子江快运航空、香港航空公司等都将被纳入此次战略合作范围。

谭向东表示，通过双方合作将可广泛开展航空货运、物流等方面的合作，有效促进扬子江快运的国际化步伐。此次签字完成后，将首先共同研究各自航线的特点，优化货机及客机机腹的货舱资源。

谭向东表示，双方将基于互利、共赢的原则，通过代码共享、包机等合作，利用双方的运输资源和航线网络提高飞机利用率与运营收益。同时，双方将共同建设上海浦东国际机场货运站，开展协同运作，进而打造布局上海、中国香港、吉隆坡三地枢纽的航空网络，并将探讨在中国、马来西亚以外地区建立主要运输枢纽，携手开拓国际航空市场。

此前，马航的货运已有一定规模，旗下拥有专业的货航公司MASKargo，它在东盟地区，以及中国的发展态势都很好。此番与海航合作后，双方将协同优化中—马航线，以包机等方式相互提供货物与运力，实现资源和优势最大化。谭向东还表示，目前海航运营飞机已达217架，航线网络覆盖除南美洲以外的全球各地，明年还将新开京、沪—印度尼西亚的航线。马来西亚和印度尼西亚都是海航国际化发展的重点方向。因此，海航与印度尼西亚交通部，以及印航方面此前已展开多次接触，双方将会开展深入的战略合作。

资料来源：www.z56c.com。

讨论及思考：
1. 由案例讨论国际物流的含义和特点。
2. 马来西亚航空集团与海南航空集团签署战略性合作框架协议对合作双方有什么意义？

从以上资料可以看出，我国物流业正快速进入国际市场，将成为国际物流市场的一个重要组成部分。因此，掌握国际物流知识是我国物流业走向世界的重要途径。本章将带读者走进国际物流的世界。

随着国际经济交流和合作的快速发展，商品、物资的跨国界流动便形成了国际物流，它是现代物流系统中重要的物流领域。高效的国际物流可以增强本国商品在国际市场上的竞争能力，扩大本国对外出口，并保证本国需要的设备、原材料、产成品等顺利进口，满足国民经济发展的需要。

从企业角度看，近十几年跨国企业发展很快，不仅是已经国际化的跨国企业，一般有实力的企业也在推行国际战略，企业在全世界寻找贸易机会，寻找最理想的市场，寻找最好的生产基地，这就将企业的经济活动领域必然地由地区、由一个国家扩展到国际之间。这样一来，企业的国际物流也提到议事日程上来，企业必须为支持这种国际贸易战略更新自己的物流观念，扩展物流设施，按国际物流要求对原来的物流系统进行改造。对跨国公司来讲，国际物流不仅是由商贸活动决定的，而且也是本身生产活动的必然产物。企业国际化战略的实施使企业分别在不同国度中生产零件、配件，又在另一些国家组装或装配整机，企业的这种生产环节之间的衔接也需要依靠国际物流。

12.1 国际物流概述

国际物流是跨国界的、流通范围扩大了的物品的实体流动，是国内物流的延伸和进一步扩展，是世界经济发展不可或缺的条件，各国之间的相互贸易最终都将通过国际物流来实现。

12.1.1 国际物流的含义和特点

1. 国际物流的含义

国际物流是指当生产和消费在两个或两个以上的国家（或地区）独立进行的情况下，为了克服生产和消费之间的空间距离和时间距离而对物资（货物）所进行的物理性移动的一项国际经济贸易活动。其实质是按国际分工协作的原则，依照国际惯例，利用国际化的物流网络、物流设施和物流技术，实现货物在国际的流动与交换，以促进区域经济的发展和世界资源的优化配置。

其总目标就是为国际贸易和跨国经营服务，即选择最佳的方式和路径，以最低的费用和最小的风险保质保量适时地将商品从某国的供方运送到另外一个国家的需方。

2. 国际物流的特点

国际物流是为跨国经营和对外贸易服务的，它要求各国之间的物流系统相互接轨。与国内物流系统相比，国际物流具有以下特点。

（1）物流环境存在差异。国际物流的一个非常重要的特点是，各国物流环境的差异，尤其是物流软环境的差异。不同国家的不同物流适用法律使国际物流的复杂性远高于一国的国内物流，甚至会阻断国际物流；不同国家不同经济和科技发展水平会造成国际物流处于不同科技条件的支撑下，甚至有些地区根本无法应用某些技术而迫使国际物流全系统水平的下降；不同国家不同标准也造成国际间"接轨"的困难，因而使国际物流系统难以建立；不同国家的风俗人文也使国际物流受到很大局限。由于物流环境的差异迫使一个国际物流系统需要在几个不同法律、人文、习俗、语言、科技、设施的环境下运行，无疑会大大增加物流的难度和系统的复杂性。

（2）物流系统范围广、风险大。物流本身的功能要素、系统与外界的沟通就已是很复杂的，国际物流再在这复杂系统上增加不同国家的要素，这不仅是地域的广阔和空间的广阔，而且所涉及的内外因素更多，所需的时间更长，广阔范围带来的直接后果是难度和复杂性增加，风险增大。当然，也正是因为如此，国际物流一旦融入现代化系统技术之后，其效果才比以前更显著。

（3）国际物流必须有国际化信息系统的支持。国际化信息系统是国际物流，尤其是国际联运非常重要的支持手段。但是，国际信息系统的建立具有一定难度，一是管理困难，二是投资巨大，再由于世界上有些地区物流信息水平较高，有些地区较低，所以会出现信息水平不均衡，因而信息系统的建立更为困难。当前国际物流信息系统一个较好的建立办法是和各国海关的公共信息系统联机，以及时掌握有关各个港口、机场和联运线路、站场的实际状况，为供应或销售物流决策提供支持。国际物流是最早发展 EDI 的领域，以 EDI 为基础的国际物流将会对物流的国际化产生重大影响。

（4）国际物流的标准化要求较高。要使国际物流畅通起来，统一标准是非常重要的，可以说，如果没有统一的标准，国际物流水平是很难提高的。目前，美国、欧洲基本实现了物流工具、设施的统一标准，如托盘采用 1 000mm×1 200mm 的，集装箱的几种统一规格及条码技术等，这样一来，大大降低了物流的费用，降低了转运的难度。而不向这一标准靠拢的国家，必然在转运、换车底等许多方面要多耗费时间和费用，从而降低其国际竞争能力。

（5）国际物流的多种运输方式的组合。国际物流中运输距离长，运输方式多样，运输方式选择和组合的多样性是国际物流的一个显著特征。近年来，在国际物流活动中，"门到门"的运输组合方式越来越受到货主的欢迎，这使得能满足这种个性需求的国际综合运输得到快速发展，逐渐成为国际物流中运输的主流。

12.1.2　国际物流的发展历程

国际物流是指跨越国家或地区间的物流活动。国际物流活动是随着国际贸易和跨国经营的发展而展开的。

第二次世界大战以后，国际的经济交往才越来越扩展，国际贸易从数量来讲已达到了非常巨大的数字，交易水平和质量要求也越来越高。在这种新情况下，原有为满足运送必要货物的运输观念已不能适应新的要求，系统物流就在这个时期进入到国际领域，开始形成国际间的大数量物流，在物流技术上出现了大型物流工具。

20 世纪 70 年代，国际集装箱及国际集装箱船舶的出现使物流服务水平获得很大提高，同时出现了更高水平的国际联运。

20 世纪 80 年代，国际物流的突出特点是在物流量基本不继续扩大的情况下出现了"精细物流"，物流的机械化、自动化水平提高。同时，伴随新时代人们需求观念的变化，国际物流着力于解决"小批量、高频度、多品种"的物流，出现了不少新技术和新方法，这就使现代物流不仅覆盖了大量货物、集装杂货，而且也覆盖了多品种的货物，基本覆盖了所有物流对象，解决了所有物流对象的现代物流问题。这一时期国际物流领域的另一大发展是伴随国际物流，尤其是伴随国际联运式物流出现的物流信息和首先在国防物流领域出现的 EDI 系统。信息的作用使物流向更低成本、更高服务、更大量化、更精细化方向发展，国际物流进入信息化时代。

20 世纪 90 年代以后，国际物流的概念和重要性已为各国政府和外贸部门所普遍接受。世界各国广泛开展国际物流方面的理论和实践方面的大胆探索。人们已经达成共识：只有广泛开展国际物流合作才能促进世界经济繁荣。"物流无国界"的理念被人们广泛接受。

12.1.3　国际物流发展的新特征

由于现代物流业对本国经济发展、国民生活提高和竞争实力增强有着重要的影响，所以，世界各国都十分重视物流业的现代化和国际化，从而使国际物流发展呈现出一系列新的趋势和特征。

1. 国际物流系统更加集成化

国际物流的集成化是将整个物流系统打造成一个高效、通畅、可控制的流通体系,以此来减少流通环节、节约流通费用,达到实现科学的物流管理、提高流通的效率和效益的目的,以适应在经济全球化背景下"物流无国界"的发展趋势。当前,国际物流向集成化方向发展主要表现在两个方面:一是大力建设物流园区,二是加快物流企业整合。

2. 国际物流管理更加网络化

现代国际物流在信息系统和标准化的共同支撑下,借助于储运和运输等系统的参与和各种物流设施的帮助,形成了一个纵横交错、四通八达的物流网络,使国际物流覆盖面不断扩大,规模经济效益更加明显。以法国KN公司为例,该公司在没有自己的轮船、汽车等运输工具的情况下,通过自行设计开发的全程物流信息系统对世界各地的物流资源进行整合,在全球98个国家、600个城市开展物流服务,形成了一个强大的物流网络。目前,该公司空运业务已排名世界第5,每周运输量1.9万次,海运业务一年毛利约为40亿欧元[①]。

3. 国际物流标准更加统一化

随着经济全球化的不断深入,世界各国都很重视本国物流与国际物流的相互衔接问题,努力使本国物流在发展的初期其标准就力求与国际物流的标准体系相一致。目前,跨国公司的全球化经营正在极大地影响物流全球性标准化的建立。一些国际物流行业和协会在国际集装箱和EDI技术发展的基础上开始进一步对物流的交易条件、技术装备规格,特别是单证、法律条件、管理手段等方面推行统一的国际标准,使物流的国际标准更加深入地影响到国内标准,使国内物流日益与国际物流融为一体。

4. 国际物流技术更加现代化

为了提高物流的便捷化,当前世界各国都在采用先进的物流技术开发新的运输和装卸机械,以大力改进运输方式,如应用现代化物流手段和方式发展集装箱运输、托盘技术等。美国的物流效率之所以高,原因在于美国的物流模式善于将各种新技术有机融入具体物流运作中,因而能在世界上率先实现高度的物流集成化和便利化。这也使从事物流的企业利润和投资收益持续增加,进而诱发新的研究开发投资,形成良性循环。总之,融合了信息技术与现代化手段的国际物流,对世界经济运行将继续产生积极的影响。

5. 国际物流服务更加快速化和协同化

在市场需求瞬息万变和竞争环境日益激烈的情况下,要求物流在企业和整个系统中必须具有更快的响应速度和协同配合的能力。更快的响应速度要求物流企业必须及时了解客户的需求信息,全面跟踪和监控需求的过程,及时、准确、优质地将产品和服务递交到客户手中。协同配合的能力,要求物流企业必须与供应商和客户实现实时的沟通与协同,使供应商对自己的供应能力有预见性,能够提供更好的产品、价格和服务;使客户对自己的需求有清晰的计划性,以满足自己生产和消费的需要。国际物流为了达到零阻力、无时差的协同,需要做到与合作伙伴间业务流程的紧密集成,加强预测、规划和供应,共同分享业务数据、联合进行管理执行,以及完成绩效评估等。只有这样,才能使物流作业更好地满足客户的需要。

---

① 张国庆. 国际物流未来的发展趋势[J]. 上海物流, 2008(4).

12.2 国际物流的基本流程与业务

国际物流活动主要是依照有关的国际贸易公约和国际惯例展开的，国际物流的基本流程和进出口程序类似，其基本的业务主要包括商品检验、货物通关、国际运输、保险、制单结汇及储存销售等活动。

12.2.1 进出口合同的履行

国际贸易和提供一旦成立，买卖双方均应按照合同规定履行自己的义务，卖方的义务是交货、交单和转移货物的所有权；买方的义务是收货和付款。

1. 出口合同的履行

履行以 CIF 价格成交、信用证计算的出口合同，其程序概括起来包括以下几点。

（1）备货。为了保证按时、按质、按量交付约定的货物，在订立合同之后，卖方必须及时落实货源，备妥应交的货物，以便及时装运。

（2）报检。凡按约定条件和国家规定必须法定检验的出口货物，在备妥货物后，影响进出口商品检验机关申请检验的，只有检验得到商检局签发的检验合格证书，海关才予以放行。

（3）催证与审证。催促买方按合同规定及时办理开立信用证或付款手续。信用证开立后，应对信用证内容逐项进行认真审核，信用证条款必须与合同内容一致，不得随意更改，以保证安全结汇。

（4）租船、订舱。按 FOB 条件签订进口合同时，应由买方安排船舶；按照 CIF 或 CFR 价格条件成交的出口合同，租船订舱的工作应由卖方负责。如果没有船舶，则委托货运代理办理租船订舱手续，当办妥租船订舱手续后，应及时将船名及船期通知卖方，以便卖方备货装船，避免出现船等货的情况。

（5）报关和投保。按照《中华人民共和国海关法》规定：凡是进出国境的货物，必须经由设有海关的港口、车站、国际航空站进出，并由货物的所有人向海关申报，经过海关查验放行后，货物方可提取或装运出口。

在办理投保手续时，通常应填写国外运输险投保单，列明投保人名称、货物的名称、标记、运输路线、船名或装运工具、开航日期、航程、投保险别、保险金额、投保日期、赔款地点等。保险公司据此考虑接受承保并绘制保险单据。

（6）装运。承运船舶抵港前，外贸企业或外运机构根据港区所作的货物进栈计划，将出口清关的货物存放于港区指定仓库。轮船抵港后，由港区向托运人签收出口货物港杂费申请书后办理提货、装船。

（7）制单结汇。货物装运后，出口企业应立即按照信用证的规定正确绘制各种单据，并在信用证规定的交单到期日或以前将各种单据和必要的凭证送交指定的银行办理要求付款、承兑或议付手续。银行收到单据审核无误后，一方面向国外银行收款，另一方面按照约定的结汇办法，与进出口公司结汇。

2. 进口合同的履行

我国进口货物大多数是按 FOB 条件并采用信用证付款方式成交的，履行按此条件签订的进口合同一般包括以下程序。

（1）开立信用证。买方开立信用证是履行合同的前提条件。签订进口合同后，买方应按规定办理开证手续。买方向银行办理开证手续时，必须按合同内容填写开证申请书，银行则按开证申请书内容开立信用证。因此，信用证内容是以合同为依据开立的，它与合同内容应当一致。

（2）租船、订舱。按FOB条件签订进口合同时，应由买方安排船舶，如买方自己没有船舶，则应负责租船订舱或委托进口货运代理公司办理租船订舱手续，当办妥租船订舱手续后，应及时将船名及船期通知卖方，以便卖方备货装船，避免出现船等货的情况。

（3）装运货物。买方备妥船后，应做好催装工作，随时掌握卖方备货情况和船舶动态，催促卖方做好装船准备工作。对于数量大或重要的进口货物，在必要时，可请我驻外机构就地协助了解和督促对方履约，或派员前往出口地点检验监督，以利于接运工作的顺利进行。

（4）办理货运保险。凡由我方办理信用证的进口货物，当接到卖方的装运通知后，应及时将船名、提单号、开航日期、装运港、目的港，以及货物的名称和数量等内容通知中国人民保险公司，即作为办妥投保手续，保险公司即按保险合同的规定对货物负自动承保的责任。

（5）审单付款。货物装船后，卖方即凭提单等有关单据向当地银行议付货款，议付银行寄来单据后，经开证银行审核无误即通知买方付款赎单。如开证银行配合审单发现单证不符或单单不符，应分情况进行处理。

（6）报关提货。买方付款赎单后，一旦货物运抵目的港，即应及时向海关办理申报手续。经海关查验有关单据、证件和货物，并在提单上签章放行后，即可提货。

（7）验收和拨交货物。凡属进口的货物都应认真验收，如发现品质、数量、包装有问题应及时取得有效的检验证明，以便向有关责任方提出索赔或采取其他救济措施。

3. 6种常用国际贸易术语的解释

在国际贸易实务中，FOB、CFR、CIF、FCA、CPT、CIP是6种常见的贸易术语，其中FOB、CFR、CIF 3种使用最多。

（1）FOB(Free On Board)——船上交货，是指货物在指定的装运港越过船舷，卖方即完成交货。这意味着买方必须从该点起承担货物灭失或损坏的一切风险。

（2）CIF(Cost, Insurance and Freight)——成本、保险费加运费，是指货物在装运港越过船舷时，卖方即完成交货。卖方支付货物运至目的港的运费和必要的费用，但交货后货物的风险及由于各种事件造成的任何额外费用由买方承担。卖方还须办理保险，支付保险费。

（3）CFR(Cost and Freight)——成本加运费，也称运费在内价，是指货物在装运港越过船舷，卖方即完成交货，并支付货物运至指定目的港所需的运费和必要的费用。但交货后货物灭失或损坏的风险，以及由于各种事件造成的额外费用则转移到买方。

CFR与CIF的不同之处在于，货运保险由买方办理。卖方装船后应毫不延迟地通知买方，以便买方购买保险。一旦卖方没有及时向买方发出装船通知，致使买方未能投保，由此产生的损失均由卖方承担。因为这意味着货物在装运港越过船舷后风险并未转移到买方。

（4）FCA(Free Carrier)——货交承运人，是指卖方在规定的时间、地点将货物交给买方指定的承运人，并办理出口清关手续，完成交货义务。若卖方在其所在地交货，应负责装货；若在其他地点交货，则不负责卸货。

FCA 是在 FOB 基础上发展起来的，适用于各种运输方式，特别是内陆城市采用集装箱运输和多式联运更适合采用该术语，以便就地交货、交单结汇。因此，有人称 FCA 为"复合运输 FOB 条件"。

(5) CPT(Carriage Paid To)——运费付至，是指卖方向其指定的承运人交货，并支付运费、办理出口清关手续。买方承担卖方交货之后的一切风险和其他费用。

CPT 是在 CFR 基础上发展起来的，适用于各种运输方式。因此，有人称其为"复合运输 CFR 条件"。

在多式联运情况下使用 CPT 术语，卖方承担的风险自货物交给第一承运人时转移给买方，交货后及时向买方发出装运通知，以便买方办理保险；货物的装卸费用可以包括在运费之中，由卖方支付，也可另行约定。

(6) CIP(Carriage Insurance Paid To)——运费、保险费付至，是指卖方向其指定的承运人交货，支付货到目的地的运费，办理货物在途中的保险并支付保险费，承办出口清关手续。买方承担卖方交货之后的一切风险和额外费用。该术语适用于各种运输方式。因此，有人称之为"复合运输 CIF 条件"。

12.2.2 商品检验

商品检验(commodity inspection)是指在国际货物买卖中，对卖方交付给买方的货物的品质、数量、包装、残损，以及货物运达条件的检验和公正鉴定，还包括根据一国的法律或行政法规对某些货物进行卫生、安全、动植物病虫害的检控。

国际贸易中的商品一般都要进行检验。商品检验是国际货物买卖过程中一个重要的组成部分，为了确定合同的标的物是否符合买卖合同的规定，明确事故的起因和分清责任的归属就需要通过有资格的非当事人对货物进行检验并发给检验证书，作为买卖双方交收货物、结算货款和处理纠纷的依据。

我国进出口商品检验工作主要有 4 个环节：接受报验、抽样、检验和签发检验证书。

1. 接受报检

报验是指对外贸易关系人向商检机构报请检验。报验时需填写"报验申请单"，填明申请检验、鉴定工作项目和要求，同时提交对外所签买卖合同、成交小样及其他必要的资料。

1) 报检的商品范围

(1) 现行《商检机构实施检验的进出口商品种类表》所规定的商品。

(2) 对进出口食品和动植物的检验检疫。

(3) 对出口危险货物包装容器。

(4) 运输船舶和集装箱。

(5) 对外贸易条款规定须经商检机构检验的进出口商品。

(6) 对其他法律、行政法规规定须经商检机构检验的进出口商品。

2) 报检的时限和地点

入境货物应在入境前或入境时向入境口岸、指定的或到达站的检验检疫机构办理报检手续；入境货物而对外索赔出证的，应在索赔有效期前不少于 20 天内向到货口岸或货物到达地的检验检疫机构报检;输入微生物、人体组织、生物制品、血液及其制品或种畜、禽及其精液、胚胎、受精卵的,应当在入境前 30 天报检;输入其他动物的,应当在入境前 15 天报检;输入植物、种子、种苗及其他繁殖材料的,应当在入境前 7 天报检;入境的运输工具及人员应在入境前或入境时申报。

出境货物最晚应于报关或出境装运前 10 天向检验检疫机构申请报检,对于个别检验检疫周期较长的货物,应留有相应的检验检疫时间。出境动物应在出境前 60 天预报,隔离前 7 天报检;出入境的运输工具应在出境前向口岸检验检疫机关报检或申报。

2. 抽样

商检机构接受报验后,须及时派人到货物堆存地点进行现场检验、鉴定。其内容包括货物的数量、重量、包装、外观等项目。现场检验一般采取国际贸易中普遍使用的抽样法(个别特殊商品除外)。抽样时,要按照规定的方法和一定的比例,在货物的不同部位抽取一定数量的、能代表全批货物质量的样品(标本)供检验之用。

进出口商品种类繁多,情况复杂,有时一批商品的数量很大甚至达几万吨,有的为了充分利用仓库而采用密集堆垛,有的散装商品采取露天存放等,这些都给抽样工作带来困难。为了切实保证抽样工作的质量,同时又要便利对外贸易,必须针对不同商品的不同情况,灵活地采用不同的抽样方式。常用的抽样方式有以下几种。

(1) 登轮抽样。大宗商品,如散装粮谷、铁矿砂等,采取在卸货过程中登轮抽样的办法,可随卸货进度,按一定的比例抽到各个部位的代表性样品。然后经过混合、粉碎、缩分,取得代表件的检验样品。

(2) 甩包抽样。采取在卸货过程中,每卸 10 包甩留 1 包,供抽样用、既可使抽样工作便利,又能保证样品的代表性。

(3) 翻垛抽样。出口商品在仓库中密集堆垛,难于在不同部位抽样时,如有条件应进行适当翻垛,然后进行抽样。这个方式要多花一定的劳力。

(4) 出厂、进仓时抽样。在仓容紧张、翻垛困难的情况下,对出口商品可事先联系安排在出厂时或进仓时进行抽样,同时加强批次管理工作。

(5) 包装前抽样。为了避免出口商品抽样时的拆包损失,特别是对用机器打包的商品,在批次分清的前提下,采取在包装前进行抽样的方法。

(6) 生产过程中抽样。有些出口商品,如冰蛋、罐头等,可在生产加工过程中,根据生产批次,按照规定要求随生产抽样,以保证代表性,并在检验合格后进行包装。

(7) 装货时抽样。出口大宗散装商品,有条件的可在装船时进行抽样,如原油用管道装货时,可定时在管道中抽取样品,出口食盐在装船时每隔一小时抽样一次,样品代表性都很好。但采取这种方式时必须事先研究,出口商品的品质必须能符合出口合同的要求,或是按检验机构的实际检验结果出证进行结算的才适用,否则,在装船后发生检验不合格就难以处理。

(8) 开沟抽样。出口散装矿产品,如矿石、煤炭等,都是露天大垛堆存,抽样困难,且品质又不够均匀,一般视垛位大小,挖掘 2 或 3 条深 1m 的沟,以抽取代表性样品。

(9) 流动间隔抽样。大宗矿产品抽样困难,可结合装卸环节,在输送带上定时抽取有足够代表性的样品。

3. 检验

商检机构接受报验之后,认真研究申报的检验项目,确定检验内容,仔细审核合同

(信用证)对品质、规格、包装的规定,弄清检验的依据,确定检验标准、方法,然后进行抽样检验、仪器分析检验、物理检验、感官检验、微生物检验等。

1) 检验时间和地点的规定

检验时间和地点如何确定实际上关系到在何时、何地确定卖方交货的品质和数量。由于国际间买卖的货物一般都要经过较长时间的运输,有的还要在中途经过转运,商品的品质和数量难免发生变化,货损、货差的现象也时有发生。因此,如何规定检验的时间和地点关系到双方的切身利益,是双方在商定检验条款时的一个核心问题。

根据当前国际贸易的习惯做法及对外贸易实践,有关检验的地点基本有以下 3 类做法。

(1) 在出口国检验。这是指出口国装运港的检验机构在商品装运前对商品品质、数量及包装进行检验,并出具检验合格证书作为交货的最后依据。这种方式是指商品以离岸品质、重量为准,商品到达目的港后,买方无权向卖方提出异议。有时商品的检验也可以在出口方的工厂进行,出口方只承担商品离厂前的责任,对运输中品质、数量变化的风险概不负责。这种检验方式对卖方有利。

(2) 在进口国检验。这是指货物抵至目的港(地)卸货后由双方约定的目的港(地)检验机构进行检验,并出具检验证书作为双方交货品质、重量或数量等的依据。这种方式是以商品的到岸品质为准。有时对于那些需要安装调试进行检验的成套设备、机电仪产品,以及在口岸开包检验后难以恢复原包装的商品,也可以在买方营业处所或最后用户所在地进行。在进口国检验对买方有利。

(3) 在出口国检验,在进口国复验。按此做法,装运地的检验机构验货后出具检验证明,作为卖方收取货款的单据,但不作为买方收货的最后依据。货到目的地后的一定时间内,买方有权请双方约定的检验机构进行复验,出具复验证明。复验中如发现到货品质、重量或数量与合同规定不符而属于卖方的责任时,买方可凭复验证明向卖方提出索赔,仍应注意在索赔期内提出。此种做法比较公平合理,照顾到了买卖双方的利益,因而在国际贸易中被广泛采用。

2) 检验机构

检验机构的选定,涉及由谁实施检验和开立有关证书的问题,关系到买卖双方的利益,是检验条款中必须明确的一个重要问题。至于在具体交易中如何确定检验机构,应根据各国规章制度、商品的性质、交易条件、买卖双方的交易习惯确定。在国际贸易中,从事商品检验的机构大致有下述几类。

(1) 官方机构。国家设立的商品检验机构。

(2) 非官方机构。由私人和行业工会协会等开设的检验机构,如公证行、公证人。

(3) 产品的制造厂商或使用单位。

目前,我国获准承担进出口商品检验业务并有权出具检验证书的机构是设在全国各省、自治区、直辖市,以及一些港口、城市的进出口商品检验局及其分支机构。

此外,中华人民共和国动植物检疫所、食品卫生检疫所和中华人民共和国船舶检验局均按照国家规定分别负责对进出口动植物、进口食品卫生进行检验和检疫,以及对船舶、主要船用设备及材料、集装箱的船舶规范进行检验工作。同时,经国家商检局审核同意,外国可以在中国境内设立进出口商品检验鉴定机构。这些机构可以在指定的范围内接受委托办理进出口商品检验、鉴定业务,并接受国家商检局和各地商检机构的监督管理。

4. 签发检验证书

检验机构在对出口商品检验后，对检验合格的商品，按照对外合同、信用证、有关国际规定或者申请人的要求，可出具各类商检证书。它是证明卖方所交商品在品质、重量、包装、卫生条件等方面是否与合同规定相符的依据。如与合同规定不符，买卖双方可据此作为拒收、索赔和理赔的依据。

在我国的进出口实务中经常遇到的检验证书有品质检验证书、重量检验证书、数量检验证书、兽医检验证书、卫生检验证书、产地检验证书、价值证明书、植物检疫证明书等。

12.2.3 货物通关

根据《中华人民共和国海关法》的有关规定，国家在对外开放的口岸和海关监管业务集中的地点设立海关，进出境运输工具、货物、物品都必须通过设立海关的地点进境或出境。

进出口货物的收发货人或其代理人，在货物进出口时，应在海关规定的期限内向海关请求申报，并按海关规定的格式填写进出口货物报关单，交验规定的证件和单据，接受海关对所报货物的查验，依法缴纳海关税、费和其他由海关代征的税款，然后由海关批准放行，此项行为称为"报关"或"通关"。由于现代国际贸易方式的多元化，海关对不同贸易方式下进出境货物的通关，在办理手续、管理办法上有不同的要求。

进出境货物的通关，一般来说，可分为4个基本环节，即申报、查验、征税和结关放行。

1. 申报

申报是指进口货物的收货人、出口货物的发货人或其代理人在进出口货物时，在海关规定的期限内，以书面或者EDI方式向海关报告其进出口货物的情况，并随附有关货运和商业单据，申请海关审查放行，并对所报告内容的真实准确性承担法律责任的行为，即通常所说的"报关"。申报是进出口货物通关的第一个环节。

1) 申报资格

具有申报资格的必须是经海关审核准予注册的专业报关企业、代理报关企业和自理报关企业及其报关员。

2) 申报时间

(1) 进口货物的申报时间和期限。根据《中华人民共和国海关法》第18条、第21条的规定，进口货物的报关期限为自运输工具申报进境之日起14日内。进口货物的收货人或其代理人超过14天期限未向海关申报的，由海关征收滞报金。滞报金的日征收金额为进口货物到岸价格的0.5‰。进口货物自运输工具申报边境之日起超过3个月还没有向海关申报的，其进口货物内海关提取变卖处理。如果属于不宜长期保存的，海关可根据实际情况提前处理。变卖后所得价款在扣除运输、装卸、储存等费用和税费后尚有余款的，自货物变卖之日起1年内，经收货人申请，予以发还；逾期无人申领，上缴国库。

(2) 出口货物的申报时间与期限。根据《中华人民共和国海关法》同条规定，出口货物的发货人除海关特准外，应当在装货的24小时前向海关申报。

3) 申报地点

根据现行海关法规的规定，进出口货物的报关地点应遵循以下3个原则。

(1) 进出境地原则。在一般正常情况下，进口货物应当由收货人或其代理人在货物的进境地向海关申报，并办理各关进口报关手续；出口货物应当由发货人或其代理人在货物的出境地向海关申报，并办理有关出口报关手续。

(2) 转关运输原则。由于进出口货物的批量、性质、内在包装或其他一些原因，经收发货人或其代理人申请，海关同意，进口货物也可以在设有海关的指运地向海关申报，并办理有关进出口海关手续。这些货物的转关运输应当符合海关监管要求，必要时海关可以派员押运。

(3) 指定地点原则。经电缆、管道或其他特殊方式输送进出境的货物，经营单位应当按海关的要求定期向指定的海关申报并办理有关进出口海关手续。这些以特殊方式输送进出境的货物，输送路线长，往往需要跨越几个海关甚至几个省份；输送方式特殊，一般不会流失；有固定的计量工具，如电表、油表等。因此，上一级海关的综合管理部门协商指定其中一个海关管理，经营单位或其代理人可直接与这一海关联系报关。

4) 申报单证

报关单证可分为基本单证、特殊单证和预备单证3种。

(1) 基本单证，指与进出口货物直接相关的商业和货运单证箱单，主要包括发票，装箱单，提（装）货凭证（或运单），出口收汇核销单，海关签发的进出口货物减税、免税证明。

(2) 特殊单证，指国家有关法律规定实行特殊管制的证件，主要包括配额许可证、管理证件（如配额证明、进出口货物许可证等）和其他各类特殊管理证件（如机电产品进口证明文件、商品检验、动植物检疫、药品检验等）。

(3) 预备单证，指在办理进出口货物手续时，海关认为必要时查阅或收取的单证，包括贸易合同、货物原产地证明、委托单位的工商执照证书、委托单位的账册资料及其他有关单证。

2. 查验

海关查验是指海关确定进出口货物的性质、原产地、货物状况、数量和价格等是否与报关单所列内容一致，对货物进行实际检查的行政执法行为。海关通过查验，核实有无伪报、瞒报、申报不实等走私、违规行为。同时也为海关的征税、统计、后续管理提供可靠的资料。

海关查验货物一般在海关监管区内的进出口口岸码头、车站、机场、邮局或海关的其他监管场所进行。为了加速验放，方便外贸运输，根据货物性质，海关对海运进出口的散装货物（如矿砂、粮食、原油、原木等）、大宗货物（如化肥、水泥、食品、钢材等）、危险品和鲜活商品等，结合装卸环节，在作业现场予以验放。对于成套设备、精密仪器、贵重物资、急需急用的物资和"门对门"运输的集装箱货物等，在海关规定地区进行查验有困难的，经进出口货物收发货人的申请，海关核准后可以派员到监管区域以外的地点进行查验，就地查验放行货物。但申请单位应按规定缴纳费用，并提供往返交通工具、住宿等方便条件。

海关查验的方式一般分为3种。

(1) 彻底查验，即对货物逐件开箱、开包查验，对货物品种、规格、数量、重量、原产地、货物状况等逐一与申报的报关单详细核对。

(2) 抽查，即按一定比例对货物有选择地开箱、开包查验。

(3) 外形查验,主要是核对货名、规格、生产国别和收发货单位等标志,并检查外包装是否有开拆、破损痕迹等。

海关在使用上述方法进行查验的同时还结合地磅、X 光机等设施和设备进行查验活动。

3. 征税

海关在审核单证和查验货物后,根据《中华人民共和国关税条例》规定和《中华人民共和国海关进出口税则》规定的税率对实际货物征收进口或出口关税及相关税费。

1) 进口货物的完税价格

进口货物的完税价格以海关审定的实际成交价格为基础的到岸价格为完税价格。到岸价格包括货价,加上货物运抵中华人民共和国关境内输入地点起卸前的包装费、运费、保险费和其他劳务费等费用。进口货物完税价格的计算公式为

$$进口货物完税价格 = 货价 FOB 价格 + 运费/(1 - 保险费率) \qquad (12-1)$$

2) 进口货物的关税计征

进口化物的关税的计算公式为

$$进口货物的关税 = 完税价格 \times 关税税率 \qquad (12-2)$$

4. 结关放行

放行是海关监管现场作业的最后环节。海关在接受进出口货物的申报后,审核报关单据、查验实际货物,并依法办理进出口税费计征手续并缴纳税款后,在有关单据上签盖放行章,海关的监管行为结束,在这种情况下,放行即为结关。进口货物可由收货人凭单提取,出口货物可以由发货人装船、起运。

12.2.4 货物运输与保险

货物的国际买卖自始至终存在着各式各样的风险。其中,主要有价格风险,市场风险,汇率变动风险,资金风险和货物在运输、储存过程中可能发生灭失或损坏的风险等。货运保险是指由被保险人在货物装运以前,向保险公司投保货物运输险,交纳保险费并取得保险单证。如货物在运输途中遭到自然灾害或意外事故,则由保险公司承保责任范围内的损失,被保险人或保险单持有人即可凭保险单向保险公司取得赔偿。

在国际物流保险业务中,投保人在办理投保时,主要涉及险别的选择、保险金额的确定、保险费的计算、填写保单、支付保险费取得保险单等项工作。投保的一般程序如图 12.1 所示。

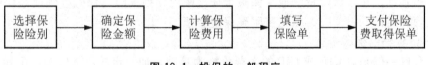

图 12.1 投保的一般程序

1. 险别的选择

按照保险业的规定和国际惯例,保险公司对保险货物在海上运输过程中所发生的损失并不是一概负责赔偿的。其负责赔偿的责任范围取决于保险人与投保人所签订的保险合同内所列的条款。当前,各国保险公司都根据承保责任范围的不同,分为各种不同的险别,供投保人选择投保。

1) 基本险别

基本险是保险人对承保标的物所负担的最基本的保险责任,也是被保险人必须投保的险别。根据中国人民保险公司的《海洋运输货物保险条款》规定,我国海洋运输货物保险的基本险别分为平安险、水渍险和一切险 3 种。

(1) 平安险(Free from Particular Average,FPA)。按这种险别投保时,保险公司承担赔偿损失的责任范围包括因条款中列举的自然灾害和运输工具发生意外事故所造成的被保险货物的全部损失,运输工具遭受条款中列举的意外事故所致的部分损失,在装卸转船过程中因一件或数件货物落海所造成的全损或部分损失。

(2) 水渍险(With Particular Average,WPA)。其责任范围除平安险所承担的损失外,还包括条款中列举的自然灾害造成的部分损失。

(3) 一切险(All Risks)。除包括水渍险的各项责任外,还负责保险货物在运输途中由于一般外来风险所造成的全部或部分损失,即一般附加险包括的责任。保险公司对由于托运人和收货人的过失和故意行为、货物的特性、运输迟延和自然损耗,以及战争、罢工等引起的损失并不负赔偿责任。因此,一切险并非承保一切损失。

上述 3 种基本险,投保人可以从中选择一种投保的特点和实际需要,酌情加保一项或若干项附加险。

2) 附加险

附加险是对基本险的补充和扩大。投保人只能在投保一种基本险的基础上才能加保一种或数种附加险。投保平安险或水渍险的货物在运输过程中可能受到一些不是出于自然灾害或海上意外事件所引起的损失,如偷窃、短量等。即使是投保一切险的货物也常常会发生一切责任范围以外的其他损失,如交货不到、拒收、战争危险等。为了使不同的货物获得不同的保障,可以在平安险或水渍险的基础上另加保一般附加险和特殊附加险;在一切险的基础上加保特殊附加险。

中国人民保险公司的一般附加险包括偷窃提货不着险、淡水雨淋险、渗漏险、短量险、钩损险、污染险、碰损破碎险、串味险、受潮受热险、包装破裂险,以及锈损险。特殊附加险指战争险、罢工险、交货不到险、进口关税险、舱面险、拒收险和黄曲霉素险等。

投保人在选择保险险别时,要根据货物的性质和特点、包装条件、运输路线和季节、各国贸易习惯等因素,既要顾及所选择的险别能为被保险货物提供充分的保险保障,又要注意到保险费用的节省,避免不必要的费用开支。

2. 确定保险金额

保险金额是被保险人对保险货物的实际投保金额,是保险人承担保险责任的标准和计算保险费的基础。在被保险货物遭受保险责任范围内的损失时,保险金额就是保险人赔偿的最高限额。所以,投保时必须先要明确保险金额。

1) 出口货物的保险金额

保险金额一般是以 CIF 或 CIP 的发票价格为基础,加一定成数确定的,国际上通常加成 10%,即保险金额是 CIF(CIP)价格×110%。但有时,特别是通货膨胀比较严重和利息率较高时,买方也会要求提高投保加成率。对此,应在合同中明确规定,如果加成部分过大,应事先征得保险公司同意。保险金额的计算公式为

$$保险金额 = CIF(CIP)价格 \times (1 + 保险加成率) \quad (12-3)$$

例如,CIF 货价为 140 美元,加成率为 10%,则保险金额=140×(1+10%)=154(美元)

如果对外报价是 CFR,而对方要求改按 CIF,或者在 CFR 合同下卖方代买方办理保

险,则不能以 CFR 价格为基础直接加成计算保险费,而应当先将 CFR 价格转化为 CIF 价格,再进行计算。从 CFR 价格转化为 CIF 价格公式为

$$\text{CIF 价格} = \frac{\text{CFR 价格}}{1-[\text{保险费率}\times(1+\text{投保加成率})]} \qquad (12-4)$$

2) 进口货物的保险金额

我国进口货物一般以进口货物的 CIF 价格为准,一般不再加成。如果按照 CFR 或者 FOB 价格成交,则按照预约保险合同的特约保险费率和平均运费率直接计算保险金额。

按 CFR 价格进口时计算公式为

$$\text{保险金额} = \text{CFR 货价}\times(1+\text{特约保险费率}) \qquad (12-5)$$

按 FOB 价格进口时计算公式为

$$\text{保险金额} = \text{FOB 货价}\times(1+\text{平均保险费率}+\text{特约保险费率}) \qquad (12-6)$$

3. 保险费的计算

投保人向保险人交付的保险费是保险人承办保险赔偿责任的对价。保险人只有在被保险人承诺或实际交付了保险费的条件下才能承担相应的保险责任。被保险人交付的保险费是以投保货物的保险金额为基础,按一定的保险费率计算出来的,计算公式为

$$\text{保险费} = \text{保险金额}\times\text{保险费率} \qquad (12-7)$$

其中,保险费率是保险人以保险按标的的危险性大小、损失率高低、经营费用多少等因素为依据,按照不同商品、不同目的地,以及不同的投保险加以规定的。

4. 填写保险单

货物运输保险的时候,投保人需要以书面形式做出投保要约,即填写货物运输保险投保单,经保险人在投保单上签字承诺,或是出立保险单,保险双方即确定了合同关系。

5. 支付保险费用取得保单

投保人在支付保险费用后即可取得保险单。保险单样本如图 12.2 所示。

阅读案例 12-1

有关海运保险问题

某公司向欧洲出口一批器材,投保海运货物平安险。载货轮船在航行中发生碰撞事故,部分器材受损。另外,公司还向美国出口一批器材,由另外一船装运,投保了海运货物水渍险。船舶在运送途中,由于遭受暴风雨的袭击,船身颠簸,货物相互碰撞,发生部分损失。后船舶又不幸搁浅,经拖救脱险。试分析上述货物是否该由保险公司承担赔偿责任。

案例分析:出口欧洲的器材的部分损失是运输工具发生碰撞造成的意外事故。根据平安险的承保责任,保险公司负责"由于运输工具遭受搁浅、触礁、沉没、互撞、与流冰或其他物体碰撞及失火爆炸等意外事故而引起的部分损失"。上述货物损失显然属于承保的意外事故引起的损失,理应由保险人负责赔偿。而向美国出口货物的损失,由于是船舶遭受自然恶劣气候全部损失,而不负责部分损失。但是,平安险承保责任又规定,对于运输工具曾经遭受搁浅、触礁、沉没、焚毁等意外事故的,在这之前或之后因恶劣气候等自然灾害造成的部分损失,保险公司予以补偿。所以,出口美国的货物虽然是由于自然灾害造成的部分损失,但因载货船舶在该航行中遭受搁浅,且船舶搁浅时货物仍在船上,因而保险公司对美国的货物所遭受的损失应予以赔偿。

```
                    PICC  中国人民财产保险股份有限公司 PICC
                          Property and Casualty Company limited
              地址：                    邮编：（POST CODE）
              ADD:
              电话（TEL）：              传真（FAX）：
```

货物运输保险投保单
APPLICATION FORM FOR CARGO TRANSPORTATION INSURANCE

被保险人
Insured:_____
发票号（INVOICE NO.）
合同号（CONTRACT NO.）
信用证号（L/C NO.）
发票金额（INVOICE AMOUNT）_____ 投保加成
（PLUS）_____%

兹有下列物品向中国人民保险公司北京市分公司投保。（INSURANCE IS REQUIRED ON THE FOLLOWING COMMODITIES：）

标 记 MARKS & NOS.	包装及数量 QUANTITY	保险货物项目 DESCRIPTION OF GOODS	保险金额 AMOUNT INSURED

启运日期：   装载运输工具：
DATE OF COMMENCEMENT_____PER
CONVEYANCE _____
自   经   至
FROM_____VIA_____TO_____
提单号：   赔款偿付地点：
B/L NO.：_____CLAIM PAYABLE
AT_____
投保险别：（PLEASE INDICATE THE CONDITIONS &/OR SPECIAL COVERAGES：）
_____
请如实告知下列情况：（如‘是'在［］中打‘√'，‘不是'打‘×'） IF ANY, PLEASE MARK '√'OR'×'：
1. 货物各类： 袋装［］ 散装［］ 冷藏［］ 液体［］ 活动物［］ 机器/汽车［］ 危险品等级［］
            GOODS   BAG/JUMBO BULK REEFER LIQUID LIVE ANIMAL
MACHINE/AUTO   DANGEROUS CLASS
2. 集装箱种类： 普通［］ 开顶［］ 框架［］ 平板［］ 冷藏［］
              CONTAINER ORDINARY OPEN FRAME FLAT REFRIGERATOR
3. 转运工具： 海轮［］ 飞机［］ 驳船［］ 火车［］ 汽车［］
            BY TRANSIT： SHIP PLANE BARGE TRAIN TRUCK
4. 船舶资料：   船籍［   ］ 船龄：［   ］
            PARTICULAR OF SHIP：   RIGISTRY   AGE
备注：被保险人确认本保险合同条款和内容已经完全了解。 投保人（签名盖章）APPLICANT'S SIGNATURE
THE ASSURED CONFIRMS HEREWITH THE TERMS
AND CONDITIONS OF THESE INSURANCE CONTRACT
FULLY UNDERSTOOD.

                                          电话：（TEL）
投保日期：（DATE）_____   地址：（ADD）

本公司自用（FOR OFFICE USE ONLY）
费率：   保费：   备注：
RATE：_____PREMIUM_____
经办人：   核保人：   负责人：
BY_____ _____ _____

图12.2 保险单样本

12.2.5 制单结汇

出口企业在货物装运后,应立即按照信用证的要求,正确绘制各种单据,并在信用证规定的有效期和交单期内将单据及有关证件送交银行,通过银行收取外汇,并将所得外汇出售给银行换取人民币的过程即为出口结汇。结汇在不同的支付方式下其程序有所差异。在我国出口业务中,使用议付信用证方式较为普遍。

货物装运后,受益人(卖方)应及时制单,在信用证规定的有效期和交单期内向银行交单并开出汇票。议付行收到交易单证等各种票据后,按照信用证的要求审单,并在收到单据后7个银行工作日内将审单结果通知受益人。如果确认"单证一致,单单一致",议付行将向开证行或其指定的银行寄单索赔,同时,按与受益人约定的方法进行结汇。开证行收到国外寄来的汇票及单据后,对照信用证的规定核对单据的份数和内容。如果内容无误,即由银行对国外付款,同时,进口商向银行承兑或付款赎单。进口商在取得相关单据后可以凭单提取进口货物。如果银行在审单时发现单证不符,应做出适当处理,如停止对外付款、相符部分付款而不符部分拒付、货到检验合格后再付款、在付款的同时提出保留索赔权等。

12.2.6 储存和销售

出口商在货物备运期间应妥善保管所交货物,防止发生变质,如串味、腐烂、破碎等。进口商收到货物后也需对货物进行储存,有时还需要对货物进行分装、转运等处理。在此期间,进口商应对储存地点、保险、费用等问题加以综合考虑,特别是当进口商向出口商索赔时,在储存期间采取必要手段保全尤为重要,否则,一旦货物在储存期间由于保管不当而损坏,进口商会因此丧失索赔权。

进口货物的销售应按照进口商事先制订的商业计划进行,即选择恰当的营销组合将进口商品推向目标市场。

综上所述,国际物流的完成或者说一条完整的进出口供应链涉及相当复杂的环节,要求进口商和出口商必须具备处理相关单据的能力和经验,以及和方方面面的机构协调关系的技能。当进口商和出口商缺乏这些技能时,可以考虑利用进出口经纪人、货运代理人等专业人员来完成国际物流环节。这些中介在国际贸易竞争激烈、社会分工越来越细的情况下发挥着日趋重要的作用。

12.3 国际物流的主要形式

国际物流按照运输方式和运输工具可以分为国际海洋运输、国际铁路联运、国际航空运输、国际多式联运,以及集装箱运输等多种形式,不同的运输方式有各自的优缺点。

12.3.1 国际海洋运输

在国际货物运输中,运用最广泛的是海洋运输(Ocean Transport)。目前,其运量在国际货物运输总量中占80%以上。

1. 海洋运输的特点

海洋运输之所以被如此广泛地运用,是因为有以下明显优点。

（1）海洋运输通过能力大。它可以利用四通八达的天然航道，不像汽车、火车受轨道和道路的限制，故其通过能力很大。

（2）海运运量大。海洋运输船舶的运载能力远远大于铁路和公路运输车辆，如一艘万吨船舶的载重量一般相当于250～300个车皮的载重量。

（3）海运的运费较低。按照规模经济的观点，因为运量大、航程远，分摊于每吨货运的运输成本较少，因而运费相对较低。

海洋运输的主要缺点是受气候和自然条件的影响大，航期不易准确，而且风险大，速度较慢。因此，海洋运输适合运送运距长、运量大、时间性不强的各种大宗货物。

2. 海洋运输的主要方式

海洋运输按照船舶运营方式的不同可分为班轮运输（liner transport）和租船运输（shipping by chartering）。

1）班轮运输

班轮运输又称定期船运输，简称班轮，是指船舶在固定的航线上和固定的港口之间按事先公布的船期表和运费率往返航行，从事客、货运输业务的一种运输方式。班轮运输比较适于运输小批量货物，我国绝大部分进出口货物都是通过班轮运输的，约占海运量的70%以上。

（1）班轮运输的主要特点。

① 具有"四固定"的特征。班轮运输具有固定的船期、航线、停靠固定的港口，以及具有相对固定的费率。

② 具有"一计二不计"特点，即班轮运费中包括装卸费用，轮班的港口装卸费用由承运人负责，船货双方不计滞期费或速遣费。滞期费是指并非是由于船方的原因使得没有在规定的装卸时间内完成装卸作业而产生的船期延误，货主应向承运人支付的费用。速遣费是由于装卸所用的时间比提前约定的少，而由船东向租船人、或发货人或收货人按事先约定的费率支付的款项。

③ 船、货双方的权利、义务及责任豁免，以船方签发的班轮提单上的条款为准。

④ 班轮承运货物的数量品种比较灵活，货主可以按需订舱，一般采取码头仓库交接货物，为货主提供便利的条件。

（2）班轮运费。班轮运费包括基本运费和附加费两部分。基本运费是对任何一种托运的货物计收的费用，是指货物在预定航线的各基本港口之间进行运输所规定的运价，它是构成全程运费的主要部分。基本运费的计收标准通常按不同商品分为下列几种。

① 按货物毛重计收，运价表内用"W"表示。

② 按货物的体积计收，运价表内用"M"表示。

③ 按货物毛重或体积计收，由船公司选择其中收费较高的一种计收费用，运价表中用"W/M"表示，这是班轮运费常用的一种计算方式。

④ 按货物的价格计收，又称从价运费。在运价表中用"A/V"表示从价运费一般按货物的FOB价格的一定百分比收取。

⑤ 按收费高者计收，选择较高的一种作为计算运费的标准，从重量吨、尺码吨和从价运费中选择高的收费，或者是先按货物的重量或体积收费，再加上一定百分率的从价运费。

⑥ 按每件货物作为一个计费单位收费，如牲畜按"每头"、车辆按"每辆"等。

⑦ 临时议定价格(open rate)，即由货主和船公司临时协商议定的价格，适用于运量较大、货架较低、装卸方便而快速的货物运输。临时议定价格的运费一般较低。

为了保持在一定时期内基本费率的稳定，又能正确反映出各港的各种货物的航运成本，班轮公司在基本费率之外，又规定了各种附加费。附加费是在收取基本运费的基础上，根据运输中发生的特殊情况和需求而额外收取的一部分费用，主要有超重附加费、超长附加费、转船附加费、直航附加费、变更卸货港附加费、港口拥挤附加费、绕航附加费、燃油附加费、货币贬值附加费，等等。

根据班轮运费的构成，其计算公式为

$$F = F_b + \sum_{i=1}^{n} S_i (i = 1,2,3\cdots,n) \qquad (12-8)$$

式中：F——运费总额；

F_b——基本运费；

S_i——各项附加费。

班轮运费的计算步骤如下：

① 根据货物分类，在货物等级表中查到运费计算标准和等级；② 在等级费率表中的基本费率部分找到相应的航线、起运港、目的港，按等级查到基价；③ 再从附加费部分查出所有应收(付)的附加费项目及计算方法；④ 根据基本运价和附加费的计算公式计算出实际运价。

2) 租船运输

租船运输又称不定期船运输，指租船人向船舶所有人租赁整条船舶或部分舱位进行货物运输的运营方式。在租船运输中，既没有固定的船舶班期，又没有固定的航线和挂靠港，而按照货源和货主对于货物运输的要求安排船舶航行计划，组织货物运输。运费或租金也由双方根据租船市场行情在租船合同中约定。

在无法采用班轮运输的情况下，如特殊货物、大量货物、紧急货物、无班轮停靠港等，一般都采用租船运输方式。这种方式适于运输粮食、矿砂、石油、水泥、煤炭、木材等量大低值的货物，如果选择得当，租船方式的成本比班轮运输成本会低很多，现在外贸运输物资中约有30%是以租船运输方式完成的。

目前，在国际上主要的租船方式有定程租船、定期租船和光船租船3种。

(1) 定程租船。定程租船又称航次租船，是以航程为基础的租船方式，即由船舶所有人向承租人提供船舶或船舶部分舱位，在指定港口之间进行一个航次或数个航次承运指定货物的运输方式。在这种租船方式下，船方必须按租船合同规定的航程完成货物运输方式，并负责船舶的经营管理，以及在航行中的一切费用开支，租船人则需按约定支付运费。

(2) 定期租船。定期租船是船舶所有人在合同约定的期间内将特定的船舶租给承租人进行货物运输的租船方式。这种方式下，在规定期间内船舶由租船人自行调度和经营管理，船方除收取租金外，还要保证船舶的适航性。

(3) 光船租船。光船租船又称船壳租船，是指在租赁期内船舶所有人只提供空船给承租人，而配备船员、供应给养、船舶的经营管理和运营费用等都由承租人承担，船舶所有人在租期内除收取租金外，不再承担任何责任和费用。这种租船不具备承揽运输的性质，实质上是一种财产租赁。

12.3.2 国际铁路联运

在国际货物运输中，铁路运输是一种仅次于海洋运输的主要方式。铁路运输运量较大、速度较快，一般不受气候条件的影响，具有高度的连续性；而且不受集装箱的限制，可以承运各类货物。在国际铁路运输中，常采用国际铁路联运的方式。

1. 国际铁路联运的定义

国际铁路货物联运是指在两个或两个以上国家铁路运送中，使用一份运送单据，并以连带责任办理货物的全程运送，在由一国铁路向另一国铁路移交货物时，无须发、收货人参加。

具体来说，发货人按车站指定日期将货物搬入车站或指定货位，经车站根据运单的记载事项核实，确认符合国际联运的有关规定后予以接收。在发货人付清一切应付运送费用后，车站在所提交的运单上加盖车站日期戳。运单在加盖车站日期戳后即标志着承托双方以运单为凭证的运输合同开始生效，参加联运的铁路对货物负有从始运地运送至运单上指定的目的地的一切责任。

2. 国际铁路货物联运的优点

（1）简化手续，方便发、收货人。虽然货物在全程运送中要经过多个国家，涉及多次交换甚至多次换装等作业，但作为发货人只需在始发站办理一次性托运手续，即可使货物运抵另一个国家的铁路到站，发货人或收货人无须在国境站办理托运的烦琐手续。

（2）加快运输速度可节省费用。国际铁路联运可充分利用铁路运输的优势，参加联运的各国铁路连成一体形成国际铁路运输网络，便于发货人根据货物的运输要求，充分利用铁路运输优势和选择运输路径，既可加快其送达速度，又能节省有关费用支出。

（3）国际铁路联运可使发货人及早结汇。发货人利用国际联运办理出口货物的托运手续后，即可凭车站承运后开具的有关联运凭证和其他商务单证办理结汇，而无须等到货物到达目的地后才办理，这样既能保证发货人收取货款，又加速了资金的周转，便于国际贸易的展开，对贸易双方都有利。

3. 国际铁路货物联运进出口运输程序

（1）在贸易合同中订立国际铁路联运条款。适用于国际铁路联运的贸易术语主要有CPT、CIP和FCA，除了要注明这些外，还要注明交货的地点，划分运费的界限，还有结汇条件也要明确，一般都是凭国际货协议运单结汇。

（2）国际铁路货物联运计划的编制和审定。国际铁路联运货物凡是以整车发运的，必须要有经相关部门批准的月度、旬度和每日的运输计划，它是铁路日常工作的主要依据。因此，各外贸发货单位在签订贸易合同后，应积极备货，并按铁路部门的规定编制运输计划。发运零担货物不需要编制计划，但发货人必须事先向铁路发车站办理托运手续。

（3）货物的托运与承运。其步骤如下。

① 发货人在办理货物托运时，应向铁路部门提交货物运单，以此作为货物托运的书面申请。

② 铁路部门接到运单后，进行审核，如确认可以承运，应予以签证表示受理托运。

③ 发货人应根据车站的要求在指定的日期将货物搬入车站或指定的货位，铁路车站根据运单上的记载查对货物后方可接受。

④ 整车货物在装车完毕，发车站在运单上加盖承运日期戳，即为承运。承运、托运完毕，铁路运单作为运输合同开始生效，铁路按规定对货物负保管、装车并运达到指定目的地的一切责任。

(4) 货物在国境站的交接。其步骤如下。

① 通知国境站的国际联运交接所和海关做好接车准备。

② 货物列车进站后，铁路会同海关接车，并将列车随带的运送票据送交接所处理，货物及列车接受海关的检查和监督。

③ 国际联运交接所实行联合办公，完成货物交接。

(5) 货物到达与交付。在货物到达后，到达站应通知运单中所记载的收货人领取货物。在收货人付清运单中记载的一切应付运费后，铁路需将货物连同运单正本交给收货人。

12.3.3 国际航空运输

航空运输是一种现代化的运输方式，与其他运输方式相比，航空运输具有速度快、安全准时、手续简便，而且可以节省包装费用等突出优点。航空运输的主要缺点是运输量小、运输费用高。因此，航空运输的主要对象是小批量、高价值和对运输时间有特殊要求的商品，如精密仪器、电子设备、高价工艺品、药品、鲜活商品、急用的机械零件等。

1. 国际航空货物运输的经营方式

1) 班机运输

班机运输是指具有固定开航时间、航线和停靠航站的飞机运输方式。按照业务对象的不同，班机运输可分为客运航班和货运航班。一般航空公司的班机都是客货混合型飞机，既搭载乘客，又运送小批量货物。虽然客货混合型飞机舱容量较小、运价较贵，但是，由于班机有固定的航线及始发和停靠站，并且定期开航，为收发货人提供了准确的启运和到达时间，保证货物能够安全迅速地运送到世界各地。只有一些较大的航空公司在某些航线上开辟使用全货机运输的定期货运航班。

2) 包机运输

包机运输是指航空公司按照约定的条件和费率，将整架飞机租给一个或若干个包机人进行货物运输的形式，一般适用于货物批量较大而班机不能满足需要的情况。

包机运输可分为整机包机和部分包机。整机包机是指航空公司和包机代理公司按与租机人双方事先约定的条件和运价，将整架飞机租给租机人，从一个或几个航空站装运货物至指定目的地的运输方式，适于运输大批量货物。部分包机是几家航空货运代理人联合包租一架飞机，或由包机公司将一架飞机的舱位分别卖给几家航空货运代理公司。

2. 国际航空货物运输的组织方法

1) 集中托运

集中托运是指集中托运人(通常是指航空货运代理公司)将若干批单独发运的货物组成一整批，向航空公司办理托运，采用一份航空总运单集中发运到同一目的站，由集中托运人在目的地指定的代理人收货、报关，再根据航空分运单将货物分拨给实际收货人的运输方式。

这种托运方式可以争取到比零星托运较为低廉的运价，在国际航空运输业中开展得较为普遍，是航空货运代理的主要业务之一。集中托运的程序如图12.3所示。

图 12.3　集中托运的程序

2) 联合运输

联合运输又称陆空陆联运，是包括空运在内的两种以上运输方式。主要有3种类型。

(1) 火车—飞机—卡车联合运输(Train-Air-Truck，TAT)。

(2) 火车—飞机联运(Train-Air，TA)。

(3) 卡车—飞机联运(Truck-Air，TA)。

这种运输方式的优点是运送速度快、运输费用较低。从20世纪70年代开始，我国每年有几百吨货物采用此种方式经由香港陆空联运出口。整个运输时间缩短，一般至欧洲只需15天左右，且费用为正常班级运费的1/2或1/3。

3) 航空快递

航穿快递是由专门经营航空快递业务的公司与航空公司合作，通过自身或代理的网络，以最快速度在货主、机场、用户之间传送急件的运输服务业务，这种方式又被称为"门到门"、"桌到桌"的服务，是目前国际航空运输中速度最快的运输方式。其运送对象多为急需的药品和医疗器械、贵重物品、图纸资料、货样、单证等小件物品。航空快递的业务方式有3种。

(1) 门到门/桌到桌(Door to Door/Desk to Desk)。门到门的服务形式也是航空快递公司最常用的一种服务形式。首先由发件人在需要时电话通知快递公司，快递公司接到通知后派人上门取货，然后将所有收到的快件集中到一起，根据其目的地分拣、整理、制单、报关、发往世界各地，到达目的地后，再由当地的速递公司（或代理）办理清关、提货手续，并送至收件人手中。在这期间，客户还可依靠快递公司的电脑网络随时对快件（主要指包裹）的位置进行查询，快件送达之后，也可以及时通过电脑网络将消息反馈给发件人。

(2) 门/桌到机场(Door/Desk to Airport)。与前一种服务方式相比，门/桌到机场的服务是指快件到达目的地机场后不是由快递公司去办理清关、提货手续并送达收件人的手中，而是由快递公司通知收件人自己去办理相关手续。采用这种方式的多是海关当局有特殊规定的货物或物品。

(3) 专人派送(Courier on board)。专人派送是指由快递公司指派专人携带快件在最短时间内将快件直接送到收件人手中。这是一种特殊服务，一般很少采用。

以上3种服务形式相比，门/桌到机场形式对客户来讲比较麻烦，专人派送最可靠、最安全，同时费用也最高。而门/桌到门/桌的服务介于上述两者之间，也是最普遍、最简单、最方便的，适合绝大多数快件的运送。

阅读案例 12-1

全球四大快递公司

> UPS：是全球最大的快递机构，全球最大的包裹递送公司，同时也是世界上一家主要的专业运输和物流服务提供商。该公司的主要业务是在美国国内，并遍及 200 多个国家和地区。该公司已经建立规模庞大、可信度高的全球运输基础设施，并开发出了全面、富有竞争力并且有担保的服务组合，并不断利用先进技术支持这些服务。
>
> FedEx 公司(联邦快递)：其前身是 FDX 公司，是一家环球运输、物流、电子商务和供应链管理服务供应商。该公司通过各子公司的独立网络向客户提供一体化的业务解决方案。其子公司包括 FedEx Express(经营速递业务)、FedEx Ground(经营包装与地面送货服务)、FedEx Custom Critical(经营高速运输投递服务)、FedEx Global(经营综合性的物流、技术和运输服务)，以及 Viking Freight(美国西部的小型运输公司)。
>
> TNT(荷兰邮政)：在全球超过 200 个国家和地区提供邮政、速递及物流服务，并拥有 Post kantoren(经营荷兰各邮局的机构)50% 的股权。其物流业务主要集中在汽车、高科技，以及泛欧洲领域。
>
> DUL 公司(敦豪)：由 Adrian Dalsey、Larry Hillblom 及 Robert Lynn 于 1969 年在加利福尼亚成立。目前，DHL 在 229 个国家有 675 000 个目的站，20 000 多辆汽车，60 000 多名员工并且在美国欧洲有 300 多架飞机。
>
> 资料来源：刁宇凡，程宏. 外贸运输与保险[M]. 杭州：浙江大学出版社，2007.

12.3.4 国际多式联运

国际多式联运是在集装箱运输的基础上产生和发展起来的一种综合性的连贯运输方式，它一般以集装箱为媒介，将海洋运输、铁路运输、公路运输和航空运输等各种单一运输方式有机地结合起来，组成一种国际的连贯运输。它能集中发挥各种运输方式的优点，使国际货物运输既快又安全。

《联合国国际货物多式联运公约》对国际多式联运所下的定义："按照多式联运合同，以至少两种不同的运输方式，由多式联运经营人将货物从一国境内接运货物的地点运至另一国境内指定交付货物的地点。"在国际多式联运中，不管运程多远或运输方式转变几次，货主只需要签订一份运输合同，一次托运、一次支付，多式联运经营人即负责全程运输，从而减少了中间环节，简化手续，加快了货运速度，降低了运输成本，并提高了货运质量，真正为货主实现了"快速、准时、便捷、价廉、优质"的运送服务。

本 章 小 结

国际物流是指当生产和消费在两个或两个以上的国家(或地区)独立进行的情况下，为了克服生产和消费之间的空间距离和时间距离，而对物资(货物)所进行的物理性移动的一项国际经济贸易活动。其目标就是为国际贸易和跨国经营服务，即选择最佳的方式和路径，以最低的费用和最小的风险保质保量适时地将商品从某国的供方运送到别的一个国家的需方。

国际物流的主要特点：物流环境存在差异；物流系统范围广、风险大；国际必须有信息系统支持；国际物流的标准化要求高；国际物流是多种运输方式的组合。随着国际物流现代化和国际化的发展，国际物流逐渐呈现新的特征：国际物流系统更加集成化；国际物流管理更加网络化；国际物流标准更加统一化；国际物流技术更加现代化；国际物流服务更加快速化和协同化。

国际物流的基本流程和进出口程序类似，其基本的业务主要包括商品检验，货物通关，国际运输，保险，制单结汇及储存销售等活动。

国际物流的形式按照运输方式和运输工具可以分为国际海洋运输、国际铁路联运、国际航空运输、国际多式联运等多种形式，不同的运输方式有各自的优缺点，从事国际物流工作的人员应全面掌握和了解各种运输方式的特点、业务流程、运输单证及其作用，以及各种运输费用的计算方法和规定。

 关键术语

国际物流　　货物通关　　国际运输　　班轮运输　　国际铁路联运

复习思考题

一、选择题

1. 国际物流系统涉及多个国家，系统的地理范围大，这一特点又称为国际物流系统的（　　）。
   A. 系统特征　　B. 国际特征　　C. 范围特征　　D. 地理特征
2. 国际物流是世界范围内一种超越国界的物流方式，是全球（　　）的必然组成部分。
   A. 一体化　　B. 供应链　　C. 物流网络　　D. 信息网络
3. 国际物流的特点不包括（　　）。
   A. 跨越国家或地区界限
   B. 涉及多种不同的运输工具
   C. 面临的语言、法律环境等完全不同
   D. 国际物流的风险仅仅是指自然风险
4. 紧跟在 FOB 价格术语后面的地理位置是指（　　）。
   A. 指定的发运地　　　　　　B. 指定的转运地
   C. 指定的装运港　　　　　　D. 指定的目的港
5. 国际物流中，（　　）方式适用于运输粮食、矿砂、石油、水泥、煤炭、木材等量大低值的货物的运输。
   A. 班轮运输　　B. 租船运输　　C. 班机运输　　D. 包机运输
6. 企业需用国际航空快递运输时，对于海关当局有特殊规定的货物或物品可采用（　　）的业务方式。
   A. 包机运输　　B. 门到门/桌到桌　　C. 门/桌到机场　　D. 专人派送

二、简答题

1. 国际物流的含义和特点是什么？
2. 如何理解国际物流发展呈现的新特征？

3. 国际物流的基本业务有哪些？
4. 进出口业务的履行程序是什么？
5. 货物通关有什么程序？
6. 国际货物运输的保险险别有哪些？
7. 国际海洋运输的主要形式及各自特点是什么？
8. 国际航空货物运输的经营方式及组织方法是什么？
9. 简述国际铁路联运的特点。
10. 试述国际铁路联运的进出口程序。
11. 库存控制的方法有哪些？

三、分析应用题

1. 上网收集物流快递业相关资料，从业务方面分析国际物流快递与国内物流快递的异同。

2. 结合经济全球化下的国际物流发展趋势，分析我国国际物流发展可采用的策略或措施。

3. 进出口公司向日本出口商品 1 000 箱，目的港为横滨港，每箱 25kg，体积为 0.05m³，基本运费为 200 元人民币，加币值附加费 40%，再加燃油附加费 30%，港口拥挤费 50%，试计算总运费。

四、案例分析题

务实的索尼全球物流运营

索尼集团公司是日本一家跨国经营和生产电子产品的厂商，在全球拥有 75 家工厂和 200 多个销售网点。据国际物流专家估计，仅在电子产品方面，索尼集团公司每年的全球集装箱货运量已经超过 16 万标准箱，是世界上规模比较大的发货人之一。为了充分发挥跨国经营的杠杆作用，扩大其在国际市场上的竞争能力，该集团公司每年都会与承运人及其代理展开全球性商谈，以便进一步改善物流供应链，提高索尼集团公司的经济效益。

1. 每年一度的全球物流洽谈

索尼集团公司每年都会举行一次与承运人的全球物流洽谈会，通过认真谈判将计划中的集装箱货运量配送给选中的承运服务提供人。在一年中，如果索尼提供的箱量低于许诺，索尼向承运人赔款，如果箱量超过许诺，索尼不要求承运人提供回扣。在合同中，索尼只要求承运人提供半年至一年的运价成本。索尼集团公司这样做的目的是为了加强与同样艰苦奋斗、拼搏不止的承运人的合作和联系，建立和提高质量上乘、价位低廉的物流链服务网络。

负责与承运人展开全球性物流谈判的一般是索尼物流采购公司总经理。他的任务非常艰巨复杂，但是可以用两句话概括：落实成交条件，扩大物流成本节约范围。在全球性谈判中究竟要选用哪一家承运人，这不仅要看承运人开出的运价，更要看承运人实质性的东西，即全面评估有关承运人过去三年中的经营业绩、信誉程度、交货速度、船舶规范和性能，还有一些对公司命运至关重要的因素，如客户服务、售后服务、经营管理作风、经营风险意识、公司高级职员自身素质，等等。这体现了索尼运营物流的务实态度。

2. 务实的经营理念与立足长远的物流理念

索尼的经营理念是"竭尽全力，接近客户，要想客户之所想，急客户之所急，凡是客户想到的，索尼争取先想到，凡是客户还没有想到的，索尼必须抢先想到"。这种理念也已经渗透到公司的物流活动中来。几年前，索尼曾经遇到这么一件事情，欧洲市场客户急需当地市场已经断档多时的索尼牌超高速凸轮缓冲器，这种用于电视接收设备的产品当时只在日本本土生产，在欧洲和世界各地的索尼公司均不生产，这种产品以往都是通过集装箱海运发往世界各地的。但是，索尼集团公司最高执行官当即决定，急事特办，采用运价比海运高出十几倍的空运物流，将凸轮缓冲器运到欧洲国际市场和其他急需这种产品的市场。如果索尼集团当时不这样做，欧洲和其他地区的零售商货架上一直找不到索尼产品，消费者必然会另外寻找途径，索尼就会逐渐失去市场，等于将竞争的胜利花环主动让给对手。索尼公司虽然在缓冲器产品的物流上多赔了一些运费，但是，用局部的牺牲赢得了全局的胜利，保持和扩大了市场信誉和占有率。与经管理念相对应，索尼的物流理念是，必须从战略高度去审视和经营物流，每时每刻都不能忽视物流，满足客户及市场的需要是物流的灵魂，索尼集团公司麾下的各家公司必须紧紧跟随市场的潮流。

索尼物流涉及采购、生产和销售等项目，一般是在不同地区与承运人商谈不同的物流项目，如索尼公司在北美和亚洲的物流谈判就不包括采购项目，在欧洲的物流谈判就包括采购项目，这是因为索尼是跨国经营集团，要做的是全球性的物流，需要的是全球性物流供应链管理。

3. 独特务实的远洋运输业务处理方式

随着国际分工的细化，索尼公司不可能将某一个特定消费市场所需要的所有产品全部生产出来。当然，倘若分布在世界各地的索尼子公司能够将工厂所在地四周和附近市场所需要的产品全部生产出来，将本地的这些市场全部包下来，那是最理想的。但是，由于产品成本的问题，在实际操作上这是不可能的。为了既要将市场包下来，同时又要保证产品成本不上扬，务实的索尼集团公司鼓励各地区索尼子公司互相协作，尽量从别的地区寻找本地区缺乏而又必需的零部件产品。

索尼在处理自己产品的远洋运输业务中，往往是与集装箱运输公司直接洽谈运输合同而不是与货运代理谈，但是，在具体业务中索尼也乐意与货运代理打交道。索尼与其他日本实业公司不同的是，索尼与日本的商船三井、日本邮船、川崎船务等实力雄厚的航运集团结成联盟。因此，索尼集团公司在业务上始终保持独立自主。但是，索尼非常重视电子信息管理技术（Electronic Information Management Technology，EICT），使用比较先进的通用电子信息服务（General Electric Information Service，GEIS）软件，与日本和世界各地的国际集装箱运输公司建立密切的电子数据交换联系（Electronic Data Interchange Links，EDIL）。

为了进一步降低物流成本，索尼集团公司常常根据实际需要办理集装箱货物的多国拼箱。例如，索尼公司将半箱货物的集装箱从某产地发往新加坡，在那里将另外一种产品补充装入箱子，变成满箱货物的集装箱，然后继续运输，直至北美或者欧洲某目的港。这种物流方法的最大好处，首先是避免了等候时间，因为集装箱运输时间本身就是用金钱买来的，降低成本的同时也大幅度减少通关时间。现在索尼集团已经把新加坡和中国台湾高雄作为索尼产品多国拼箱的集装箱枢纽港。其他方法还有满箱货物的"工厂直接装箱"，或者在一个国家内的几家索尼子公司的产品进行拼箱。索尼集团目前将这些物流服务委托给香港东方海外集运公司和马士基海陆船务公司。索尼集团公司在对美国的跨太平洋出口贸易航线上，常常将产品集中到北美内地某一个配送中心站，或者将货物运送到洛杉矶附近混合中心进行中转或者拼箱，充分发挥索尼集团在北美的亚特兰大、纽约和洛杉矶等地区拥有的仓储能力。索尼集团还利用欧洲荷兰作为其拼箱中心。凡是准备运往东欧地区的货物先从其他各国进口和集中到荷兰这个拼箱中心，然后发送到东欧各地的配送站。但是，发往莫斯科的货物一向不是从荷兰出去的，而是先运往芬兰的赫尔辛基，然后再从那里转运到莫斯科和俄罗斯其他腹地。

4. 全球各地物流分支机构联合服务

分布在世界各地，特别是一些主要国家的物流分支机构已经成为索尼物流管理网络中的重要环节。目前，这种环节的重要作用已经越来越显著。

过去索尼分布于各个国家物流分支机构主要功能是为在同一个国家的索尼公司提供服务，经过改革调整，将这些物流分支机构的服务联合起来，发挥全球性索尼物流网络功能。虽然机构还是原有的物流机构，但是功能更多，服务范围更广泛，索尼公司的物流成本降低，经济效益得到极大提高。例如，新加坡或者马来西亚有一家索尼物流分支公司将来自当地的零部件拼装箱，运到位于日本的另一家索尼物流分支公司。后者收到集装箱货后，立即拆箱，将货物迅速配送到分布于日本各地的索尼工厂车间。近年来在索尼物流分支机构中全球业务做得最大的是索尼物流新加坡公司，该公司主要经营东南亚各国到越南和中国的物流服务。

5. 组织"牛奶传送式"服务

索尼集团公司在世界各地组织"牛奶传送式"服务，进一步改善索尼公司在全球，特别是在亚洲地区的索尼产品运输质量。"牛奶传送式"服务是一种日本人特有的快递服务，高效、快捷、库存量合理，又深得人心，特别受到要求数量不多、产品规格特别的客户的欢迎，这些客户非常赞同这种服务方式，因而起到了很好的口碑效应。这种服务非常灵活，客户可以通过电话、传真和电子邮件申请服务，甚至可以租用"牛奶传送式"服务车辆进行自我服务。索尼新加坡物流公司正在进一步缩短海运和空运物流全程时间。由于采用出口优先规划，海运已经缩短到4天，空运缩短到1天。

索尼集团公司向系统内的各家索尼物流公司提出了三大要求。

（1）竭尽全力缩短从产品出厂到客户手中的过程和时间，特别是要缩短跨国转运、多式联运和不同类型运输方式之间货物逗留的时间，必须做到"零逗留时间，零距离，零附加费用，零风险"物流服务。

（2）大力加强索尼集团公司和物流链服务供应方之间的合作关系和始终保持电子数字信息交换联系的畅通。

（3）当前最紧迫的任务是在东欧地区和中国地区迅速建立索尼物流的基础设施。因为索尼认为，"如果物流服务质量低劣，任何严重问题都可能产生"。

资料来源：http://www.chinawuliu.com.cn/OTH/content/200704/200722220.html.

根据以上案例所提供的资料，试作以下分析：

1. 查资料说明索尼公司是如何开展国际物流业务的。
2. 通过此案例你对国际物流业务有什么样的认识？

参 考 文 献

[1] 黄培．现代物流导论［M］．北京：机械工业出版社，2005．
[2] ［加］唐纳德·沃斯特．物流管理概论［M］．刘秉镰，韩勇，等译．北京：电子工业出版社，2004．
[3] ［美］道格拉斯·兰伯特，詹姆士·斯托克，莉萨·埃拉姆．物流管理［M］．张文杰，叶龙，刘秉镰，译．北京：电子工业出版社，2008．
[4] 黄中鼎．现代物流管理［M］．2版．上海：复旦大学出版社，2009．
[5] 王健．现代物流概论［M］．北京：北京大学出版社，2005．
[6] 张念．现代物流学［M］．长沙：湖南人民出版社，2006．
[7] 田源．物流管理概论［M］．北京：机械工业出版社，2006．
[8] 李严锋，张丽娟．现代物流管理［M］．大连：东北财经大学出版社，2004．
[9] 茅宁．现代物流管理概论［M］．南京：南京大学出版社，2004．
[10] 叶怀珍．物流工程学［M］．北京：机械工业出版社，2008．
[11] 张理．现代物流案例分析［M］．北京：中国水利水电出版社，2005．
[12] ［英］艾伦·哈理森，雷姆科·范赫克．物流管理［M］．张杰，译．北京：机械工业出版社，2006．
[13] 王晓东，胡瑞娟．现代物流管理［M］．北京：对外经济贸易大学出版社，2001．
[14] ［美］大卫·辛奇-利维，等．供应链设计与管理：概念、战略与案例研究［M］．季建华，等译．北京：中国人民大学出版社，2010．
[15] 马士华，林勇．供应链管理［M］．北京：机械工业出版社，2005．
[16] ［美］森尼尔·乔普瑞．供应链管理：战略、规划与运营［M］．李丽萍，等译．北京：社会科学文献出版社，2003．
[17] 包兴，肖迪．供应链管理：理论与实践［M］．北京：机械工业出版社，2011．
[18] 张以彬．创新产品供应链的供应柔性和库存风险管理［M］．上海：上海财经大学出版社，2010．
[19] 孙元欣．供应链管理原理［M］．上海：上海财经大学出版社，2003．
[20] 侯方淼．供应链管理［M］．北京：对外经济贸易大学出版社，2004
[21] 陈文若．第三方物流［M］．北京：对外经济贸易大学出版社，2004．
[22] 赵刚．物流管理教程［M］．上海：格致出版社，上海人民出版社，2008．
[23] 崔炳谋．物流信息技术与应用［M］．北京：清华大学出版社，北京交通大学出版社，2005．
[24] 蔡淑琴．物流信息系统［M］．北京：中国物资出版社，2002．
[25] 喻丽辉．现代物流基础［M］．北京：清华大学出版社，2009．
[26] 张树山．物流信息系统［M］．北京：人民交通出版社，2005．
[27] 林自葵．物流信息系统［M］．北京：清华大学出版社，北京交通大学出版社，2004．
[28] 储雪俭．物流管理基础［M］．北京：高等教育出版社，2006．
[29] 郝聚民．第三方物流［M］．成都：四川人民出版社，2002．
[30] 孙丽芳，欧阳文霞．物流信息技术与信息系统［M］．北京：电子工业出版社，2004．
[31] 邬星根．仓储与配送管理［M］．上海：复旦大学出版社，2005．
[32] 周万森．仓储配送管理［M］．北京：北京大学出版社，2005．
[33] 高晓亮，伊俊敏，甘卫华．仓储与配送管理［M］．北京：清华大学出版社，北京交通大学出版社，2006．
[34] 汝宜红，宋伯慧．配送管理［M］．北京：机械工业出版社，2005．
[35] 丁立言，张铎．物流配送［M］．北京：清华大学出版社，2007．

[36] 白世贞，言木．现代配送管理［M］．北京：中国物资出版社，2005．
[37] 汝宜红．物流学［M］．北京：高等教育出版社，2009．
[38] 崔介何．物流学概论［M］．4版．北京：北京大学出版社，2010．
[39] 黄辉．物流学导论［M］．重庆：重庆大学出版社，2008．
[40] 王之泰．新编现代物流学［M］．2版．北京：首都经济贸易大学出版社，2008．
[41] 罗毅，王清娟．物流装卸搬运设备与技术［M］．北京：北京理工大学出版社，2007．
[42] 真虹，朱云仙．物流装卸与搬运［M］．北京：中国物资出版社，2004．
[43] 赵刚，周鑫，刘伟．物流管理教程［M］．上海：上海人民出版社，2008．
[44] 周启蕾．物流学概论［M］．北京：清华大学出版社，2006．
[45] 蒋长兵，吴承健．现代物流理论与供应链管理实践［M］．杭州：浙江大学出版社，2006．
[46] 刘斌．物流管理［M］．北京：高等教育出版社，2007．
[47] 白世贞，郭健，姜华珥．商品包装学［M］．北京：中国物资出版社，2006．
[48] 刘联辉．配送实务［M］．2版．北京：中国物资出版社，2009．
[49] 王文信．仓储管理［M］．厦门：厦门大学出版社，2006．
[50] 谢如鹤，张得志，罗荣武，等．物流系统规划［M］．北京：中国物资出版社，2007．
[51] 丁小龙．现代物流管理学［M］．北京：北京大学出版社，2010．
[52] 王长琼．绿色物流．北京：化学工业出版社，2004．
[53] 张海燕，吕明哲．国际物流［M］．大连：东北财经大学出版社，2006．
[54] 胡怀邦，郝渊晓，刘全洲．物流管理学［M］．广州：中山大学出版社，2006．
[55] 吴清一．物流学［M］．北京：中国物资出版社，2006．
[56] 肖亮．国际物流［M］．北京：高等教育出版社，2006．
[57] 刁宇凡，程宏．外贸运输与保险［M］．杭州：浙江大学出版社，2007．
[58] 张清，杜杨．国际物流与货运代理［M］．北京：机械工业出版社，2003．
[59] 杨长春，顾永才．国际物流［M］．北京：首都经济贸易大学出版，2003．
[60] 徐永谋．国际物流［M］．上海：上海财经大学出版社，2003．
[61] 谢富慧．企业逆向物流监测指标设计及其决策应用［D］．安徽：安徽财经大学，2005．
[62] 贺登才．中国物流业发展的十大趋势物流技术与应用［J］．物流技术与应用，2008，（5）．
[63] 单扩军．服装行业专用物流周转箱［J］．物流技术与应用，2010，（2）：108-109．

北大版·物流专业规划教材

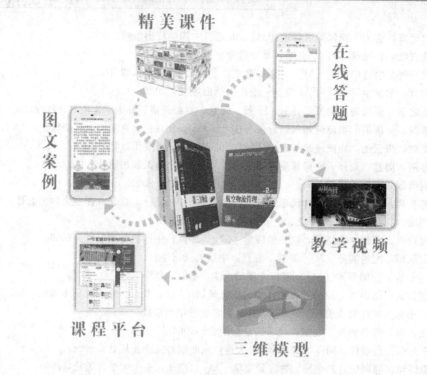

精美课件　在线答题　教学视频　三维模型　课程平台　图文案例

本科物流

物流信息管理　物流项目管理　物流运作管理　物流运筹学　供应链管理　交通运输工程学

第三方物流　国际物流管理　采购管理与库存控制　物流配送中心规划与设计　航空物流管理　现代物流信息技术

高职物流

物流信息技术与应用　采购管理实务　物流运输管理实务　采购与仓储管理实务　采购与仓储管理实务　企业物流管理

扫码进入电子书架查看更多专业教材，如需申请样书、获取配套教学资源或在使用过程中遇到任何问题，请添加客服咨询。